Rudolf Peifer

Den Menschen ein Angebot

Rudolf Peifer

Den Menschen ein Angebot

Erinnerungen eines Seelsorgers

Verlag Styria

Die Deutsche Bibliothek – CIP-Einheitsaufnahme

Peifer, Rudolf:
Den Menschen ein Angebot : Erinnerungen eines Seelsorgers / Rudolf Peifer. Mit einem Vorw. von Joachim Meisner. [Bearb.: Norbert Trippen]. – Köln ; Graz ; Wien : Verl. Styria, 1993
ISBN 3-7990-5557-6
NE: Trippen, Norbert [Bearb.]

Printed in Germany
Umschlaggestaltung: WVP Volker Pannemann GmbH, Köln
Gesamtherstellung: Bercker Graphischer Betrieb GmbH, Kevelaer
ISBN 3-7990-5557-6

Zum Geleit

Der am 16. Juni 1992 verstorbene Prälat Rudolf Peifer kann als Beispiel einer Priestergeneration gelten, die nur noch in wenigen, hochbetagten Vertretern unter uns lebt: Im Kaiserreich geboren, von der katholischen Jugendbewegung und der frühen liturgischen Bewegung nach dem Ersten Weltkrieg geprägt, haben diese Priester als junge Kapläne in den dreißiger Jahren unseres Jahrhunderts Wirtschaftskrise und Ende der Weimarer Republik, vor allem aber die Anfeindungen und Unterdrückungsversuche des Nationalsozialismus gegen die Kirche zu bestehen gehabt. Von dieser Ideologie unberührt, mit oft genug unbekümmertem Idealismus, haben sie sich den Erfordernissen der Seelsorge gestellt und sind dabei nicht selten, gerade durch ihre Jugendarbeit, mit dem nationalsozialistischen Regime in Konflikt geraten.

Für Rudolf Peifer (wie für nicht wenige andere damals junge Priester) wurde jedoch das nächste Jahrzehnt die noch größere Herausforderung. Von 1940 bis 1949 war Peifer im Zuge des Zweiten Weltkrieges zunächst Sanitätssoldat an der Westfront, dann „Kriegspfarrer" an der Ostfront und schließlich Kriegsgefangener in der Sowjetunion. Seine Erlebnisse im „Kessel von Stalingrad" und anschließend bei dem Versuch, ihn in sowjetischen Umerziehungslagern für eine Kollaboration mit den Sowjets bei der bevorstehenden Besetzung Deutschlands zu gewinnen, stellen ein beeindruckendes Zeugnis dar.

Nach seiner Entlassung aus der Kriegsgefangenschaft im Dezember 1949 wirkte Peifer wieder wie selbstverständlich als Seelsorger in seiner rheinischen Heimat: von 1950 bis 1960 als Pfarrer in Bonn-Dottendorf, von 1960 bis 1963 als Stadtdechant in Neuss. 1963 berief ihn Kardinal Frings als Regens an das Kölner Priesterseminar, das Rudolf Peifer in den unruhigen Jahren der Konzils- und Nachkonzilszeit bis 1968 leitete. Seine damaligen Seminaristen hat er weder durch spekulative Theologie noch durch pastorale Programme beeindruckt und geprägt, vielmehr durch seine ausgereifte geistliche Persönlichkeit und seine Lebenserfahrung. Die häufigen Erzählungen aus seiner seelsorgerlichen Praxis, vor allem aber aus Krieg und Gefangenschaft, lösten bei den Hörern damals schon den Wunsch aus, Rudolf Peifer möge seine Erinnerungen aufschreiben und der Nachwelt erhalten.

Es war wohl nicht eine ihm fremde Öffentlichkeitsscheu, eher eine Bescheidenheit, die Sorge, sich selbst zu wichtig zu nehmen, die ihn zögern ließ, einer Aufzeichnung seiner Erinnerungen an die Nazi-Zeit, den Krieg und die Gefangenschaft näher zu treten. Erst in den letzten Lebensjahren hat er sich nach vielseitigem und häufigem Zuspruch entschlossen, mit der Niederschrift zu beginnen. Seine Großnichte, Frau Anne Niessen, stand ihm dabei zur Seite und fertigte aus den bisweilen schwer lesbaren Notizen das Manuskript, in dem die Persönlichkeit und die „Handschrift" des Autors für alle, die ihn kannten, überdeutlich sichtbar sind. Ihr, wie auch Herrn Domkapitular Prof. Dr. Norbert Trippen, der für das Erzbistum Köln die Herausgabe betreute, sei an dieser Stelle herzlich gedankt.

Rudolf Peifer ist mit seinen Aufzeichnungen bis zum Jahre 1947 gekommen. Wir mögen bedauern, daß wir nicht wenigstens die Gefangenschaftserfahrungen bis zum Ende des Jahres 1949 nachlesen können. Doch selbst das vorliegende Fragment ist eine tiefe Aussage: über eine schwere Zeit, über die Weise, wie Rudolf Peifer sie als Mensch, als Christ und als Priester bewältigte. Letztlich sind seine Aufzeichnungen eine Aussage über die weisen, für uns unergründlichen Wege Gottes mit uns Menschen.

Köln, im März 1993

+ Joachim Card. Meisner

Zwischen zwei Feuern

Kurz vor Weihnachten 1949 kam ich nach siebenjähriger sowjetischer Gefangenschaft nach Hause zurück. Im darauffolgendenden Januar besuchte ich meinen Bischof, um mich vorzustellen, nachdem ich zehn Jahre bei der Deutschen Wehrmacht gewesen war. Er zeigte sich sehr interessiert an dem, was ich erzählte, und sagte schließlich: „Haben Sie schon einmal daran gedacht, über Ihre Erlebnisse ein Buch zu schreiben? Mir scheint, daß es in Ihrer Gefangenschaft vieles gab, was wirklich nicht alltäglich ist und was man allgemein von der russischen Gefangenschaft nicht kennt." Ich gab ihm zur Antwort, daß ich mir darüber wohl Gedanken gemacht hätte. Der Bischof unterbrach mich und fragte: „Haben Sie auch schon an eine Überschrift oder ein Thema gedacht?" Ich antwortete: „Der Titel könnte lauten: ‚Einmal Stalingrad und zurück' oder ‚Zehn Jahre bei der Deutschen Wehrmacht'. Ich bin mir nicht sicher, welchen Titel ich wählen würde. Allerdings, Eminenz, kann ich Ihnen sagen, daß ich einen Untertitel bereit hätte." Der Bischof zeigte sich sehr interessiert. Ich schmunzelte ein wenig: „Eminenz, ich kann Ihnen den Untertitel nennen, aber Sie werden gar nichts mit ihm anfangen können." Aber er wollte es wissen. Ich sagte: „Wissen Sie, im Johannes-Evangelium, da gibt es ein paar Sätze, die ich als Untertitel wählen würde. Diese Sätze lauten etwa: ‚Jesus selbst vertraute sich den Menschen nicht an, die da im Tempel waren, weil er alle kannte und nicht nötig hatte, daß jemand ihm Zeugnis ablegte über diese Menschen, denn er wußte selbst, was im Menschen ist.'" Mein Bischof schaute wirklich sehr erstaunt. Ich erklärte ihm: „Es geht mir um das Innere des Menschen, das von Gott erkannt wird. Ich habe mir überlegt, daß ich zwei rote Fäden durch dieses Buch legen könnte: einmal die Gewißheit, daß es eine Macht im Menschenleben gibt, ob ich sie nun Gott nenne oder Jesus Christus, die genau weiß, was im Innern des Menschen, in seinem Herzen, vorgeht, und die versucht, aus dieser Kenntnis heraus dem Menschen das aufblühen zu lassen, was in ihm an Großem, an Schönem, an Bedenkenswertem ist. Der zweite rote Faden stammt von einem anderen Ursprung, gleich, ob wir ihn ‚Satan' nennen oder ‚das Böse'. Diese Macht weiß, was im Menschen ist an Trieben, an Sehnsüchten, an Begierden, an Machtgelüsten, und sie versteht wirklich satanisch, diese Seite im Menschen anzustacheln. So steht der Mensch immer wieder zwischen diesen zwei Feuern: Er wird erkannt von der Macht des Guten, die wurzelhaft im Menschen ruht, und auch von der anderen Macht, die weiß, wie man alles Gute pervertieren kann, und die die Möglichkeit hat, den Menschen nach unten zu ziehen."

Es blieb bei diesem Gespräch, denn als ich als Priester in meinem Einsatz stand, hatte ich überhaupt keine Zeit mehr, an Schreiben zu denken. Ich war zu sehr ausgefüllt mit meiner Aufgabe vor Gott und an den Menschen. Nun bin ich als Priester alt geworden. Jetzt habe ich die Zeit, einmal zurückzuschauen und mir zu überlegen, ob es sich immer noch lohnt, über meine Lebenszeit zu schreiben. Und wieder kommt mir ein neuer Gedanke: Der Titel soll nicht heißen: „Zehn Jahre bei der Deutschen Wehrmacht" und auch nicht: „Einmal Stalingrad und zurück", das sollen nur Kapitel des Buches werden. Vielmehr will ich versuchen, all die Stationen aufzuzeigen, all die Meilensteine, die an meinem Lebensweg standen. Sie lenkten mich mehr und mehr in eine ganz bestimmte Richtung, eine Richtung, die ich verfolgen sollte mein Leben lang: Ich wollte nie vergessen, was ich Gott und den Menschen schuldig bin, wollte versuchen, Gott und denen, die mir begegneten, gerecht zu werden – stets vertrauend auf die Führung und die Anleitung unseres Herrn Jesus Christus, der alle Menschen liebt.

Kindheit und Jugend

Bad Godesberg

Mein Elternhaus stand in Bad Godesberg, einem damals sehr romantischen Städtchen am Rhein. Wir wohnten im sogenannten Villenviertel des Ortes, auch Rentnerviertel genannt, und wenn wir in den alten Ortskern gehen wollten, sagten wir: „Wir gehen ins Dorf." Mein Vater war Bäckermeister, meine Mutter war nicht nur wirkliche Mutter für uns Kinder und die Seele des Hauses, sie war auch Kauffrau. In den Jahren von 1898 bis 1914 kamen bei uns acht Kinder zur Welt, eines starb schon früh mit drei Jahren. In Erziehungsfragen waren meine Eltern fast schon modern, man könnte sagen, wir wurden „am langen Zügel gehalten". Sie ließen uns viele Freiheiten und Möglichkeiten. Wir versuchten, wirklich eine Familie zu sein im damaligen Sinn des Wortes. Unser Haus, das schon so viele Kinder beherbergte, wurde zusätzlich belebt von Kindern aus der Nachbarschaft und von den jeweiligen Freunden und Freundinnen. Es war eigentlich eine wunderschöne, aber auch schwere Kindheit, denn als ich acht Jahre alt war, begann der Erste Weltkrieg.

Vielleicht darf ich noch erzählen, wie es religiös bei uns zuging: Meine Eltern waren aufrechte, katholische Christen, aber unsere religiöse Erziehung war eben doch „damalig". Ich erinnere mich, daß mein Vater als Bäckermeister morgens schon um fünf Uhr zu arbeiten begann, damit die Kunden zeitig ihre Brötchen bekamen. Das hatte zur Folge, daß der Vater abends als erster von uns allen im Bett lag. Wenn wir Kinder dann in unsere Zimmer ringsherum kamen, sprach mein Vater das Abendgebet mit uns. Es war eine Qual für uns Kinder. Mein Vater kannte beispielsweise die ganze lauretanische Litanei auswendig. Die wurde uns in voller Länge vorgebetet, dann kamen Gebete für die Verstorbenen, und es hörte gar nicht auf. Wir Kinder, die wir einfach nicht fähig waren, den langen Gebeten zu folgen, fingen allmählich an, in unseren Betten zu kichern und kleine Kissenschlachten zu veranstalten. Der Vater tat so, als bemerke er das alles nicht. Er war von seiner Jugendzeit gewohnt, solch lange Gebetszeiten zu halten. Für uns Kinder war es einfach grausam, weil wir diesen Anforderungen nicht gewachsen waren. Ich habe mich immer wieder, mein Leben lang, gefragt, warum wir damals den Glauben und die Religion nicht leid geworden sind. Ich kann eigentlich nur vermuten, daß etwas anderes uns in unserem Leben, unserem Glauben bestimmt hat, und das war das gläubige Leben meiner Eltern, die eine große Kraft der Liebe entfalteten. Ich habe nicht eine Minute erlebt, daß zwischen meinen Eltern irgendein Streit oder ein Mißverständnis war, ich habe nie erlebt, daß wir Kinder ungerecht gestraft wurden. Die Liebe der Eltern zueinander, zu uns Kindern, zu Gott, zu den Menschen wurde uns greifbar vorgelebt. Ich habe bis vor wenigen Jahren immer noch Neues erfahren, was meine Eltern und vor allem meine Mutter Gutes getan haben an Menschen, die in Armut und in Einsamkeit lebten, an Witwen und Waisen. Ich glaube, daß das christliche Vorbild der Eltern uns sieben Geschwister dazu anhielt, wirklich gläubige katholische Christen zu sein und zu bleiben und nicht „auszusteigen“ aus dem Glaubensverhältnis zu Gott.

Meine Kindheit war wesentlich geprägt durch die Ereignisse des Ersten Weltkriegs. Als der Krieg begann, hatte mein ältester Bruder, sechzehn Jahre alt, gerade die zehnte Klasse hinter sich gebracht, damals sagte man, er hatte sein „Einjähriges“ gemacht. Er meldete sich freiwillig zum Militär, wurde auch angenommen und verbrachte den ganzen Weltkrieg im Westen. Er kam zurück als ein junger Mensch, der Erlebnisse hinter sich hatte, die er nicht verkraften konnte und mit denen er nicht fertig wurde. Ich habe nie auch nur ein einziges Erlebnis oder Ereignis aus seinem Leben im Krieg erfahren. Er schwieg über all das, was er als Soldat erlebt hatte, zumal über die fürchterlichen Stellungskämpfe. Mein Vater wurde noch 1916 mit 45 Jahren eingezogen als Landsturmmann. Gott sei Dank – auch er überstand den Krieg. Und wir zu Hause hatten es sehr, sehr schwer: Da der Vater nicht zu Hause war, arbeitete die Mutter, die eigentlich Geschäftsfrau war, nun selbst in der Bäckerei, und wir Kinder versuchten, mitzuarbeiten und mitzutun, wo es uns möglich war: Wir trugen das Brot aus, die Brötchen und den Kuchen, wir machten uns im Hause und in der Backstube zu schaffen, ohne daß wir uns in irgendeiner Weise überbeansprucht fühlten. Wir spürten, daß wir gefordert waren in dieser schweren Zeit.

Welchen Eindruck aber machte der Krieg auf uns Kinder? Es gab eine Begeisterung zu Beginn dieses Krieges, die man sich heute kaum vorstellen kann, die überhaupt keinen Vergleich zuläßt mit der Stimmung zu Beginn des Zweiten Weltkrieges. 1914 zogen die Soldaten mit Blumen und voller Zuversicht in den Krieg, von dem sie glaubten, daß er gerecht sei. Und das ganze Volk, so hatte es den Anschein, glaubte das mit. Ich erinnere mich noch gut: Wenn wir in unserm Heimatort verwundeten Soldaten begegneten, begleiteten wir sie, versuchten wir, ihnen zu helfen. Ich sah nicht das Leid und die Schmerzen und die Verkrüppelung dieser Menschen, ich sah nur die Helden in ihnen und fühlte mich selbst wie ein Held, wenn ich neben ihnen gehen, sie stützen oder sie manchmal mit nach Hause nehmen durfte. Wir waren auf einmal alle Helden wegen der Helden, die draußen im Felde standen.

Dann kam für mich ein Einschnitt, den ich den ersten „Meilenstein“ meines Lebens nennen möchte. Ich war mit zehn Jahren zur ersten Heiligen Kommunion gegangen und anschließend Meßdiener geworden. Ich war ein eifriger Meßdiener, ich wage nicht zu behaupten, daß ich ein frommer Meßdiener war. Eines Tages erhielten meine Eltern einen Telefonanruf von unserem Pastor. Er bat meine Eltern, mich zu ihm zu schicken, er habe mir einen Auftrag zu erteilen. Als ich bei ihm ankam, übergab er mir einen Brief, den ich einer Frau bringen sollte. Ich sollte warten, bis die Frau den Brief gelesen hätte, und ihm dann die Antwort überbringen. Durch meine Tätigkeit als „Bäkkerjunge" kannte ich die Straßen unseres Viertels sehr gut, fand das Haus, schellte, und ich weiß noch wie heute, welch ein Schrecken mich überkam, als ich die Frau sah, die die Tür öffnete: hager, groß, ein Gesicht, das so starr war wie eine Maske, hart auch die Augen. Ich muß sagen, ich habe mich nicht wenig gefürchtet vor dieser Frau und vor diesem Blick. Als sie mich ziemlich barsch fragte, was ich wollte, sagte ich: „Ich komme von unserem Herrn Pastor und möchte Ihnen diesen Brief geben. Ich soll bei Ihnen auf Antwort warten." Die Frau nahm den Brief und bat mich herein. Sie las ihn, und als sie fertig war, brach eine Flut von Trauer, Trotz und Wut aus ihr heraus. Man muß sich das vorstellen: Ich war zwölf Jahre alt, noch ein absolut unerfahrenes Menschlein, jung und klein und mit all den Erwartungen an eine ungetrübte Kindheit – und nun erlebte ich diesen Vulkanausbruch! Die Frau stieß hervor: „Ich bin Witwe, und ich habe drei Söhne – drei Söhne gehabt. Alle drei sind in den Krieg gezogen. Der erste fiel 1916. Ich habe getrauert und gebetet, und ich habe gesagt: ‚Herr, erhalt' mir die beiden anderen!' Und immer und immer wieder war das der zentrale Wunsch meines Lebens. 1917 fiel mein zweiter Sohn. Ich habe eine schreckliche Furcht bekommen vor dem Gott, der Menschen so viel Böses antut. Und wieder habe ich gebetet, auf den Knien gelegen und gesagt: ‚Herrgott, nun erhalte mir wenigstens meinen letzten Sohn! Den letzten Sinn meines Lebens, den kannst du mir doch nicht nehmen!' Und jetzt, im Sommer 1918, ist auch er gefallen." Und dann schrie sie geradezu heraus: „Und das soll der Gott sein, der mich liebt? Der Gott, den ich Vater nenne? Geht mir mit diesem Gott! Und sag' deinem Pastor, ich hätte in Zukunft weder mit diesem Gott etwas vor noch mit ihm, dem Pastor. Ich begreife nicht, warum es einen Gott gibt, der solche Dinge zuläßt!" Ich stand noch eine Weile da wie versteinert, ging dann völlig verstört zu meinem Pastor zurück und meldete ihm, die Frau käme nicht zu ihm zu einer Besprechung, sie habe ihm nichts zu sagen.

Dieses Erlebnis war für mich ein ungeheurer Schlag. Auch ich hatte ja dem gütigen Gott gedient, dem Vatergott, dem, der uns Menschen doch, wie wir glauben, liebt! So wurde ich mit der grausamen Wirklichkeit vertraut, die auch den Menschen trifft, der gläubig ist. Der Schatten dieses Meilensteins, so weiß ich heute, hat mich begleitet mein ganzes Leben lang. Der Gott, dem ich bei diesem Erlebnis begegnete, war nicht mehr der Gott, an den ich kindlich geglaubt hatte, war ganz anders, wurde mir zum Rätsel, das ich lösen wollte. Ich begann, damals noch verwirrt und keimhaft, den wahren und wirklichen Gott zu suchen, der mir auch dann noch glaubhaft ist, wenn in meinem Leben Ereignisse eintreten, die mich mit den Vielen fragen lassen: Gott, wie kannst du das zulassen? Oder: Warum muß dieses Schicksal mich treffen? Und ein Zweites erkenne ich, wenn ich zurückschaue. Damals schon meldete sich bei mir, wenn auch noch unbewußt, der Drang, die Menschen besser kennenzulernen. Ich wollte erfahren, was für ein Mensch jemand ist, wollte hinter die Masken und die Klischees schauen, um ihm gerecht zu werden. Ich wurde ein stiller, aufmerksamer Zuhörer, um dadurch meine Sehkraft für den Kern des Menschen zu steigern, für das, was er in Wirklichkeit ist.

1918 war der Krieg vorbei. Ich erinnere mich noch an den Rückzug einer Division, die in meiner Heimatstadt über den Rhein gegen Osten marschierte. Die Revolution war ausgebrochen, und ich wunderte mich als Junge über die Diszipliniertheit, mit der diese Division zurückzog. Bei uns zu Hause kam der Vater zurück, der älteste Bruder kam zurück – doch vorläufig blieb die Not. Der Hunger war damals viel schrecklicher als der Hunger im und nach dem Zweiten Weltkrieg.

Ich war inzwischen auf einer Schule, die sich „Hubertinum" nannte, einer sogenannten Rektoratsschule, wie es sie damals in manchen Orten Westdeutschlands gab. Unsere war gegründet worden vom Ortsdechanten. Weltliche Priester, Studienräte und Referendare waren unsere Lehrer. Diese Schulen waren nur bis zur neunten Klasse, Obertertia, zugelassen. Danach mußte man sich bei einer staatlichen oder städtischen Schule zum weiteren Studium melden. Wir von der neunten Klasse hatten das Glück, daß unsere Schule während dieser Zeit von den Jesuiten übernommen wurde. Der Orden wollte das „Hubertinum" zum Vollgymnasium machen. So waren wir die ersten, die auf der Schule zum Abitur geführt wurden. Der Jesuitenorden war streng und stellte hohe Ansprüche. Wir bekamen das zu spüren.

Rudolf Peifer als Gymnasiast

Als wir in die zwölfte Klasse aufrückten, damals Unterprima, waren wir auf zehn Schüler zusammengeschrumpft. Da bot der Direktor der Schule, der zugleich unser Religions-, Latein- und Klassenlehrer war, unserer Klasse einen freiwilligen philosophischen Zirkel an. Es wäre für unser Leben gar nicht unwichtig, auch einmal in die Philosophie hineinzuschauen, da ja die meisten von uns das akademische Studium anstrebten. Nach der Stunde war uns allen klar: Wehe dem, der diesen „freiwilligen" Zirkel nicht mitmacht! Wir kannten unseren Direktor, dem wir heimlich den Beinamen „Sibylla" gegeben hatten, weil er so wunderschön das „L" rollen konnte, wenn er von „Sibylla" sprach. Alle waren sich einig: Der erwartet, daß jeder von uns dabei ist. Meine Mitschüler staunten nicht schlecht, als ich sagte: „Ohne mich! Ich mache nicht mit." Sie wollten mir zeigen, wie gut sie unseren Direktor kannten: „Um Gottes Willen! Was meinst du, was dir dann passiert!" Aber ich sagte: „Es ist mir gleich, was passiert. Der Zirkel ist als freiwillig angesagt, und ich entscheide darum auch frei-willig." Ich fügte als Begründung hinzu: „Ich habe so allerlei Pöstchen in der Schule, bin Schulsprecher, Spielführer der Fußballmannschaft, Präfekt der Marianischen Kongregation (eine Einrichtung, die in den Jesuitenschulen damals allüberall verbreitet war), und jetzt noch ein freiwilliger Zirkel? Das geht über meine Kräfte." Ich war kein besonders begabter Schüler und konnte mir bei all dem, was ich an Nebenbeschäftigungen hatte, nicht noch eine zusätzliche Veranstaltung leisten. Die Folge war, daß mein Direktor, der übrigens wußte, daß ich Theologie studieren wollte, wegen meiner Entscheidung tief gekränkt war. Ich wußte, obwohl er es zu verbergen suchte, daß er mich eigentlich mochte. Um so größer war deshalb seine Enttäuschung, daß ausgerechnet ich nicht mitmachte. Und dann hat er wohl nachgeschaut in den verschiedenen Schubladen seiner Philosophie, seiner Psychologie und seiner Pädagogik, und fand die Anweisung: Man packe solch einen Schüler bei seinem Ehrgeiz! Und das tat er dann auch. Er blamierte mich fast in jeder Religionsstunde, indem er mir immer wieder Fragen stellte, die im philosophischen Zirkel behandelt worden waren. Jedesmal schlug er, wenn ich nichts wußte, die Arme über dem Kopf zusammen und sagte ein bißchen ironisch: „Peifer, wären Sie im philosophischen Zirkel, dann wüßten Sie das alles!" Ich dachte: Wenn du meinst, mich auf diese Weise in den Zirkel holen zu können, hast du dich sehr geirrt! Ich denke gar nicht daran! Seine Worte rannen an mir herunter wie Wasser.

Wir kamen in die Oberprima, also die dreizehnte Klasse, an deren Ende das Abitur stand. Uns wurde erklärt, daß wir mit dieser Prüfung die staatliche Anerkennung erreichen würden, und deshalb würden alle unsere schriftlichen Arbeiten zunächst von unseren Lehrern zensiert und dann nach Koblenz zum zuständigen Schulamt geschickt, um dort nachzensiert zu werden. Außerdem würde jeder von uns in jedem Fach mündlich geprüft. Das Abiturjahr verging rasch. Inzwischen hatte der Direktor den „freiwilligen" Philosophie-Kurs auch der neuen Unterprima vorgeschlagen. Auch hier wagte keiner, nein zu sagen. Der einzige, der weiterhin nicht mitmachte, war ich.

Im Lauf der Schuljahre war meine Menschenerfahrung gewachsen. Zu meinem eigenen Erstaunen genoß ich großes Vertrauen bei meinen Mitschülern. Ich kam mir oft genug fast wie ein Beichtvater vor. Kein Wunder, daß ich mir auch Gedanken machte über meinen Direktor. Er, der große Schulmann, hatte den Ehrgeiz, sein Gymnasium vor aller Öffentlichkeit als Eliteschule zu präsentieren. Die erste große Möglichkeit dazu war das Abitur. Mir fuhr der Schreck in die Glieder: Klar, er würde seinen philosophischen Zirkel im Abitur unterbringen! Die einzige Möglichkeit dazu war das Fach Religion.

Unmittelbar vor mir sollte ein äußerst begabter Mitschüler geprüft werden, der Bruder des bekannten und berühmten Professors Oswald von Nell-Breuning – eine großartige Begabung, auch in Philosophie. Das Paradepferd würde aufgezäumt werden, daß es dem Oberschulrat vor Staunen sozusagen die Sprache verschlagen sollte! Meine Mitschüler glaubten mir natürlich kein Wort, aber genau das geschah. Von Nell wurde sehr gründlich in Philosophie geprüft und glänzte, ein Mann, der seine Sache wirklich verstand und viel wußte. Dann kam das Malheur. Der Oberschulrat sagte: „Lassen Sie den Nächsten fortfahren." Der war ich. Und nun wurde ich sozusagen geschlachtet für das große Ideal des Eliteschülers. Alle Fragen kamen aus dem Bereich der Philosophie. Ich weiß heute nicht mehr, was ich alles geantwortet habe in meiner Verzweiflung darüber, daß ich ausgerechnet im Fach Religion mit Pauken und Trompeten durchzufallen drohte.

Unser Oberschulrat brach das unfaire Verhör ab und sagte: „Danke sehr, lassen Sie mich fortfahren." Offensichtlich wollte er mir helfen, indem er nun wirklich auf das Fach Religion einging. Aber er stellte eine solch primitive Frage, daß es mich einfach umwarf: „Sagen Sie, Herr Kandidat, was muß ich tun,

ND-„Gaumeister“ 1928/39 (4. v. l.)

wenn ich in den Dritten Orden eintreten will?“ Ich fiel aus den Wolken der Philosophie in diese platte Frage, und ich weiß eigentlich heute noch nicht recht, was ich auf sie hätte antworten sollen. Ich hätte mir höchstens denken können: „Dann muß ich mich in dem Orden, den ich mir ausgesucht habe, melden.“ Aber mir kam es dermaßen simpel vor, so zu antworten, daß ich auf sein „Was muß ich tun?“ nur erschreckt zurückfragte: „Wer, Sie?“ In meinen Ohren dröhnte das Gelächter der Lehrer, die meine Frage gehört hatten. Auf einmal aber hörte dieses Gelächter wie abgeschnitten auf. Ich sah die rote Farbe im Gesicht des Oberschulrats anschwellen. Er blätterte nervös in meinen Papieren herum, um mir dann die Ohrfeige zurückzugeben, von der er glaubte, daß ich sie ihm hatte verpassen wollen. Nach diesem Blättern sagte er nämlich: „Ich sehe, Sie wollen Priester werden. Da muß ich aber etwas fragen: Wie kommt es dann, daß Sie in Religion ein so minimales Wissen haben?“ Nun, ich muß erklären, daß ich in meiner Jugend – und es hat lange gedauert, bis ich das einigermaßen im Griff hatte – sehr jähzornig war. Ich habe irgendeine freche Antwort gegeben. Ich war wütend über diese lapidare Feststellung, daß ich in Religion minimales Wissen hätte. Ich war doch in Philosophie geprüft worden, die überhaupt kein Fach war, das im Abitur geprüft werden durfte. Die eigentliche Religionsprüfung hatte nur aus einer einzigen Frage bestanden: „Was muß ich tun, um in den Dritten Orden einzutreten?" Eines war mir völlig klar: Ich war in Religion restlos durchgefallen. Meine größte Sorge war nicht dieses Versagen, sondern die Frage, was aus meinem Theologiestudium werden sollte. Damals, 1925, begannen die theologischen Berufe immer beliebter zu werden. Es wurden schon zu meiner Zeit nur zwei Drittel von denen, die sich zum Theologiestudium meldeten, angenommen, weil man die anderen nicht mehr unterzubringen wußte. In späteren Jahren, während der Nazi-Zeit, wurden sogar bis zu fünfzig Prozent der Bewerber abgewiesen. Damals wurden Geistliche aus unserer Diözese bis nach Ostpreußen, bis nach Passau und überallhin „verliehen", weil sie in unserer Diözese keinen Platz fanden. Verständlich, daß die Behörde sieben mußte. Welche Entscheidung würde bei mir fallen, wenn man mein Abiturzeugnis las! Da stand zwar „Turnen und Sport: sehr gut", aber „Religion" nicht, wie ich zunächst vermutet hatte, „mangelhaft" oder „ungenügend", sondern „genügend". Man konnte mir kein schlechteres Prädikat geben wegen meiner Jahresleistung. Aber ein „genügend" reichte ja auch, damit die Behörde sich vorstellen konnte, was ich für einer wäre. Aber siehe da, was ich nie für möglich gehalten hätte: Ich wurde angenommen! Erst vor einigen Jahren hat mir ein ehemaliger Mitschüler, als wir noch einmal auf diese Begebenheit zu sprechen kamen, verraten: „Weißt du das denn nicht? Damals hat einer der anderen Patres sich heimlich in Köln gemeldet und erzählt, wie dein ‚Religion: genügend' zustande gekommen ist."

Das war wieder ein Meilenstein an meinem Lebensweg: Da waren zwei Menschen, die mir absolut nichts Böses wollten, die aber die Höhepunkte ihres Lebens in etwas anderem sahen als ich: Des Direktors Wunsch war es, zu erleben, wie sich seine Schule zur Eliteschule vollendete. Von dem Oberschulrat habe ich hinterher erfahren, daß er Mitglied in einem Dritten Orden war, und so wurde mir verständlich, wie er es als Ohrfeige empfinden konnte, daß ich zu fragen wagte: „Wer, Sie?" Statt zornig zu sein und diese beiden Menschen abzulehnen, blieb ich auf dem Weg, in die Menschen zu schauen. Gewiß, die beiden waren anders als ich, hatten andere Ziele, aber waren sie deshalb böse Menschen? Hatten sie es böse mit mir gemeint? Von keinem von beiden konnte ich das sagen. Ich merkte, wie kompliziert es ist, als Mensch mit Menschen umzugehen und wenigstens zu versuchen, sie einigermaßen zu verstehen und nicht zu verurteilen.

Studienjahre

Bonn

Es kam die Zeit der Universität. Ich muß schon sagen, da war ich noch ein recht kindlicher Mensch mit meinen Vorstellungen. Ich freute mich auf diese Zeit, weil ich dachte: „Da wirst du sicher geradezu heiligmäßigen Menschen – genannt Professoren – begegnen." Ich konnte mir das nicht anders vorstellen, wenn man so viel mehr von Gott wußte und sich so viel besser bei ihm auskannte als ich. Was mußten die Professoren für großartige Christen sein! Meine Enttäuschung war riesengroß: Gewiß, es gab Professoren, die einen wirklich für das Leben geprägt haben – etwa die Professoren Rademacher, Tillmann, Ehrhard – aber es gab auch Professoren von einer Geisteskleinheit, die geradezu erschütternd war: Wie sie in den Vorlesungen einander kleinmachten, wie sie erklärten: „Da hat doch ein Kollege, ein Mitprofessor, verkündigt ...", und dann kam eine schneidende, oft lieblose Kritik. Hier lernte ich vor allem, wie verschieden die Menschen sind, wie unterschiedlich ihre Auffassungen sein können! Auf der einen Seite gab es diese Kleingeister, die meinten, die wahren Propheten zu sein. Auf der anderen Seite standen diejenigen, die wußten: Was sie zu verkünden hatten, war eine Frohe Botschaft, die die Schüler, die sie vor sich hatten, anging, und die ihnen Freude bringen sollte und den Mut, es mit Gott tiefer und intensiver zu wagen und zu versuchen.

Student der Theologie

Innsbruck

Nach dem ersten Semester in Bonn zog ich nach Innsbruck in das sogenannte „Canisianum“, ein internationales Institut für Theologiestudenten. Etwa 250 Studierende wohnten dort: Österreicher, Deutsche, Schweizer, Polen, Amerikaner, Kanadier, auch zwei Russen und ein Däne. Das Haus wurde von Jesuiten geführt, und auch die gesamte Professorenschaft der theologischen Fakultät bestand aus Jesuitenpatres. Mir fiel die erste Zeit dort sehr schwer. Ich hatte gemeint, einiges Latein gelernt zu haben. Als ich dann aber fast alle Vorlesungen in Latein hören mußte und gezwungen war, alle Prüfungen in Latein abzulegen, war es mit meiner Schulweisheit doch nicht mehr so weit her. Ich brauchte einige Zeit, bis ich so weit war, daß ich alles verstand.

Auch Innsbruck wurde ein Meilenstein in meinem Leben: Die Menschen aus den verschiedenen Ländern kennenzulernen, wie sie sich so deutlich, so augenfällig voneinander unterschieden, das war eine gänzlich neue Erfahrung. Da war ein Russe, groß, schlank, mit klugem Gesicht, der Diplomat gewesen war beim letzten russischen Zaren, ein anderer Russe, etwas kleiner, gedrungener, mit Vollbart, wie man sich damals einen russischen Popen vorstellte. Oder ein Japaner, mit dem ich mich so manches Mal unterhielt. Die naiven und kindlichen Amerikaner waren ein fröhliches Völkchen. Die Devise des Hauses hieß: „Cor unum et anima una“ – Ein Herz und eine Seele. Die Studenten aus all den verschiedenen Nationen sollten eine große Einheit der Liebenden sein – ein sehr schöner Vorsatz, aber doch schwer zu verwirklichen. Ich erlebte einen Amerikaner, der sich zur Betonung der Devise „Ein Herz und eine Seele“ auf seine Uhr ein Herz gemalt hatte, das ihn immer an den Grundsatz erinnern sollte. Im Hause war die Zucht außerordentlich streng, aber bei den Amerikanern war es mit der Disziplin nicht so weit her. So gab es eine Vorschrift: Nach dem frühen Aufstehen und der Toilette eine halbe Stunde Meditation, Morgengebet, anschließend eine Heilige Messe in der großen Kapelle, danach Frühstück, und erst nach dem Frühstück durfte gesprochen werden. Also die ganze Morgenzeit bis dahin, auch beim Frühstück selbst, sollte niemand sprechen. Gemäß dem Hausspruch sollten wir, wie wir eben aus der Kapelle herauskamen, uns im Speisesaal ohne irgendwelche besonderen Einteilungen oder Cliquenbildungen hinsetzen. Nur die

Amerikaner machten eine Ausnahme. Sie versammelten sich immer gemeinsam an einem der langen Tische, und begrüßten sich ausführlich: „Hallo, Charly ..." und so weiter. Natürlich erfuhr der Regens sehr bald, was die Amerikaner sich leisteten. Es kam zu einer fürchterlichen Philippika, so daß die Gescholtenen sich duckten wie die geprügelten kleinen Kinder. Nie vergesse ich dieses Bild: Die erschrockenen und erschütterten Amerikaner, die wahrscheinlich eigentlich hätten lachen müssen nach ihrer freien Auffassung, die sie sonst hatten. Nun, es ging dann auch ein paar Tage gut, aber so nach einer Woche war wieder alles beim Alten: „Hallo, Charly ...".

Ein anderer Menschenschlag waren die etwas düsteren Slawen, die schwer aufzuschlüsseln waren. Man kam sehr schlecht hinter das, was sie eigentlich dachten und wollten. Die Schweizer hatten wieder eine ganz andere Lebensart: Sie waren sehr tüchtig, zielbewußt und nüchtern. Bei den Deutschen gab es Verschiedenheiten zwischen der norddeutschen und der süddeutschen Landsmannschaft. Man fand bei den Hausbewohnern sehr verschiedene Arten des Geistes, des Gefühlslebens, eine Gesellschaft, in der man viel lernen konnte. Ich mußte mir in dieser Zeit viele falsche Vorurteile eingestehen. Was Gott doch für ein großes, buntes Feld von Menschen geschaffen hat, jeder mit seiner eigenen Art, zu denken, aber auch mit eigener Art, den Weg zu Gott zu suchen und zu gehen!

Von einem kleinen Meilenstein anderer Art möchte ich berichten. Ich war von Jugend an begeisterter Sportler, hatte Leichtathletik, Fußball und verschiedene mannschaftliche Sportarten getrieben. In Innsbruck trafen wir „Canisianer" uns manchmal auf dem Universitäts-Sportgelände und spielten Fußball. So geschah es denn einmal, daß in meiner gegnerischen Mannschaft ein Kommilitone stand, der ein begeisterter Fußballspieler war, aber leider technisch völlig unbegabt. Damals nannte man seinen Posten noch Mittelläufer, heute sind die Formationen ja anders gesetzt. Er hatte es mit mir zu tun und wußte sich nur zu wehren in seiner Steifheit, indem er mir absolut unbeabsichtigt immer wieder die verschiedensten Tritte versetzte. Er konnte nicht anders. Ich wußte: Er war einfach unbeholfen und versuchte, sich gegen meine Technik irgendwie zur Wehr zu setzen. Aber schließlich brach mein alter Adam durch, und gegen Ende des Spieles konnte ich mich nicht mehr halten und schrie ihn auf dem Spielfeld an. Dieser Mitspieler und Mitkonviktor war ein Spätberufener, wohl an die

Das Orchester des Canisianums in Innsbruck (letzte Reihe, 5. v. l., Hornist)

zehn Jahre älter als ich. Er stammte aus dem Norden Deutschlands, soweit ich mich erinnere, aus der Diözese Münster, war früher Schlossergeselle gewesen, hatte das Abitur nachgeholt und studierte jetzt Theologie. Er stand völlig verwirrt vor mir, als ich ihn anbrüllte. Als wir später nach Hause zogen, kam mir unterwegs der Gedanke: Was du da vollbracht hast, war ja auch nicht gerade gelebtes Christentum und große Liebe. Du hast diesen Mann, der viel älter ist als du, einen Mann, der im Leben viel mehr mitgemacht hat, heruntergeputzt, als wäre er ein kleiner Junge. Hast du schon einmal etwas davon gehört, daß man, wenn man sich so einen Fauxpas leistet, hingehen sollte, um sich zu entschuldigen und zu sagen: „Tut mir leid!"? Diese Überlegung ließ mir keine Ruhe, zumal ich meinen Wutanfall wirklich bereute.

Als wir zu Hause waren, suchte ich nach einiger Zeit das Zimmer meines Mitkonviktors auf, klopfte an, und da stand er in der Tür. Ich sehe ihn noch vor mir: ein etwas vierschrötiger

Mann mit einem breiten Gesicht und einer Brille, über die er immer so hinwegschaute, wenn er einen ansah. Er war erstaunt, daß ich junger Sprinter gekommen war. Was wollte der? Ich sagte zu ihm: „Hören Sie, ich habe Sie auf dem Spielfeld angeschrien und angebrüllt, obwohl ich genau wußte, daß Sie überhaupt nicht daran gedacht haben, mit unfairen Mitteln gegen mich aufzutreten, daß Sie also insofern keine Schuld hatten, und daß es absolut unberechtigt von mir war, Sie so anzuschreien. Ich möchte Sie um Verzeihung und um Entschuldigung bitten." Er schaute mich weiter über den Rand seiner Brillengläser an, zeigte gar keine besondere Erregung, sondern sagte nur nach einer kurzen Pause: „Ich bitte Sie, kommen Sie doch später noch einmal zu mir!" Ich ging weg wie ein begossener Pudel, weil ich diese Geste nicht verstand und mir sagte: Er hat dir also nicht verziehen! Nach einiger Zeit ließ er mich rufen. Da stand er vor mir und sagte: „Sie können ja gar nicht ahnen, was Sie da an mir getan haben! Nicht auf dem Sportplatz, sondern hinterher. Als Sie Ihr Anliegen vortrugen, habe ich nur gestaunt, daß so ein junger Studiosus, ein temperamentvoller Mensch, den Mut hat, aus seinem Christsein wirklich Konsequenzen zu ziehen und sich einzugestehen, daß der andere Mensch ihm nichts Böses hatte tun wollen. Sie dürfen mir glauben, Sie haben mir unendlich geholfen. Ich stand in einer Krise, weil ich nicht mehr wußte: Ist das Priestertum nun wirklich der Beruf, den du erstreben willst, oder ist er es nicht? Ich war im Zweifel, ob das Christentum überhaupt der richtige Weg ist. Und dann kommt auf einmal so ein junger Student, zweites Semester, und tut Dinge, die ich eigentlich für umwerfend halte. Es ist wohl gelebtes Christentum, wenn ein Mensch den Mut hat, zuzugeben: So nicht, wie du es getan hast. Bring die Dinge in Ordnung." Ich verließ damals meinen Mitkonviktor beschämt und zugleich beglückt von Gott. Daß mein Kommilitone aus dem, was ich für notwendig hielt und zu einer Selbstverständlichkeit in meinem Leben machen wollte, so viel mitnehmen konnte! Daß Gott aus kleinen Dingen solch überraschende Folgen entstehen lassen kann! Wieder wuchs in mir das Verlangen, in die Menschen zu schauen, um ihr Helfer zu sein. Ich wollte nie aufhören, unterwegs zu sein zu den Menschen.

Im Hause ging die Erziehung weiter unter der Devise „Cor unum et anima una". Eine Einrichtung gab es im Hause, die ich persönlich immer wieder als eine Art Martyrium empfand, der sogenannte „gesteckte" Spaziergang: Einmal in der Woche wurde uns nach dem Mittagessen verkündet, wer an diesem Nachmittag mit wem zusammen den Spaziergang machen sollte. Die 250 Konviktoren wurden in Dreiergruppen aufgeteilt. Also meinetwegen ein Slawe und ein Deutscher und ein Däne, die sich meistens noch gar nicht kannten, wenn sie noch nicht lange im Hause waren, und die dann auf den Weg geschickt wurden „zur Erholung". Es war eine Quälerei. Hatten sich die drei gefunden, stand die bange Frage im Raum: Finden wir überhaupt irgend etwas, was uns sprachlich verbindet? Geht es mit Deutsch oder mit Latein oder mit Französisch? Kam man zurück, war man das Gegenteil von „erholt", nämlich kaputt vor Anstrengung, mit den anderen irgendwie vernünftig ins Gespräch zu kommen. Was die Hausleitung mit dieser Einrichtung bezweckte, war klar: Jeder sollte mit jedem zurechtkommen. So wurden die Spaziergänge zu einer Prüfung, die auf Dauer einen Sinn hatte: Wir mußten uns bemühen, einander zu verstehen, auch wenn des anderen Art so grundverschieden war von der eigenen. Diese Zeit in Innsbruck hat mich viele Menschen kennenlernen lassen, die mit mir unterwegs waren zum Priestertum. Etliche von ihnen haben später im Leben der Kirche eine wichtige Rolle gespielt. Sie waren mir außerordentliche Helfer und Vorbilder auf meinem Weg – auch eine Gnade, die man erst empfindet, wenn man hinterher auf das zurückschaut, was einmal war.

Mit unseren Professoren war es so ähnlich wie mit den Bonner Dozenten: Die einen lehrten mehr oder minder das, was ihr Pensum von ihnen verlangte, und konnten uns wenig beeindrucken mit ihrer lahmen Theologie. Andere begeisterten uns für die Sache Gottes und für unser kommendes Priestertum. Auch sie standen immer wieder fragend vor Gott und den Menschen. Indem sie das offen zugaben, wurden sie durchsichtig in ihrem Charakter und in ihrer Haltung. Ich erinnere mich an einen Professor, der über das sogenannte Fegefeuer sprach, und dabei dozierte, das Fegefeuer sei eine Trennung von dem Gott, den man im Gericht erkannt habe als die endgültige Erfüllung aller Sehnsüchte und aller Wünsche des Menschen. Von ihm müsse man sich nun für einige Zeit trennen. Der Professor schloß die Vorlesung – ich hatte den Eindruck, er wollte uns damit alle Furcht vor diesem Fegefeuer nehmen – mit den Worten: „Eins muß ich Ihnen noch sagen: I wollt, i wär scho do." Er wollte damit wohl ausdrücken: Wenn es dieses Fegefeuer gibt, hat der Mensch Gott als das Ziel bereits erkannt. Das bedeutet doch Trost und die große Gewißheit, daß der Heimweg zum Herrn gewiß ist.

Häufig in meinem Leben habe ich den Satz gehört: „Jesuita non cantat“ – übersetzt: Der Jesuit singt nicht. Wie all solche Sprüche stimmt auch dieser nur teilweise, aber er hat einen wahren Kern: Es sind wohl weniger musische Menschen, die in den Jesuitenorden eintreten. Im Laufe meines Lebens habe ich viele Jesuiten und einige ihrer Niederlassungen und Kollegs kennengelernt. Dabei begegneten mir auch Ordensangehörige, die eine Menge von Musik verstanden oder Musikinstrumente spielten. Aber sie bildeten die Ausnahme. Bei uns im Canisianum war es jedenfalls nicht üblich, Musik als zum Leben gehörig zu betrachten. Wohl aber wurde sie gebraucht beziehungsweise mißbraucht als Ventil, um Stress und dicke Luft abzubauen. Weil so viel verlangt wurde an der Universität und im Hause, stieg in der Zeit vor den großen Examina, die, wie ich schon sagte, in Latein abgehalten wurden, die Nervosität im Hause bis auf den Siedepunkt. Es herrschte eine Stimmung, die unausweichlich zu Explosionen führen mußte. Zu diesen Zeiten wurde die Musik eingesetzt. Unter den 250 Theologen waren viele begabte Musiker. Einer von ihnen hat, als er zur Priesterweihe anstand, seinen Bischof gebeten, vorher noch sein Musikstudium zu Ende führen zu dürfen. Das wurde ihm gewährt. Nach dem Abschluß seines Musikstudiums ließ er sich aber doch nicht zum Priester weihen. Hermann Schröder wurde ein bekannter Musikprofessor. Seine Meßkompositionen werden auch heute noch gesungen. Er war zu meiner Zeit die Seele der Musik im Hause und stellte ein großes Orchester auf die Beine. Das war in diesen „Notzeiten“ ein Ventil für die strapazierten Nerven. Beim Spielen kamen wir zur Ruhe und erinnerten uns, daß es noch etwas anderes auf der Welt gab als Strenge und Zucht und Lernen und Examina machen. Die Musik half.

Wir hatten noch ein zweites Mittel zum Zweck der Erlösung vom Nervenstreß, den sogenannten „Floh“. Wie bekannt: Dieses Tier sticht nach Herzenslust, wo und wie es will. Ein Theologe durfte im Hause den „Floh“ mimen. Er hatte das Recht, seine Ansichten frei zu verkünden. Vor den Examina gab es eine Art karnevalistischer Veranstaltungen, in denen sogar Professoren und der Regens des Hauses, sonst unantastbare Personen, von dem „Floh“ gestochen werden durften. Der tat das auch meist mit großer Bravour. Das Gelächter und das kindliche Vergnügen – „Denen hat er es, haben wir es aber gründlich gegeben!" – half den Studenten tatsächlich, die Spannung etwas abzubauen und gelassener zu werden. Mir persönlich ging diese Art, die Musik und die dosierte Fröhlichkeit nur Mittel zum Zweck sein zu lassen, ganz schön auf die Nerven.

In der Rückschau auf die zwei Innsbrucker Jahre weiß ich längst, daß diese Zeit für mich ein Segen war. Dank bin ich schuldig dem Haus, denen, die es leiteten, und der theologischen Fakultät. Viel habe ich dort gelernt: zielstrebiges Arbeiten, fundiertes Wissen und klare Wertvorstellungen für meinen Weg zum Priestertum. Hoch zu schätzen ist auch der Gewinn an Menschenerfahrung bei dem täglichen Umgang mit Menschen aus so verschiedenen Völkern. In Innsbruck lernte ich auch den Dänen Knud Ballin kennen, woraus sich eine lebenslange Freundschaft entwickelte. Der jüdische Vater Knuds war Goldschmied und Maler gewesen und reiste Ende des letzten Jahrhunderts nach Süden. Er konvertierte im Dom von Florenz zum christlichen Glauben und ließ sich taufen. Später heiratete er eine französische Katholikin, die ihm fünf Kinder gebar, zwei Mädchen und drei Jungen. Die drei Söhne wurden Geistliche, zwei traten in einen Orden ein, der jüngste der Brüder, Knud, wurde Weltpriester. Die älteste Tochter heiratete und brachte sieben Kinder zur Welt. Die jüngste Schwester Knuds erlebte ich in Kopenhagen als Krankenschwester. Diese bildschöne junge Frau teilte mir einige Jahre nach meinem ersten Besuch in Dänemark mit, sie habe sich einer Ordensgemeinschaft angeschlossen, so daß bis auf eine Ausnahme alle Geschwister in den geistlichen Stand eingetreten waren. Bruder Knud, mein Freund, mußte, als Dänemark im zweiten Weltkrieg von den deutschen Truppen besetzt wurde, heimlich in einen Fischerort nach Schweden fliehen. Er war ja Halbjude, und als ich ihn zum ersten Mal im Canisianum sah, dachte ich sofort: Er sieht aus, wie das äußere Bild des Juden damals beschrieben wurde. Von ihm wird später noch zu berichten sein.

Mein Horizont wurde bei der Vielzahl der Menschen und den Begegnungen mit ihnen erheblich erweitert. Dazu trug auch die mir bis dahin unbekannte schöne Bergwelt der Alpen bei. Ich lernte dort Skilaufen, und einer meiner Mit-Theologen aus Kärnten, der das Bergführerdiplom hatte, brachte mir und anderen die Kunst der alpinen Kletterei bei. Man konnte dort ja sozusagen vor der Haustür kleine und auch große Bergtouren beginnen. Für die kurzen Pfingstferien hatten wir uns zu dritt vorgenommen, im Stubaital die Gipfel „Zuckerhütl“, „Wilder Pfaff“ und „Freiger“ zu besteigen. Diese Bergtour wurde zu einem Meilenstein besonderer Art. Die Höhe dieser Berge beträgt um die 3.500 Meter. Das Unternehmen war deshalb riskant, weil in diesem Frühjahr noch niemand die Gipfel bestiegen hatte, noch viel Schnee lag und die Hänge vereist waren. Wir wollten von der Berghütte aus, die wir abends erreicht hatten, am nächsten Morgen in aller Frühe unsere Kletterei zum „Zuckerhütl“ beginnen. Um vier Uhr früh lagen die Berge in tiefem Nebel. Wir mußten Stunden warten, bis wir den Aufbruch wagen konnten. Der Aufstieg zum vereisten „Zuckerhütl“ gelang. Danach wurde die Kletterei immer schwieriger. Wir kamen in die Dunkelheit hinein und verstiegen uns immer mehr. Um halb drei Uhr morgens saßen wir dann fest. Kein Vorwärtskommen mehr, Rückkehr auch nicht – uns blieb nur eine Möglichkeit: Abstieg über eine steile Eiswand auf einen Gletscher, an dessen unterem Ende eine italienische Hütte liegen mußte. Langsam und mit großer Mühe gelang dieser sehr schwierige und gefährliche Abstieg, die Hütte wurde gefunden. Nach kurzem Schlaf kehrten wir ins Canisianum zurück. Zwei oder drei Tage später erhielt ich einen Brief meiner Mutter: „Was war in jener Nacht um halb drei? Was ist passiert? Schreib' mir sofort, was geschehen ist! Ich bin zu dieser Zeit mit Angst und Schrekken aufgewacht und sah Dich in einer tödlichen Gefahr.“ Ich war tief erschüttert. Es gibt doch völlig unbegreifliche Dinge zwischen Himmel und Erde!

Tübingen

Nach dem Sommersemester 1927 verließ ich Innsbruck und ging für die nächsten zwei Semester nach Tübingen. Es wurde für mich eine bedeutsame Zeit. Unvergeßlich für mein ganzes weiteres Leben waren einmal die Begegnung mit dem Tübinger Professor Karl Adam, der wohl der beste Dogmatiker jener Jahre war, und dann das Zusammenleben mit einem Kreis etwas älterer Theologiestudenten, die sich dort zusammenfanden. Dabei waren zum Beispiel Heinrich Kahlefeld, einer der Mitbegründer der Oratorianer in Deutschland, Klemens Tilmann, der ein hervorragender Katechet wurde, Mitgestalter des sogenannten „grünen“ Katechismus der 50er Jahre, und Otto Spülbeck, der Bischof von Meißen in der Ostzone, der späteren DDR, wurde. Kahlefeld, vielfältig begabt und in Kunst und Kultur zu Hause, wurde der Mittelpunkt unseres kleinen Kreises. Stark geprägt war er von Romano Guardini und der liturgischen Bewegung, die von Maria Laach und den dortigen Mönchen ausging. Klemens Tilmann war religiös tief verankert. Erfrischend einfach konnte er Glaubenswahrheiten verkünden und interpretieren. Schon damals war zu erkennen, daß er einmal ein vorzüglicher Pädagoge für Kinder und Jugendliche werden würde. Herzerfrischend war seine Natürlichkeit, seine Überzeugungskraft groß, fast unwiderstehlich, weil sie geradezu greifbar aus tiefer innerer Überzeugung kam. Die Mischung der vielen verschiedenen Talente, die daraus resultierende Vielschichtigkeit der Gesprächsansätze machte unsere Runden jedesmal hochinteressant.

Die Klammer dieser bunten Gemeinschaft war wohl, daß wir alle aus der Jugendbewegung kamen, vor allem von den Neudeutschen und den Quickbornern, und alle beeindruckt waren von Guardini. Alle hatten sich begeistert an dem Schlesier Joseph Wittig, dem großen Betoner der Kirche der Liebe. Jeden Tag feierten wir zusammen die Liturgie. Bei unseren Zusammenkünften stellte uns Heinrich Kahlefeld auch Aufgaben. Jeder hatte eine Predigt vorzubereiten, die dann vorgelesen wurde. Alle sollten ihre Meinung dazu sagen. Auch das erweiterte unseren persönlichen Horizont. Bei dieser Runde war ich immer mehr ein Beschenkter als ein Schenkender, mehr ein Hörender als ein Sprechender. Die führenden älteren Studenten waren mir doch ein Stück voraus. Gemeinsam besuchten wir unsere Veranstaltungen in der Tübinger Universität. Die Vorlesungen von Professor Karl Adam wurden zu unvergeßlichen Erlebnissen, die unsere Entwicklung zum Priestertum prägten. Seine Dogmatik, die Lehre vom Glaubensinhalt, war nicht starr und spulte Glaubenslehren nicht einfach ab. Sie war vielmehr voller Dynamik, sozusagen voller Griffigkeit, und half, eine wahrhaft Frohe Botschaft zu verkünden und Freude zu finden an unserem Vatergott. Manche seiner Aussagen unterstrich Adam durch Erlebnisse aus seinen jungen Priesterjahren. Dabei konnte er richtig „entgleisen“. So sprach er einmal von einem Pfarrer, der nichts verstanden, dessen Predigten Drohbotschaften gewesen und dessen Ideal der Kirche Christi eine Gesetzeskirche gewesen sei. Da schäumte er über und sagte: „Wäre ich Bischof, solche Typen würde ich mit der Hundepeitsche aus meiner Diözese jagen!“

Als er über die sogenannten Sterbesakramente sprach, also Bußsakrament, Wegzehrung und Krankensalbung, brachte er ein Erlebnis aus seiner eigenen Kaplanszeit ein. Er war zu einem schwerkranken Mann zur Sakramentenspendung gerufen worden. Man sagte ihm dazu: „Machen Sie sich auf einiges gefaßt, dieses Schäfchen ist nicht ohne!" Er machte sich aber mutig auf den Weg. Der Mann fuhr den jungen Kaplan gleich beim Eintreten an, er solle sich verziehen, mit den Pfaffen habe er nichts am Hut. Kaplan Adam versuchte, dem Kranken trotz dessen Gegenwehr zu erklären, welch kostbare Geschenke von Gott er ihm zu bringen habe. Der Kranke sei immer ausfallender geworden, habe zuletzt sogar seine Bettdecke beiseitegeschoben und ihm den blanken Po gezeigt. Wir hörten voller Spannung zu, und der Kaplan-Professor setzte seinen Bericht fort: „Wissen's, was ich dann getan habe? Ich habe ausgeholt mit der rechten Hand und habe ihm mit aller Kraft eine auf seinen blanken Hintern geklebt. Wissen's, was dann geschah? Er hat sich zu mir herumgedreht, die Bettdecke wieder brav über sich gezogen und dann gesagt: ‚Sie sein's der Richtige für mich.'" Der junge Kaplan hat dann mit Erfolg die Bedeutung der Sterbesakramente einem „beigebracht", der angeblich gar nicht bekehrbar gewesen war zur Freude an Gott. An unser frohes Lachen in dieser Vorlesung denke ich noch heute gerne zurück. Bekehrung auf bayerisch-oberfränkisch.

Von Tübingen nahmen wir alle aus diesem Kreis eine Menge Mut mit in unsere Zukunft und neue Zuversicht, die Frohbotschaft verkünden zu können auch in jener schweren Zeit der ausgehenden 20er Jahre.

Wieder in Bonn

Zum Wintersemester 1928 begann mein letztes Theologenjahr im bischöflichen Konvikt in Bonn. Die Professoren waren fast alle noch „an Deck", und in unserem „Kasten", wie wir wenig liebevoll unser Theologenkonvikt nannten, hatte sich auch kaum etwas verändert. Unsere Unterbringung im Hause war – zurückschauend – spartanisch einfach, was ich nie als besonders bedrückend empfunden habe. Die Zeit damals war recht dunkel, das Leben schwer und hart. Der Direktor unseres Hauses war streng, wurde aber doch mehr oder minder von uns angenommen. Wir akzeptierten ihn als einen Priester, der lebte, was er glaubte, und der für uns damit glaubwürdig wurde. Aus meiner Sicht war er ein guter Direktor des Konvikts, streng in seinen Anforderungen, aber das nicht ohne Humor. Bei so einem gab es keine Winkelzüge. Er war ein vorbildlicher, frommer Priester.

Wenn – besonders seit Mitte der 60er Jahre – vom Zwangs-Zölibat geredet wird, so kann ich dazu nur sagen: Ich wollte Priester werden und wußte, welche Voraussetzungen dafür gegeben waren – unter anderem eben der Zölibat. Man hat in unserer Erziehung zum Priestertum nie den Eindruck erwecken wollen, der Weg dahin sei problemlos, im Gegenteil, man versuchte, uns zu erklären, auf welches Abenteuer wir uns da einließen. Auch unser Direktor ließ keine Zweifel darüber aufkommen, welche Tücken und Fallen auf unserem Weg warteten. Bei allem Ernst seiner Ansprachen, „Philippikas“ nannten wir sie, kam auch der Humor nicht zu kurz. An zwei solcher Beispiele kann ich mich noch gut erinnern. Er erzählte, da sei ein Theologe aus dem Haus zu ihm gekommen und habe geklagt, er habe solche Glaubenszweifel, daß er sich unklar sei, ob er zum Priestertum berufen sei. Die Stimme unseres Direktors schwoll ganz schön an, als er sagte: „Und denken Sie sich, meine Herren, heute morgen sehe ich – ich traue meinen Augen nicht – unseren Theologen Arm in Arm mit seinem Glaubenszweifel über eine Wiese gehen.“

Die für uns eingehende Post wurde in einem Gang des Hauses auf einem großen Tisch ausgebreitet. Während wir an der Uni die Vorlesungen besuchten, sah der Direktor nach, ob sich bei der Post etwas Auffälliges befand. Eines Tages entdeckte er ein Exemplar des Wochenblattes „Kladderadatsch“, einer damals sehr bekannten humoristisch-satirischen Berliner Illustrierten. Das Blatt vertrat eine nationale Richtung und erstarrte nicht gerade in Ehrfurcht vor kirchlichen Einrichtungen. Abends donnerte unser Direktor los: „Empörend, was sich da ein Priesteramtskandidat geleistet hat! Er bestellt sich wahrhaftig den ‚Kladderadatsch‘ ins Haus!“ Nachdem er sich gründlich gegen dieses Blatt ausgesprochen hatte, schloß er mit dem Satz: „Meine Herren, da haben Sie den Kladderadatsch“ – Pause – „vom ‚Kladderadatsch‘!“ Wir konnten uns des Schmunzelns nicht erwehren.

Dieses Jahr 1928 hat mich unruhig gemacht. Irgend etwas lag in der Luft, noch nicht recht greifbar, noch nicht vorstellbar. Mir schien nur, es komme etwas Neues; etwas Unheimliches bahnte sich an. Merkwürdigerweise fiel mir das zum ersten Mal beim Unisport auf. Unser Konvikt hatte recht gute Fußball-, Handball- und Faustballmannschaften. Im Faustball wurden jedes Jahr die Hochschulmeisterschaften ausgetragen. Viele Studentenverbindungen, farbentragende und nicht farbentragende, die Turnerschaften der Universität und auch wir Theologen meldeten uns zur Unimeisterschaft. Der Sportprofessor höchstpersönlich setzte fest, welche Mannschaften zu Beginn gegeneinander antreten sollten. Die Zeitungen berichteten, daß die erste Begegnung zwischen der Mannschaft einer jüdischen Korporation und der unseres Hauses stattfand. Wohl kein Spiel der ganzen Runde hatte so viele Zuschauer wie dieses. Ein Teil davon hielt das Ganze für einen interessanten Witz, der andere Teil zeigte unverhohlen Hohn und Spott und begleitete jeden gelungenen und jeden mißlungenen Schlag mit Gelächter oder bitterbösen, bissigen Bemerkungen. Für uns Spieler hüben wie drüben war es schwer, die Nerven zu behalten. Daß wir gewannen und schließlich bis ins Endspiel vordrangen, hat höchstens statistischen Wert. Deutlich zu spüren war, daß weder die jüdische noch die katholische Mannschaft die Sympathie der Zuschauer besaß.

Eine ähnliche Geschichte erlebte ich bei den Leichtathletikmeisterschaften der Universität. Ich war ein ganz guter Sportler und meldete mich für den Fünfkampf, in dem ich mir Chancen ausrechnen konnte. In drei der Disziplinen lag ich ganz vorn. Ein Kuriosum sei hier noch erwähnt, das die Armut jener Zeit zum Ausdruck bringt: Alle Rennen, die ich bis dahin gelaufen, alle Höhen und Weiten, die ich bis dahin gesprungen war, hatte ich in ganz normalen Turnschuhen erreicht. Rennschuhe oder Spikes konnte ich mir nicht leisten. Als ich zum 100-Meter-Lauf, einer der Disziplinen, die zum Fünfkampf gehörten, antrat, bemerkte einer meiner Konkurrenten, der diese Disziplin schon hinter sich hatte: „Sie haben keine Spikes? Versuchen Sie es mal mit meinen Rennschuhen!“ Dieser nette Kameradschaftsakt zahlte sich aus. Ich lief die 100 Meter in der Bestzeit des Tages, die sogar besser war als die Siegerzeit im 100-Meter-Einzellauf. Nach meinen Berechnungen mußte ich unter den ersten dreien des Fünfkampfes sein, wenn nicht der Erste überhaupt. Meine Enttäuschung war groß, als ich am nächsten Tag die Resultate der Unimeisterschaften las. Die zehn Ersten des Fünfkampfes wurden dort aufgeführt. Mein Name war nicht dabei. Ich wußte sofort, daß ich verschaukelt wurde: Ein Theologe als Sieger, das war offenbar undenkbar. Mein Gang zum Sportprofessor nützte nichts. Er sah nach und stellte dann fest, ich stünde an 11. Stelle. Die Unverschämtheit dieser Aussage stand ihm ins Gesicht geschrieben. Mein Fehler bis heute: Maßlos freche, verlogene Aussagen machen mich meist sprachlos.

Auf denkwürdige Art erhielt ich dennoch Genugtuung. Im selben Jahr wurden in Köln die westdeutschen Hochschulmeisterschaften ausgetragen. Mein Erstaunen war groß, denn ich erhielt von dem Sportprofessor die Nachricht, er habe mich für die westdeutschen Hochschulmeisterschaften angemeldet – für den Fünfkampf. Wes Geistes Kind war doch dieser armselige Tropf! An seiner Universität durfte ich nichts werden, so in dem Sinne: Wo kommen wir denn hin, es ist doch undenkbar, daß ein katholischer Theologiestudent Meister in einer großen Sportdisziplin an dieser Uni wird! Jetzt befand er sich in einem Dilemma. Es mußte ihm klar sein: Es hatte nur Sinn, die wirklich besten Sportler seiner Universität nach Köln zu schicken bei der so vielfach erweiterten Konkurrenz der gesamten westdeutschen Hochschulen. Die Ehre seiner Uni stand auf dem Spiel. Die zu Unrecht nach oben Gehievten halfen da nicht mehr. Also begab er sich auf den Rückzug und meldete mich zur Westdeutschen an. Vielleicht hat er sich sogar eingebildet, ich wäre am Ende stolz darauf, gemeldet zu werden. Ich lehnte ab, muß aber gestehen, daß das Ganze für mich eine Genugtuung war, weil der Professor damit indirekt zugab, daß er mich verschoben hatte. Ich schlug einen anderen Theologen vor, der auch ein guter Leichtathlet war. Er wurde statt meiner gemeldet und erreichte immerhin den fünften Platz in dieser Disziplin.

Im Konvikt gab es unter den Theologen zwei Lager. Die einen waren die „Farbentragenden", die den verschiedenen Hausverbindungen nach Art der Studentenverbindungen angehörten, und die anderen kamen aus der Jugendbewegung: Neudeutsche, Quickborner, Wandervögel. Die beiden Lager waren einander nicht besonders „grün". Dann gab es noch einen Winzling, eine kleine Theologengruppe, zu der auch ich gehörte, die sich keiner der beiden großen Brüder anschließen mochte. Wir waren häufig zusammen, unternahmen viel und führten eine Art Sonderdasein. Unsere kleine Gemeinschaft fiel eines Tages einem Jungtheologen auf. Er fragte einen Älteren, was das denn für ein auffälliger Klub sei. Der humorige Student antwortete verschmitzt: „Das ist der Mösche-Klub.“ Mösch ist der rheinische Ausdruck für Sperling oder Spatz. Der Fragende bohrte weiter: „Was hat diese Namensgebung für einen Sinn?“ Der Ältere spann seinen Faden weiter: „Wissen Sie, das ist nämlich kein Verein, keine studentische Korporation, die haben keinen Vorstand, keine Satzung, aber die picken sich überall das Beste heraus – eben wie Spatzen: die Mösche.“ Von da an trugen wir den Namen „Mösche-Klub“. An Zahl kamen wir nie über 20 bis 25 heraus. Wir warben nicht. Wer wollte, konnte kommen und konnte auch wieder gehen. Der Stamm jedenfalls hat jahrzehntelang zusammengehalten.

Bensberg

Nach dem letzten Konviktsjahr und Prüfungen in den verschiedenen Fächern der Theologie hieß der neue Lebensabschnitt: zwei Jahre Priesterseminar und Vorbereitung auf die Priesterweihe. Unser Seminar lag am Rande der Kölner Bucht in Bensberg auf einer Anhöhe. Man konnte leicht auf den Gedanken kommen, daß es wie eine nicht zu übersehende Burg Gottes war, die weit ins Land sehen ließ. Das Seminar war großzügig und solide gebaut und gerade bezogen worden. Die Vorderfront des Gebäudes bot, wenn man von der Straße auf einem ziemlich steilen Serpentinenweg hinaufstieg, einen imposanten Anblick. Eine breite Fassade wurde in der Mitte unterbrochen von einem zweiseitigen Treppenaufgang, der zu einem eindrucksvollen Portal führte. Von dort hatte man einen prächtigen weiten Blick in die Rheinebene. Gleich hinter dem Haus begann ein schönes Waldgelände, das Gelegenheit zu erholsamen Spaziergängen bot. Die Kapelle lag an der Hinterfront zur Waldseite hin. Das große Innere des Hauses barg die Hörsäle, Besuchszimmer und die Wohnungen der Hausleitung. An breiten Gängen lagen unsere Einzelzimmer, die für die damaligen Verhältnisse recht ansprechend waren, wenn auch natürlich nicht vergleichbar mit Einrichtungen der heutigen Zeit. Dazu gab es noch ein Appartement für den Bischof, wenn er gelegentlich im Hause weilte. Diese Skizze möge genügen als Beschreibung des äußeren Rahmens für das Leben der Menschen im Seminar.

Die wichtigsten Männer für uns Priesteramtskandidaten waren der Leiter des Hauses, der Regens (= der Regierende), und sein Stellvertreter, der Subregens. Der erste hatte einige Kaplansstellen und zwei Pfarrstellen hinter sich gebracht und wurde als Dechant im April 1929 zum Regens des Priesterseminars berufen. Er war 50 Jahre alt, als ich mit zehn weiteren Kommilitonen ins Haus kam. Es ging ihm der Ruf voraus, ein guter, angesehener Seelsorger gewesen zu sein. Sein Stellvertreter, ein Doktor der Theologie, war einen mehr wissenschaftlichen Weg gegangen, bis er 1929 seine Seminarernennung bekam. Diese beiden Herren sollten das religiös-asketische Gesicht des Hauses und seiner Bewohner prägen. Die Professoren, die ihre Vorlesungen in den verschiedenen theologischen Disziplinen hielten, hatten für die wissenschaftliche Bildung zu sorgen.

Wenn ich nun einen Rückblick wage auf jene zwei letzten Jahre vor meiner Priesterweihe, dann weiß ich, daß ich mich auf Glatteis begebe, weiß ich, daß manche Mitbrüder jene Seminarzeit positiver erlebt haben als ich. Für mich war es auf jeden Fall eine grausame Zeit. Lange habe ich gezögert, ob ich sie überhaupt beschreiben sollte. Aber mir geht es doch bei der Gesamtkonzeption dieses Buches im Wesentlichen um Begegnungen mit Menschen, die Bedeutung hatten für mich, die zu Meilensteinen meines inneren Wachsens wurden. Es besteht kein Zweifel, daß diese Zeit und ihre Menschen mir bei der Selbstfindung wesentlich halfen.

Ich empfand das Seminar als eine Art Kaserne mit strenger Kadettenerziehung oder auch als eine Art von Gefängnis, aus dem es kein Entrinnen gab – oder war es mehr eine Kinderverwahranstalt? Das bedeutet keine Verurteilung meiner damaligen Erzieher und Lehrer. Damals wie heute wußte und weiß ich: Diese Männer waren integre Priester, ich hüte mich, sie anzuklagen. Sie alle wollten für uns das Beste, daran habe ich nie gezweifelt. Freilich auch nicht daran, daß auch gutmeinende, wohlwollende Menschen, denen man nichts nachträgt, Unheil bewirken können. Wir hätten doch erzogen werden sollen zu selbst- und verantwortungsbewußten Priestern, die sich einer düsteren Zeit mit ihren total verunsicherten Menschen stellen konnten. Wir aber wurden behandelt wie Kinder, die man an der Hand halten muß bis zum letzten Augenblick. Die bis ins einzelne ausgearbeitete Hausordnung präzise einzuhalten, war das A und O unserer zwei Jahre. Wer die Weisungen übertrat, sollte seine Untat freiwillig beim Regens gestehen. Das gehaltene Gesetz wurde angesehen als Seligsprechung und der Garant für ein gutes kommendes Priesterleben. Was brauchte ein Priester mehr als strenge Gesetzestreue, was brauchten die Menschen „draußen" mehr zum Leben als Gesetzehalten? Für mich wandelte sich die Frohbotschaft von der Freude an Gott, gegeben durch die Menschwerdung des Gottessohnes, zur Drohbotschaft.

Wir elf Neuen wurden gleich mit der Hausordnung vertraut gemacht. Der Tagesablauf war total verplant, und es galt, die angesetzten Zeiten minutiös einzuhalten. Hier seien nur einige Vorschriften genannt, für die mir das Verständnis fehlte: Für den Nachmittag war eine längere Studierzeit vorgesehen. Es galt das Gesetz: „In diesen Stunden gibt es nur eines: Studieren! Sonst hat dort nichts anderes Platz." Ein harter Brocken für mich! Ich wußte, daß ich es nicht schaffen würde, eine so lange Zeit konzentriert zu arbeiten. Ich brauchte Pausen zwischendurch, dann kam für mich mehr dabei heraus. Der ernstlich um unser Seelenheil besorgte Regens fühlte sich zur Kontrolle der Gesetze verpflichtet. Eines Tages besuchte er sein neues erstes Semester, alle elf hintereinander, zu dieser Studierzeit. Es muß für ihn ein Schrecken gewesen sein zu sehen, daß etliche von uns nicht gesetzesgetreu lebten. Mich erwischte er beim Briefeschreiben; von einem anderen weiß ich noch, daß der Regens ihn Obst essen sah. Wir bangten vor dem, was nun geschehen würde.

Am nächsten Morgen erlegte uns der Subregens auf, neben unserem normalen Studium in den nächsten 14 Tagen eine Predigt auszuarbeiten und sie ihm einzureichen. Diese Arbeit sollten wir freiwillig auf uns nehmen. Diesen Trick hatte ich ja schon in der Schule erlebt: freiwillige Arbeit, aber wehe dem, der sie nicht ausführt! Mein Studium war völlig ausgefüllt. Wenn die Arbeit schon freiwillig war, dann ohne mich! Aus dieser meiner Entscheidung machte ich keinen Hehl. Mich amüsiert noch heute, wie alle meine Kommilitonen über mich herfielen: Ob ich denn nicht den guten Willen unseres Subregens sehe, wie er doch erwarten dürfe, daß wir auf dieser Basis mitziehen würden? Vergebens versuchte ich ihnen klar zu machen: „Merkt ihr denn nicht, daß er uns über's Ohr hauen will mit dieser süßen Tour? Er hat doch nicht die Spur zu verbergen versucht, daß es in Wirklichkeit eine Strafarbeit ist, eine zusätzliche Arbeit für uns, die wir doch ohnehin völlig ausgelastet sind!" Ich wurde von allen zehn Mitbrüdern, die meinen Argumenten verständnislos gegenüberstanden, in die Zange genommen. Schließlich aber überzeugte ich sie doch. Das Ende vom Lied war, daß meines Wissens keiner diese „freiwillige" Arbeit abgegeben hat.

Es gab manche geradezu unsinnigen Anordnungen. Unser Subregens lehrte Homiletik, die Lehre von der Verkündigung. Einer seiner Merksätze hat mich fast mein Priestertum gekostet. Er lautete: Es gibt nur eine einzige Art der Predigtvorbereitung: den Text aufschreiben, immer wieder an ihm feilen und feilen, ihn dann wortwörtlich auswendig lernen und ihn so verkünden. Als ich diesen Satz in der Vorlesung hörte, blieb mir fast das Herz stehen. Ich wußte, daß ich das niemals fertigbringen würde. Der Grund: Ich hatte von Kind an ein miserables Gedächtnis. Für einen, der an einer Hochschule studieren wollte, war das eine ganz harte Nuß. Dazu bin ich, so glaube ich wenigstens, ein solider, aber langsamer Denker.

In den zwei Seminarjahren hatte man nur zweimal Gelegenheit zu predigen: einmal vor der gesamten Seminarbelegschaft, den wohl 150 Presbyteranden, und das zweite Mal entweder in der großen Pfarrkirche des Ortes oder in einer kleinen, behelfsmäßigen Barackenkirche. Bei der Predigt im Seminar durfte man sich selbst das Thema suchen und mußte vorher angeben, welche Art von Zuhörern man sich dabei vorstellte: Arme oder Reiche, schlichtes gläubiges Volk oder eher akademisches Publikum. Als ich mit der Hauspredigt an der Reihe war, gab ich als Thema Matthäus 6,25–34 an. Die Jerusalemer Bibel überschreibt dieses Teilstück mit „Hingabe an die Vorsehung". Prägend war für mich dabei der Vers 26: „Schaut auf die Vögel des Himmels: Sie säen nicht, sie ernten nicht und sammeln nicht in die Scheunen, und euer himmlischer Vater ernährt sie. Seid ihr nicht viel mehr wert als sie?" Die Gemeinde, die ich mir bei dieser Predigt vorstellte, sollte arm sein mit vielen Arbeitslosen. Ich schrieb meine Ausführungen nieder und feilte an diesem Text herum, bis er endgültig stand. Fünf Tage lang habe ich mich bemüht, das Ganze auswendig zu lernen. Vergeblich, denn ich blieb beim Vortrag vor all den Seminaristen des Hauses fünf oder sechsmal heillos stecken. Der Homiletikprofessor, der mein Konzept in der Hand hielt, half mir jedesmal ruhig und gelassen auf die Sprünge, aber am Ende dieser Tortur war ich totenbleich und am Boden zerstört.

Den Rest gab mir dann, was ich sonst in diesen zwei Jahren nie mehr erlebt habe: Normalerweise forderte der Professor die Kommunität auf, zu der Predigt Stellung zu nehmen. Es wurde stets hart kritisiert: Stimme, Aussprache, Gestik, Inhalt. Dieses eine einzige Mal meldete sich keiner zur Kritik, wie sehr der Professor auch lockte. So fühlte er sich selbst gedrängt, etwas zu sagen. Kein einziges Wort des Tadels oder des Vorwurfs, im Gegenteil, er ging lobend auf den Inhalt, die Aussagekraft meiner Predigt ein. Alle diese Männer meinten es gut mit mir, wollten mich offensichtlich in meiner Niederlage schonen und dachten wohl: „Der kippt um, wenn wir ihn nun auch noch kritisieren." Damals wie heute fand ich dieses Verhalten zwar vorbildlich, aber für mich war es schrecklich. Ich kam mir vor wie ein aussichtsloser Fall, ein Mauerblümchen, das man nicht anrühren durfte, damit es nicht umfiel. Ich würde nie lernen, ein guter Botschafter Gottes zu werden, weil mir mein Gedächtnis immer einen Strich durch die Rechnung machen würde!

Diese Furcht wurde zu einem Prüfstein meines Priesterberufes. In der Seelsorge draußen würde ich ja keine Zeit haben, fünf Tage in der Woche meine Predigt auswendig zu lernen – dafür wollte ich auch nicht Priester werden. Warum wurde uns damals nicht gesagt: „So sieht die beste Form der Predigtvorbereitung aus – wenn man ein gutes Gedächtnis hat. Wer dies nicht hat, der sollte aber das grundlegende Anliegen begreifen: auf keinen Fall unvorbereitet auf die Kanzel gehen und nicht einfach Aufgeschriebenes ablesen!" Natürlich war es sinnvoll, zu lernen, ohne Konzept oder sonst etwas Schriftliches in der Hand zu predigen. Aber es gibt sicher noch andere Möglichkeiten, ansprechend und gut zu predigen, ohne daß man eine Predigt Wort für Wort auswendig lernt. Auch in diesem Punkt wurden wir im Seminar wie unmündige Kinder behandelt, nicht aber wie Männer, die sich darauf vorbereiteten, der Welt, wie sie war, Weg, Wahrheit und Leben zu weisen. Wie mager war die Kost, die wir mit auf den Weg bekamen, um dieses Leben zu meistern!

Vieles an der Hausordnung war für mich ein groteskes Kuriosum. An allen Ecken und Enden spürte man, wie wenig Vertrauen uns doch entgegengebracht wurde. Wenn der Spaziergang angesetzt war, durfte sich niemand allein auf den Weg machen; man mußte immer in Begleitung wandern. Geschäfte draußen durften nicht besucht werden. Es war verboten, das Zimmer eines anderen aufzusuchen. Nach dem Mittagessen war Erholung im Wäldchen auf dem Hausgelände angeordnet. Nach festgesetzter Zeit erst durfte man auf sein Zimmer gehen, sich aber beileibe nicht aufs Bett legen, um vielleicht ein Nikkerchen zu halten. Strenges Verbot!

Da Studien und Prüfungen uns hart forderten, all die Einengungen uns doch stark auf die Nerven gingen, stieg jeweils gegen Ende des Semesters der Unruhepegel beträchtlich. Da der Vorstand, ich bin dessen fast gewiß, sich selbst an die uns verpaßte Verfassung hielt, zeigte auch er Einsicht. Folgende Erleichterung wurde verkündet: Wer sich mittags zur vorgeschriebenen Zeit auf sein Zimmer begab, könne sich an seinen Tisch setzen, die Ellenbogen auf ihn stützen und vor sich hin dösen. Er solle aber dabei seinen Schlüsselbund in der Hand halten, so daß, wenn er dann wirklich einzuschlafen drohe, der automatisch aus der Hand fallende Schlüsselbund ihn noch rechtzeitig davor bewahre. Inzwischen wußte ich: Hältst du dich exakt an all die Regeln, bist du treu und brav, gehst du als Nervenbündel in dein Priesterleben, von Anfang an als Wrack. Willst du das nicht, dann mußt du wagen, „gefährlich" zu leben, also auf's Spiel zu setzen, daß du aus dem Seminar fliegst. Als mein Entschluß gefaßt war, huschte ich jeden Nachmittag auf mein Zimmer, um einen kurzen Entspannungsschlaf zu halten. Gott hat sicher dazu gelächelt und verhindert, daß ich in diesen Jahren aufgefallen bin.

Ein anderes Erlebnis half mir, mein Gewissen zu beruhigen. Ein „Braver" im Hause, der wohl alle Vorschriften erfüllte, als seien sie Gottes Wort, war in der Tat schon ein Nervenbündel. Er muß wohl über Tag einen Streit mit einem Mitbewohner gehabt haben und brach nachts in das Zimmer seines Widersachers ein, fiel voller Wut über den im Bett Liegenden her, und nur mit Mühe konnten die beiden getrennt werden. Für mich war aber etwas anderes der Höhepunkt dieses Trauerspiels. Am anderen Morgen meldete sich der „Attentäter" beim Herrn Regens und gestand, was er für seinen größten Fehler hielt: Er müsse sich entschuldigen, er habe in der Nacht die Hausordnung übertreten und unerlaubterweise das Zimmer eines Mitbruders aufgesucht.

Der krasseste mir bekannte Fall war ein Presbyterand, der drei Jahre jünger war als ich. Er wohnte nicht mit mir zusammen im Seminar, aber ich kannte ihn noch vom Gymnasium her. Er war so brav in der Erfüllung der Hausordnung und deshalb schließlich so am Ende, daß er in eine Nervenheilanstalt eingewiesen werden mußte. Gott sei Dank – er wurde wieder entlassen und ist mir bis zu seinem Tode ein befreundeter vorbildlicher Mitbruder geblieben.

Für uns war schon das Brevier vorgesehen, ich würde sagen,

das Gebetbuch des Priesters. Die Sprache war Latein. Die Gebete verteilten sich sinnvollerweise auf sieben verschiedene Tageszeiten, die jeweils kleine oder große Horen hießen. Wir wurden belehrt, daß das Auslassen einer kleinen Hore läßliche Sünde sei, das Auslassen einer großen Hore Todsünde. Sicher stand dahinter die Erkenntnis, daß ein Priester, der wenig betet, es mehr und mehr verlernt, aus der Kraft Gottes zu wirken, daß ihm eine Substanz fehlt, die seine priesterliche Glaubwürdigkeit beim Volk Gottes ausmacht. Warum aber hat man uns nicht einfach gelehrt, wie man betet; wie lebensnotwendig es ist, wie man es sich nicht leicht machen sollte und nicht jeden Anlaß benutzen, sich vom Gebet zu suspendieren? Warum hat man uns nicht gelehrt, wie gefährlich es andererseits aber auch ist, sich so vom Gesetz des Betens beeindrucken zu lassen, daß die Erfüllungspflicht zum obersten Gesetz und der Priester zur Gebetsmühle wird, daß die Hauptsache ist: Er hat es wieder mal gänzlich „geschafft" und hinter sich gebracht! Für mich jedenfalls wurde dieses Gesetz zum Alptraum meiner ersten Priesterjahre. Wie manches Mal habe ich am späten Abend, nach reichlich Arbeit und Gefordertsein das ganze nicht gebetete Tagesbrevier angefangen mit dem „Gebet in der Frühe". Auch heute noch denke ich über jene Zeit nach, von der ich hoffe, daß Gott lächelnd den Kopf geschüttelt hat über diesen Gebetskrampf in der Nacht und die töricht-stolze Meinung, pflichterfüllt bis zum Tod zu sein. Der große Gott hat nur schlaftrunkenes Blabla gehört.

Ich kann nicht verhehlen, daß ich bei meinen Aussagen doch ein schlechtes Gewissen bekomme, da sie doch wirken könnten, als wollte ich die Seminarleiter anklagen. Es liegt mir fern zu verurteilen; was ich kritisiere, ist das damalig gängige System der religiösen und priesterlichen Erziehung.

Lassen Sie mich deshalb an einem Beispiel verdeutlichen, wie die Gesetze zwar unnachgiebig streng waren, ihre Verkünder aber gelegentlich doch milde verfuhren. Wie manche von uns machte ich morgens nach dem Frühstück einen Waldlauf, um mich körperlich fit zu halten. Ich hatte ja immer viel Sport getrieben. Wir trugen im Hause schon den langen, bis auf die Knöchel reichenden Priesterrock, den Talar. Der wurde mit den Händen hochgerafft, und ab ging die Post. Es muß im Herbst gewesen sein, denn es war naß, kalt und neblig. Als ich gerade an der Hinterfront des Hauses dem Wäldchen zustrebte, sah ich plötzlich ganz nah eine dunkle Gestalt aus dem Nebel auf mich zukommen. Im letzten Moment erkannte ich, daß es der Herr Regens war. Den Talar fallenlassend und ehrfurchtsvoll grüßend wollte ich vorbeihuschen. Aber unser „Chef“ hatte mich erkannt, und sein Anruf holte mich zurück. In wirklich gütigem Ton sprach er mit mir. Eine Strafpredigt, das wußte er auch, konnte er nicht halten, denn noch hatte kein Gesetz den Waldlauf verboten. Aber er rang spürbar mit den Worten, milde und sanft – wie sag' ich's dem Kinde – um mich davon zu überzeugen, daß ein Priester etwas so Unschickliches nicht tun dürfe. Nicht der Wortlaut, aber der Sinn der Worte ist mir auch heute noch im Gedächtnis. Es gehe doch nicht an, daß ich, wenn ich später als Kaplan oder Pfarrer ein Stück von der Kirche weg wohne, jeden Morgen im Dauerlauf zur Kirche komme. Was würden die Leute denken und sagen? Ich hatte keineswegs vor, später als Priester zum Gottesdienst zu rennen. Ich wollte dem gutmeinenden Regens nicht weh tun, denn ich wußte, daß das, was er sagte, wirklich seine Meinung ausdrückte. Aber er sprach kein direktes Verbot aus, und so habe ich weiter Waldläufe gemacht, nur mit mehr Vorsicht.

Ich muß gestehen, daß mir solche Maßregelungen nicht unter die Haut gingen, im Gegenteil, ich hatte eigentlich Mitleid mit dem Regens, der sich ganz entgegen seiner Veranlagung zu Güte und Liebe die Zwangsjacke der Gesetzlichkeit angezogen hatte – aus Pflichterfüllung oder aus übergroßer Ängstlichkeit und Sorge. Er glaubte, auf diese Weise das Ziel der Seminarerziehung erreichen zu können, uns nämlich krisenfest zu machen für die Priesterarbeit in und an der Welt. Es konnte einem kaum der Gedanke kommen, daß wir ernst genommen wurden in unserem Idealismus, unserer ernsthaften Bereitschaft, in unserem ehrlichen Bemühen, uns zurüsten zu lassen zu unserer zukünftigen Aufgabe als Priester. Was wir dafür an Pastoral, an Praxis für das Leben mitbekamen, war mehr als dürftig.

Ebensowenig wie ich nicht zweifle an dem guten Willen unserer Hausleitung, an ihrer priesterlichen Integrität, so gestehe ich dasselbe auch gerne unseren Professoren und Dozenten zu. Aber Funken von Begeisterung und Freude sprühten nicht zu uns hinüber. Hausmannskost auf der ganzen Linie. Einer freilich war die große Ausnahme, ausgerechnet der Professor für Kirchenrecht. Er wurde in seiner Menschlichkeit, in seinem tiefen Verständnis zum Überlebenshelfer für so manchen von uns. Auch ich habe ihm viel zu verdanken.

Was hatten mir die zwei Seminarjahre nun gebracht? Sicher

kein besonders gutes Rezept für die Verkündigung der Frohbotschaft von der Liebe Gottes zu den Menschen, mehr eine Anleitung, eher in der Gesetzestreue das Heil zu suchen als in dem immer wieder neu entfachten Mut und dem Vertrauen auf den großen Gott der Treue, des Erbarmens und der Liebe. Dabei sollte doch der verzweifelte, der strauchelnde, der die Gesetze verletzende Mensch aus der Zuversicht heraus leben lernen: Gott gibt keinen Menschen auf, der trotz seines Versagens immer wieder zu ihm umkehrt. Gott wird niemals sagen: „Ich bin es nun satt mit dir, ich mag nicht mehr, nun reicht's mir aber." Der Sünder mag sagen wie bei Jesaja Kapitel 49, Vers 14: „Der Herr hat mich verlassen, Gott hat mich vergessen ..." Er wird, wie dort bei Jesaja, von Gott die Antwort hören: „Vergißt denn eine Frau ihr Kind, eine Mutter ihren eigenen Sohn? Würde auch sie ihr Kind vergessen, ich aber vergesse dich nicht."

Für mein eigenes nun unmittelbar bevorstehendes Priesterleben hatte ich in dieser schweren Zeit trotzdem Wichtiges gelernt. Hatte ich mir doch vorgenommen, ein „Mensch-Sorger" zu werden und zu versuchen, dem einzelnen gerecht zu werden. Ich wollte ihn in seinen Sorgen und seinem Anderssein suchen, um dort die Basis zu finden für gegenseitiges Sich-Annehmen aus Vertrauen. Das schien mir die beste Möglichkeit zu sein, für den Menschen zum Seel-Sorger zu werden. Keiner der Menschen im Bensberger Seminar, ob Leiter des Hauses, ob Professor, ob mit mir unterwegs auf der Suche nach Gott, gab mir das Recht, ihn negativ zu sehen oder gar zu verurteilen. Sie waren in so manchen Verhaltensweisen anders, aber ich habe niemanden getroffen, der böswillig gewesen wäre. Niemand war dabei, dem ich seinen guten Willen hätte absprechen dürfen.

Die Seminarzeit ging zu Ende mit dem Presbyteratsexamen, den Exerzitien vor den Weihen und schließlich der feierlichen Priesterweihe im Hohen Dom zu Köln durch unseren Erzbischof Ende Juli 1931. Damals wie heute war die Anteilnahme der Gläubigen an den Weihen sehr groß, der Dom war restlos gefüllt. Unser Weihetag fiel auf einen Donnerstag; freitags wurden wir dann endgültig aus dem Seminar entlassen und konnten nach Hause zu Eltern und Geschwistern zurückkehren. Am darauffolgenden Sonntag feierte ich in der Pfarrkirche Herz-Jesu meines Heimatortes Bad Godesberg die Primiz, das erste Heilige Meßopfer meines Lebens. Es waren Tage der Zuneigung, der Freude, der Liebe, geschenkt nicht nur von Eltern und Geschwistern, von Verwandten und Freunden, sondern auch von vielen gütigen Menschen, deren Anteilnahme ich nicht erwartet hatte.

Ein kleines „Schmunzelereignis" möchte ich noch erzählen. Beim Mittagessen, das noch einen recht offiziellen Charakter trug, wollte ich dem Festkreis ein Wort des Dankes sagen, zu dem wahrhaftig Grund genug vorlag. Ich konnte es mir aber nicht verkneifen, meinen Bruder Josef, der inzwischen Zahnarzt geworden war, aufzufordern, einen Besenstiel zu fressen. Damit sollte er ein Versprechen einlösen, das er in meiner Jugendzeit einmal gegeben hatte. Er hatte oft genug erlebt, wie schwer ich meinen Jähzorn beherrschen konnte, und mich als Choleriker durchschaut. „Wenn du einmal Priester wirst," so hatte er damals gesagt, „fresse ich einen Besenstiel!" Das herzhafte Lachen über diese Aufforderung löste ein wenig die steife Feierlichkeit der Festversammlung.

Priester in der Zeit des Nationalsozialismus

Euskirchen

Es kam die Zeit des großen Wartens. Anfang August waren meine zehn Mitbrüder alle in Amt und Würden. Ich aber hörte und sah nichts von der Kölner Behörde; sie blieb stumm. Der August ging zu Ende. Konnte man mich nicht gebrauchen, lag etwas gegen mich vor? So begann und verging allmählich auch der September. Am 29. September endlich erreichte mich der bekannte „blaue Brief" vom Generalvikariat. Darin wurde mir meine Anstellung mitgeteilt als Kaplan in Euskirchen, einer Kleinstadt mit 15.000 Einwohnern, die für mich sozusagen „am Ende der Welt" lag.

Das damalige kirchenbehördliche Verfahren lief wie folgt: Der Priester, der als Kaplan versetzt wurde, oder der wie ich seine Erstanstellung erhielt, erfuhr davon als erster. Er mußte dann seinen Vorgesetzten, also seinen Pfarrer, benachrichtigen, um ihm die Anstellung mitzuteilen und mit ihm alles weitere zu besprechen. Normalerweise wußten die Pastöre nicht, wer ihr neuer „Lehrling" sein würde. Bei mir war es anders.

Der Anstellungsbrief war mit der Frühpost gekommen. Gegen Mittag rief mich meine Mutter ans Telefon. Eine energische Stimme fragte: „Sind Sie der Neupriester Rudolf Peifer?“ Als ich bejahte, fuhr die Stimme fort: „Wissen Sie schon, daß Sie bei mir als Kaplan eingesetzt werden?“ Wieder mußte ich das bejahen. Darauf mein Vorgesetzter: „Morgen früh fahren Sie mit der Straßenbahn um 10 Uhr 30 nach Bonn, dort erreichen Sie den Zug nach Euskirchen und sind um 12 Uhr hier. Sie kommen zum Mittagessen zu mir ins Pfarrhaus, und wir gehen dann um 14 Uhr miteinander in den Beichtstuhl.“

Monate hatte ich gewartet, und nun ging alles Hals über Kopf! Am nächsten Morgen reiste ich meinem ersten „Jungpriester-Abenteuer“ entgegen. Am Zielbahnhof stand auf dem Bahnsteig ein älterer Priester, mein Pastor Hermann Joseph Koerfer. Er trug wie wir alle damals die Soutanelle, dem Gehrock ähnlich, die bis zum Knie ging. Der ganze Mann strahlte Energie aus, Kraft und Selbstbewußtsein. Immer trug er auf der Straße den steifen Hut. Daß er mich höchstpersönlich begrüßte und abholte, rührte mich an. So begegnete der altgediente „Front- und Basisarbeiter“ der Kirche einem Anfänger und „Lehrling“! Wir gingen durch die Bahnhofstraße, an deren Ende sich die Herz-Jesu-Kirche befand, ein großes neugotisches Gotteshaus, dem mein erster Besuch galt. Im Grunde war ich vom ersten Augenblick an von dem netten Städtchen und meinem neuen kirchlichen Zuhause angetan. Beim Mittagessen erfuhr ich das Geheimnis meines langen Wartens und dieser so urplötzlichen Anstellung. Unter strengster Geheimhaltungsverpflichtung erzählte der Pastor mir das ganze Drama.

Mein Vorgänger-Kaplan sei weggegangen (erst später erfuhr ich, daß er mit unserem Pfarrer nicht zurechtgekommen war und bei seinem Bischof um eine andere Stelle gebeten hatte), und so habe er mit einem einzigen Kaplan arbeiten müssen. Nach einigen Monaten sei er dann ins Generalvikariat gereist und habe dort erklärt, so gehe das nicht mehr weiter! Wie sie sich das vorstellten? Die halbe Arbeit bleibe liegen, er brauche sofort einen zweiten Kaplan. Verlegen erklärte man ihm, es sei im Augenblick keiner frei, aber man werde ihm den ersten schicken, der verfügbar sei. Daraufhin sei der Pastor nach Hause zurückgekehrt. Als er längere Zeit nichts mehr von der Behörde gehört habe, sei er wieder zum Generalvikariat gefahren. Dort habe er dem Generalvikar klipp und klar erklärt, er werde das Haus nicht verlassen, es sei denn, sie hätten nun doch einen Kaplan für ihn. Er habe dazu noch gesagt, daß sie sicher sein könnten, daß er auch die Nacht dort verbringen werde, wenn es nötig sei. Koerfer muß das alles so energisch vorgetragen haben, was ich mir gut vorstellen konnte, daß der Generalvikar etwas verlegen gesagt haben muß, nun gut, es gebe noch einen Neupriester, der aber nicht für eine Kaplansstelle vorgesehen sei, sondern für eine Präfektenstelle in einem bischöflichen Konvikt. Dort solle er eigentlich die Möglichkeit bekommen, weiter an der Universität zu studieren und geistlicher Studienrat für das Fach Religion zu werden. Das sei der einzige Priester, den er anbieten könne, weil die für den Jungpriester vorgesehene Stelle erst später frei werde. So mußte sich der Pfarrer mit mir begnügen. Man hatte ihm meinen Namen und meinen Heimatort genannt. Mein zukünftiger Chef hat dann die Initiative ergriffen, im Telefonbuch nach meinem Namen gesucht und nur zwei Adressen gefunden. Er erzählte mir schmunzelnd, bei der einen habe er als Berufsbezeichnung Zahnarzt gelesen, bei der anderen Bäckermeister. Er habe überlegt, unter welcher Adresse er seinen neuen Kaplan wahrscheinlicher aufspüren werde, habe sich für den Bäckermeister entschieden und recht behalten.

Mir war sein klares, offenes Verhalten sehr sympathisch. Damals habe ich gleich dem Himmel gedankt, daß wegen dieses energischen Mannes die behördlichen Pläne nicht zum Tragen gekommen waren. Nie war mir in den Sinn gekommen, eine Schullaufbahn anzustreben! Mein größter Wunsch im Priestertum ist es immer gewesen, Kaplan und einmal Pastor zu werden, an der Basis zu arbeiten und für Menschen, für jedermann erreichbar zu sein. Ich muß gestehen, daß ich der Behörde gegenüber ganz schön schadenfroh war: Erst hatte man mich monatelang im Regen stehen lassen, so daß bei mir allmählich schon echte Zweifel aufkamen, ob man mich überhaupt gebrauchen konnte, dann hatte ich „von oben" kein Wort darüber gehört, was man mit mir vorhatte, oder war gar gefragt worden, ob ich einverstanden sei, einen solchen Weg zu gehen – und nun hatte mein Pastor durch seine Hartnäckigkeit die behördlichen Pläne mit mir völlig durchkreuzt, wofür ich ihm von Herzen dankbar war. War man denn mit 25 Jahren nicht reif genug für einen echten Dialog über den erstrebenswertesten Weg ins Berufsleben?

Nach dem Mittagessen, um Punkt 14 Uhr, brachen wir auf

zum Beichthören, der Spendung des Bußsakramentes. An allen vier Beichtstühlen standen die Kinder Schlange. Der Andrang hielt später auch bei den Erwachsenen an. Persönlich litt ich zunächst sehr darunter, erfahren zu müssen, wie wenig wir doch für die Praxis der Seelsorge mitbekommen hatten. Unsere Kirche war wirklich eine Beichtkirche, einmal, weil es damals noch mehr oder minder selbstverständlich war, alle ein bis zwei Wochen oder wenigstens einmal im Monat beichten zu gehen, dann aber auch, weil wir eine Kreisstadt mit ländlicher Umgebung waren. Bis heute lehrt die Erfahrung, daß in den Dörfern die meisten Gläubigen nicht oder nur höchst ungern ihren eigenen Pastor zum Empfang des Bußsakramentes aufsuchen.

Wir Geistlichen hörten, wenn wieder ein Eisenbahnzug angekommen sein mußte. Dann war das eilige Trippeln vieler Füße im Kirchenraum zu hören. Die Beichtrekorde dieser ersten Kaplansstelle habe ich nie mehr gebrochen. Heiligabend habe ich es mehrmals auf elf Stunden im Beichtstuhl gebracht. Einmal war ich psychisch so am Ende, daß ich mich selbst dabei ertappte, wie ich meinem Gegenüber etwas von Flugzeugen erzählte – um dann im Sturzflug wieder zum Bußsakrament zurückzukehren. An den Feiertagen Weihnachten, Ostern, Pfingsten und an den Kartagen waren wir alle fertig und total überanstrengt. Trotzdem kann ich wenigstens von mir sagen, daß ich nicht ohne Freude an unserem Herrn dabei war, weil ich glaube, daß es gelingen kann, Menschen in diesem Sakrament Erlösung zu vermitteln, Hoffnung, Zuversicht und Mut. Damals schon habe ich für mich selbst und meine Mitchristen gelernt, wie wertvoll, ja geradezu unverzichtbar dieses Sakrament für unser ganzes Leben ist.

Nach meines Pfarrers Willen wurde ich der Präses des katholischen Arbeitervereins. Mein Schreck darüber war groß. 25 Jahre war ich alt und sollte nun der geistliche Leiter dieser Männer werden, die hart im Lebenskampf standen und wirkliche Arbeiter der Hand waren! Unsere Stadt hatte mindestens 15 größere und kleinere Tuchfabriken. Meine Männer stammten zum großen Teil aus solchen Betrieben, von denen aber, wenn mich mein Gedächtnis nicht täuscht, Ende 1931 höchstens noch fünf übrig waren. Auf deutsch: Meine Arbeiter waren in der Mehrzahl arbeitslos. In der heutigen Zeit kann man sich nicht mehr vorstellen, was damals Arbeitslosigkeit bedeutete. Deutschland war sehr arm geworden; die allgemeine Not war groß. Meine Angst vor diesen hart geprüften Männern und ihren Familien aber schwand schnell. Ich wurde allmählich akzeptiert und für voll genommen, so daß meine Arbeit zur Freude wurde. Meine Anregungen wurden angenommen und umgesetzt. Es ging mir darum, Kräfte zu wecken und Einsichten zu vermitteln, die helfen konnten, ein äußerlich erbärmliches Leben liebens- und lebenswerter zu machen.

So war es zum Beispiel üblich geworden, zu den Stiftungsfesten eine der beiden örtlichen Laienspielvereinigungen zur Aufführung eines Theaterstückes zu bestellen. Als ich das beim ersten Mal mitansehen mußte, packte mich das Grauen wegen solcher Schmarren, und ich schlug den Männern vor, das Jahresfest künftig mit eigenen Kräften zu bestreiten. Die Antwort war Kopfschütteln und Hilflosigkeit. Bei den Aufführungen und den Feiern waren ja die Familien dabei, also auch eine Menge Kinder. Das brachte mich auf die Idee: „Wir spielen selbst Theater, die Darsteller sind die Kinder." Erst ungläubiges Staunen, aber dann erhellten sich die Gesichter. Wir haben in den Jahren dort Märchenspiele aufgeführt und kleine lustige Stücke. Die Kostüme schneiderte meine Schwester, die mir den Haushalt führte und die bald genügend Helferinnen fand. Manchmal saß ich dabei und erzählte Geschichten oder sang zur Gitarre fröhliche Lieder. Nicht nur die Kinder, die ganzen Arbeiterfamilien waren mit tiefer Freude dabei.

Bedrückt war ich, daß die Frauen zwar bei den Feiern dabei waren, nicht jedoch bei den normalen, regelmäßigen Vereinssitzungen. Sie aber waren wahrscheinlich doch die Träger der schwersten Lasten in dieser erbarmungslosen Zeit! So schlug ich den Männern eines Tages vor: „Eure Frauen sind nie bei den Versammlungen dabei. Was haltet ihr davon, die Frauen an Weiberfastnacht zu einer Karnevalsfeier einzuladen, während derer ihr Haus und Kinder für eure Frauen hütet?" Man war einverstanden. Die Frauen kamen fast vollzählig. Beim ersten Mal war ich sozusagen Alleinunterhalter, und mein Partner war meine Klampfe. Wie haben sich diese Frauen gefreut! Diese Feier wurde von nun an zu einer feststehenden Einrichtung, und Talente aus den eigenen Reihen standen mir mehr und mehr zur Seite.

Der Priester aber ist nicht nur Lehrmeister, er wird auch belehrt – und vielleicht sogar beschämt. Zwei kleine Beispiele nur: Ich besuchte meine Arbeiterfamilien, um ihre Lebensumstände kennenzulernen. Sie waren stolz darauf und zeigten mir ihr Zuhause. Als ich eines Tages von einer Frau in das Schlafzimmer geführt wurde, packte mich leises Grauen, als sie mir über dem Bett ein Marienbild zeigte, das in seinen Farben hochprozentigen Kitsch ausstrahlte. Es war eines der Gemälde, die man damals beim „Tietze Leonhard“ für relativ wenig Geld kaufte. Gott sei Dank, daß ich den Mund halten konnte und nicht eine Kritik übte, die sehr weh getan hätte! Mit strahlenden Augen erklärte die Frau: „Herr Präses, was glauben Sie, wieviel mir diese Madonna schon an Trost gegeben hat in dieser schweren Zeit.“ Beschämt habe ich einsehen müssen, daß das Beten vor einer Kitsch-Madonna unendlich viel höher vor Gott steht als der Besitz eines Prachtwerkes von hohem künstlerischem Wert, das als Vorzeigestück im besten Zimmer hängt.

Nun eine andere Begegnung mit einem einfachen Menschen aus der Arbeiterwelt: Mehrfach war mir aufgefallen, daß einer meiner arbeitslosen Männer still und alleine in einer Bank der Kirche saß. Schließlich habe ich ihn angesprochen. Er erzählte mir: „Sie kennen meine Familie, meine Frau und meine drei Kinder. Sie wissen auch, daß ich arbeitslos bin. Sicher können Sie sich vorstellen: Das Herumsitzen zu Hause, immer wieder das Elend erleben, nichts tun können – das gibt manchmal Streitereien, weil einem die Nerven durchgehen. Um dem aus dem Wege zu gehen, mache ich mich auf und pilgere zur Kirche. Dort setze ich mich in die Bank, bis ich ganz ruhig geworden bin. Wenn es so weit ist, sage ich still: ‚Herrgott, du siehst jetzt mich, und ich sehe dich, mach bitte alles gut!‘ Wenn ich aufstehe, gehe ich getrost nach Hause.“ Ein einfacher Arbeiter hat mich so gelehrt, was Meditation und was Betrachtung ist. – Sieben Jahre Präses des Arbeitervereins: unvergeßlich wertvolle und lehrreiche Jahre!

Allmählich bekam mein Pfarrer für mich immer mehr „Profil“. Man hatte ihn mir als einen „Kaplanstöter“ beschrieben. Aber ich hatte mir damals schon zum Ziel gesetzt: Laß dir niemals einen dritten Menschen von einem zweiten schlechtmachen! Sag dir einfach: Das kann sein, kann aber auch nicht sein. Wenn die Gelegenheit kommt, mit jenem dritten zusammenzukommen, kannst du dir selbst eine Meinung bilden. Mit dieser Haltung bin ich immer gut gefahren, so auch bei meinem Pastor. Ich konnte sehr schnell in ihm lesen wie in einem offenen Buch. Gewiß, er war Choleriker und hatte seine Steckenpferde. Weh dem von uns Kaplänen, der diese Pferde nicht

Der „Kaplan ohne Hut“ – vernarrt in Kinder, Tiere und den Fußball

mitritt! Auch war er geradezu ein Pünktlichkeitsfanatiker, aber das mit Sinn! Wenn wir Beichte hörten, ging er nach zwei Stunden aus dem Beichtstuhl und läutete die Sakristeiglocke – für uns Kapläne das Zeichen, ihm zu folgen. Wir gingen ins Pfarrhaus zu einer Tasse Kaffee, und eine Viertelstunde später waren wir wieder im Beichtstuhl. Sehr bald stellte sich heraus, wie wichtig solche Pausen waren, wollte man den Beichtkindern gerecht werden in ihren Nöten. Aufmerksames Zuhören tat not, das Lesen zwischen den Zeilen und das Bemühen, aus dem Verstehen Antwort zu geben. Bis heute nenne ich das Bußsakrament das Sakrament für das Alltagsleben. Ich hoffe, nicht zu übertreiben, aber manche Anzeichen deuten darauf hin, daß es gelang, mit seiner Hilfe manch schweren Alltag wieder lebenswert zu machen. Damals schon habe ich gelegentlich, freilich nicht oft, das Beichtgespräch angeboten, was in dieser Zeit noch ungewöhnlich war. Was sollte man aber anderes tun, wenn die Reihe der Beichtenden nicht abriß und einem ein Beichtender eine solche Riesennot anvertraute, daß sie nicht kurzfristig zu beheben war? Dann schlug ich vor, daß der Betreffende mich anrufen sollte, um einen Beichttermin bei mir zu Hause auszumachen.

Ich habe immer versucht, den Menschen die Scheu vor dem Bußsakrament zu nehmen. Da kommt ein Fremder zu mir und bittet um das Bußsakrament. Warum er das möchte, sagt er nicht. Er beginnt mit den Worten: „Es ist schon lange her, daß ich zum letzten Mal gebeichtet habe." Der Mann traut sich nicht, die Wahrheit zu sagen; er hat eine Maske auf. Warum? Vielleicht sorgt er sich darum, was der Priester wohl gleich über ihn denken wird, wenn er erfährt, wie lange die letzte Beichte wirklich her ist. Das macht mich traurig: Wieder einmal ein Gläubiger, der meint, bei diesem Sakrament bekenne er einem Menschen, und dieser Mensch fälle für ihn eine Entscheidung, sozusagen über Leben und Tod. Wie menschlich ist das gedacht, wie verständlich, daß er dem Priester seine Aussagen so präsentieren möchte, daß der nicht gleich im ersten Augenblick erschrickt über die Schwere der Schuld. Dabei hat doch jeder Priester selbst so viel „Dreck am Stecken", daß er genauso ein völlig Verlorener wäre, gäbe es nicht den Menschensohn Jesus Christus, der die Endstation für jeden Bekennenden ist. Nur er kann das erlösende Wort sprechen; er ist, der da ist in jedem Sakrament. Meinem Gegenüber will ich helfen, will es ihm leichter machen. Nicht, weil ich neugierig bin, schätze ich das Alter des Mannes auf etwa 50 bis 60 Jahre. Dann überschlage ich, was der längste Zeitraum seit der ersten Beichte vor der Erstkommunion sein kann. Also sage ich zu ihm: „40 oder 50 Jahre könnte das letzte Beichten wohl her sein, nicht wahr?“ In beiden Fällen, die möglich sind – es ist so lange her, oder aber es ist bei weitem nicht so lange her – verspürt der Beichtende: Mit dem Gegenüber läßt sich reden. Es folgt ein hörbares Aufatmen des Anderen, eine Art Erlösung. Meist ist dann das Eis schon gebrochen, die Maske wird abgeworfen. Wieviel Glück, wieviel Freude habe ich in meinem Leben schon erfahren durch Menschen, die das Bußsakrament empfingen, wenn sie sich als größte Sünder fühlten. Ihnen konnte man, verstand man sie in ihrer Not, begreiflich machen, daß sie nun höchstpersönlich denjenigen als Retter und Erlöser aller Schuld erfahren würden, der doch gesagt hat: Ich bin in die Welt gekommen, nicht um die Gerechten, sondern um die Sünder zu retten.

In einem Fall, so erinnere ich mich, sagte mir ein Beichtkind nach langer, über Monate dauernder Zusammenarbeit: „Jetzt mache ich Ihnen mein schönstes Geschenk: Ich verspreche ihnen, von nun an nie mehr zu einem anderen Beichtvater zu gehen.“ Ich erklärte, mit diesem Versprechen mache sie mir keine Freude, wohl aber Trauer. Die Folge: tiefe Erschütterung! Dieses Beichtkind konnte sein Versprechen natürlich schon aus praktischen Gründen nicht halten: Irgendwann würde ich versetzt werden, wer weiß wohin, und das uneingelöste Versprechen würde dann zur Pein werden. Zudem erklärte ich ihr, daß mir von nun an bei jeder Begegnung der Gedanke käme: freiwillig – oder wegen des Versprechens?

Das viele Beichthören damals hat Nerven gekostet, hat aber auch gelehrt, wie segensreich sich dieses Sakrament im Alltag auswirkt und wie groß der Verlust an Glaubenssubstanz in der heutigen Zeit ist, weil dieses Sakrament kaum noch und nur für wenige eine Rolle spielt.

Unser Pastor ging uns in der Arbeit kräftig voran und hat jedem von uns Kaplänen vieles beigebracht. In manchen Dingen konnte man ihn fortschrittlich nennen für die damalige Zeit. Ehrgeizig war er wohl auch – er litt darunter, nicht Dechant geworden zu sein. Sein Ehrgeiz war aber nicht nervtötend, nicht beklemmend, es war eher der übergroße Wille, zu zeigen, was seine Pfarre alles fertigbrachte zur Ehre Gottes. Er war, als ich anfing, 54 Jahre alt, hatte zwei Kaplansstellen und eine Pfarrstelle hinter sich und damit viel priesterliche Erfahrung gesammelt. Ich lernte mit der Zeit, prächtig mit ihm umzugehen. Ich machte einen Bogen um ihn, wenn er mal wieder „auf Touren" gekommen war, nutzte in seinen normalen Zeiten, die viel zahlreicher waren, seinen Ehrgeiz aus und machte ihn auf Möglichkeiten aufmerksam, wie wir die Gottesdienste schöner, anziehender gestalten könnten. Nur auf eines mußte ich dabei achten: daß der Pastor sozusagen federführend blieb. Das aber störte mich nicht im mindesten. Sein Sinnen und Trachten ging wohl dahin, daß seine Pfarrei eine weithin strahlende Burg Gottes werden sollte. Er verlangte viel, auch von sich selbst, tat harte Arbeit und erwartete dasselbe auch von uns.

Ich erinnere mich gern an ein Erlebnis, das diese seine Haltung erkennen läßt. Eines Tages, es muß im Frühjahr 1937 oder 1938 gewesen sein, rief er mich an und fragte, ob ich Zeit hätte, zu ihm ins Pfarrhaus zu kommen. Ich ging zu ihm und traf dort einen mir nicht bekannten älteren Geistlichen. Nach einer kurzen Begrüßung kam mein Pastor zur Sache: „Dieser Mitbruder hier ist Zuchthauspriester in Rheinbach, zirka zwölf Kilometer von Euskirchen entfernt. Er hat ein Anliegen an Sie: Er möchte, daß Sie in der kommenden Fastenzeit die Fastenpredigten im Zuchthaus halten." Ich fiel aus allen Wolken und wehrte mich zunächst. Sechs Priesterjahre hatte ich hinter mir, und dann diese Aufgabe, die mir eine große Belastung aufbürden würde – sozusagen nebenbei! Aber da war nichts zu machen, weil ja die Herz-Jesu-Pfarre alles fertigbrachte, allem gewachsen war ... So war das Ende der Unterredung das Machtwort meines Pfarrers: „Nicht wahr, Herr Kaplan, wir machen das schon!"

Jeder wird verstehen, daß mich die Vorbereitung viel Schweiß und viele Nerven gekostet hat. Wie wir es verabredet hatten, führte mich der Zuchthausgeistliche durch die ganze Anstalt, um mir möglichst alles zu zeigen, damit ich die Atmosphäre ein wenig schnupperte. Wie habe ich dann gearbeitet an meinen Vorträgen, überlegt, wie ich diesen armen Menschen Brot zum Leben geben könnte und kein Zuckerbrot! So intensiv wie möglich versuchte ich, mich in die Situation der Hausbewohner einzudenken. Die Predigten endeten in einer Art Andacht; Wortgottesdienst würde man es heute nennen. Meine beiden Altardiener, die auf mich einen wirklich guten Eindruck gemacht haben, waren Mörder. Einer der Aufseher, der mich darauf hinwies, fügte hinzu, die beiden benähmen sich im

Zuchthaus sehr ordentlich. „Sie müssen wissen, daß sich solche Affektmörder sehr unterscheiden von Raub- und Lustmördern." Die undurchschaubarsten Typen der „Einsitzenden" waren nicht die Mörder, die Straßenräuber und die Diebe, sondern die Hochstapler, die Wirtschaftsverbrecher, die unentwegt auch im Zuchthaus die Maske der Unschuldslämmer trugen. Bei den sogenannten Schwerverbrechern habe ich kaum solche Typen gefunden.

Für den Karfreitag hatten der Hauspfarrer und ich das Bußsakrament angeboten. Wie überrascht war ich von der relativ großen Zahl der Beichtwilligen! Einige Zeit später sagte mir mein Pastor, der Zuchthauspfarrer habe ihm erzählt, seit er in dieser Anstalt sei, habe er noch nie eine so große Anzahl Beichtender und auch Kommunionempfänger gehabt wie dieses Mal. Bis heute weiß ich nicht, ob das als Trost für mich gedacht war oder ob doch ein Fünkchen Wahrheit dabei war. Jedenfalls hatte die Herz-Jesu-Pfarre wieder einmal ihre Strahlkraft bewiesen – zur Freude des „Chefs von's Janze". Für mich selbst war wichtig, daß auch hier meine Menschenerfahrung gewachsen war.

Wir Kapläne waren charakterlich sehr verschieden veranlagt. Unser erster Kaplan war ein belesener Mann, der sich ständig Wissen anzueignen versuchte, nach meiner Auffassung ein wenig zu sehr Stubenhocker, dabei aber ein zuverlässiger Priester. Er war gebürtiger Wuppertaler, seine Eltern, die bei ihm wohnten, waschechte Ostpreußen. Sein Charakter war wohl schwermütig, schwerblütig, so daß er Mühe hatte, Kontakte herzustellen. Uns verband mehr und mehr eine mitbrüderliche Freundschaft, die zu meinem Schrecken für ihn immer lebenswichtiger wurde. Wir waren sieben Jahre in derselben Pfarrei. Er gab mir in der Hoffnung auf Hilfe viel von sich preis. Dieser so stabil wirkende Mitbruder war äußerst labil und sensibel. Obwohl ich in meinen ersten Jahren dort nie einen Streit zwischen ihm und unserem Chef registriert hatte, litt er sehr unter dem Pastor, der ihm doch nichts Böses wollte. Die beiden waren einfach charakterlich zu verschieden. Jeder war für den anderen ein Buch mit sieben Siegeln, und keiner von beiden konnte das Buch des anderen öffnen. Wie oft hat mir mein Mitbruder geklagt: „Ich verstehe nicht, wie du so viel bei unserem Chef erreichst! Wie machst du das?" Ich versuchte, es ihm zu erklären: „Sieh' mal, wenn ich es mit einem Menschen zu tun habe, sei es nun beruflich oder privat, sage ich mir: Ich habe es mit einem zu tun, von dem ich zu Beginn der Beziehung schon weiß: Er ist auf jeden Fall anders als ich, sozusagen noch ein verschlossenes Buch. Will ich ein Verhältnis des Vertrauens aufbauen, versuche ich, das Buch aufzuschlagen, um dort den wahren Menschen zu finden. So habe ich es mit unserem Chef gemacht. Er ist für mich inzwischen ein leicht lesbares Buch geworden: ein frommer Priester, Aktivist, cholerisch veranlagt, zäher Arbeiter mit einigen Eigenwilligkeiten. Darauf habe ich mich eingestellt. Das von mir gelesene Buch bleibt immer aufgeschlagen. Ich akzeptiere ihn einfach so, wie er ist.“

Unverkennbar wurde ich für meinen Mitkaplan zum Ventil, das er brauchte, um seiner Bitterkeit Luft machen zu können. Er wurde nicht fertig mit unserem Vorgesetzten und mit dessen Art, Priester zu sein, die ich jedoch sehr wohl verstand. Für meinen Mitbruder brach schier eine Welt zusammen, als ich im Oktober 1938 versetzt wurde. Im Vorgriff erzähle ich kurz, was aus ihm wurde. 1941 besuchte ich meine erste Pfarrei. Der Pastor war geblieben, wie er war, voller Tatkraft und Energie. Mit meinem damaligen Mitkaplan aber war eine auffällige Veränderung vorgegangen. Seine Gesichtszüge, vor allem seine Augen, waren seltsam erstarrt. Seine ganze Haltung wirkte erschreckend verklemmt, als wenn er nicht mehr ganz bei sich selbst zu Hause sei. Hilflos wie ein Kind stand ich vor ihm – ich hatte einmal für ihn ein kleines Zuhause sein dürfen. Aber nun war die Tür auch für mich verschlossen.

Erst im Jahre 1950 erfuhr ich von seinem weiteren Schicksal. Er war während seines Urlaubs in einer süddeutschen Stadt hilflos auf dem Bahnhof herumirrend von der Gestapo aufgegriffen worden und galt als geistig umnachtet. Damals schwebte er in der Riesengefahr, als „lebensunwert“ eingestuft und „ausgelöscht“ zu werden. Der Energie der kirchlichen Behörden gelang es, ihn aus dieser Gefahr zu befreien. Es hat Jahre gedauert, bis gute Nervenärzte ihn wieder fähig gemacht hatten, zu sich selbst zu kommen. Als Seelsorger eines Altenheimes hat er noch etliche Jahre wirken können. Regelmäßig besuchten wir uns gegenseitig. Wie zerbrochen sein Selbstbewußtsein war, erkannte ich, als ich einmal zu ihm sagte: „Menschenskind, du bist doch wieder ganz in Ordnung, übernimm doch eine Pfarrei!“ Die Antwort war für mich niederschmetternd: „Das traue ich mir nicht zu. Aber wenn du mich als Kaplan nähmest, würde ich kommen.“

Er tat mir leid, aber ebenso mein Pfarrer, der Ursache war, ohne doch wirklich Schuldiger zu sein. Elf Jahre haben sie miteinander gearbeitet, aber keiner hat den anderen verstehen gelernt; sie haben nebeneinander gelebt, und dabei hat keiner den anderen gefunden. Wieder eine meiner schmerzlichen Erfahrungen mit Menschen, die einander kein Leid antun wollen, aber keine Brücken zu bauen verstehen zum beglückenden Miteinander.

1934 kam unser dritter Kaplan, der zugleich das Krankenhaus betreuen sollte. Wir hatten ihn zusätzlich als dritten bekommen, weil in jenen Jahren trotz oder wegen des Nationalsozialismus' der Andrang zum Priestertum sehr groß geworden war. Jedes Jahr gab es über 70 Jungpriester, so daß nicht mehr Kapläne gesucht, sondern angeboten wurden. Unser „Frischling" war ein ganz anderer Typ als sein schwerblütiger Mitkaplan. Klein, quirlig, lernbegierig, schloß er sich mir sehr bald an. Er war von jener lebendigen unbekümmerten Art, die man einfach deshalb gern haben muß, weil ihr Böses nicht zuzutrauen ist. Er kam gut mit seinen drei Mitbrüdern zurecht. Leider wurde er schon im Januar 1937 versetzt.

Im gleichen Monat erhielten wir einen neuen „dritten Mann". Er war 1933 geweiht worden und hatte schon zwei Kaplansstellen hinter sich. Ihn hatte ich schon in der Jugendbewegung kennengelernt. Er war ein hochbegabter Mann, hatte lange geschwankt, ob er ins Theaterfach gehen oder Theologe werden sollte. Schon Jahre vorher hatte er Regie geführt bei einer großartigen Aufführung des „Jedermann" in der Schweiz. Er schrieb noch als Kaplan unter einem Pseudonym Jugendbücher, die riesigen Anklang bei der Jugend fanden. „Blinkfeuer über der Ostsee" wurde geradezu zum Bestseller. Äußerlich wirkte er wie eine Art Bohemien – ein bißchen verlottert sehe ich ihn noch vor mir, vor sich hingriemelnd mit ziemlich bekleckertem Talar und völlig unbekümmert. Seine Predigten waren gut, die Jugendlichen begeistert von ihm. Er wurde ab und zu mal von unserem Chef gewaltig heruntergeputzt, wenn er nicht genau dessen Steckenpferde beachtet hatte. Es schien ihm nicht viel auszumachen, da er seinen Pfarrer auch ganz gut durchschaute. Ansonsten kamen die beiden leidlich miteinander aus. Mir war er ein guter Mitbruder, wir verstanden uns und halfen einander aus, wenn es nottat. Noch vor etwa 10 Jahren sagte er zu mir: „Wir haben doch damals viel gelernt bei unserem Pastor." Keine Spur von Groll, er konnte seinen Chef verkraften, so verschieden sie auch waren.

Zurück zu meinem Programm in der Pfarre. Neben dem Arbeiterverein hatte ich eine Gemeinschaft kaufmännischer Angestellter zu leiten, eine rührige Gruppe, die sich hauptsächlich aus den großen Kaufhäusern der Stadt zusammengefunden hatte: Verkäuferinnen, Sekretärinnen und dazu Angestellte aus den verschiedenen Firmen. Sehr bald nannte sich diese Vereinigung „St. Lydia", nach der energischen Frau aus der Apostelgeschichte, die selbst einen Paulus zum Umdenken gebracht hatte. Ziele der Gruppe waren Hilfsaktionen caritativer Art, Glaubensgespräche und fröhliche, entspannende Gemeinsamkeit. Ich hatte mit meiner Klampfe anscheinend so viel Ermunterung gegeben, daß sich bald ein kleiner Gitarrenkreis bildete. Geleitet wurde die Gruppe zuerst von einer Realschuldirektorin und dann von einer Fabrikangestellten, die beide jahrzehntelang überaus wertvolle Arbeit geleistet haben. Ich hatte die Pfarrei schon lange verlassen, als ich letzterer zu ihrer großen Überraschung den römischen Orden „pro ecclesia et pontifice" überreichen konnte.

Unter anderem war mir die Leitung der Meßdiener übertragen. Wenn meine Erinnerung mich nicht täuscht, begann ich mit acht von meinem Vorgänger übernommenen Jungen – an Mädchen dachte man damals noch nicht. Diese Aufgabe lag mir sehr, weil ich schon in der Schule gelernt hatte, mit Jungen umzugehen und ihr Vertrauen zu gewinnen. Außerdem waren die Liturgie und das Umgehen mit ihr nicht gerade mein Schwachpunkt. Schon sehr früh war ich auf die Bedeutung der Zeichen und der Zeremonien aufmerksam gemacht worden. Ich war wohl zwölf Jahre alt gewesen, als mir ein Priester riet: „Geh einmal an einem Sonntag kurz vor der Hauptmesse in deine Pfarrkirche, stelle dich unauffällig in die Nähe des Weihwasserbrunnens und guck' dir an, was die Gläubigen tun, die daran vorbeigehen. Später sprechen wir dann darüber." Was ich erlebte, war für mich erschütternd. Die einen nahmen keine Notiz vom Weihwasser – das stand ihnen ja auch zu. Sich damit zu bekreuzigen, ist nicht gerade zur Erreichung des ewigen Heiles nötig. Andere gingen vorbei, tippten in die Nähe des Gefäßes, erreichten den Rand, nicht aber das Wasser und fummelten dann so an der Brust herum – Sinn nicht erkennbar. Andere gingen offensichtlich einer Gewohnheit nach, gelangten vielleicht sogar bis zum Wasser, aber eine Bekreuzigung war auch hier nicht zu festzustellen. Die aber um den Sinn dieses Zeichens wußten, wirkten konzentriert, machten bewußt ihr

Kreuzzeichen und gingen, auch für mich Jungen erkennbar, gesammelt ins Gotteshaus. Aber das waren nur wenige. Als ich dem Priester von dieser Beobachtung erzählte, sagte er: „Stelle dir nun vor, du hast einen Freund, der vom Katholisch-Sein keine Ahnung hat, und du versuchst, ihm das Kreuzzeichen mit dem Weihwasser zu erklären. Greife also mit der Hand ins Wasser und bekreuzige dich: Fahre dabei mit der Hand zur Stirn, dann zur Brust und links und rechts zu den Schultern. Dann erklärst du ihm den Sinn: Siehst du, ich betrete ja in diesem Augenblick die Kirche, das Gotteshaus, das auch mein Zuhause ist. Ich will mir das eindringlich bewußt machen, will aus der Welt heraus mich sammeln zur Begegnung mit Gott. Die Stirn, mein Kopf sollen wach sein für mein Tun, meine Brust, mein Herz sollen bewegt werden zur Freude am liebenden Gott, meine Schultern wollen Bereitschaft ausdrücken, alles zu tragen, was Gott mir auferlegt. Das Weihwasser, das ich benutze, erinnert mich an die Taufe, die mich ein für allemal in die Hand Gottes brachte. Im Grunde will dieses Zeichen ausdrükken: Ich weiß, wo ich hier bin und daß ich hierhin gehöre." Dieses frühe Erlebnis, das mir Sinn und Bedeutung der Zeichen näherbrachte, wurde wichtig für mein liturgisches Verstehen. Auch heute noch kann es mir passieren, daß mir dieses Erlebnis einfällt, wenn ich gedankenlos dabei bin, Weihwasser zu nehmen. Dann breche ich sofort ab, damit das Zeichen durch die Gewohnheit nicht sinnentleert wird. Mit welcher Freude habe ich ähnliche Gedanken später in Guardinis Buch „Von heiligen Zeichen" gelesen!

In Euskirchen versuchte ich meinen Meßdienern nun zu verdeutlichen, welch schönen Dienst sie doch taten, wie sinnvoll sie durch guten Vollzug ihrer Dienste auch die Gemeinde mitreißen könnten. Anfangs waren die Schwierigkeiten groß. Es gab ab und an sogar Palastrevolutionen, weil die älteren Altardiener nicht einsehen wollten, daß sie kein Anrecht darauf hätten, beim Dienen die Bevorzugten zu sein, und weil sie nicht bereit waren, auch mal jüngeren den Vortritt zu lassen. Sehr viel bin ich draußen mit den Jungen herumgetollt; wir haben Geländespiele gemacht und Fußball gespielt: Herz-Jesu gegen St. Martin. Deshalb war es manchmal schwierig, den Meßdienern klar zu machen, daß sie „draußen" alles mögliche mit mir machen und mir sozusagen den Buckel herauf und herunterrutschen konnten (da versuchte ich ein bißchen, Don Bosco im Kleinformat zu sein), daß sie aber zugleich drinnen im Gotteshaus zuchtvolle kleine Diener Gottes sein sollten. Damit sie das wurden, verlangte ich viel, zumal damals die Meßdiener noch alle Gebete der Heiligen Messe in Latein zu beten hatten, was ein ziemlicher Brocken besonders für weniger begabte Jungen war. Jeder hatte eine Prüfung abzulegen: Beten in Latein, exakte, unverwackelte Kniebeugen, gekreuzte Hände nicht vor dem Bauch, sondern vor der Brust – alles, was zum Dienst gehörte. „Ihr müßt sozusagen die kleine Ehrengarde Gottes werden," erklärte ich ihnen, „zur Freude unseres Herrn und zum Staunen der Gemeinde." Ein Rechtsanwalt, der vor 55 Jahren mein Meßdiener gewesen war, erzählte mir kürzlich lachend: „Wissen Sie, wann ich das erste Mal Prüfungsangst durchgestanden habe? Als ich die Meßdienerprüfung bei Ihnen ablegen mußte."

In diesen ersten Priesterjahren habe ich wachen Sinnes das politische Geschehen in Deutschland verfolgt, kopfschüttelnd und verständnislos. Deutsche gegen Deutsche nach dem Motto: „Willst du nicht mein Bruder sein, so schlag' ich dir den Schädel ein!" SA gegen Stahlhelmer und Kommunisten, später SS gegen SA, noch später gegen die Juden. 1933 kam das „neue, ewige, tausendjährige Reich" des Herrn Hitler. Es war wie ein Vollrausch eines großen Teiles des Volkes. Wie manches Mal habe ich die Reden Hitlers und Goebbels' gehört, nicht eine einzige aber vollständig! Ich bin halt ein langsamer, aber intensiv mitdenkender Hörer. Nie habe ich begriffen, wie die Brillanz eines Redners genügen kann, alle möglichen faulen Früchte mit zu verkaufen. Für mich wurde das Anhören dieser besessenen Redner zu einer Qual. In den ersten Nazi-Jahren fragte mich ein mir unbekannter, offenbar aus besseren Kreisen stammender Mann: „Kann man als Katholik den Nationalsozialismus wählen?" War er ein Spitzel, war es ein ernsthaft Fragender? Wer wußte das damals! Meine Antwort lautete: „Schon als Mensch, als Deutscher, könnte ich niemals Nationalsozialist werden, weil ich dann nämlich gezwungen wäre, bei diesen rauschenden Parteitagen zuerst einmal meinen Verstand und meinen Willen an der Garderobe abzugeben. Entscheiden Sie nun selbst, ob ich das als Katholik kann!"

Heute fragen immer noch Jüngere: „Wie konntet ihr damals so versagen?" Es gab in dieser Zeit einige Umstände, die dazu beitrugen, daß ein ganzes Volk auf die nationalsozialistischen Scharlatane hereinfiel. Das Elend und die Not waren riesengroß. Es gab viele Millionen Arbeitslose, deren Schicksal überhaupt nicht zu vergleichen ist mit dem Schicksal heutiger Arbeitsloser. In der damaligen Zeit konnte sich der Staat kaum um sie kümmern. Auch Löhne und Gehälter derjenigen, die das Glück einer Arbeitsstelle hatten, waren minimal. Mitten in dieser scheinbaren Aussichtslosigkeit geschah dann das „Wunder" durch den „Führer" – so schien es wenigstens den Menschen damals. In relativ kurzer Zeit verschwand die Arbeitslosigkeit, die nicht Arbeitswilligen bevölkerten die Arbeitslager, die Kriminalität verschwand mehr und mehr. Kinder, Mädchen und Frauen brauchten keine Angst mehr zu haben, wenn sie sich in Dunkel und Nacht außerhalb des Hauses aufhielten. Ordnung, Disziplin und Sauberkeit waren überall zu finden. Die KdF-Flotte brachte auch einfache Leute nach Norden und Süden. KdF hieß: „Kraft durch Freude". Diese Veränderungen waren greifbar und sichtbar für das ganze Volk. Wie sollte der schlichte Mensch es vermögen, gleich hinter die Kulissen zu schauen und zu bemerken, was alles „am Rande" noch so passierte? Bezeichnend ist auch, daß nicht nur große Teile der sogenannten „einfachen" Bevölkerung, sondern auch Wissenschaftler, Philosophen, Wirtschaftsgrößen und Dichter auf den Nationalsozialismus hereinfielen – teilweise sicher auch wegen des gutgläubig abgeschlossenen Konkordats.

Soll das ein Plädoyer für den Nationalsozialismus sein? Nicht im geringsten! Gott gebe, daß ich nicht mißverstanden werde! Es ist nur der Versuch, verständlich zu machen, warum ein ganzes Volk hinter einem Rattenfänger herlief und auf diesen betörenden, diabolischen Flötenspieler hereinfiel. Denke ich an Nazigroßkundgebungen wie die in Berlin oder Nürnberg, packt mich auch heute noch der Ekel vor dem, was diese Hypnotiseure, besonders Hitler und Goebbels, aus unserem Volk gemacht haben. Mir kam es damals vor, als sehe ich einen Riesenhaufen entmenschter Wesen, die sozusagen buchstäblich außerhalb ihrer selbst waren, perfekte Automaten. Für mich gab es keinen Kompromiß mit der Partei oder mit dem nationalsozialistischen Staat, auch nicht in den ersten „erfolgreichen" Jahren, die doch scheinbar alles bisher Dagewesene in den Schatten stellten. Denken wir einmal an 1936, das Jahr der Olympischen Spiele in Deutschland. Die Spiele waren so perfekt aufgezogen, die Medien so gekonnt eingesetzt, daß die ganze Welt in Staunen geriet über dieses Deutschland und die „Wunder", die es vollbracht hatte. Wer konnte denn damals schon hinter die grandiose Fassade des „tausendjährigen" Reiches schauen, die so prächtig und überzeugend war – wie die „Potemkinschen Dörfer", die Fürst Potemkin errichtete, um vor der Kaiserin Katharina II. zu vertuschen, wie die Wirklichkeit hinter den Fassaden aussah. Es ist verständlich, daß die Menschen heute sich nicht vorstellen können, daß wir damals nichts davon ahnten, was die sogenannten Arbeitslager, die KZs, waren – heute wissen wir es. Auch ich kann jetzt nur den Kopf darüber schütteln, wie es möglich war, einem Großteil des Volkes die ungeheuerlichen Geschehnisse zu verheimlichen, von denen doch Tausende denkender Menschen wußten. Wir erfuhren erstmals in der Kriegszeit und in der Gefangenschaft die Wahrheit über die Vernichtungslager.

Ich sah meine Aufgabe nicht darin, politischer Gegner des Nationalsozialismus zu werden, sondern mir selbst und meinen Mitchristen in der Gemeinde zu verdeutlichen, wie notwendig es sei in dieser so schwer durchschaubaren Zeit, ein frohglaubender Mensch zu sein, dem Gott wirklich mehr bedeutet als alles sonst in der Welt. Wir sollten uns selbst bewußt werden als Christen und uns nicht als „Mauerblümchen" der neuen Zeit verbrauchen lassen. Meine Jungen begriffen viel davon. Sie gingen mit mir durch Dick und Dünn. Die Meßdienerschar wuchs und wuchs, und damit wuchs auch der Ärger mit der Hitlerjugend. Etliche meiner Jungen waren in beiden Gruppen. Ich kann mich nicht erinnern, daß einer deshalb seinen Dienst bei mir quittiert hätte. Unsere Gottesdienste wurden zunehmend eine Freude für die ganze Gemeinde. Wir ließen uns viel einfallen, besonders für die Hochfeste Weihnachten, Ostern, Pfingsten und den Bekenntnistag der Jugend am Christkönigsfest. Auch die einfachen Menschen sollten begreifen, daß es immer ihr Gottesdienst war, daß sie „wer waren" vor Gott. Jeder einzelne sollte spüren: Auch du bist ein Gottesbau, und „... wenn nicht der Herr dein Haus baut, mühst du dich umsonst, und wenn nicht der Herr die Stadt bewacht, wacht der Wächter umsonst." (Psalm 127).

Allmählich wurden der Kirche immer mehr Freiheiten genommen. Das sogenannte „Heimtückegesetz" wurde erlassen, das systemfeindliche Aussagen unter schwere Strafe stellte. Ich studierte seinen Wortlaut sehr genau, um zur rechten Zeit Antwort geben zu können. Einmal fielen wir auf, als wir in einem Waldstück unsere Pfadfinderspiele veranstalteten. Der Polizeichef persönlich „erwischte" uns. Es kam zu einer polizeilichen Vernehmung, wobei ich sehr schnell merkte, daß dieser

Nazi nicht gerade mit Geist gesegnet war. Meine Kenntnis des Heimtückegesetzes, aus dem er mir nun meine Vergehen nachweisen wollte, erwies sich nun als großer Vorteil für mich. Alle seine Anklagen, die er auf Paragraphen dieses Gesetzes bezog, konnte ich ihm restlos widerlegen. Das Ende vom Lied war, daß er mich sozusagen hinauswarf mit den Worten: „Machen Sie doch, was Sie wollen!"

Die Lage wurde für uns immer schwieriger, zum Beispiel, wenn meine Meßdiener mit Wimpel geschlossen durch die Landschaft spazierten. Wir wurden manches Mal von der HJ gestellt und allesamt der Polizei übergeben. Trotzdem hatten wir den Mut, tagelang auf Fahrt zu gehen. Einmal gab es die Möglichkeit, in einer Herberge zu übernachten, ein anderes Mal in den Schlafsälen eines katholischen Gymnasiums, dessen Internatsbetten in der Ferienzeit leer standen. Von diesen Stützpunkten aus machten wir unsere Unternehmungen ins Gelände. Bei einer dieser Wanderungen wurden wir erneut „aufgegriffen". Die Jungen mußten zur Vernehmung. Man denke sich: Sie waren zwischen 9 und 15 Jahre alt. Im Grunde ging es bei dieser Aktion darum, eine unwiderlegbare Anklage gegen mich zu finden. Die Meßdiener hielten sich prächtig – auch bei sogenannten Fangfragen. So lauteten die Fragen zum Beispiel: „Hat der Kaplan mit euch zusammen im Schlafsaal geschlafen?" Die Antwort war: „Natürlich, wir waren Tag und Nacht zusammen." Die nächste Frage: „Was hat denn euer Kaplan mit euch gemacht?" Offensichtlich verstanden die Kinder überhaupt nicht, worauf die Polizei mit dieser Frage hinzielte. Die Antwort: „Der Kaplan? Mit dem haben wir Wanderungen gemacht, Fußball gespielt, sind mit Bötchen auf dem Rhein gefahren ..." Jedenfalls verlief auch diese Sache im Sande. Die örtliche Nazibehörde schien zu kapitulieren, zumal sie durch diese Aktionen große Empörung bei der Bevölkerung hervorrief, besonders natürlich bei den Eltern dieser Jungen.

Vermutlich hat sich die verzweifelte städtische HJ an die höheren Instanzen gewandt. Jedenfalls standen einige Zeit später, ich war eben von meiner Heiligen Messe gekommen, vier Leute von der Kölner Gestapo vor meiner Tür, so zwischen 23 und 30 Jahre alt, schätze ich. Diese Typen schreckten mich nicht sonderlich. Sie wirkten wie verkrachte Existenzen, machten jedenfalls keinen besonders intellektuellen Eindruck – trotzdem war mir nicht gerade wohl zumute. Diese vier durchstöberten meine Zimmer von morgens bis abends, um belastendes Material zu finden. Schon bald merkte ich, daß im wesentlichen zwei Fragen im Hintergrund standen: Wie konnte dieser Mann einen Arbeiterverein sieben Jahre ungeschoren über die Runden bringen, und wie konnte es ihm gelingen, mit inzwischen über 100 Meßdienern der HJ Paroli zu bieten? Wie in einer Verbrecherwohnung wurde alles und jedes untersucht, vom Bücherbestand bis zum Döschen, das Kragenknöpfe enthielt. Man hatte den vieren wohl beigebracht, wie man Verdächtige zu gewünschten Aussagen bringt: einschüchtern durch Drohungen, weich klopfen durch Schmeicheleien.

Hier muß ich an etwas erinnern, das ich früher schon einmal erwähnte. Beim Fernsehen würde ich mich bei „Ich stelle mich“ niemals als Kandidat melden. Ich bin kein Schnelldenker, sondern brauche Zeit, um überzeugend auf Fragen antworten zu können. Stattdessen habe ich aber erfahrungsgemäß eine andere große Hilfe, auf die ich mich in für mich kritischen Situationen stets verlassen konnte. In der Heiligen Schrift gibt es eine Stelle, die ich frei, also nicht ganz buchstabengetreu zitieren möchte. Ich treffe aber sicher den Sinn der Aussage richtig: Wenn du vor den Kadi gebracht wirst, mache dir keine Gedanken, was du sagen sollst zu deiner Rechtfertigung. Der Heilige Geist wird es dir eingeben. Darauf habe ich mich zeit meines Lebens verlassen und bin nicht enttäuscht worden. Auch in diesem Fall gab mir die Hoffnung auf dieses Gotteswort Mut und Sicherheit bei aller menschlichen Angst und Furcht. Im Nachhinein, wie so oft in meinem späteren Leben, habe ich mich kopfschüttelnd gefragt: Wie kam es, daß du so ruhig bliebst, so schnell die Fußangeln und Fallen erkanntest?

Einer dieser jungen Burschen nun fragte mich: „Was ist der Grund, daß zwar etliche Ihrer Meßdiener auch in der Hitlerjugend sind, meist aber ohne Begeisterung dort mitmachen? Hetzen Sie diese Jungen auf?“ Ruhig gab ich zur Antwort: „Daran ist die Führung der Hitlerjugend selbst schuld.“ Offensichtlich schien ihnen diese Aussage endlich eine Handhabe zu liefern, etwas gegen mich zu unternehmen. Prompt platzten sie heraus: „Da sind wir aber platt, daß die HJ Fehler macht! Erklären Sie doch, weshalb Sie das so einfach sagen können!“ Nun erwiderte ich: „Die Jungen gehen für mich durch Dick und Dünn und lassen diese Sympathie klar erkennen. Dazu haben die Meßdiener alle Katholiken der Stadt hinter sich, denen sie viel Freude machen durch ihre prächtige Haltung in den Gottesdiensten. Die HJ-Führer haben wohl noch nicht einmal das Einmaleins der

Jugendpsychologie gelernt. In ihrer Enttäuschung, daß sie nicht in die Phalanx dieser Treue einbrechen konnten, fragten sie so manches Mal höhnisch einzelne meiner Meßdiener: ‚Bist du immer noch bei deinem Kaplan?‘ Die Antwort war dann jedesmal: ‚Ja, das bin ich!‘ Den größten Unsinn leistete sich der oberste HJ-Führer aber erst später, als vieles rationiert wurde und nur auf Marken zu bekommen war. Der ‚Chef‘ sprach ausgerechnet den Jüngsten meiner Meßdiener an: ‚Helmut, du und dein Kaplan, ihr werdet es in Zukunft schwer haben. Du weißt doch, daß das Öl rationiert ist, und das braucht ihr doch bei eurer Letzten Ölung. (Damals hieß dieses Sakrament noch so, heute spricht man von der Krankensalbung). Da werdet ihr aber große Schwierigkeiten bekommen mit dem Öl!‘ Wie töricht war das doch! Noch am selben Tag kam die Mutter des Jungen voller Empörung zu mir und erzählte mir den ganzen Sachverhalt, den ihr Jüngster ihr berichtet hatte. Sie fuhr fort: ‚Mein Helmut hat vergangenes Weihnachtsfest uns Eltern gegenüber den dringenden Wunsch geäußert, die HJ-Uniform geschenkt zu bekommen. Jetzt möchte er sie am liebsten nie mehr anziehen.‘ Diese Geschichte ging wie ein Lauffeuer durch die ganze Bevölkerung, und Sie, meine Herren, werden wohl verstehen, daß solche Dummheiten das Ansehen der HJ nicht gerade heben.“

Die Gesichter der vier ungebetenen Gäste wirkten nicht gerade begeistert. Ihre Ausbeute war gering, denn Gravierendes hatten sie nicht gefunden. Ich erhielt eine Quittung über die beschlagnahmten Gegenstände: Einen Fußball nahmen sie mit, ein paar Bücher völlig harmloser Art. Ich riet den ungebetenen Gästen: „Lassen Sie die doch hier! Wenn Sie sie nach Köln bringen, blamieren Sie sich bis auf die Knochen. Die Bücher haben einen rein religiösen Inhalt. Als verdächtig haben Sie sie erkennen wollen, weil sie unübersehbar das X tragen, den griechischen Anfangsbuchstaben für Christus. Das X hat aber in diesem Fall nichts zu tun mit dem verräterischen XP-Zeichen, wie Sie offenbar meinen.“

War es das Ergebnis ihrer Enttäuschung, eine gewisse Hilflosigkeit oder ernst gemeint? Am Abend eröffneten sie mir, sie müßten mich zur Gestapozentrale nach Köln mitnehmen. Mein Erstaunen war groß, kam ich mir doch wie ein schuldloser Sieger vor. Zum Glück waren wir als Kapläne vorgewarnt worden. Ich forderte, zuerst noch den zuständigen Pfarrer unterrichten zu dürfen. Daraufhin verzichteten sie ohne Begründung auf die

Festnahme und verließen mich zu meiner Erleichterung. Ich gestehe, daß ich mit innerem Hohn den Abzug der vier verunsicherten und erfolglosen jungen Männer verfolgte. Damals wußte ich noch nicht, daß diese Burschen ein Strafverfahren gegen mich einleiteten. Das erfuhr ich erst später, als mir ein Brief der Gestapo mitteilte: „Die Strafsache gegen Sie ist wegen der Amnestie aufgehoben, die bei der Eingliederung Österreichs ins Deutsche Reich in Kraft getreten ist."

Das ganze Nazitum war mir verhaßt – längst bevor ich die ganze Brutalität dieser Verbrecher erkannte, bevor mir eindeutig aufging, was diese Bande für ein gemeines Spiel trieb mit den christlichen Konfessionen, die ihr ein Dorn im Auge waren. Was konnten wir katholischen Priester nun tun? Einfach nur zu schweigen, war wohl kaum zu verantworten. Offen gegen Hitler und seine Anhänger zu reden, wäre Selbstmord oder selbstgewähltes Martyrium gewesen. Hätten wir... Sollten wir... Nicht zu vergessen: Allmählich erst, gegen Ende der 30er Jahre, zeichnete sich das ganze Ausmaß dieses verbrecherischen Regimes ab. Also noch einmal: Was sollte, konnte ich tun, der ich doch von Anfang an ein Gegner dieses Systems war? Bei meiner Jugendarbeit ging es mir nicht um politische Untergrundarbeit. Die Jugendlichen sollten nur lernen, als bewußte Christen zu leben, denen ihr Glaube Richtschnur und Zielsetzung ihres Lebens ist. Sie sollten befähigt werden, hellwach zu bleiben und ihr Leben in den eigenen Händen zu halten, und eben nicht Schilfrohr zu werden, das von jedem Windhauch hin und hergetrieben wird.

Daneben blieb mir die Kanzel. Damals machte ein Buch von Alfred Rosenberg, dem Chefideologen der Nazis, Furore: „Der Mythus des 20. Jahrhunderts". Das Buch strotzte vor historischen Fehlern und war voll von völlig haltlosen Angriffen gegen die Kirche, ähnlich dem Stil des berühmt-berüchtigten „Pfaffenspiegels". Als ich in der letzten und am stärksten besuchten Messe sonntags um 11 Uhr predigte, war die Kirche voll besetzt. Thema: „Der Mythus des 20. Jahrhunderts". Vorher hatte ich recherchiert, um handfest die vielen Irrtümer dieses Machwerks aufdecken zu können. Während der Predigt war es mäuschenstill. Mit unüberhörbarer Ironie stellte ich den Unsinn heraus. Jeder, so glaube ich, merkte, daß mein Ziel gar nicht die Feststellung der völligen Unmöglichkeit dieses Buches war, sondern der Hinweis: Das ist der Chefideologe einer Partei, die diesen Unsinn zum Bekenntnis macht. Das Ganze war sehr riskant, blieb aber ohne unmittelbare Konsequenzen. Mehrere Male in dieser Zeit schellte es mitten in der Nacht bei mir. Wenn ich öffnete, flüsterte der Besucher mir zu: „Herr Kaplan, seien Sie vorsichtig! Am kommenden Sonntag kommen wieder Kölner Gestapoleute, um ihre Predigt aufzuzeichnen." Der Mann, der mich warnte, war ein Polizeibeamter aus meiner Gemeinde, der unfreiwillig in die Orts-Gestapo eingegliedert worden war – übrigens ein überzeugter Katholik.

In der Seelsorge gab es häufig Ereignisse, die das Paradoxe der damaligen Situation beleuchteten. Eine ältere Frau starb, die in der ganzen Stadt bekannt war und „Mutter der SA" genannt wurde. Auf ihrem Sterbebett empfing sie bewußt die Sakramente und äußerte, sie wolle natürlich kirchlich begraben werden. Mein Pfarrer bat mich, diese Beerdigung zu übernehmen. Die Frau hatte zwei Söhne. Der eine war in der SA, der andere in der SS. Es sollte spannend werden, weil diese beiden Organisationen einander nicht besonders gewogen waren. Als ich mit meinen Meßdienern am Sterbehaus ankam, war die Straße voller Neugieriger. Rechts stand eine Eskorte der SS, links eine der SA mit einem Trommler und einem Flötenchor. Kaum war ich an der Haustür, kam einer der SS-Leute; ob es der Sohn der Verstorbenen war oder sein Truppführer, weiß ich heute nicht mehr. Er schnauzte mich ziemlich barsch an und sagte: „Sie haben hier nichts zu suchen!" Ich schaute ihn einigermaßen erstaunt an und sagte: „Höchstpersönlich hat die Verstorbene auf ihrem Sterbebett erklärt, sie wolle kirchlich beerdigt werden. Sie werden doch nicht gegen den letzten Willen dieser geehrten SA-Mutter sein oder?" Empört drehte er sich um. Auf sein Kommando machte der ganze SS-Haufen kehrt und zog ab. Ich setzte mich mit der Musikgruppe und der Eskorte der SA, den Angehörigen und Teilen der Bevölkerung in Bewegung und konnte auf dem Friedhof ohne Störung den katholischen Beerdigungsritus vollziehen.

Als ich 1931 meine erste Stelle antrat, sah die Welt noch anders aus als später nach der „Machtergreifung" durch die Nationalsozialisten. Damals gab es noch eine Anzahl Kommunisten in der Stadt. Einer, den ich heimlich „Edelkommunist" nannte, saß sogar im Stadtrat. Dort hat er gute Arbeit geleistet und sich sehr eingesetzt für Arme und Arbeitslose. Seine Frau war Katholikin. 1932 hatte ich die zehnjährige Tochter im Religionsunterricht in der Schule, und sie gehörte auch zu den Kindern, die im selben Jahr zur Erstkommunion gingen. Sie war mir schon in der Schule aufgefallen als eifrig und hochintelligent. Mein Pfarrer hatte angeordnet, daß jeder der vier Pfarrgeistlichen den Unterricht einer Kommuniongruppe übernehmen sollte. Ich nahm mir vor, jede Familie, deren Kind in meiner Gruppe war, in den Festtagen kurz zu besuchen. Dazu gehörte auch die Familie des Kommunistenführers.

Mit gemischten Gefühlen ging ich dorthin. Es muß so gegen 17 Uhr gewesen sein. Der Kaffeetisch, an dem nur noch Mutter und Tochter Liesel saßen, war bereits abgedeckt. In einer Ecke des Zimmers saßen sechs Männer rauchend bei einem Glas Bier in lebhafter Unterhaltung. Mutter und Tochter freuten sich sehr, als sie mich sahen, und begrüßten mich herzlich. Das Gespräch der Männer brach abrupt ab. Als ich auch sie alle begrüßte, kam es zum Gespräch und dann sogar zu der Einladung, bei ihnen Platz zu nehmen.

Von diesen Männern kannte ich nur den Vater, den „Edelkommunisten", und seinen Bruder, einen Rabauken. Der Vater war ein tüchtiger Mann und hatte drei Meistertitel in der Branche der Tuchfabrikation. Seine begabte Tochter, ein hübsches Mädchen, nannte ich heimlich „Madönnchen". Es tat mir leid, daß die Familie finanziell nicht in der Lage war, ein solches Talent in der höheren Schule anzumelden. Durch meine und anderer Hilfe konnte sie schließlich doch ein Mädchengymnasium besuchen, das von Dominikanerinnen geleitet wurde. Auch nach 1933 geschahen noch Zeichen und Wunder: Wie der orthodoxe Kommunist es während der Nazizeit fertiggebracht hat, weiß ich nicht; 1936 jedenfalls wurde er technischer Direktor einer neueröffneten großen Textilfabrik in Ostpreußen. 1937 machte die Tochter ihr Einjähriges und folgte ihrem Vater dorthin als Sekretärin für seinen Partner, den kaufmännischen Leiter der Fabrik.

Noch einmal zurück zu den Jahren 1931/32. Unser Pfarrer hatte uns drei Kaplänen verboten, beliebig Hausbesuche zu machen, und gestattete nur wenige Ausnahmen. Eine aber befürwortete er sogar: den Besuch bei den Eltern jener Kinder, die wir im Religionsunterricht in der Schule hatten. Jeder von uns hatte eine Menge Schulstunden. Ich schrieb mir die Namen meiner Schüler mit Straße und Hausnummer auf und erstellte so eine Liste, in der alle Kinder nach Straßen geordnet erfaßt waren. Mein Plan war, mit den Hausbesuchen in der ärmsten Gegend der Stadt anzufangen.

Man erzählte mir, daß eine bestimmte Straße in einem großen Barackenviertel endete. Zugleich wurde ich gewarnt: „Gehen Sie um Gottes Willen nicht in diese Ecke! Das ist zu gefährlich! Es ist nicht gewährleistet, daß Sie heil davonkommen." Ich dachte ganz anders und sagte mir: „Komme ich als junger Kaplan, als solcher leicht erkennbar, dann staunen die Menschen dort. Erst fragen sie sich, was ich dort wohl will, und dann sehen sie gespannt zu, wo ich denn hineingehe." Damals waren wir Priester gut erkennbar an der Soutanelle und dem Priesterkragen, dem Kollar. Einführen wollte ich mich in den Familien meiner Schulkinder mit den Worten: „Ich habe Ihr Kind im Unterricht, da interessiert mich doch, wie die Familie lebt." Ein so „hoher Besuch", ein leibhaftiger Kaplan, das würde ihnen schmeicheln. Gestehen muß ich aber, daß ich einen Hintergedanken hatte: Vielleicht würde das auch die Familien der Kinder, die ich nicht in der Schule hatte, bewegen, mich zu sich zu bitten. Wenn mein Pastor Wind davon bekäme, daß ich trotz der eindeutigen Vorschrift auch andere Familien besuchte, würde er als guter Seelsorger Verständnis dafür haben, daß man unter den gegebenen Umständen natürlich so handeln müsse. Trotz aller Warnungen blieb ich bei meinem Vorhaben.

An einem frühen Nachmittag zog ich los. Es war anzunehmen, daß ich die Familien antreffen würde, weil wohl kaum einer in diesem Viertel Arbeit hatte. Für mich selbst überraschend ging meine Theorie in der Praxis völlig auf. Ich machte zahlreiche Besuche bei den verschiedensten Familien. Erst gegen 10 Uhr am späten Abend kam ich nach Hause. Meine Schwester, die meinen Haushalt führte, war überglücklich, als sie mich sah. Sie hatte sich kurz vor meinem Heimkommen entschlossen, die Polizei anzurufen. In dieser Gegend wurde ich im Laufe der Zeit ganz heimisch, voll akzeptiert von den Leuten, von denen behauptet wurde, daß sie alle Kommunisten seien. Für mich waren sie einfach Menschen, denen ich ein Angebot sein wollte.

Dabei fällt mir eine Begebenheit ein, die sich am Anfang der Straße ereignete, die zu dem Barackenviertel führte. Eines Nachmittags wurde ich zu einem angeblich Sterbenden gerufen. Ich sollte dem Kranken die Kommunion bringen und ihm die Letzte Ölung spenden. Ich machte mich gleich auf und fand die ärmliche Wohnung des „Sterbenden". Die ganze Familie stand jammernd und weinend um das Krankenbett herum, in dem sich mit hochrotem Kopf ein einfacher angelernter Fabrikarbeiter herumwälzte. All mein Zureden half nicht, er blieb unruhig und verwirrt. Irgendwelche Symptome einer körperlichen Krankheit konnte ich nicht entdecken. Er klagte auch nicht über Schmerzen. Ich bat die Angehörigen, mich doch eine Weile mit dem Kranken allein zu lassen. Dann sprach ich beruhigend auf den Mann ein und erklärte ihm: „Sie sind gar nicht leiblich krank, haben nichts, was Ihnen weh tut. Sie haben etwas ganz anderes, Sie müssen etwas erlebt haben, was Sie völlig verwirrt hat. Das müssen wir finden, dann werden Sie ganz schnell wieder gesund." Der Mann beruhigte sich zusehends, allmählich wurden seine Augen klarer, wenn er mich ansah, und so nach und nach bekam ich die ganze Geschichte heraus. In der Fabrik, in der er arbeitete, gab es einen streng organisierten Sektenkreis. Er geriet in diesen Kreis, in dem er mit den Parolen dieser Schwärmer geradezu bombardiert wurde: „Wenn du weiter Alkohol trinkst, landest du in der Hölle, ebenso, wenn du weiter rauchst. Bekehre dich, werde einer der unsrigen, nur so entrinnst du dem ewigen Verderben." Völlig entmutigte ihn, als die Sektierer ihn zu einer größeren Veranstaltung nach Aachen mitschleppten. Da erlebte er dann einige großartige Bekehrungsbekenntnisse, vor denen er seelisch kapitulierte. Er gab sozusagen seinen Geist auf, weil er das alles nicht mehr verkraften konnte. Er war zu beeindruckt, als daß er fähig gewesen wäre, sich selbst mutig aus diesem Teufelskreis zu befreien. Dazu saß in seinem schlichten Gemüt zu sehr die Angst vor dem, was ihm angedroht worden war. Mit möglichst einfachen und für ihn verständlichen Worten erklärte ich ihm: „Diese überdrehten Schwärmer machen aus der Angst der Menschen ein Geschäft. Sie predigen, daß sie ganz allein wüßten, wie man dem drohenden Gott entgehen könne. Der einzige Weg dahin ist nach ihrer Überzeugung, sich aller menschlichen Freuden zu enthalten und diesem harten Gott gegenüber ständig auf der Hut zu sein, um ihn ja nicht zu kränken. Sie sind doch ein Christ! Wo steht denn in unserem Glauben geschrieben: Nie darfst du Alkoholisches trinken, keinen Wein, keinen Schnaps, kein Bier, ansonsten bist du verdammt? Wir beide haben doch den besten Freund, den es überhaupt gibt, den Menschen Jesus, der Gottes Sohn ist. Der sagt uns: ‚Kommt all ihr Mühseligen und Beladenen, all ihr Armen, zu mir. Ich will euch Ruhe geben für eure Seelen.' Ihm sind und bleiben wir immer und überall gut genug. Er bleibt unser Freund, es sei denn, wir wären so dumm, ihn davonzujagen. Halten Sie ihm die Treue, auch wenn Sie einmal Mist gebaut haben! Wenn Sie ehrlich immer wieder zu ihm finden, sagt er niemals: ‚Nun ist es aber genug, ich habe die Schnauze voll, ich will nichts mehr von dir wissen!‘ Wissen Sie was? Sie sind nicht krank, und deshalb ist das erste, was Sie tun, wenn Sie wieder arbeiten gehen, diesem merkwürdigen Verein Ihren Austritt zu erklären. Wenn Sie mir das versprechen, holen wir Ihre Familie wieder zu uns herein, und Sie erklären allen, daß Sie wieder gesund sind. Dann bitten Sie, man möge Ihnen eine Flasche Bier holen, und danach wollten Sie eine Zigarre rauchen.“ So geschah es auch. Der Mann war nicht wiederzuerkennen, die Familie staunte nur so. Den Dank der Familie Gott weitergebend machte ich mich auf den Heimweg.

Eine unserer priesterlichen Aufgaben war die Seelsorge an den Kranken, die zu Hause versorgt wurden. Viele hatte ich zu betreuen im Laufe der Jahre. Zuerst ein Rückblick: Als ich noch im Theologiestudium war, gab es das Vorlesungsthema „Sakramentenpastoral“. Es ging unter anderem um die „Letzte Ölung“, eine Bezeichnung, die soviel unnötige Angst geboren hat, und die längst in „Krankensalbung“ umgewandelt worden ist. Grundlegend für dieses Sakrament sind die Worte, die im Jakobusbrief stehen: „Ist jemand krank unter euch? Er soll die Presbyter der Gemeinde zu sich rufen lassen. Die sollen über ihn beten, indem sie ihn mit Öl salben im Namen des Herrn, und das Gebet des Glaubens wird den Kranken retten, und der Herr wird ihn aufrichten, und wenn er Sünden begangen hat, so wird ihm vergeben werden.“ Als in diesem Sinne doziert wurde, war ich skeptisch. Auch ich gehörte zu den jungen Theologen, die manches kritisch hinterfragten. Die Aussagen über die Wirkung dieses Sakramentes schienen mir recht hoch gegriffen zu sein: den Kranken retten, den Kranken aufrichten, Sünden vergeben? Ich tröstete mich damals mit dem Gedanken: Na ja, in der Priesterpraxis wirst du sehen, was von diesen Aussagen zu halten ist. Vorab will ich gestehen: Wenn ich heute gefragt würde, bei welcher Sakramentenspendung ich am sichtbarsten und greifbarsten die versprochenen Folgeerscheinungen erlebt habe, würde ich bedenkenlos das Sakrament der Krankensalbung nennen, so skeptisch ich als junger Theologiestudent gerade hier war. Wir haben einen unendlich liebenden, barmherzigen Gott. Er verabreicht manchmal sanfte, heilende Ohrfeigen dem, der überheblich denkt – in diesem Falle mir.

Ein Beispiel: Bei einem meiner ersten Krankenfälle während der Euskirchener Zeit wurde ich zu einer schwerkranken Frau gerufen. Der Arzt war mit seinem Auto vor mir da gewesen. Als ich das Haus betreten wollte, kam er mir am Eingang schon entgegen. „Herr Kaplan, ein völlig aussichtsloser Fall! Irgendetwas ist im Bauch der Frau geplatzt. Sie spuckt dauernd grüne Galle, was nicht zu stoppen ist. Sie kann unmöglich beichten, unmöglich kommunizieren, nur die Letzte Ölung ist möglich." Ich fand die Frau so, wie es der Arzt gesagt hatte. Sie saß auf einem Stuhl und hörte nicht auf, sich zu übergeben. Ruhig sprach ich sie an. Siehe da, sie verstand mich und nickte mir zu. Ruhig sprach ich über die Letzte Ölung und das Versprechen Gottes, das mit diesem Sakrament gegeben ist. Es sei nicht das Zeichen, daß nun alles zu Ende gehe und nichts mehr zu machen sei, sondern es sei, wie jedes Sakrament, eine Begegnung mit unserem Herrn und Heiland, bei dem alles in besten Händen ist. Auch bei ihr sei das so. Ich bereitete sie auf den Empfang vor und spendete die Letzte Ölung. Aus ihrem Verhalten schloß ich, daß sie eine tief gläubige Frau war. Am nächsten Tag führte mich mein Weg zur Schule am Haus dieser Familie vorbei, und mir kam der Gedanke, gleich einen Kondolenzbesuch zu machen. Nach dem gestrigen Erlebnis stand für mich fest, daß meine Patientin tot sei. Wie staunte ich, als mich die Tochter der Kranken strahlend einließ und mich direkt in das Schlafzimmer der Totgeglaubten führte. Da lag sie friedlich, lächelnd und völlig entspannt im Bett und dankte mir für das, was ich gestern mit der Letzten Ölung an ihr getan habe. Ich war wie vor den Kopf geschlagen.

Da war sie, die sanfte Ohrfeige Gottes, von der ich sprach, einem verpaßt, der als junger Student ein bißchen hochmütig und dreist gesagt hatte: „Na ja, ich werde als Priester ja erfahren, ob die Versprechungen bezüglich der Wirksamkeit dieses Sakraments sich bewahrheiten." Die Frau habe ich noch jahrelang besucht, bis die Familie aus unserer Stadt fortzog. Mein Leben lang war ich nicht wundersüchtig, aber immer habe ich daran geglaubt, daß es in unserem Alltag Wunder Gottes gibt, die verborgen bleiben. Halte ich nun dieses Erlebnis für ein „richtiges" Wunder? Da ich kein Prophet bin, sage ich: Nein. Ergänzen möchte ich noch: Diese Entwicklung ist für mich kein Beweis dafür, daß der Jakobusbrief sich in seiner ersten Aussage über dieses Sakrament völlig bewahrheitet hat: „Das Gebet des Glaubens wird den Kranken retten." Zwar machte das, was geschah, durchaus den Eindruck, als habe das Sakrament zur Heilung der Frau beigetragen, aber es gab ja auch die Möglichkeit, daß der zugezogene Arzt sich in der Diagnose geirrt hatte. Nicht zu entkräften aber war die Erfüllung der zweiten Aussage über die Wirkung der Krankensalbung: „Und der Herr wird ihn aufrichten“. Die Erfahrung der Kraft dieses Sakramentes hat mein ganzes Priesterleben durchzogen.

Ein anderes Mal wurde ich zu einem schwerkranken Eisenbahner gerufen. Ein Hüne von Mann lag da auf seinem Schmerzenslager. Religiös war er recht ansprechbar, ein gläubiger Katholik. Der Empfang des Bußsakramentes und der Krankenkommunion bereitete keine Schwierigkeiten. Wegen der mir häufig begegnenden Angst vor der Letzten Ölung hatte ich mir angewöhnt, bei schwerer Krankheit früh dieses Sakrament anzubieten, um seinen Sinn deutlich zu machen. Anfangs überwog noch zu oft die Angst. Das unglückselige Wort „Letzte Ölung“ hat großen Schaden angerichtet, so daß die Meinung ziemlich verbreitet war: „Das ist wirklich das Letzte, danach ist nichts mehr zu retten. Dieses Sakrament ist so ungefähr das Todesurteil Gottes.“ Ähnlich wie im ersten Fall geschildert, ging es mir auch mit dem Eisenbahner. Er galt damals schon als unheilbar, aber ein Ende war nicht abzusehen. Von der Letzten Ölung wollte er anfangs nichts wissen. Häufig besuchte ich ihn, häufig und regelmäßig empfing er die Sakramente. Immer deutlicher wurde der Zerfall seiner Gesundheit und seiner physischen Kräfte erkennbar. Der Priester blieb willkommen. Schließlich kam die Zeit, daß er hilfsbedürftig wurde wie ein kleines Kind. Er ließ alles unter sich gehen, weil er das Bett nicht mehr verlassen konnte und weil seine tüchtige und liebe Ehefrau ihn unmöglich aus seinem Krankenlager heben konnte. Er blieb in all seinem Elend ansprechbar, verfolgte schließlich doch aufmerksam meine Erklärungen zum Sinn des Sakramentes der Salbung und empfing es dann mit rührend kindlicher Frömmigkeit. Am nächsten Morgen rief mich die Frau des Kranken an und erzählte mir, daß ihr Mann vielleicht eine halbe Stunde nach meinem Weggang gesagt habe: „Komm zu mir und hilf mir. Ich möchte mich mal wieder in den Sessel setzen.“ Sie fuhr fort, sie habe ihren Ohren nicht getraut: Wo er doch schon tagelang an sein Bett geradezu gefesselt gewesen sei! Erst habe sie sich einfach nicht getraut, dann aber doch zugegriffen, und es sei leicht gegangen. Sie habe das ganze Bettzeug wechseln, ihn selber sauber machen und waschen und dann ins saubere Bett bringen können. Typisch für diese schlichten Menschen: Es war für sie wie ein Wunder. Nein, genau wie ich glaubte die Frau nicht, daß es ein wirkliches Wunder gewesen sei, aber wir beide glaubten an ein tröstliches Zeichen von Gottes Barmherzigkeit. Der Mann starb friedlich und zuversichtlich kurze Zeit später.

Meine Krankenseelsorge nahm an Umfang immer mehr zu. Sehr bald konnte ich mein Angebot, jeden Hauskranken einmal im Monat zu besuchen und, wenn gewünscht, ihm die Sakramente zu spenden, nur aufrechterhalten, indem ich auf's Fahrrad umstieg, um nicht die entlegeneren Gebiete auslassen zu müssen. Schließlich wurde mir dabei eine noch größere Hilfe zuteil: In unserer Stadt gab es eine Fabrik, die Transportmaschinen herstellte. Der Eigentümer nannte sich nicht Fabrikant, sondern Maschinenbaumeister. Das hatte er von der Pike auf gelernt. Er stand dem kleinen Werk mit etwa 30 Arbeitern vor, das sehr produktiv und erfolgreich war. Jedem seiner Arbeiter konnte er vormachen, wie die Arbeit anzupacken war. Er, Frau und Kinder waren echt kirchentreu. Zwei Söhne hatte er und drei Töchter, von denen eine zu meiner Zeit schon gestorben war. Die Söhne waren beide meine Meßdiener. Bei dieser Familie hatte ich auch schon Hausbesuche gemacht. Als der Mann von meiner Zeitnot bei den Krankenbesuchen hörte, bot er an, mir mit seinem Auto als Fahrer zur Verfügung zu stehen, was ja eine Reihe von Stunden des Arbeitsausfalls in seinem Unternehmen bedeutete. Ich nahm schließlich dankbar an, und von da an war er mein Chauffeur bei den Krankenbesuchen. Er war gewiß 15 Jahre älter als ich, und er und seine Familie kamen mir freundschaftlich nahe. Er war ein hochherziger Mann und hat mir in jeder Weise vielfach geholfen.

Die Krankenbetreuung, dieser besondere „Dienstzweig" jedes Seelsorgers, hat mir zwar viel Mühe, aber auch viel Freude gemacht. Oft genug waren es unvergeßliche Erlebnisse. Einige will ich noch erzählen. Da war der einzige Sohn einer Mutter, die Witwe war. Der junge Mann mochte so um die 20 Jahre alt sein. Er litt an einer in der damaligen Zeit nicht heilbaren offenen Tuberkulose. Die Mutter empfing mich in ihrem Wohnzimmer, um mich vorzubereiten auf das, was mir bei diesem Krankenbesuch bevorstand. Ihr Sohn sei schwer krank, völlig hilflos, bis zum Skelett abgemagert, lasse alles unter sich gehen, sei überaus empfindlich geworden und lasse kaum noch Besucher heran. Der Geruch im Zimmer sei widerwärtig. Obwohl sie sich bemühe, durch reichlich Kölnisch Wasser die Luft erträglicher zu machen, sei es dort kaum auszuhalten. Bemerke ihr Sohn, daß ein Besucher sich schwertue, das auszuhalten, verbiete er ihm, wiederzukommen. Dadurch sei er immer einsamer geworden. Sie müsse mir das vor meinem ersten Besuch sagen, damit es nicht gleich mein letzter sei. Ein Glück für mich, daß ich so vorgewarnt war! Als ich das Zimmer des Kranken betrat, war die Luft wirklich schwer zu ertragen und fast erstickend. Im Bett lag der junge Mann. Nichts mehr an ihm schien noch lebendig, wären da nicht seine hellwachen Augen gewesen, die mich prüfend ansahen. Es kam mir fast so vor, als stünde ich vor einem harten Richter. Gott sei Dank, daß ich vorbereitet war! Es gelang mir, gelassen und still seinem Blick zu begegnen. Offenbar bestand ich die Prüfung. Jedenfalls habe ich seinen Leidensweg bis zum Ende mitgehen dürfen. Gestehen muß ich allerdings, daß ich bei jedem meiner Besuche tief Luft geholt habe, ehe ich das Zimmer betrat. An meinen Kranken habe ich „praktisch" gelernt, was dienende Liebe bedeutet und verlangt.

Ein anderer unvergeßlicher Fall lag ganz anders. Mein Pfarrer gab mir den Auftrag, einen Krankenbesuch zu machen bei einem jungen Mädchen von 17 Jahren. Sie war die Pflegetochter eines Ehepaares, das etwas abseits von der Stadt einen Bauernhof betrieb. Ich wurde sehr zur Vorsicht gemahnt, da das Mädchen nicht nur krank sei, sondern auch hysterisch und darum gefährlich für mich als jungen Priester. Zum Glück dachte ich an meinen Vorsatz: Laß dir nie einen Menschen, den du nicht kennst, von einem dritten schlechtmachen, zumal, wenn du die Gelegenheit hast, diesen Menschen persönlich kennenzulernen. Versuche herauszufinden, was wahr an der Information ist – und was nicht. Bei meinem ersten Besuch dort lernte ich gleich die ganze Familie kennen. Der Mann schien ein solider Bauer zu sein, ein Prachtmensch. Die Mutter, ziemlich geschwätzig, machte auf mich rein gefühlsmäßig einen weniger guten Eindruck, weiß Gott warum. Dann wurde ich zu der Pflegetochter geführt, die ebenso bettlägerig war wie mein junger Freund. Bei diesem Mädel aber war noch viel Lebendiges vorhanden. Dankbar strahlte sie mir entgegen. Hysterisch-Krankhaftes war beim besten Willen nicht zu erkennen. Natürlich blieb ich zunächst noch vorsichtig. Im Laufe der Zeit stellte ich fest: keine Spur von Hysterie! Sie war und blieb ein junges, unschuldiges Menschenkind, wirklich noch ein Kind. Mir war es ein Rätsel, wie man dazu kommen konnte, solch ein prächtiges Wesen hysterisch zu nennen.

Das Rätsel wurde gelöst. Die Szene, die den wahren Sachverhalt an den Tag brachte, habe ich nicht vergessen können. Ich hatte meinen Krankenbesuch bei der Familie eben beendet und trat den Heimweg an. Es war ein grausam stürmischer Novemberabend. Die hohen Pappeln vor dem Hof bogen sich ächzend im Sturm. Da stürzte die Frau aus dem Haus und rannte mir nach. Sie sah aus, wie man sich eine Hexe vorstellt: Im Sturm flatterten die Haare wild um ihren Kopf, sie schrie gegen den Wind ihre Wut heraus. Eine geradezu gespenstische Szene, die Shakespeare sicher angeregt hätte. Das Mädchen habe heimlich ein Techtelmechtel mit ihrem Pflegevater, stieß sie hervor, und die beiden verstünden es immer wieder, dieses Verhältnis zu verbergen. Die Frau wollte wahrhaben, was nicht stimmte, sie verlor fast den Verstand, weil es ihr nicht gelingen konnte, diese erdachte „Wahrheit" zu beweisen. Im Laufe der Zeit erfuhr ich von dem Bauern, was er mitgemacht hatte. Seine Frau sei im Laufe der Jahre immer eifersüchtiger auf die Pflegetocher geworden, auf dieses völlig unschuldige Menschenkind. Er erzählte von grotesken Bemühungen, ihn und das Mädchen zu überführen. So habe die Frau sich beispielsweise mehrere Male im Keller in die Kartoffelkiste gelegt in der Hoffnung, die beiden „in flagranti" zu erwischen. Sie selbst sei es auch gewesen, die in der Stadt das Gerücht verbreitet hatte, sie habe eine hysterische Tochter. Das arme Kind habe ich so lange seelsorgerisch betreuen können, bis für mich der Abschied von dieser Gemeinde kam.

Mein Erfahrungsschatz mit Menschen wurde größer und größer. Ein kleines Erlebnis will ich noch erzählen, das von anderer Art war. Nachts wurde ich zu einem Schwerkranken gerufen, dem ich mit den Sakramenten noch helfen konnte. Als ich mich auf den Heimweg machte, sah ich einen Mann mir entgegenkommen, der total betrunken ein Fahrrad neben sich herschob. Er torkelte im Zickzack von links nach rechts und von rechts nach links über die ganze Straßenbreite. Der arme Kerl tat mir leid. Ob er in diesem Zustand noch bis nach Hause kommen würde? Ich sprach ihn an, ich wolle ihm gerne helfen. So betrunken der Mann auch war, erkannte er mich sofort als Priester. Das schockierte ihn so, als stehe er vor Gottes Gericht, er schien wieder halb nüchtern zu werden, ergriff viel forscher sein Rad und stotterte: „Danke, ich finde schon nach Hause."

Lächelnd denke ich noch gern an zwei weitere Begegnungen

mit trunkenen Menschen in späterer Zeit, als ich selbst Pfarrer und nicht mehr Kaplan war. Spätabends brachte ich noch einen Brief zum Postamt. Die Stadt, in der ich wohnte, kannte kein Nachtleben. Auf dem Hinweg begegnete mir keine Menschenseele. Auf dem Rückweg erblickte ich einen Mann, hilflos an eine Hauswand gelehnt, auf einen Stock gestützt und vor sich hin lallend. Ich war auf der anderen Straßenseite schon vorbeigegangen, als mich ein Gedanke geradezu ansprang: Natürlich – wie bei der Erzählung unseres Herrn im Neuen Testament von dem Mann, der von Räubern halb erschlagen am Rand der Straße von Jerusalem nach Jericho lag: Ein Priester und ein Levit kamen vorüber, sahen ihn und gingen weiter, ohne zu helfen. Mein Mann war zwar nicht überfallen worden, aber doch offensichtlich unfähig, weiterzugehen. Ich kehrte um und ging zu ihm. Auf meine Frage, wo er denn wohne und hinwolle, nannte er mir eine Straße, die vielleicht 200 Meter weiter lag. Er war wirklich völlig betrunken. Ich nahm ihn fest beim Arm. Der Mann war groß und ziemlich schwer, hatte völlig die Kontrolle über sich verloren und war schwierig zu halten. Im Zickzack zogen wir los, torkelten von einer Straßenseite auf die andere. Heute noch erinnere ich mich an meine Furcht: Wenn dich bloß keine Gemeindemitglieder sehen! Die müssen einfach denken: Sieh an, unser Pastor ist genauso betrunken wie sein Kumpan!

Merkwürdig, man sollte meinen, der Verstand eines Volltrunkenen sei nicht zurechnungsfähig. Aber an der genannten Straße angekommen, antwortete mein Schützling auf die Frage, wo denn nun seine Wohnung liege: Er wohne nicht auf dieser Straße, sondern auf der und der, die wiederum ein Ende weiter war. So listig arbeitete sein Verstand eben doch noch, daß er fürchtete: Nenne ich sofort mein richtiges Zuhause, dann macht mein Helfer vielleicht nicht mit, weil es ihm zu weit ist! Auf diese Weise torkelten wir weiter bis zu seiner Wohnung. Er machte halt, sah mich an und fragte wahrhaftig: „Ich gehe nicht ins Haus, bis Sie mir gesagt haben, wer Sie sind." Das paßte mir gar nicht. Einfach weggehen wollte ich aber auch nicht, weil ich fürchtete, er könne das Schlüsselloch nicht finden. Schließlich gab ich zu, der Pastor zu sein. Auch ihn traf das wie ein Schlag. Er drehte sich erschrocken um, fand sofort das Schlüsselloch, und ich machte mich auf den langen Heimweg.

Ein anderes Mal kam ich abends von einem Namenstagsbesuch. Unterwegs überholte ich einen fröhlich-friedlich vor sich hin babbelnden Herrn mit Aktentasche, schwankend und unsicher, aber nicht ganz so betrunken wie mein erster „Patient". Ich sprach ihn an: „Wohin wollen Sie denn in der späten Nacht?" Er nannte einen Vorort, etwa fünf bis sechs Kilometer von der Stadt entfernt, und meinte, auf dem Marktplatz finde er sicher noch eine Bahn, die ihn nach Hause bringe. Ich redete ihm diesen Plan aus: „Nein, da fährt keine Elektrische mehr hin zu dieser späten Zeit." Der Mann, der ganz seriös wirkte, tat mir leid. „Wissen Sie was," sagte ich zu ihm, „bleiben Sie hier. Ich gehe rasch nach Hause, hole meinen Volkswagen und bringe Sie damit heim." Gesagt – getan. Ich fand den Mann schlafend auf dem Bordstein sitzen und weckte ihn. Er war ganz verwirrt und hatte offensichtlich mein Angebot vergessen. Ich bugsierte ihn auf den Beifahrersitz, kurbelte sein Fenster herunter und fuhr los. In seinem Ort angekommen, konnte er mich sogar in seine Straße weisen und zeigte mir sein Haus. Merkwürdig, wie bei meinem vorher geschilderten Fall: Er werde nicht aussteigen, bevor ich ihm nicht gesagt hätte, wer ich sei. Mir blieb nichts übrig als zu bekennen. Darauf schoß dieser Mann geradezu aus dem Wagen, kniete sich vor mir in den Straßendreck und sagte ernsthaft: „Dann segnen Sie mich doch bitte noch!" Was nun? Der arme Kerl, betrunken wie er war, meinte es offensichtlich ernst, der Christ in ihm schien in dieser Situation durchzuschlagen. Was blieb mir anderes übrig, als ihn zu segnen? Warum sollte ich eigentlich nicht? Vielleicht würde er sich später daran erinnern. Gott um Verständnis bittend, segnete ich ihn wirklich. Im Nu war er dann in seinem Haus verschwunden und ich auf dem Heimweg in mein Pfarrhaus.

In meinem Priesteramt wollte ich hören und sehen lernen, um immer mehr Erfahrungen mit Menschen zu sammeln, um immer mehr Helfer und Wegbegleiter zu sein – wenn das Angebot angenommen wurde. Der junge Kaplan, der ich damals noch war, versuchte, durch sein Leben etwas von Gottes Treue und Erbarmen zu verkünden, die jeder Mensch erfahren kann, wenn er nur will. Das war in jenen Nazi-Jahren nicht leicht. Wir Schwarzröcke waren ja leicht zu erkennen und immer in Gefahr, angepöbelt zu werden. Einmal ging ich mit meinem jüngsten Meßdiener, einem kleinen goldblonden Lockenkopf, den wir auf einer Wanderfahrt verloren und gerade wiedergefunden hatten, durch ein rheinisches Städtchen. Wir fielen auf, wie schon so oft: er, der „blonde Germane", ich damals mit schwarzem Haar und dazu einem schwarzen Rock. Eine sogenannte Dame, eine elegante Blonde, konnte sich nicht verbeißen, im Vorbeigehen zu bemerken: „Da sieht man wieder, wie gefährdet unsere deutsche Jugend durch die Schwarzen ist!"

Schwierigkeiten gab es besonders da, wo man nicht bekannt war. In Euskirchen wurden wir Priester im allgemeinen nicht besonders schikaniert. Ein Grund dafür war sicher auch, daß der weitaus überwiegende Bevölkerungsteil hinter uns stand. Immer wieder wurde uns bei allen möglichen Gelegenheiten geholfen, tatkräftig oder durch kleine Gesten. So bekam ich in jenen ersten Nazi-Jahren von der Chefin eines der großen Warenhäuser unserer Stadt durch Boten ein Paket in die Kaplanei gebracht mit für mich erstaunlichem Inhalt: Vor meinen Augen prangte ein flotter Sportanzug mit einer langen Hose und Knikkerbockern, wie man sie damals trug. Ein Brief war dabei: „Für Sie, Herr Kaplan, Sie werden ihn gut brauchen können." Diesen Anzug hätte ich mir bei unserem damaligen Gehalt nicht leisten können. Telefonisch versuchte ich die Sache rückgängig zu machen. Aber die gütige Frau beharrte auf ihrem Geschenk. Schon ein kurzer Blick in ihre Lebensgeschichte lohnt sich, wenn man Vorbilder sucht für gelebtes, gläubiges Christentum: Sie war die älteste Tochter einer Familie und hatte mindestens sechs Brüder. Als ihre Eltern starben, führte sie den Haushalt. Sie wurde nun praktisch die Mutter ihrer Brüder, die alle „etwas geworden" sind. Eine Freude, zu erleben, wie dankbar diese Männer ihrer Schwester geblieben sind! Jahrzehntelang kam die ganze Schar zusammen, um Muttertag mit ihr zu feiern. Ihr Wohlwollen mir gegenüber begründete sie damit, daß ihre drei jüngsten Brüder von mir im Schulunterricht doch vieles gelernt hätten. Das wolle sie nie vergessen.

Der Anzug, den sie mir schenkte, hat auch seine kleine Geschichte. Damals galt die Regel, daß einem Priester drei Wochen Urlaub zustanden mit der Einschränkung, daß nur zwei Sonntage dabei sein durften. Mein selbstherrlicher Pastor gab uns dazu im Winter noch einmal einen Extraurlaub, der immer so zwischen 8 und 14 Tagen dauerte. Meine Schwester, die mir den Haushalt führte, und ich fuhren dann in Skiurlaub. Der Tage waren ja nur wenige, aber sie waren trotzdem recht erholsam. Mir fiel immer wieder auf, daß man sich in der staubfreien Winterluft und im Schnee viel besser erholen konnte als im Sommer. Alles blieb natürlich des Geldes wegen in bescheidenem Rahmen. Keine Hotels, keine Pensionen, sondern Privatquartiere und möglichst viel Selbstversorgung. Nur wenn mein guter Freund mitfuhr, der Maschinenbaumeister und Fabrikant, waren wir besser versorgt. Es gab damals nicht besonders viel Rummel in den Skiorten. Das hing auch damit zusammen, daß es in den dreißiger Jahren noch so gut wie keine Lifte gab. Das hieß: Wer wirklich skilaufen wollte, mußte selbst auf die Berge klettern. Wir suchten uns also jeden Tag eine Route zu einem der umliegenden Berge aus und stiegen am Morgen mit Seehundfellen unter den Skiern ruhig und stetig bergauf. Dieser Aufstieg dauerte Stunden. Oben auf dem Berg oder auf einer Paßhöhe wurde Pause gemacht, gegessen, und dann ging es an die Abfahrt. Am Nachmittag waren wir wieder „daheim", zwar ausgepumpt, aber mit wunderschönen Erinnerungen an die herrlichen Naturschönheiten, die wir beim Aufstieg und bei der Abfahrt erlebt hatten. Meine Schwester, ziemlich groß, blond, sicher darf das Bruderherz hinzufügen: gut aussehend, machte meine Skitouren mit. Waren wir beim Anstieg einige Zeit unterwegs, war von anderen Skifahrern meist wenig zu sehen. Wir waren allein in der herrlichen Bergwelt. Im Gegensatz zu meiner Schwester hatte ich tiefschwarze Haare, und so fielen wir des öfteren auf: der Schwarze mit der Blonden. Mein Sportzeug trug dazu bei, daß ich als Priester nicht gleich erkannt wurde und damit dem Verdacht ausgesetzt war, da könne etwas nicht stimmen: Ein skilaufender Priester, an sich schon eine kleine Sensation, dazu aber nun noch eine sportliche Blondine! Da mußte man doch stutzig werden! Zumal in dieser schwierigen Zeit mußten wir Priester auf jede Art von Bespitzelung gefaßt sein. Ich konnte ja schlecht meiner Schwester ein Schild um den Hals hängen, worauf stand: „Dies ist meine Schwester. Bei Mißtrauen nehmen Sie Einsicht in unsere Personalausweise!"

Einmal gab es eine „Entlarvung" ohne große Bedeutung. Wir waren von einer Skiwanderung mit Abfahrt zurück und saßen in einer Hütte in der Nähe des Ortes bei einem einfachen Essen. Am Nebentisch saßen einige fröhliche, kichernde „Skihaserln". Sie unterhielten sich völlig unbefangen, so daß wir beide fast alles mitbekamen, auch die Frage eines der jungen Mädchen an eine andere: „Kennst du die zwei am Nebentisch?" Damit waren wir gemeint. Prompt kam die Antwort: „Das ist ein Skilehrer mit seiner Klientel." Vielleicht sahen wir danach aus: jung, tiefbraun, sportlich, aber um der Wahrheit die Ehre zu geben: Als Skilehrer hätte ich doch eine sehr schlechte Figur abgegeben. Am Abend des nächsten Tages saßen meine Schwester und ich in derselben Hütte, auch die jungen Mädchen waren wieder da. Als wir hereinkamen, steckten sie die Köpfe zusammen, und eine tuschelte, für uns dennoch hörbar, den anderen zu: „Unser vermeintlicher Skilehrer da ist ein katholischer Priester. Ich habe ihn heute morgen in schwarzer Kleidung aus der Dorfkirche kommen sehen." Alle Blicke richteten sich auf uns. Wie kamen ins Gespräch, das nicht Mißtrauen, sondern Verständnis erzeugte, ein bißchen Bewunderung und dann eine prächtige Verbrüderung – oder sollte ich „Verschwesterung" sagen?

Allmählich schälte sich immer deutlicher heraus, was wir Deutsche uns mit dem nationalsozialistischen System eingehandelt hatten. Lachend konnten wir noch Rosenbergs „Mythus des 20. Jahrhunderts", dieses erbärmliche und verlogene Machwerk, durch Aufdecken der vielen Fehler und Lügen demaskieren. Das Lachen blieb uns aber zunehmend im Halse stecken. Der heimtückische Kampf der Nationalsozialisten vor allem gegen die Juden und auch gegen die christlichen Kirchen begann. Auf Schleichwegen nahte die neue Kirche und faßte Fuß. Die „Deutschen Christen" mit einem Reichsbischof an der Spitze betraten die Szene. Die Mitglieder waren stramme Nationalsozialisten. Diese Gründung war der teuflische Versuch, alle Christen in Deutschland, ob katholisch oder evangelisch, unter einen Hut zu bringen, wobei das Wort „Christen" nur der Lockvogel war für das gute Gewissen derer, die in diesen „Verein" eintraten. Oder wollte man sich mit dem Wort „Christen" ein Deckmäntelchen bewahren für den Fall, daß der Nationalsozialismus doch kein ewiges Reich begründete? Schwer zu sagen. Jedenfalls hatte diese neue „Konfession" keine Spur mehr von wahrem Christentum. Das Beiwort „Deutsche" war das Hauptwort: eine neue Sorte von Gläubigen, die nicht Christus, sondern dem „Führer" Adolf Hitler folgten. Diese Bewegung gewann immer mehr Anhänger, besonders unter denen, die nicht fest im Glauben standen. In meinen Augen war es eine ganz miese Gesellschaft. Der Zustrom war größer, als ich gedacht hatte. In unserer Stadt jedoch, die ja größtenteils katholisch war, habe ich keine Anhänger gekannt.

Meine sieben ersten Priesterjahre habe ich hellwach erlebt, sozusagen als „Mann auf der Straße". Paktiert habe ich mit dem Nationalsozialismus in keinem Augenblick, wobei ich mich gewiß nicht für einen Untergrundkämpfer halte. Wenn ich heute gefragt werde: „Glauben Sie denn, daß Sie genug getan haben, um dem gottlosen ‚Hitlerismus' die Maske vom Gesicht zu reißen?", kann ich nur antworten: „Das weiß ich nicht, das wird mir am Ende Gott sagen." Von Anfang an lehnte ich es schon aus rein humanitären Gründen völlig ab, bei einer Partei mitzumachen, die mir höchste menschliche Qualitäten abnehmen wollte: die Freiheit des Denkens und die Selbstbestimmung; die Entscheidung über das, was Recht und Unrecht ist. Ich war kein weitblickender Politiker oder Historiker, sondern einfach Mensch und dazu gläubiger Christ und Priester. Ich versuchte, meinem Gewissen zu folgen und keinen Führer anzuerkennen als nur Christus, unseren Herrn. Mein Standpunkt war: Verkündige in der Predigt, lebe im Umgang mit alt und jung die Frohe Botschaft von der Kraft des Glaubens. Sie macht fähig, auch eine schwere Zeit zu bestehen im Vertrauen auf den Gott, der uns jederzeit in seinen guten Händen hält. Ich glaube, es ist mir gelungen, bei vielen Bewohnern unserer Stadt aus der Glaubensüberzeugung heraus die Einsicht zu stärken, daß man sich auf keinen Fall diesem System Nationalsozialismus zur Verfügung stellen durfte.

Ich will ein kleines Beispiel anfügen. Als ich fortging, waren über hundert junge Menschen als Meßdiener durch meine Hände gegangen. Viele von ihnen wurden im Zweiten Weltkrieg eingezogen, manche von ihnen sind gefallen. Als ich Ende 1949 aus russischer Gefangenschaft heimkam, wurde ich schon bald von einer Schar ehemaliger Meßdiener angerufen, die um einen Besuch baten. Es wurde ein überaus frohes Wiedersehen. 1981 durfte ich mein goldenes Priesterjubiläum feiern. Meine „Ehemaligen" ließen es sich nicht nehmen, das Jubiläum mit mir in ihrer Pfarrkirche zu feiern, weil ich ja nicht nur 50 Jahre Priester sei, sondern auch vor 50 Jahren dort meine ersten Priesterjahre begonnen hätte. So werde ich bis heute jedes Jahr in der Adventszeit von dem dortigen Pfarrer und meinen früheren Meßdienern zu einem Gottesdienst eingeladen, wobei die Ehemaligen zu viert den Altardienst tun und die übrigen in einem Block, sichtbar für die ganze Gemeinde, die heilige Eucharistie mitfeiern.

Ergänzend möchte ich noch kurz etwas erwähnen, das zum Schmunzeln einlädt: Nach meiner Heimkehr 1949 wurde ich schon bald Pfarrer, dann kamen später noch einige „Würden" und „Titel" dazu. Fast alle meine ehemaligen Meßdiener versprachen sich am Telefon oder im Gespräch und nannten mich

„Herr Kaplan“, um dann nach einigem Erzählen betroffen sich zu entschuldigen. Lachend habe ich schließlich in einer gemeinsamen Runde erklärt: „Nennt mich weiterhin Kaplan! Es ist eine Ehre für mich, daß ich immer noch euer Kaplan bin.“ Bei den meisten ist es dann so geblieben. Sie nennen mich Kaplan und wollen von mir mit „Du“ und ihrem Vornamen angesprochen werden. Dabei sind die jüngsten unter ihnen um die 50 Jahre, viele von ihnen schon Pensionäre, alle aber gestandene Männer und fest im Glauben: Geschäftsleute, Arbeiter, Lehrer, ein Arzt, ein Apotheker, ein Rechtsanwalt, mit einem Wort: Menschen, auf die man stolz sein kann.

Ende September 1938 schickte mir die kirchliche Behörde den sogenannten „blauen Brief“, der meine Versetzungsurkunde nach Essen beinhaltete. Mir paßte das gar nicht, weil ich glaubte, die Hitlerjugend werde meine Versetzung als ihren Erfolg verbuchen. Sie hatte ja schon jahrelang versucht, mich wegzuekeln. Meinem Bischof hatte ich allerdings bei der Priesterweihe Gehorsam versprochen, und den wollte ich mein Leben lang halten. In meiner Abschiedspredigt versuchte ich, der Pfarrgemeinde zu erklären, daß der Priester in einer Pfarre sich zwar immer wieder bemühen müsse, ansprechbar für alle zu sein, zwecklose, absichtslose Liebe und Bereitschaft zu verkünden und zu leben, daß es aber falsch sei zu glauben, er, der Priester sei es, der immerzu gebe und schenke, aber nichts dafür bekomme. Ich hatte die Erfahrung gemacht, daß ich bei allem Bemühen Liebe doch letztlich immer schuldig bleiben würde. Ich sagte der Gemeinde Dank für das viele Gute, das ich von ihr erfahren hatte. Ein ganzer Berg von Vertrauen war mir geschenkt worden und damit doch das Höchste, was der Mensch an Liebe zu empfangen vermag. Der Dank dafür kam mir wahrhaftig von Herzen.

Meine sieben Kaplansjahre in Euskirchen, 1931 bis 1938, waren angefüllt mit Ereignissen und Begegnungen, die mir unvergeßlich bleiben. Bewußt wollte ich ja Erfahrungen mit Menschen sammeln. Ich wollte Angebot sein für jeden, wer immer er auch sei. Viele Kinder gingen darauf ein, viele Jugendliche, auch Männer und Frauen, Eheleute, alte Menschen und Kranke. Mit fanatischen Sektierern hatte ich zu tun, mit überzeugten Nationalsozialisten und Gestapoleuten. Auch heute noch singe ich das Lob der katholischen Bevölkerung dort, die so eindeutig hinter uns stand, daß sie sozusagen einen Wall um uns Priester bildete, den die Nazis der Stadt nicht zu knacken vermochten.

Essen-Steele

Meine „erste Liebe“ Euskirchen mußte ich also verlassen. Nun oblag es mir, meinen neuen Pfarrer in Essen-Steele zu benachrichtigen, daß ich zum Kaplan seiner Gemeinde St. Laurentius ernannt sei. In dieser Pfarrei wohnten um die 10.000 Katholiken. Er hatte drei Kapläne, von denen einer versetzt wurde, und nun wurde ich sein neuer „dritter Mann“. Am Telefon machte er den Eindruck eines verständigen, freundlichen „Chefs“, der sich zu freuen schien, einen Helfer zu bekommen. Zum vereinbarten Zeitpunkt traf ich in seinem Pfarrhaus ihn und seine zwei Kapläne. Die Tür war mir geöffnet worden von der Schwester des Pastors, die ihm den Haushalt führte. Freundlichkeit und Gutmütigkeit waren in ihren Augen zu lesen, freilich auch eine gespannte Neugier, was ich wohl für einer sei. Meine drei neuen Mitbrüder hießen mich herzlich willkommen. Der Pastor war 54 Jahre alt, relativ klein von Gestalt, quirlig und was man so leutselig nennt; ich hatte gleich den Eindruck, daß ich gut mit ihm zurechtkommen würde. Der erste und älteste Kaplan war 43 Jahre alt und schon neun Jahre an St. Laurentius. Der zweite Kaplan war in meinem Alter, aber ein Jahr später geweiht worden; er war selbst gebürtiger Essener und seit 1932 in der Pfarre. Er war der einzige, der mir etwas fremd blieb. Wir waren wohl zu verschieden veranlagt. Es kam aber nie zu Konfrontationen, wir waren und blieben Mitbrüder, die einander nichts Böses wollten.

Unsere Viererarbeit entwickelte sich reibungslos. Der Pastor hatte die Pfarre in vier Straßenbezirke aufgeteilt. Für jedes Viertel war einer von uns zuständig, was für die Hauskrankenseelsorge zum Beispiel sehr hilfreich war. Im Grunde übernahm ich genau die Arbeit, die vorher der Kaplan getan hatte, der versetzt worden war: seinen Bezirk, seine Schulklassen, seine Hauskranken, eben sein ganzes, genau abgestecktes Tun. Der Pfarrer trug mir unter anderem auf, die organisierte Mädchenseelsorge zu übernehmen. Auch hier glaubte ich, ein Arbeitsgebiet meines Vorgängers zu übernehmen. So sagte ich zu, allerdings etwas zögerlich, weil ich viel lieber die männliche Jugend übernommen hätte. Man zeigte mir meine Wohnung, die mir ganz gut gefiel, und dann kam schon bald der große Umzug, der ohne Probleme verlief, weil meine Schwester, hierin viel praktischer als ich, alles so ausgemessen hatte, daß die Packer der Umzugsfirma gleich jedes Möbelstück an den richtigen Ort stellen konnten. Jetzt konnte meine eigentliche Arbeit in der Seelsorge beginnen.

Unsere Pfarrkirche, dem heiligen Laurentius geweiht, war 1875 konsekriert worden und wirkte recht imposant, wie eine heilige Stadt auf dem Berge. Sie hatte aber nur 600 Sitzplätze für die über 10.000 Katholiken der Pfarre, die fast zwei Drittel der Bevölkerung ausmachten. Wenn meine Erinnerung mich nicht täuscht, hielten wir deshalb sechs Sonntagsgottesdienste, so daß jeweils zwei von uns Vieren am Tag des Herrn „binieren“ mußten, also zwei Messen an ein und demselben Tag feiern. Vorabendmessen gab es damals noch nicht. Der Beichtstuhl war zwar nicht so gut besucht wie an meiner ersten Kaplansstelle, aber wir hatten damals im Vergleich zu heute reichlich zu tun. Die Essener Gemeindemitglieder waren von anderer Art als die Menschen in Euskirchen. Sie schienen mir mit mehr Wassern gewaschen als das brave Völkchen meiner ersten Gemeinde. Vielleicht darf man sagen: Sie waren geistig beweglicher, anspruchsvoller, kritischer, aber dialogbereit und von solider Gläubigkeit. Erstaunlicherweise war die christliche Bevölkerung in Essen-Steele dem falschen Zauber des nationalsozialistischen Systems kaum erlegen. Ziemlich ungehindert habe ich dort arbeiten können. Offensichtlich hatte man mir keinen Nazi-Steckbrief an meine neue Stelle vorausgeschickt.

Gänzlich falsch war meine Vorstellung von den Bergleuten gewesen, den Kumpels, die unter Tage in den Kohlebergwerken arbeiteten. Diese Menschen erlebte ich als einen soliden, eigenen Stand, weitab von dem Bild eines geistlosen, rauhen, ungebildeten Arbeiterhaufens. Mir hat imponiert, wie die „Bergknappen“ organisiert waren und welch gutes Ansehen sie genossen. Schon bald hatte ich mich in meiner neuen Umgebung eingelebt und mich etwas beheimatet.

Meine Arbeit bei den Mädchen der Gemeinde begann mit einer Katastrophe: Die ganze Schar bestand aus wohl sechs verschiedenen Gruppen, genau erinnere ich mich nicht mehr, die mehr oder minder nach Jahrgängen eingeteilt waren. Jede dieser Gruppen hatte eine eigene ältere Führerin. Mir kam der Gedanke, all diese Mädels zunächst einmal gemeinsam einzuladen, mich ihnen als neuer Kaplan, der für sie zuständig war, vorzustellen, um dann meine Arbeit mit ihnen zu planen. Wohl 100 Paar Kinder- und Mädchenaugen schauten mich bei dem ersten Treffen an, aber ich spürte nicht einmal Neugier bei den

Kindern, geschweige denn Freude oder Hoffnung. Obwohl meine Menschenkenntnis und meine Erfahrung inzwischen erheblich gewachsen waren, wurde mir ziemlich eisig zumute. Daß mir eine solch offene Ablehnung gezeigt wurde, hatte ich kaum jemals erlebt. Das Ganze mußte organisierte Abwehr sein, aber warum? Ein Gespräch kam nicht zustande, weil die Mädchen starrsinnig jeden Dialog ablehnten. Haß konnte es ja kaum sein, denn keine von ihnen kannte mich bisher. Ich gestehe, daß ich völlig hilf- und ratlos war. Fast verzweifelt beendete ich die Versammlung sinngemäß mit den Worten: „Es ist offensichtlich: Ihr mögt mich nicht und wollt mich nicht. Mir ist völlig unklar, warum ihr so denkt. Wenn ihr schweigt, kann ich mich weder verteidigen noch rechtfertigen. So jung ihr auch seid, ihr habt euch doch für ‚gelebtes Christentum' entschieden. Dann müßt ihr aber wenigstens die Mindestforderung erfüllen, mir meinen guten Willen zu glauben und mir die Hoffnung zu lassen, daß auch ihr guten Willens seid. Wir treffen uns wieder in den Gruppenstunden, deren Zeitpunkt mir von den einzelnen Führerinnen mitgeteilt werden kann." Dann ging ich, fassunglos über dieses Verhalten, das ich nicht für möglich gehalten hätte, zumal nicht bei religiös ansprechbaren Kindern.

Hinterher suchte ich verzweifelt nach Gründen für diese Ablehnung, fand aber keine. Ich wußte, wie Erwachsene, Männer und Frauen, hassen können, aber doch nicht Kinder, zumal dann nicht, wenn ein Grund dafür nicht auffindbar ist! Für mich war es auch deshalb ein schwerer Schlag, weil ich bis dahin nie Schwierigkeiten mit Kindern und jungen Menschen gehabt hatte. An meiner ersten Kaplansstelle pflegten Gemeindemitglieder zu sagen, wenn ihnen im Augenblick mein Name nicht einfiel: „Sie wissen doch, der Kinderkaplan", oder auch: „der Kaplan ohne Hut" – damals eine Seltenheit bei einem Priester. Wann immer ich in Euskirchen unterwegs war, hatte ich Kinder um mich herum, die mir möglichst nahe sein wollten. Übrigens, als damals die „Sittlichkeitsprozesse" begannen, hatte ich mir ernsthaft überlegen müssen, ob es nicht vernünftiger wäre, mich weniger sorglos unter den Kindern zu bewegen. Das verwarf ich aber dann, weil ich mir sagte: Wie soll ich diesen Kinderherzen erklären, daß wir etwas „Verwerfliches" tun, wenn wir so fröhlich und selbstverständlich weitermachen wie bisher? Außerdem kannte sowieso die ganze Stadt mein gutes Verhältnis zu den Kindern. Eine kurzfristige Änderung meines Verhaltens hätte also vermutlich nichts genützt, Böswillige hätten mich immer noch wegen „Gefährdung deutscher Kinder“ anklagen können. Außerdem: Mein Vorbild, der heilige Don Bosco, hätte sich sicher lieber verhaften lassen, als die Kinder vor den Kopf zu stoßen. Also blieb ich bei meinem bisherigen Verhalten.

Zurück zu den Mädels in Essen-Steele. Ich versuchte, hinter die Kulissen zu schauen, und fand schließlich des Rätsels Lösung: Bei der ersten Besprechung im Pfarrhaus hatte ich annehmen müssen, daß mir die weibliche Jugend anvertraut wurde, weil der versetzte Kaplan sie vorher betreut hatte. Aber der Fall lag anders. Einer meiner Mitkapläne hatte die Mädchen der Pfarre bis zu meinem Kommen geführt. Er hatte zu der Gruppe der Jungen gewechselt, und ich sollte „seine“ Mädels übernehmen. Warum unser Chef das angeordnet hatte, blieb mir völlig unklar. Leider hat auch mein Mitkaplan mir keine Aufklärung über die Gründe des Wechsels gegeben. Auf diese Weise wurde mir eine Erfahrung mitgegeben, die ich mir in meinem künftigen Priesterleben zunutze machen wollte: Spiele mit deinen Mitbrüdern und den Gremien der Pfarrei nie ein Spiel mit verdeckten Karten. Sage offen und klar, was zu sagen ist. So vermeidest du einen Berg von Mißtrauen und Mißverständnissen. Das ist keine Anklage gegen meine damaligen Mitbrüder, weil ich überzeugt bin, daß keine schlechte Absicht dahinter stand und sowohl Pfarrer als auch Mitkaplan es für geraten hielten, „den Staub einfach unter den Teppich zu kehren“. Die bösen Folgen für mich sahen sie nicht voraus, auch nicht das Verhalten der weiblichen Jugend, die ich, als ich den wahren „Tatbestand“ erfuhr, besser verstehen konnte.

Bei einer erneuten „Generalversammlung“ der Mädchen sagte ich deutlich, daß ich an der „Umbesetzung“ der Führerschaft völlig unschuldig sei und ihre ablehnende Haltung jetzt durchaus nachvollziehen könne. Aber so sei es nun mal entschieden worden und wohl kaum mehr rückgängig zu machen. Von mir aus könnten wir endlich mit unserer Zusammenarbeit beginnen. Trotz anfänglichen Mißtrauens entwickelte sich die Arbeit dann gut. Die einzelnen Gruppen hatten Führerinnen, mit denen sich sehr gut zusammenarbeiten ließ. In der Gruppe der Ältesten, 20 bis 21 Jahre alt, war eine Halbjüdin, die die anderen prächtig unterstützten und die die Nazizeit heil überstand. Die Arbeit mit der weiblichen Jugend wurde für mich zu einer großen Freude. Wann immer es mir möglich war, besuchte ich einzelne Gruppenstunden. Schmunzelnd denke ich daran, wie ich allmählich zum gern gesehenen Gast wurde und manche Führerinnen heimlich kontrollierten, ob ich mir bei dieser oder jener Gruppe mehr Zeit ließ als bei ihrer.

Eine kleine, menschlich nette Begegnung möchte ich hier einschieben. Es muß im Frühjahr 1939 gewesen sein, als es am frühen Nachmittag bei mir zu Hause klingelte. Meine Schwester öffnete die Tür, und auf der Schwelle erschien die zehnjährige Liesel, die ich aus dem Religionsunterricht kannte. Der kleine Wicht erklärte meiner Schwester: „Ich möchte den Herrn Vikar sprechen." So wurde ich in Essen genannt. Meine Schwester erwiderte lachend: „Da wollen wir mal sehen, ob mein Bruder dich empfängt." Sie klopfte bei mir an, ich sagte: „Herein!", und da stand sie, die Liesel, völlig unbefangen, und sagte zu mir: „Herr Vikar, ich weiß, daß Sie sehr viel Arbeit haben, und nun möchte ich Ihnen sagen: Ich bin gerne bereit, Ihnen zu helfen und es Ihnen ein bißchen leichter zu machen." Solch ein Angebot, und das von einer 10jährigen, hatte ich in meinen acht Priesterjahren noch nicht bekommen. Sogleich wußte ich: Diese kleine Helferin darfst du nicht enttäuschen! Das Kind meinte es zu ernst. Nach kurzer Überlegung fiel mir etwas ein. „Liesel, du weißt sicher schon, daß ich eine Menge Hauskranker habe, die ich regelmäßig einmal im Monat besuche. Dabei kannst du mir helfen. Ich ernenne dich zu meiner Botschafterin. Wir stellen für dich eine Liste mit meinen Kranken auf. Dazu schreibe ich dir, wann ich sie zur Beichte und zur Krankenkommunion besuchen möchte. Du fragst die Leute, ob es ihnen so recht ist, oder an welchem Termin sie einen Besuch wünschen. Mache das Ganze mit einem fröhlichen Gesicht, denn so bringst du den Kranken gleich etwas Sonne und Freude mit." Das Kind machte alles prächtig, und nach und nach fand ich für sie noch einige andere Aufgaben.

Im Sommer 1939 hatte der Zweite Weltkrieg mit dem Einmarsch deutscher Truppen in Polen begonnen. Zu Weihnachten hatten wir nun die Aufgabe, den in Polen stehenden Soldaten unserer Bezirke ein Feldpäckchen zu schicken mit einem Weihnachtsgruß aus der Pfarre. Eine gewiß gute und schöne, aber auch sehr zeitraubende Sache. Da mußte wieder die Liesel her. Ich zeigte ihr, wie man so eine kleine Gabe verpackt, die Adresse schreibt und sie postfertig macht. Liesel machte das großartig.

Als ich mich so richtig zu Hause zu fühlen begann in meiner neuen Priesterheimat, schlug sozusagen der Blitz ein, der mein kurzes Gastspiel in Essen rasch beendete. Es muß Anfang Dezember 1939 gewesen sein. Völlig überraschend erhielt ich die Nachricht, daß ich mich bei meinem zuständigen Wehrbezirkskommando in Essen zu melden hätte „zwecks Musterung". Diese Aufforderung war mir völlig unverständlich, wußten wir doch alle, daß laut Konkordat katholische Geistliche nicht zur Wehrmacht einberufen werden konnten. Ich glaubte an einen Irrtum. In meiner Pfarrei wohnte ein katholischer Major, der Chef des zweiten Wehrbezirkskommandos in Essen, das für mich nicht zuständig war. Ich suchte ihn auf, um zu erfahren, was es mit dieser Einberufung rechtlich auf sich hatte. Zunächst schien der Major sehr verdutzt und schüttelte den Kopf. Dann gab er zu: „Vor kurzem ist ein bis jetzt unveröffentlichtes Zusatzabkommen zum Konkordat zwischen dem Nuntius und der Regierung ausgehandelt worden mit folgendem Inhalt: ‚Katholische Geistliche in nichtselbständigen Stellungen – z.B. Kapläne, nicht aber Pfarrer – können im Notfall zur Wehrmacht eingezogen werden, aber nur zu Sanitätsdiensten.' Ich selber denke nicht daran, in meinem Bezirkskommando Geistliche einzuberufen. Erstens ist es eine ‚Kann-Vorschrift', und zweitens: Wieso liegt hier ein Notfall vor? Der Chef des Bezirkes, zu dem Sie gehören, ist ein alter österreichischer Oberst, dem der Kalk schon an den Beinen herunterrieselt und der sich bei denen da oben für seinen Eifer noch die Generalsstreifen verdienen will, bevor er in Pension gehen muß. Ich fürchte, Sie können nichts dagegen machen." Mein Major war sichtlich wütend.

Mit mir wurden sechs weitere Essener Kapläne einberufen, meines Wissens die ersten westdeutschen Priester überhaupt. Damit geriet ich in eine kuriose Situation: Ich wurde in die Wehrmacht eines Systems zwangseingewiesen, das ich völlig ablehnte; ein schwacher Trost war nur die Gewißheit, daß ich diesem System nicht mit der Waffe würde dienen müssen, was ich mit meinem Gewissen nie hätte vereinbaren können. Andererseits dachte ich: Priester bleibst du auch hier beim Militär! Meinem Grundsatz getreu wollte ich Seelsorger und Angebot sein für jedermann, jetzt also für die Soldaten.

Soldat im Heere Hitlers

Tapiau

Ein guter Freund beriet mich, was ich mitnehmen sollte in die Rekrutenzeit. Er hatte noch den Ersten Weltkrieg mitgemacht und war schwer verwundet heimgekommen. Er half mir sehr. Am 14. Januar 1940 dampften wir ab Richtung Ostpreußen. Das Ziel war Tapiau, etwa 30 Kilometer östlich von Königsberg. Hier lag die Sanitätsersatzabteilung 1 in einer großen Kaserne. Großes Erstaunen bei den Offizieren bis zum Chef, einem Oberstabsarzt, als bekannt wurde, daß unter den Rekruten sechs katholische Priester aus Essen waren. Auch hier war noch völlig unbekannt, daß es dieses späte Zusatzabkommen zum Konkordat gab, wonach katholische Geistliche zu Sanitätsdiensten eingezogen werden konnten. Mit uns Kaplänen war noch eine ganze Reihe Rheinländer in diese Kaserne beordert worden. Das Stammpersonal und das Offizierskorps stammte aus Ostpreußen, das fast rein protestantisch war, und sicher hatte die Mehrzahl der Mannschaft noch keinen katholischen Priester gesehen. Man spürte schon bald die knisternde Neugier, ob wir Geistlichen überhaupt brauchbare Soldaten werden könnten.

Die Zeit dort begann mit der sechswöchigen Grundausbildung. Wir mußten uns gewöhnen an den ostpreußischen Winter mit hohem Schnee und beißender Kälte. Zu je zwölf Mann lagen wir in unseren Stuben. Hier hatte der Stubenälteste das Sagen. Es gab die beim Militär üblichen Schikanen, aber sie hielten sich doch ziemlich in Grenzen. Wir hatten schon bald heraus, wen von den Unteroffizieren wir fürchten mußten und wen nicht. An den ersten beiden Sonntagen hatten wir Neulinge noch keinen Ausgang. Warum? Wir konnten noch nicht „zakkig“ genug grüßen. In puncto Besuch lagen wir Rheinländer hoffnungslos im Hintertreffen. Wer von uns hatte schon Verwandte oder Bekannte in diesem Winkel von Ostpreußen? Da fiel mir ein: Doch, du hast eine Bekannte in Ostpreußen!

Aus Euskirchen kannte ich Liesel, die Tochter des „Edelkommunisten“, der trotz seiner politischen Einstellung im Nationalsozialismus Karriere gemacht hatte und Direktor einer großen Tuchfabrik in Ostpreußen geworden war. Seine Tochter war ihm dorthin gefolgt. Inzwischen hatte sie ihren Posten bei der

Eingezogen in die Deutsche Wehrmacht

Firma aufgegeben und arbeitete als Sekretärin bei einer großen Schiffahrtsgesellschaft. Wir standen in Briefkontakt, so daß ich ihre Adresse kannte. Liesel wußte noch nichts von meinem Aufenthalt in Ostpreußen, obwohl sie nicht weit weg wohnte. Ich rief sie an. Natürlich war sie riesig erstaunt. Ich erklärte ihr die neuen Umstände und fragte, ob sie nicht Lust habe, am Sonntag einen Besuch in der Kaserne zu machen. Sie war begeistert und sagte zu. Ich informierte nur die fünf Priester, meine geistlichen Mitbrüder, über den bevorstehenden Besuch. Liesel war 18 Jahre alt. Ich hatte sie zwei Jahre nicht gesehen, und sie hatte sich zu einer prächtig aussehenden jungen Frau entwickelt. Als sie kam, genoß sie geradezu das Kopfschütteln und das offensichtliche Rätselraten der Kameraden: Eine hübsche junge Frau und sechs Kapläne? Als junger Mensch habe ich andere zuweilen gern provoziert, nicht um wehzutun oder zu verletzen, wohl aber, um sie dadurch zum Nachdenken zu bringen. Lichtblicke in meiner Tapiau-Zeit waren zwei Besuche in Königsberg. Mit Liesel, die sich sehr gut auskannte, habe ich beide Male die Stadt durchstreift, die mich ob ihrer Schönheit sehr beeindruckt und sich meiner Erinnerung unauslöschlich eingeprägt hat.

In Tapiau gab es eine kleine katholische Kirche und sogar einen Pfarrer. Ihn haben wir oft besucht in seinem Pfarrhaus, wenn wir Ausgang oder Sonntagsurlaub hatten. Er mochte so zwischen 40 und 50 Jahre alt sein und, heute würde man sagen, völlig frustriert. Der Mitbruder tat mir leid, denn der Anteil der Katholiken an der Bevölkerung war verschwindend gering. Er sah wohl keinen Sinn mehr in seiner harten, völlig unergiebigen Kärrnerarbeit. Wir versuchten, ihn munter zu machen, ein bißchen hoffnungsvoller um der Vorsehung Gottes willen, der aus Steinen Brot machen kann. Ihn in den Aufgaben der Seelsorge zu unterstützen, war uns verboten.

Die Zeit der Grundausbildung war hart. Wenn ich zurückdenke, fallen mir die Märsche in tiefem Schnee ein, mit Gasmaske vor dem Gesicht und vollem Gepäck – „kriegsmäßig" nannte man das. Auf das Kommando „Fliegeralarm!" mußten wir auseinanderspritzen und uns in den Schnee werfen. Auch wir sechs Priester lernten all die Tricks kennen, mit denen man sich das schwere, schweißtreibende Atmen in der Gasmaske erleichtern konnte. Einer von uns allerdings machte schlapp, da er trotz anerkannter Lungenkrankheit eingezogen worden war. Es war unmöglich für ihn, solche Strapazen auszuhalten, so daß er endlich zu unser aller Erleichterung nach Hause geschickt wurde. Wir anderen fünf Kapläne hielten wie die meisten der Kameraden durch. Es gab aber auch kleine menschliche Lichtblicke in dieser Zeit. Beim Exerzieren auf dem Kasernenplatz, es war mal wieder bitterkalt, hatte der wachhabende Offizier ein Einsehen. Unauffällig beobachtete er den Platz und die nähere Umgebung. Als er niemanden bemerkte, der ihn verraten konnte, ließ er uns in die gewärmte große Sporthalle einmarschieren, wo wir uns ein wenig erholen konnten. Zu unserer Grundausbildung gehörte auch die Ausbildung im Krankenträgerdienst, eine sture Sache. Das schnelle Zusammensetzen der Tragen wurde bis zum Erbrechen geübt, ebenso das richtige Lagern von Verwundeten und Kranken, das Überwinden aller möglichen Hindernisse und Wegschwierigkeiten. Es wurde uns weisgemacht, daß, wer in all den Übungen sich bewähre, nach diesem Lehrgang auf die Sanitätsschule komme. Das wäre uns fünfen sehr recht gewesen, hätten wir doch auf einer solchen Schule etwas Brauchbares lernen können: echte Hilfe am kranken oder verwundeten Menschen.

Ich hatte zwar schon viel vom richtigen Verhalten beim Kommiß gelernt, aber nicht alles; zum Beispiel nicht, daß man sich nie zu Wort melden sollte, wenn vor der ganzen Kompanie nach etwas gefragt wird. Bei einer solchen Gelegenheit erkundigte sich der Vorgesetzte, wer von uns etwas vom sportlichen Ringkampf verstehe. Idiotischerweise meldete ich mich. Schon auf dem Gymnasium hatte ich die Grundbegriffe des Ringens kennengelernt und glaubte, hier meine Kenntnisse anbringen zu können. Ich dachte, ich solle rein theoretisch erklären, wie man bestimmte Griffe bei dieser Sportart nennt und wie man sie ausführt. Verdutzt und vollkommen überrascht hörte ich den Offizier fragen: „Wer ringt gegen den Soldaten Peifer?“ Erst erklärte sich niemand bereit, und ich hoffte schon, daß meine Unvorsichtigkeit ohne Folgen bleiben würde. Aber dann meldete sich doch ein Kamerad, den ich persönlich nicht kannte. Wie ich im Nachhinein erfuhr, war er ein Kumpel aus dem Ruhrgebiet. Wir zogen die Uniformröcke aus, die Kompanie bildete ein Viereck und formte so den Kampfplatz: Ringkampf zwischen einem katholischen Priester und einem Ruhrkumpel.

Der Mann war an Gestalt etwas kleiner als ich und breit wie ein Kleiderschrank. An Kraft schien er mir überlegen zu sein. Das Hallo war groß bei den Kameraden, die Spannung auch. Lange war der Kampf unentschieden. Würde die Kraft oder die

Ringtechnik siegen? Schließlich gelang mir ein Ringergriff, der dem anderen unter dem Gejohle der Soldaten eine Schulterniederlage bescherte. Die Stärke des einsetzenden Beifalls der Kameraden verblüffte mich. Kaum waren wir beiden Ringer wieder soldatisch perfekt angezogen, bat mich etwa ein Dutzend Soldaten, beiseite zu treten, außer Hörweite des grollenden Besiegten. Sie gratulierten mir und erklärten: „Sie haben uns einen großen Dienst erwiesen. Dieser Kumpel ist unser Stubenältester und schikaniert uns, wo er nur kann. Dabei protzt er mit seiner Kraft und seinen Muskeln. Jetzt können wir ihn mundtot machen und ihm immer wieder aufs Butterbrot schmieren: ‚Du kannst uns nicht mehr imponieren mit deiner Stärke. Vergiß nicht, daß ein katholischer Kaplan, bei dem du so siegessicher warst, dich buchstäblich aufs Kreuz gelegt hat!'" Dieser gänzlich unbeabsichtigte Nebeneffekt war für mich ein kleiner Trost, denn ich machte mir Vorwürfe, daß ich mich als Priester auf einen Ringkampf eingelassen hatte.

Ein Erlebnis anderer Art hat mich sehr beeindruckt. Ich erzählte schon, wie hart der Winter war, welche Schneemassen uns zu schaffen machten. In der Umgebung von Tapiau lag eine ganze Reihe großer landwirtschaftlicher Güter. Im Winter 1939/40 mußten diese Höfe Heu und Stroh an die Staatsdomänen abliefern. Ob das damals einmalig war wegen besonderer Umstände oder ob es jedes Jahr so geschah, weiß ich nicht. Unsere Einheit wurde um Hilfe gebeten bei der Einbringung der riesigen Mengen von Heu und Stroh in die Domänenscheunen. Unsere Aufgabe war es, die ankommenden vollbeladenen Pferdeschlitten zu entladen und die großen Ballen in den vorgesehenen Hallen unterzubringen. Eine für uns ungewohnte Knochenarbeit. Knechte von den großen Gütern brachten die Last heran. Durch die Bank waren es große, kräftige Gestalten; ein Jammer für uns zu sehen, wie sie daherkamen: erbärmlich gekleidet, „Fußlappen" aller Art statt warmer Socken oder Strümpfe an den Füßen. Unwillkürlich dachte ich bei diesem Anblick: So wie diese Männer hatten wir uns die Hirten auf dem Felde bei Bethlehem vorgestellt, und so ähnlich hatten wir sie dargestellt bei unseren Krippenspielen in der Weihnachtszeit.

Diese Hofknechte sprach ich an. Was ich erfuhr, empfand ich als menschliche Tragödie. Alle, mit denen ich sprach, erzählten mir die gleiche Geschichte: schwere Arbeit, miese Unterbringung, Entlohnung in Naturalien und ein kleines Taschengeld, das man wahrhaftig nicht als Lohn bezeichnen konnte. Zu meinem Staunen sprachen sie wie selbstverständlich davon, daß es bei ihren Gutsherren noch das „ius primae noctis“ gebe, das Recht also auf „die erste Nacht“, das sich die Großgrundbesitzer auf das erste Beilager bei den Töchtern ihrer „Leibeigenen“, der Knechte, nahmen. Ich muß gestehen, das zu begreifen war ein zu harter Brocken für mich. Die Männer erzählten über ihr Leben, ohne daß man große Verbitterung gespürt hätte. Ich fühlte mich in die finstersten Zeiten des Mittelalters zurückversetzt: Leibeigenschaft, der Zustand der völligen persönlichen und wirtschaftlichen Unfreiheit! Sichtbares Erstaunen lag auf den Gesichtern der Männer, als ich ihnen erzählte, was im Westen bei uns die einfachen Arbeiter verdienten, wie sie lebten und was sie sich leisten konnten. Es fiel ihnen offensichtlich schwer, das zu glauben; davon hatten sie wohl noch nie etwas gehört. Ich war entsetzt, wie stumpf und wie ergeben in ihr Schicksal diese armen Kerle waren. Für mich war es erneut eine unvergeßliche Begegnung mit Menschen, die im Sinne des Evangeliums ja auch meine „Nächsten“ waren, obwohl sie ein so gänzlich anderes Leben führten.

Unsere sechswöchige Ausbildungszeit ging zu Ende. Der Kompaniechef in Tapiau ließ bekanntgeben, daß unsere Kompanie zum Abschluß ein Fest feiern dürfe. Er versprach Freibier und sonstige Getränke. Wir suchten alle die zusammen, die bereit waren, kreativ bei diesem Abend mitzuwirken. Es kam eine ganze Menge brauchbarer Vorschläge zusammen. Wir Priester sorgten dafür, daß kein Beitrag zugelassen wurde, der „unter die Gürtellinie“ zielte. Die meisten Soldaten stammten aus dem Westen, vor allem aus dem Rheinland, so daß wir einen fröhlichen, bunten rheinischen Abend planten. Einer von uns fabrizierte ein großartiges, langes Poem über unsere Ausbildungszeit. Beiträge aller Art hatten wir schließlich genug, uns fehlte nur noch der Conférencier, der das Ganze schwungvoll einleiten und die Übergänge zu den einzelnen Vorträgen möglichst lustig gestalten sollte. Schließlich bat man mich, dieses schwierige „Amt“ zu übernehmen. Nach langem Zögern willigte ich ein, weil niemand sonst bereit war. Dem Oberstabsarzt wurden unsere Beiträge mitgeteilt und ich als Leiter des Abends genannt. Darauf bestellte er mich und gab sich erstaunlich menschlich und verständig – wir hatten ihn selten zu sehen bekommen. Er bat mich, nicht zu vergessen, daß wir Rheinländer jetzt in Ostpreußen seien und die Menschen hier erheblich sturer und unbeweglicher seien als die Rheinländer. Wir sollten das berücksichtigen. Auch sollten wir mit ihm dafür sorgen, daß der Abend nicht zu einem Besäufnis ausartete. Das alles war ja auch in unserem Sinne. Der Oberstabsarzt musterte mich und fragte: „Ist das wirklich ihre normale Uniform?" Natürlich war sie das. Seine Antwort darauf: „So können Sie als Conférencier nicht auftreten, das wäre blamabel. Ich werde der Kleiderkammer befehlen, Ihnen eine bessere Uniform zu geben." Der folgende Satz war dann ein harter Schlag für mich: „Von Ihnen verlange ich, daß Sie noch vor dem Abend in der leeren Festhalle ihre Überleitungen einem meiner Offiziere vortragen." So stand ich eines Abends in der leeren Halle auf einem Stuhl und redete. In einer Saalecke hielt sich der Aufpasser auf und hörte meinem dummen Gequatsche zu. Bis heute ist mir ein Rätsel, warum der Offizier sich nicht über mich lustig machte. Vielleicht hatte er in diesem Falle mehr Einsicht als sein Chef. Vielleicht spürte er instinktiv, daß auf eine solche Weise, in solch einer Situation keine Überprüfung stattfinden kann, weil lustige Ansagen doch Atmosphäre brauchen und Improvisation, spontanen Witz und Humor erfordern.

Der Festabend wurde ein voller Erfolg. Bekannte Lieder, deren Text wir situationsnah geändert hatten, schlugen voll ein. Ich saß als Conférencier ganz vorne in der ersten Reihe, neben mir die Offiziere und ihre Frauen. Die Stimmung war prächtig. Noch vor dem Ende des Abends tippte mir jemand auf die Schulter. Als ich mich umdrehte, sah ich unseren Chef. Er bedankte sich sehr herzlich für das großartige Gelingen und sagte zum Schluß: „Solch ein stimmiges Fest hat Tapiau bisher noch nicht erlebt."

Mit diesem Tag war unsere Ausbildungszeit beendet. Von nun an gehörten wir zum Wehrmachtssanitätspersonal als einfache Krankenträger, sozusagen Sanitätslehrlinge. Der gute Eindruck, den wir fünf Kapläne bei den anderen Soldaten hinterließen, war nicht zu übersehen. Mit Gewehren brauchten wir nicht umzugehen, wohl aber übten wir das Schießen mit der Pistole. Bei der Abschlußprüfung war ein Essener Mitkaplan der beste Pistolenschütze unserer Gruppe, ich lag auf Rang drei. Die ganze Kompanie wartete nun mit Spannung darauf, wie es mit ihr weitergehen würde. Uns war ja gesagt worden, daß, wer sich in der Ausbildungszeit bewähre, zur Sanitätsfachschule zur weiteren Ausbildung komme, was alle sich am meisten wünschten. Viele von uns, auch wir fünf Priester, machten sich Hoffnungen. Was dann geschah, war typisch „Kommiß“ – das Übliche im Militärdienst. Unser Spieß, der Hauptfeldwebel, bestimmte unseren weiteren Werdegang folgendermaßen: „Die ersten zehn rechts raus, Krankenkraftfahrschule XV, die nächsten zehn Sanitätsfachschule ...“ Und so ging das weiter, völlig schematisch. Am Ende blieb ein etwa 20 Mann starker Rest, für den es im Augenblick keine Verwendung gab. Uns fünf Kaplänen fiel auf, daß man sorgfältig darauf geachtet hatte, jeden einzelnen von uns einer anderen Einheit zuzuweisen – so wurden wir auseinandergerissen. Bei dem „Resthaufen“ war nur noch ich.

Eine Zeit des Gammelns kam, stumpfsinnig und planlos, bis endlich die Erlösung nahte aus dieser Zeit der sinnlosen Warterei: Mit zwölf weiteren Soldaten wurde ich aufgerufen und abkommandiert zu einer ostpreußischen Infanteriedivision, deren Hauptquartier in Köln-Mülheim in der sogenannten Hacketäuer-Kaserne lag. Für mich war das eine große Freude, weil ich ins Rheinland kam und dazu in ein Gebiet nahe meiner Heimatstadt. Ein ostpreußischer Unteroffizier brachte uns zwölf dorthin. Der Divisionsstab teilte uns die neuen Aufgaben zu. Zwei von uns kamen als Sanitätskrankenträger zu einer Infanteriekompanie, wir übrigen zehn Rheinländer wurden einer der beiden Sanitätskompanien zugeteilt, die auf der rechten Rheinseite in Köln-Dünnwald lagen.

Köln-Dünnwald

Dort angekommen, hatten wir in Reih und Glied anzutreten, und dann begann für mich eine Art Tragikomödie. Der Hauptfeldwebel oder Spieß wurde in der Wehrmacht „Mutter der Kompanie“ genannt. Er war der Chef des Unteroffizierskorps und der eigentlich prägende Machthaber innerhalb der Kompanie, denn die Offiziere kümmerten sich hauptsächlich um ihren jeweiligen Aufgabenbereich. Unser Hauptfeldwebel ging die Reihe ab und ließ sich von jedem Namen und Beruf nennen. Als die Reihe an mir war, gab ich meinen Namen an und als Beruf: katholischer Priester. Der Mann zuckte geradezu zusammen vor Erstaunen, denn auch hier war unbekannt, daß katholische Geistliche eingezogen werden konnten. Er glaubte, wohl nicht richtig gehört zu haben, und fragte: „Was sind Sie?“ Nachdem ich meine Antwort wiederholt hatte, schaute er mich von oben bis unten höchst verwundert an und ging weiter die Reihe ab. Menschenkenntnis hatte ich genug, um zu erkennen: Eine „Mutter“ würde der für mich bestimmt nicht sein!

Wir alle wurden nacheinander „auf Schreibstube“ bestellt. Das war das Büro des Hauptfeldwebels, bildlich gesprochen seine „Kommandobrücke“. Als ich mich einstellte, entwickelte sich folgende Unterhaltung: „Da ist er ja, der katholische Priester Peifer! Die acht Neuen habe ich hierher bestellt, um ihnen ihr Privatquartier zuzuweisen. Soll ich Sie bei katholischen Leuten unterbringen oder bei Nicht-Katholiken?“ „Natürlich würde ich mich freuen, in einer katholischen Familie eine Bleibe zu finden.“ Er war ziemlich aufgebracht über diese Antwort: „Glauben Sie denn, daß Nicht-Katholiken schlechtere Menschen sind?“ „Das glaube ich keineswegs.“ „Da fällt mir ein, daß der katholische Kaplan hier am Ort auch eine Einquartierung bekommen soll. Wie wäre es, wenn ich Sie zu dem schicken würde?“ Ich wußte gleich, daß dahinter eine neue Schikane steckte, antwortete aber trotzdem: „Das wäre natürlich eine besondere Freude.“ Er darauf: „Ach was! Dem schicke ich einen, der ihm alle paar Tage so richtig den Teppich vollkotzt.“ Damit war diese Möglichkeit abgehakt. Da fiel ihm offensichtlich etwas Neues ein: „Ich habe noch ein Quartier offen, bei dem drei auf Soldaten verrückte Weiber zu Hause sind. Wie wäre es, wenn ich Sie da unterbrächte?“ – Dabei ging eine Art begierigen Lauerns über sein Gesicht: Was wird der Priester wohl dazu sagen? Er wollte seinen Spaß mit mir haben. Ich behielt ihn dauernd im Auge. Ein guter Schauspieler war er gewiß nicht, sein Gesichtsausdruck war leicht zu durchschauen, auch die Bauernschläue, die daraus sprach, und die Spannung auf meine Antwort. Ich antwortete: „Wissen Sie, Herr Hauptfeldwebel, in meinem Leben habe ich kaum einmal ernsthafte Angst ausgestanden, ich fürchte mich auch nicht vor drei liebeshungrigen Frauen.“ Er hatte wohl erwartet, daß ich auf die Knie gefallen wäre und ihn angefleht hätte: „Nur das nicht! Tun Sie mir das nicht an!“ Meine für ihn völlig unfaßbare Reaktion, in aller Ruhe ausgesprochen, machte ihn zunächst sprachlos. Es war das Normale beim Militär: Die Intellektuellen und die Studierten sollten bei solchen Kleingeistern von vornherein spüren, daß sie hier beim „Kommiß“ keine Privilegierten waren. Er schickte mich schließlich zu einer einfachen Arbeiterfamilie, die aber überzeugte Katholiken waren und die sich freuten, einen Priestersoldaten aufzunehmen. Vor der Entlassung in

Im März 1940 in Köln-Dünnwald

mein Quartier teilte mir der Hauptfeldwebel noch mit, daß ich zu der Gruppe des Unteroffiziers Uth komme, eines Ostpreußen. Von meinen neuen Kameraden erfuhr ich noch am gleichen Tag im Soldatenjargon: „Oje, da haben sie dir den schlimmsten Hund als Unteroffizier verpaßt, einen ‚Schleifer' erster Klasse." Der Hauptfeldwebel wollte mich offenbar auf Vordermann bringen lassen.

Bezüglich meines Privatquartiers hatte ich nur den Wunsch nach Sauberkeit und ein bißchen Herzlichkeit. Bei meinen Herbergsleuten fand ich beides. Mutter Helene war mir fast zu sauber. Kam ich verdreckt vom Exerzieren nach Hause, rauschte sie mit Lappen und Eimer an, um gleich zu putzen. Ihr Mann war ein prächtiger, liebenswerter Arbeiter, mit dem ich mich gut verstand. Die beiden hatten ein dreijähriges Töchterchen namens Anneliese, mit der ich auch schnell vertraut war. Uns Priestern war es in der Militärzeit verboten, die Heilige Messe zu feiern. Mir aber kam eine gütige Fügung zu Hilfe. Klein Anneliese wurde jeden Morgen zum Kindergarten gebracht, dessen Leitung in den Händen katholischer Ordensschwestern lag. Deshalb gab es eine Kapelle im Hause. Überlegt und getan: Wann immer es dienstlich möglich war, nahm ich die Kleine an die Hand, brachte sie in den Kindergarten und zelebrierte bei den Schwestern die heilige Messe. Natürlich war das ziemlich riskant. Einmal wäre es fast schiefgegangen: Eben ging mein Gottesdienst zu Ende, als in Dünnwald für unsere Kompanie Großalarm gegeben wurde. Das hieß: Alle Soldaten hatten in möglichst kurzer Zeit mit vollem Gepäck abmarschbereit anzutreten. Es war eine der Proben für den Ernstfall. Viele Kilometer legten wir dann zurück, sozusagen „ins Blaue hinein", bis wieder der Rückweg angetreten wurde.

In den sechs bis sieben Wochen in Dünnwald wurden meine Quartiergeber mir zur hilfreichen, vertrauten Gemeinschaft, die mir diese ersten Monate meines Soldatenlebens leichter gemacht hat. Der militärische Dienst in dieser Zeit war nicht allzu schwer. Gesundheitlich und kräftemäßig war ich seinen Anforderungen gewachsen. Erfreulich waren natürlich auch die gelegentlich zugelassenen Besuche von Eltern, Geschwistern und Freunden.

Es gibt immer wieder merkwürdige Ereignisse im Leben, die manchmal das auf den Kopf stellen, was man erwartet oder befürchtet hat. So erging es mir mit meinem Unteroffizier Uth, der mich besonders „schleifen" sollte. Schon an einem der ersten Tage in Dünnwald trat unsere Kompanie zum Sport an. Im Waldgelände des Ortes gab es zwei Sportplätze. Dort angekommen, rief der befehlführende Sanitätsoffizier: „Unteroffizier Uth! Sie übernehmen die Fußballspieler." Der stellte sich vor die Kompanie und brüllte: „Fußballer links raus!" Ich meldete mich mit etwa 30 anderen. Für diese Sportart braucht man aber nur 22 Akteure. Uth ging also die Reihe ab und wies einige zurück mit der Bemerkung: „Sie wollen Fußball spielen können? Raus!" Dann kam er staunend zu mir, erneut mit der Frage: „Sie, Pfarrer, wollen Fußball spielen können?" Meine Antwort war: „Ich habe viele Jahre lang gut Fußball gespielt. Was die Fußballer unserer Kompanie können, weiß ich zwar nicht, aber versuchen Sie es doch einmal mit mir." Höchste Verwunderung war ihm anzusehen, und die Frage stand ihm ins Gesicht geschrieben: Ist das möglich, daß ein katholischer Priester Fußball spielen kann? Offenbar war er neugierig, und so durfte ich bleiben.

Uth und ein Feldwebel wählten abwechselnd die elf Männer ihrer Mannschaften aus. Sie kannten ihre Leute, sie waren alle schon lange bei dieser Kompanie. Der Unteroffizier hatte mich gewählt. Er fragte mich: „Was haben Sie denn gespielt?" Meine Antwort: „Eigentlich war ich für alle Posten brauchbar, nur nicht als Torhüter." „Haben Sie auch im Sturm gespielt?" Wahrheitsgemäß antwortete ich: „Mittelstürmer, Halblinks, auch Halbrechts." Er bestimmte: „Gut, ich spiele Mittelstürmer, Sie Halblinks." Für Kenner darf ich hinzufügen, daß ich ein „beidfüßiger" Fußballer war. Schon nach kurzer Zeit merkte ich, daß ich den ganzen Verein sozusagen „an die Wand" spielen konnte. Ich will nun wirklich nicht überheblich erscheinen, aber kein einziger dieser Männer konnte als richtiger Fußballspieler bezeichnet werden. Eine Ausnahme war allenfalls der Feldwebel der gegnerischen Mannschaft, der einmal in einer Schalker Mannschaft gespielt hatte. Er war allerdings wirklich der einzige, der über etwas Technik verfügte. Uth war zwar ein begeisterter Fußballer, aber dabei das, was man einen „Bolzer" nennt: ein technisch unbedarfter Spieler, der mit viel Kraftaufwand und nicht zu bremsendem Eifer drauflos spielt. Nun, es geht mir hier nicht um Fußball, sondern um die Folgen dieses Spiels. Kurz zum Spielverlauf: Ich schoß vier Tore und Uth auf meine Vorlagen auch noch zwei. Seine Begeisterung über den fußballspielenden Pfarrer und dessen sportliches Können war so riesig, daß ich für ihn „sein Mann" wurde. Von ihm brauchte ich fortan nichts mehr zu fürchten. Die Absicht des Hauptfeldwebels, mich durch den „schärfsten Hund" der Kompanie auf Vordermann bringen zu lassen, scheiterte von vorneherein.

Nur die „Mutter der Kompanie" selbst setzte bei mir ihre Schikanen fort. Kam der Hauptfeldwebel zum Exerzierplatz, dann hieß es häufig: „Das nennt der Peifer grüßen?" oder „Das nennt er Stechschritt?" Die Folge war dann: „Hinlegen, Sprung auf, marsch, marsch!" Zu seinen Freuden gehörte auch, mich möglichst oft zum Wachdienst zu kommandieren, oder mich zum Beispiel in seinem Büro das Feuer im Eisenofen anmachen zu lassen. Grinsend sagte er dazu: „Das ist für Sie kein Strafdienst, das ist Ehrendienst!"

In der großen Mülheimer Stadthalle gab es jedes Wochenende ein sogenanntes „Fronttheater". Unsere Kompanie erhielt jeweils zehn Freikarten für den Abend. Die ganze Einheit wußte, daß diese Freikarten ausschließlich die Lieblinge des Hauptfeldwebels bekamen. Wir nannten sie die „Radfahrer": nach oben buckeln, nach unten treten. Merkwürdig war, daß auch ich immer eine solche Freikarte bekam und der Hauptfeldwebel sich bei mir dann auch noch erkundigte, ob ich im Theater gewesen sei. Mich machte das stutzig. In meiner Ratlosigkeit fragte ich einen Unteroffizier, mit dem ich mich gut verstand, was ich von dieser Sache halten solle. Der lachte und sagte: „Ich habe gemeint, das wüßten Sie! Unser Hauptfeldwebel möchte Sie zu gern ‚an die Frau' bringen. Es ärgert ihn, daß ein katholischer Priester ohne Frau lebt und auskommt. Also schickt er Sie dahin, wo viele recht dürftig bekleidete junge Mädchen als Tänzerinnen zu sehen sind. Die sollen Sie ‚aufheizen'. Für ihn wäre es ein Triumph, zu erfahren, daß auch Sie in Versuchung geführt werden und auch Sie erliegen können. Das hat er schon einmal fertiggebracht. Vor ihrer Zeit hatten wir einen Laienbruder aus einem katholischen Orden. Auch den hat er zum Fronttheater geschickt, bis er aus dem Orden ausgetreten ist. Sie sind das nächste Versuchskaninchen." Jetzt wußte ich also den Grund. Es gab noch mehr scheinbare Ungereimtheiten. Obwohl der Hauptfeldwebel so tat, als wäre ich ein miserabler Soldat, gehörte ich immer dazu, wenn die Kompanie eine Ehrenformation abzustellen hatte für eine besondere, festliche Angelegenheit.

In unserer Einheit gab es einen sogenannten „Schießverein". Dazu gehörten jene Soldaten, die beim Gewehrschießen im Liegen bei einer Entfernung von 100 Metern zur Schießscheibe die geforderte Trefferzahl nicht erreicht hatten. Dieser „Schießverein“ wurde besonders drangsaliert. In den ersten vier Wochen hatte ich auch beim Unteroffizierskorps manchen guten Kameraden gefunden. Bei einem dieser Probeschießen forderten mich einige von ihnen auf: „Schießen Sie doch einmal zur Probe, sozusagen spaßeshalber, ob Sie die geforderte Mindesttrefferzahl erreichen.“ Mein Protest, ich könne mit einem Gewehr nicht umgehen, hätte nie ein Gewehr in der Hand gehabt, nützte nichts. Ich sollte es doch wenigstens einmal ausprobieren! Befehlen konnte man es mir nicht, aber die Kameraden baten so freundlich und neugierig, daß ich schließlich nachgab. Zunächst holte ich mir Ratschläge über die notwendige Haltung des Gewehrkolbens, die notwendige Übereinstimmung von Kimme und Korn, und dann lag ich da, 100 m von der Zielscheibe entfernt und schoß zum ersten Mal in meinem Leben mit einem Gewehr – Gott sei Dank war der „Gegner“ nur eine Pappscheibe und kein Mensch. Ich erreichte die notwendige Trefferzahl mit drei Schüssen. Der Jubel meiner Kameraden war groß. Was ich leider nicht bedacht hatte, folgte auf dem Fuße: Gelächter für die vom „Schießverein“, die die Trefferzahl trotz langer Übung nicht erreicht hatten.

Im April 1940 schien etwas „in der Luft zu liegen“. Probemärsche häuften sich, die ungeliebten, plötzlichen und unvorhersehbaren Alarmappelle: mit vollem Gepäck antreten, fertig zum Abmarsch – und immer nur Probe; bis zu jenem Mal, als es bitterernst wurde und der Frankreichfeldzug begann. Ein Wort noch über meine Quartiergeber. In den 50er Jahren fand ich sie wieder, die guten Menschen. Die Freude war groß. Vor wenigen Jahren durfte ich mit Anneliese und ihrem Mann die silberne Hochzeit feiern. Der Kontakt mit der Familie, der vor 50 Jahren begann, besteht bis heute.

Der Frankreichfeldzug

Schon lange hatte die Gerüchteküche gebrodelt. Am 10. Mai 1940 war es soweit. Frühmorgens schrillte die Alarmglocke: Fertigmachen zum Abmarsch mit vollem Gepäck. Die Nummer unserer ostpreußischen Division weiß ich nicht mehr, nicht einmal mehr auch den Namen des Kommandeurs. Mein Anliegen ist es ja nicht, Kriegsgeschichte zu schreiben, sondern Begegnungen mit Menschen aufzuzeigen, die ich trotz meines schlechten Gedächtnisses nicht vergessen konnte und die mir über die Jahre hinweg gegenwärtig blieben. Die Ausrüstung unserer Division war damals schon veraltet, ohne Motorisierung. Ausnahmen bildeten unsere „Sankras", Sanitätskraftwagen, die Verwundete und Kranke vom Verbandsplatz zum Feldlazarett transportierten oder noch weiter nach hinten brachten. Meine Sanitätskompanie war eine pferdebespannte Einheit. Mit Pferden konnten unsere ostpreußischen Soldaten umgehen. Das Gros der Einheit mußte marschieren. In der Aachener Gegend ging es über die Grenze Richtung Westen.

Ich dachte zurück an den Beginn des Ersten Weltkrieges, den ich als Achtjähriger erlebt hatte, an die riesige Begeisterung beim Volk und bei den Soldaten. Die Männer waren mit einem Blumensegen überschüttet worden, sie waren lachend in den Kampf für Volk, Kaiser und Vaterland gezogen. Im Mai 1940 war uns das Lachen vergangen. Diesmal war von Begeisterung nichts zu spüren. Man betrachtete das Soldatsein einfach als Pflichtübung, die man seinem Volk schuldete. Für mich war es eine Zwangsverpflichtung, der ich mich nicht entzog, einmal, weil ich ohne Waffe zu dienen hatte, und dann, weil ich unter den Soldaten dasselbe Angebot zur Hilfe sein konnte wie als Priester in einer Gemeinde. Aus dieser Perspektive kann ich nur sagen: Ich habe es nie bereut, Priestersoldat gewesen zu sein.

Der erste Tote unserer Einheit war ein Sudetendeutscher, der sich erhängte. Der arme Kerl, so hörte ich, war äußerst ängstlich und furchtsam gewesen, wegen des Krieges geradezu entsetzt. Hier erlebte ich Menschlichkeit, die ich nicht erwartet hatte. Vorschriftsgemäß hätte unser Kompaniechef, ein Stabsarzt, den Angehörigen die Todesmeldung übermitteln müssen. Ob ich vermuten darf, daß die Vorlage für einen – nach Auffassung der Nazis – solch schmählichen Tod so kraß unmenschlich war, daß der Sanitätsoffizier sich schämte, diese Todesanzeige an die Angehörigen zu senden? Jedenfalls tat er etwas völlig Gesetzwidriges. Katholischen Priestern war es verboten, auch wenn sie Divisionspfarrer waren, Angehörige von toten Soldaten zu benachrichtigen, bevor nicht der zuständige militärische Chef seine Todesmeldung durchgegeben hatte. Zu mir kleinem Sanitätssoldaten kam nun der Stabsarzt und bat mich, „als Pfarrer" die Todesnachricht zu verfassen. Ich habe das diesem Offizier hoch angerechnet. Sein Mut hätte ihn teuer zu stehen kommen können, wenn jemand sein Vorgehen verraten hätte!

Der Frankreichfeldzug: auf dem Vormarsch

So setzte ich mich hin und schrieb einen Todesbrief an die Angehörigen. Von Selbstmord schrieb ich nicht, sondern sinngemäß: „... Kameraden fanden ihn in einem Schuppen. Kein Blut war zu sehen, keine Wunden waren zu entdecken. Er schien einem furchtbaren Schock erlegen zu sein. Ich, der Schreiber dieses Briefes, bin katholischer Priester und wie er nur einfacher Soldat. Der Führer unserer Einheit gab mir die Erlaubnis, Ihren Sohn mit kirchlichen Ehren zu begraben. Gott schenke ihm den Frieden in seinem Reich, in dem es keine Schrecken des Krieges und kein Blut und keine Tränen gibt. Ihnen, den Eltern und Angehörigen, gebe der Herr die Kraft, diesen furchtbaren Schlag in der Kraft des Glaubens zu tragen und die Hoffnung zu bewahren auf ein Wiedersehen im Reiche Gottes."

Nach ersten schweren Gefechten der Division an der deutsch-belgischen Grenze bekamen unsere Ärzte und das Sanitätspersonal eine Menge Arbeit. Wohl jeder in unserer Kompanie wußte inzwischen, daß ich katholischer Priester war. Das brachte die Sanitätsoffiziere auf den Gedanken, mir einen Posten im Operationszelt zu verschaffen. Ihnen war wohl eingefallen, daß wir Theologen auch Latein und Griechisch studiert hatten, Sprachen, die in der Medizin reichlich Verwendung finden. Die Ärzte diktierten mir im Schnellverfahren die Angaben über die Behandlung des Patienten und die verwendeten Arzneimittel. Danach wurden die Verwundeten oder Kranken von den „Sankras“ nach hinten gebracht.

Nach ersten Kämpfen begann für unsere Division eine merkwürdige Art von Kriegsführung. Kurz könnte man sie bezeichnen als „Hinterherlaufen“. Die Panzer und die motorisierte Infanterie der Wehrmacht schien den Auftrag zu haben, dem Gegner auf keinen Fall Gelegenheit zum Stehenbleiben zu geben, damit kein Stellungskrieg entstehen konnte wie im Ersten Weltkrieg mit seinen fürchterlichen Blutopfern und seinen verheerenden Folgen. So rollte der Zug schier unaufhaltsam. Unsere Division hetzte hinterher – zu Fuß. Es galt oft genug, am Tage 60 Kilometer oder gar mehr zurückzulegen. Trotzdem gelang es uns nicht, die Armeespitze einzuholen. Verwundete gab es nicht viele, aber es häuften sich die Fußkranken. Unsere Hauptaufgabe wurde es, wundgelaufene, blasengeplagte „Gehwerkzeuge“ zu behandeln. Der Marsch wurde allmählich unmenschlich. Endlich wurde die Taktik geändert – aber nicht wegen des mißbrauchten Menschen; der hatte befehlsgemäß zu marschieren, auch wenn er dabei „vor die Hunde ging“. Die Wende brachten unsere Pferde! Einige von ihnen gingen ein, die anderen wurden immer kraftloser. Ein Jammer, diese wakkeren Tiere anzusehen! Ohne Pferde aber würde die Division an Gefechtskraft bedeutend verlieren. Umdenken war geboten. Deshalb wurde folgendes angeordnet: Für jede Einheit der Division wurde von nun an ein bestimmtes Tagesziel angegeben, „nur“ etwa 30 Kilometer entfernt. Zur Sicherstellung des Marschweges wurde ein kleiner Trupp gebildet, der Fahrräder erhielt. Diese Soldaten hatten die Aufgabe, vorauszufahren und an jeder Kreuzung einen Posten aufzustellen. Kam die Kompanie vorbei, wies er ihr den richtigen Weg. Anschließend konnte er sich auf sein Rad schwingen und durchfahren bis zum Tagesziel. Da alle Kreuzungen unterwegs jeweils von einem Posten besetzt waren, wurde der Weg „idiotensicher“, wie man das so eindrucksvoll nannte, und wir liefen keine unnötigen Umwege mehr.

Zur Fahrradgruppe gehörte auch ich. Die Dörfer, durch die

wir kamen, waren wie ausgestorben. Keine Menschenseele ließ sich blicken. Die französische Bevölkerung schien eine höllische Angst zu haben vor den „deutschen Barbaren“. Die vorauspreschenden motorisierten Einheiten der Armee waren offensichtlich durchgezogen, ohne auf Widerstand zu stoßen. Keine zerschossenen Gebäude waren zu sehen, keine Spuren von Kampf. Irgendwie wirkte das Ganze unheimlich: die Stille, die offenstehenden Fenster, die wehenden Gardinen, die Türen, die im Winde auf- und zuklappten. Auch das gehörte zur Unmenschlichkeit des Krieges. Wo waren sie wohl jetzt, die Frauen, die Mütter, die Kinder, die alten und kranken Leute? Was muß da für eine Panik geherrscht haben! Als katholischer Priester sah ich in erster Linie nicht den Sieg der deutschen Militärstrategie, sondern die Demütigung eines stolzen Volkes! Was hatte ich hier als Soldat zu suchen? Ein kleiner Trost war: Ich war Soldat ohne Waffe, Soldat und doch ohne Feindbild, Soldat mit der Aufgabe, auch hier mein Christentum zu bezeugen, da und dort auch priesterlichen Dienst zu tun.

Einige kleine unvergeßliche Erlebnisse will ich erzählen. Zielpunkt war einmal ein hübsches Dorf mit einer überraschend großen Kirche, deren Türen weit geöffnet waren. Es war der Dreifaltigkeitssonntag 1940. Am Vorabend waren wir angekommen. Früh am Morgen des Sonntages, Stunden vor dem Frühappell der Kompanie, führte mich mein heimlicher Weg in die Kirche. Offensichtlich war der Pfarrer ganz kurzfristig geflohen, als er gerade das Heilige Meßopfer darbringen wollte, denn die liturgischen Gewänder waren ausgelegt. Er schien ein vorausschauender Mensch gewesen zu sein: Der Tabernakel stand weit offen, weil der Priester wohl geahnt hatte, daß ein geschlossener Tabernakel deutsche Soldaten gereizt hätte, ihn mit Gewalt aufzubrechen. Die konsekrierten Hostien, die dort aufbewahrt wurden, nach katholischer Auffassung der wahre Leib Christi, hatte er mitgenommen. In der Sakristei fand ich einen kleinen unscheinbaren Kelch und eine große Oblate. Nur eines fand ich nicht: den notwendigen Wein für den Vollzug der Heiligen Messe. Nahe der Kirche lag eine Gastwirtschaft, doch dort war aller genießbarer Alkohol von der kämpfenden Truppe vereinnahmt und getrunken worden. Schließlich fand ich aber doch noch, was ich brauchte. Da kullerte auf dem Boden eine Weinflasche herum, die nicht ganz leer war. Mir schien das eine Fügung Gottes zu sein. Damit hatte ich alles zusammen, was für die Feier der Heiligen Messe nötig war. Diesen frühen Morgen am Dreifaltigkeitssonntag werde ich nie vergessen. Da stand ich als einsamer Priestersoldat in einer großen französischen Dorfkirche und feierte das Heilige Meßopfer, das große Geheimnis des Glaubens am Tage des dreifaltig-einigen Gottes, des größten Glaubensgeheimnisses der Christen. Viele Kilometer weiter vorne rasselten die Kettenräder deutscher Panzer, Tod und Verderben speiend, auf Frankreichs Straßen. Der Irrsinn des Krieges wurde mir in der friedlichen Stille der Kirche einmal mehr bewußt. Ein Glück für mich, daß mein verbotenes Tun nicht ruchbar wurde! Zum Morgenappell unserer Truppe war ich wieder dabei und bereit zum Weitermarsch.

Wochenlang hetzten wir so hinter unseren motorisierten Truppen her. Unsere Radfahrergruppe tat weiter ihren Sonderdienst. Ein Ereignis möchte ich schildern, das mich persönlich betraf. Ich war als Zweiter für die Einweisung der Kompanie eingeteilt. Eine gute Sache für mich. Nachdem ich die Truppe auf den richtigen Weg gebracht hatte, konnte ich mich in den Sattel schwingen. Am Zielort, einem kleinen Dorf mit vielen Gärten voller Obstbäume, traf ich gleich den Erstposten. Juni – Zeit der Erdbeeren. Der gute Kamerad, ein Rheinländer, hatte sich schon satt gegessen an diesen kostbaren Früchten. Für mich hatte er in seinem Stahlhelm Erdbeeren gesammelt – ein Hochgenuß! Auch dieser Ort war völlig menschenleer. Nach etwa einer Stunde kam der dritte Posten an, ein Ostpreuße. Er hatte einen legendären Ruf: Ein ganzes Heer von Soldaten konnte in den Dörfern nach Alkoholischem suchen. Wenn niemand mehr einen Tropfen Alkohol fand, wurde er immer noch fündig. Er mußte wohl einen siebten Sinn für Alkohol haben. Auch diesmal hatte er unterwegs Trinkbares gefunden. So ganz sicher war er nicht mehr auf den Beinen. Jeder von uns wußte, daß dieser Soldat eine Unmenge vertragen konnte. Er bot mir gleich einen Becher an. Unsere normalen Feldflaschenbecher maßen wohl einen Viertelliter. Zunächst wehrte ich dankend ab. Mir lag nicht viel an Alkohol. Dann kam die typische Masche: „Du wirst doch einem guten Kameraden nicht die Freude verderben!“ Dahinter steckte natürlich die Frage: Mal sehen, ob du dich für etwas besseres als unsereins hältst und wirklich abschlägst! Damit berührte er bei mir eine Schwachstelle. Keineswegs wollte ich mich – auch beim Militär nicht – als „Mann auf dem Podest“ aufspielen. Mit anderen Worten: Ich wollte ein guter Kamerad sein. Ich trank also den ganzen Becher leer. Der Alkohol war geradezu beizend und widerwärtig. Mein Kamerad war sichtbar erfreut. Ritt ihn der Teufel, mich weiter zu versuchen, oder war es die Genugtuung, daß der Soldat und Priester doch ein guter Kamerad war? Jedenfalls setzte er mir einen zweiten Becher vor. Auch diesmal siegte „meine Schwäche“ – völlig törichterweise. Dieser zweite Giftbecher nämlich wurde für mich zu einer Katastrophe.

Kaum hatte ich ihn leergetrunken, fing ich automatisch an, rückwärts zu laufen. Keine Spur von Taumeligkeit, voll bewußt versuchte ich, diesen merkwürdigen Zustand zu beenden: Ich lief wie ein aufgezogener Automat mit Rückwärtsgang. So knallte ich mit dem Rücken an eine Scheune. Mein ostpreußischer Kamerad blickte mich starr an, schüttelte dann den Kopf und verschwand eilends von der Bildfläche. Da stand ich nun, ich tumber Tor. Jeder Versuch, mich vorwärtszubewegen, endete mit einem Knall wieder an der Scheune. Was sollte oder konnte ich tun? Mein Verstand war völlig intakt und hellwach, keine Spur benommen. Da kam mir die Idee: Versuche, jede Ritze, jeden Vorsprung der Scheune zu benutzen, um dich mit Hilfe der Hände nach links vorzutasten. Tatsächlich gelang das mühsame Unternehmen. So gelangte ich bis zu einem Holzzaun, der einen Garten umsäumte. Der bessere Halt an den Latten ließ mich etwas zügiger vorankommen. Schießlich erreichte ich das Gartentörchen. Es gelang mir, es zu öffnen und mich umzudrehen. Auch diesen Augenblick vergesse ich nicht. Rechts und links umklammerten meine Hände die Torpfosten. Mein Wille befahl mir: Laß los und stürze dich mit aller Kraft nach vorne. So gedacht und getan. Wohl fünf Meter vorwärts gelangen mir, dann schaltete sich wieder mein Rückwärtsgang ein. Ehe er mich bezwingen konnte, warf ich mich ins Gras. Ich lag auf dem Rücken, um mich Gras und Obstbäume und über mir eine strahlende Junisonne am blauen Himmel. Die Zeit schien stehengeblieben zu sein. Wunderbare Stille. Keine Spur von Krieg. Stunden im Paradies. Meine Augen waren offen, ich war überhaupt nicht benommen. Das Ganze war mir allerdings völlig unerklärlich.

Nach etwa drei bis vier Stunden erkannte ich das Näherkommen unserer Kompanie am Getrappel der Pferde. Zwischenzeitlich hatte ich mehrfach versucht aufzustehen. Jedesmal aber schaltete sich wieder der Rückwärtsgang ein. Einziger Trost: Er verlor mehr und mehr an Kraft. Dann allerdings drohte ein Verhängnis: Es wurde zum Appell geblasen. Die ganze

Einheit trat noch einmal an. Zu meinem Glück tauchte mein Rheinländer auf, der für mich die Erdbeeren gesammelt hatte. Er hatte mich nicht auf dem Appellplatz vorgefunden, suchte mich nun und sah mich im Gras liegen. Schnell erzählte ich ihm die ganze Geschichte und schloß mit den Worten: „Ich kann doch nicht rückwärts zum Sammelplatz gehen!" Er darauf: „Das ist jetzt schon so lange her, komm, wir versuchen es mal!" Der gute Kamerad schob seinen rechten Arm hinter meinen angewinkelten linken, so half er mir hoch, und mit aller Willenskraft tat ich, was ich konnte. Mein Rückwärtsgang „wimmerte nur noch leise". Am Sammelplatz geriet ich zufällig an eine Gruppe unserer Unteroffiziere. Ein Stabsfeldwebel, ein altgedienter Berufssoldat, der mit diesem Rang die höchste Stufe erklommen hatte, die einem einfachen Soldaten möglich war, sah mich an und sagte: „Peifer, wie sehen Sie denn aus! Sie sind nicht bleich im Gesicht, sondern geradezu grün. Sie müssen doch krank sein! Unteroffizier Uth, bringen Sie den Mann in sein Quartier." Bei diesem meinem unmittelbaren Vorgesetzten hatte ich ja einen Stein im Brett wegen meiner „Sporttüchtigkeit". Für ihn hatte ich nur einen Fehler: Er hatte mich nie betrunken machen können, was er so gerne getan hätte. Er war ein unverbesserlicher Trinker, der als Berufssoldat mehrmals, wie ich hörte, aus diesem Grunde degradiert worden war, obwohl er als tüchtiger und schneidiger Soldat galt. Er nahm mich unter den Arm, und unterwegs erzählte ich ihm wahrheitsgetreu meine Geschichte. Er tat geradezu einen Jubelschrei. Strahlend sagte er: „Quatsch, was Sie da erzählen. Sie waren einfach total betrunken." Eine große Befriedigung für ihn. Alle Versuche, ihm klarzumachen, wie hellwach ich die ganze Zeit gewesen sei, schlugen fehl. Er hatte endlich seinen Triumph: Er hatte mich betrunken erlebt! Er brachte meine Lagerstatt höchstpersönlich in Ordnung. In der Nacht schlief ich wie ein Bär. Als es zum Morgenappell blies, war ich wieder „topfit", keine Spur von Katzenjammer oder irgendwelchen anderen üblen Folgen. Der Krieg konnte weitergehen.

Ein wenig Licht in diese merkwürdige, scheinbar unglaubwürdige Geschichte brachte der Bericht von der Herkunft dieses Alkohols. Der Ostpreuße hatte das Zeug unterwegs in einer Tonne auf einem Fabrikgelände gefunden. Es war reiner, also 95prozentiger Alkohol! Erst viel später erklärte mir ein Facharzt, was damals mit mir vorgegangen war: „Das Ganze war eine schwere Teilvergiftung Ihres Gehirns. Ein weiterer kräftiger Schluck von diesem Zeug, und Sie wären wahrscheinlich tot umgefallen.“ Was ich beschrieben habe, ist weder ein Märchen noch ein Produkt meiner Phantasie, auch nicht eine andere Art von „Jägerlatein“, sondern die reine Wahrheit. Hätte mir ein anderer diese Geschichte von sich selbst erzählt, bevor ich sie erlebt habe, ich gebe gerne zu, es wäre mir auch schwergefallen, sie zu glauben. Übrigens, dieser Uth hat sich später im Verlauf des Frankreichfeldzuges einmal so vollaufen lassen, daß er tot umgefallen wäre, hätte er nicht eine Menge starken Kaffees getrunken. So jedenfalls meinte ein Arzt.

Wir liefen weiter hinter den Motorisierten her – der Weg ging nach Nordwesten, Richtung Dünkirchen. Hier kam es noch einmal zu einem schweren Gefecht, an dem unsere Division beteiligt war. Der Verbandsplatz und das Feldlazarett hatten alle Hände voll zu tun. Auch verwundeten Gefangenen wurde geholfen. Für die Franzosen und die Engländer sah die Lage geradezu katastrophal aus. Ich erinnere mich an einen verwundeten hochgewachsenen englischen Hauptmann, mit dem ich kurz ins Gespräch kam. Keine Spur von Resignation. Mit großer Sicherheit, sogar mit Stolz sagte er zu mir: „Keine Sorge, unser ‚Old Churchill‘ wird es am Ende schaffen!“ Wie recht er hatte, und das angesichts der großen Niederlage Englands, die sich bei Dünkirchen anbahnte! Allerdings machte dort der „größte Heerführer aller Zeiten“, wie Hitler sich zu nennen pflegte, für die Generalität klar ersichtlich völlig unbegreifliche Fehler. Die nutzten die Engländer auf grandiose und meisterhafte Weise, um ihre Soldaten nach England zurückzubringen.

Bei den Kämpfen vor Dünkirchen erlitt unsere Division die bisher stärksten Verluste. Auf unserem Hauptverbandsplatz trafen laufend Verwundete ein. Die meisten von ihnen wurden relativ schnell nach der ersten Behandlung zu den Lazaretten ins Hinterland gebracht. Ich selbst war wieder voll damit beschäftigt, die Verwundeten-Begleitzettel auszufüllen, die die Verletzungsart beschrieben und das, was für die Behandlung bereits geschehen war. Priesterlichen Dienst irgendeiner Art konnte ich nicht tun. Dankbar war ich, daß ich – gegen alle Vorschrift – die Toten kirchlich begraben durfte. Das Ärzteteam bat mich sogar darum. Sie wußten ja, daß ich Priester war und in der Kompanie einiges Ansehen genoß, obwohl ich nur einfacher Soldat war. Es hätte für die Ärzte ernsthafte Folgen haben können, hätte man sie „nach oben“ angezeigt.

In dieser Zeit erlebte ich auch unseren Divisionspfarrer, dessen Namen ich leider vergessen habe. Er schlug mir vor, an einem Kriegspfarrerlehrgang teilzunehmen. Ich gab ihm zur Antwort, daß ich das nicht tun wollte, weil ich meinte, Seite an Seite mit dem einfachen Soldaten meine priesterliche Aufgabe gut erfüllen zu können.

Unerwartet kam das Ende des Frankreichfeldzuges: Waffenstillstand wurde gemeldet. Es war wohl der 25. Juni 1940. Unsere Division setzte sich in Marsch in Richtung Westsüdwest, anscheinend auf die Normandie zu. Erzählen möchte ich einige Erlebnisse und Begegnungen von diesem Marsch, die mir im Gedächtnis geblieben sind. Unsere Kompanie machte für einige Tage Rast in einem Dorf. Wir brauchten Heu und Stroh, das dort reichlich vorhanden war. Beim Transport fiel – unvermeidlich – einiges auf die Straße. Das empörte den jungen Pfarrer des Ortes so, daß er sich aufmachte zu dem Haus, wo sich die Kommandantur unserer Einheit einquartiert hatte. Dort wollte er sofort und unbedingt unseren Chef sprechen, einen Oberstabsarzt. Den fuhr er an, so wurde mir erzählt, wegen der Schweinerei der deutschen Soldaten auf den sauberen Straßen seines Ortes. Er verlangte eine sofortige Reinigung der Wege des Ortes durch das deutsche Militär. Da lag er allerdings falsch bei unserem Chef, der, so vermute ich, ein lupenreiner Nazi war. Der Pfarrer war klein, aber sehr drahtig und offensichtlich ein energiegeladener typischer französischer Patriot und dann erst katholischer Priester. Es hieß dann weiter, der Oberstabsarzt habe ihn angefahren und wütend gesagt, er solle sich nicht in Dinge einmischen, die ihn nichts angingen. Außerdem wisse er wohl noch gar nicht, daß Frankreich den Krieg nicht gewonnen, sondern verloren habe. Dann verdonnerte er den Priester dazu, jeden Morgen, den unsere Kompanie im Ort sei, höchstpersönlich die Straße vor der Kommandantur zu fegen. Darauf wies er ihm die Tür.

Die Fegerei begann. Unsere Männer grinsten jeden Tag darüber. Es gab nur eine Handvoll Katholiken in unserer Einheit. Die „Andersgläubigen" fragten mich interessiert, was ich denn von der ganzen Sache halte. Meine Antwort lautete sinngemäß: „Dieser Priester ist ein nationalistisch eingestellter Franzose. Sein Land, die ‚grande Nation', geht ihm über alles. Das wollte er uns Deutschen, den ‚Boches', trotz der französischen Niederlage zeigen. Ich finde nicht schlecht, daß er seine Einstellung mit ‚offenem Visier' geäußert hat. Mir mißfällt allerdings, daß er sich als Priester regelrechte Feindlichkeit erlaubt und diese auch zeigt. Ihm selbst ist doch kein Unrecht geschehen. Der einfache Soldat ist doch außerdem der am wenigsten Schuldige an der ganzen Furchtbarkeit und Grausamkeit dieses Krieges! So hat er sich seine Strafe selbst zuzuschreiben. Mein Mitleid mit ihm ist recht klein."

Ein ähnliches Erlebnis hatte ich ein wenig später. Wieder bezogen wir für Tage Quartier in einem größeren nordfranzösischen Ort. Der Dienst wurde nicht mehr so streng verordnet und getan wie während der Gefechtszeit. Der Ort hatte eine große Kirche. Wie gern wollte ich endlich einmal wieder eine Heilige Messe zelebrieren – natürlich gegen die militärischen Vorschriften. Ich schellte am Pfarrhaus. Ein junger Pfarrer öffnete die Tür. Auch ihm war sofort anzusehen, wie bitter er litt, daß sein großes Frankreich diese Schmach durch die Deutschen erlitten hatte. Er schaute mich widerwillig an. Ich sagte ihm höflich, daß ich zwar Sanitätssoldat sei, aber dazu auch katholischer Priester. Er möge mir doch erlauben, in seiner Kirche ein Meßopfer zu feiern. Die Zeit dafür könne er bestimmen. Damals konnte ich mich noch gut in Französisch verständigen. In seinem strengen Gesicht spielte sich ein innerer Kampf ab. Ich sah ihm an, daß er am liebsten nein gesagt hätte. Unentwegt schaute ich ihn an. Schließlich nannte er eine Zeit am nächsten Morgen. Ich solle mich in der Sakristei einfinden, die dann offen sei. Nach diesen Worten knallte er die Haustür zu.

Es war nicht sehr erfreulich, als ich am nächsten Morgen die Sakristei der Kirche aufsuchte. Keine Menschenseele war zu sehen, vorbereitet war auch nichts. Die zur Meßfeier notwendigen Utensilien mußte ich mir mühsam zusammensuchen. Endlich erschien ein Helfer, ein älterer Priester zwischen 60 und 70 Jahren. Er war ein Pfarrer, der aus seiner Gemeinde in der Nähe von Dünkirchen hatte fliehen müssen. Nun war er auf der Reise dorthin, woher wir ja gekommen waren. Ein liebenswerter französischer Mitbruder! Gewiß hat auch er getrauert über die Niederlage und Besetzung seines Landes, und das mit Recht. Er aber war, Gott sei Dank, mehr katholischer Priester, mehr katholischer Christ als fanatisch patriotischer Franzose wie seine beiden jüngeren Mitbrüder, die mir fast haßerfüllt gegenübergetreten waren. Er sah in mir den einfachen Soldaten, der auch Priester war. Wieso sollte ich auch schuld daran sein, daß ein Hitler diesen verbrecherischen Krieg begonnen hatte? Der gütige Mensch half mir, zu finden, was ich brauchte. Er ist für mich Vorbild geblieben, seiner werde ich dankbar gedenken bis an mein Lebensende. Jedenfalls hat dieser wahre Priester seiner Kirche das Zerrbild der beiden jungen französischen Priester in meiner Erinnerung verblassen lassen.

Der Marsch unserer Division nach Westen ging ohne besondere Schwierigkeiten weiter. Erwähnen muß ich, daß ich während des ganzen Frankreichfeldzuges einen prächtigen Kameraden hatte, der schon in der ostpreußischen Ausbildungszeit in meiner Gruppe gewesen war. Franz war ein „Urkölner", sozusagen ein Faß voller Humor und Mutterwitz. Selbst ostpreußische Offiziere konnten ihn nicht „zackig" machen, was aber seiner Beliebtheit bei Offizieren und Mannschaft keinen Abbruch tat. Er war einer der „Sankra"-Fahrer unserer Kompanie und hatte sich bei unseren relativ wenigen Kampfeinsätzen sehr bewährt. Für ihn war angenehm, daß er wegen seines „Sankras" relativ unabhängig und schwer kontrollierbar war. Seine Vorgesetzten mochten ihn auch deshalb, weil er ein Weltmeister im Besorgen von leckeren Lebensmitteln war. Er schaffte alles herbei, so daß er die Herzen beziehungsweise die Mägen der Offiziere gewann. Auch ich war ein Nutznießer seiner Fähigkeiten. Die Begegnung mit ihm war ein echtes Erlebnis. Wie hätte ich damals ahnen können, daß ich ihm in meinem Leben immer wieder begegnen würde!

Es muß Anfang August gewesen sein, als die ständige Marschiererei ein Ende hatte. Unsere Kompanie wurde in einen Zug verladen, der uns durch die Normandie hindurch in das Herz der Bretagne brachte, so wurde die Gegend jedenfalls von der Bevölkerung genannt, nach Le Faouet. Dieser schöne, geschichtsträchtige kleine Ort wurde nun unsere Heimat bis zum Anfang des nächsten Jahres. Der Marktplatz in der Mitte des Städtchens war von Bäumen überschattet. Eine große Markthalle vom Anfang des 16. Jahrhunderts bot für unsere Fahrzeuge und Pferde eine geradezu ideale Unterkunft. Am Marktplatz befand sich auch unsere Krankenstation. Die Offiziere wohnten in Privatquartieren. Die meisten unserer Männer lagen in einer großen Schule, in der auch die Appelle stattfanden.

Der schwerste Dienst war zunächst das Wachen an der Markthalle in der Nacht. Noch hatten wir ja keine Ahnung, wie die Bevölkerung sich gegenüber der Besatzungsmacht verhalten würde. Sehr bald schon war aber zu merken, daß sie sich ruhig und besonnen verhielt, wie unsere Männer auch. Ich kann mich an keine einzige Streiterei oder gar Feindseligkeit erinnern. Vielleicht lag es an zwei guten Voraussetzungen: Einmal gab es auch nicht die Spur von Zerstörungen, die durch den Krieg entstanden waren. Der ganze Ort bot ein Bild des Friedens und der Stille. Hinzu kam, daß die Bretonen sich hartnäckig weigerten, Franzosen genannt zu werden. Sie blieben dabei, daß sie Bretonen seien, die halt in Frankreich lebten. Wer diese Nation kennt, der weiß auch um den charakterlich und menschlich großen Unterschied zwischen den Franzosen des Nordens, der Mitte und des Südens.

Le Faouet liegt im Landesinnern, wohl 90 Kilometer von der Atlantikküste entfernt. Die riesige Küste der Bretagne, wild zerklüftet, wird oft genug „zerfetzt" von Regenmassen, Stürmen und Wasserfluten. Manchmal gab es zu solchen Zeiten grandiose, unvergeßliche Eindrücke. Die Menschen in diesem Landstrich hatten ein hartes Leben. Die Jahrhunderte hatten dieses Völkchen geprägt. Der karge Boden, der Schwerstarbeit fordert, damit er das Lebensnotwendige liefert, die Fischerei, die nur starke Männer und Frauen bewältigen können, haben diese Menschen geformt. Sie waren selbstbewußt, nie aber „Aufschneider", vielleicht herb, aber ohne abweisend zu sein, schlicht und bescheiden, aber ohne jede „bucklige Demut". Mir lagen die Bretonen sehr. Man konnte und mußte sie gern haben. So viel war da noch zu finden an Reinheit, liebenswertem „Innenraum", was viele Länder des Abendlandes längst nicht mehr besitzen.

Nach wenigen Wochen schon wurde ich mit etwa 20 weiteren Männern unserer Kompanie – es können auch mehr gewesen sein – abkommandiert zur Sanitätsschule, die für unsere Division in Concarneau eingerichtet worden war. Dieser Badeort liegt etwa 90 Kilometer westlich in einer geschützten Meeresbucht, nahe bei Quimper. Das war eine andere Bretagne, die sich mit ihren Hotelpalästen nicht wesentlich unterschied von Südfrankreich und Südspanien. In einem dieser Großbauten am Atlantik war die Leitung der Schule untergebracht. Dort „residierte" der Chef, ein Oberstabsarzt, der uns Neulinge begrüßte und mir vom ersten Augenblick an sympathisch war. In dem zur Schule umfunktionierten Hotel befand sich auch die Schreibstube des Hauptfeldwebels dieser fremden Einheit, die mit ihren Ärzten auch den Lehrkörper bildete. Keiner unserer Ärzte gehörte dazu; wohl aber waren einige Unteroffiziere unserer Kompanie mitgekommen. Auch der war dabei, der mich in Köln-Dünnwald aufgeklärt hatte, warum mir unser Hauptfeldwebel jedesmal die Eintrittskarten für das Fronttheater gegeben hatte. Auch hier wurde dieser prächtige Unteroffizier wichtig für mich.

Unser Unterricht bestand aus wenig Theorie und viel praktischer Übung: Verbände anlegen für die einfachsten bis kompliziertesten Verletzungen, die vielen medizinischen Instrumente benennen und benutzen können, eben alles, was für uns als Hilfsarbeiter der Ärzte wichtig war. Man muß sagen: Diese Schulung war eine sinn- und wertvolle Einrichtung. Nur an einem haperte es: Viele von uns „Schülern“ verloren die Freude an der Sache. Die Männer hatten harte Kriegszeiten hinter sich und begannen langsam, dem Leben wieder etwas abzugewinnen. Sie waren wohl auch ein wenig stolz darauf, ihre Pflicht erfüllt und die Schinderei vorher gut überstanden zu haben. Während der Schulung aber erlahmte ihr Schwung, und das hatte seine Gründe.

Ich habe bereits erzählt von meinem Hauptfeldwebel in der ostpreußischen Sanitätskompanie, der mir als katholischem Priester geglaubt hatte zeigen zu müssen, wie wenig Wert ein solcher Beruf beim Militär hatte. Für ihn war ich von vornherein eine „Krücke“, ein Versager. Er merkte bald, daß er mit dieser vorgefaßten Meinung falsch lag. Aber wie um alles in der Welt hätte er, der in der Kompanie „alle Gewalt im Himmel und auf Erden“ ausübte, das offen zugeben können? Scheinbar blieb sein Verhalten mir gegenüber wie vorher, aber es gab für mich genug Anzeichen, die mir wie durch ein Augenzwinkern signalisierten: Nimm es nicht so hart, wie es aussieht, inzwischen wissen wir beide doch, was wir aneinander haben! Ein richtiger „Schleifer“ war er nicht gewesen, ich kam nach einiger Zeit ganz gut mit ihm zurecht.

Hier in der Sanitätsschule aber erlebte ich einen wirklichen „Schleifer“. Er stammte nicht aus unserer Kompanie, sondern war der Hauptfeldwebel der Einheit, die die Sanitätsschule betrieb. Wir Sanitätsschüler hatten jeden Morgen vor dem Unterricht zum Appell anzutreten, den dieser Spieß abhielt. Im Geiste sehe ich ihn wieder vor mir: ein schlanker, mittelgroßer Mann, dessen Kopf Ähnlichkeit hatte mit dem einer starren Bronzefigur, schmale Lippen und ausdruckslose Augen. Anscheinend war er unfähig jeder emotionalen Regung. Er strahlte so viel menschliche Wärme aus wie ein Eiszapfen. Dieser Menschenverächter fand an jedem von uns Soldaten etwas auszusetzen. Gründe gab es immer: schwarze Ränder an den Fingernägeln, nicht sauber genug geputzte Stiefel, ein nicht fest genug angenähter Knopf et cetera et cetera. Die Zahl der „Ertappten“ schwankte jeweils zwischen fünf und fünfzehn. Die Strafe bestand darin, daß die „Sünder“ über den ganzen Exerzierplatz gejagt wurden, bis ans Ende und wieder zurück. Dazu im aufpeitschenden, harten Befehlston und in immer kürzeren Intervallen: „Hinlegen, Sprung auf, marsch, marsch!“ Das Ganze wurde zu einer Hetze, die einem den Atem nahm. Ob es regnete oder die Sonne schien, darauf wurde keine Rücksicht genommen. Schmutzig und verdreckt war man nachher immer, und so ging man zum Unterricht. Wahrlich kein Wunder, daß die „Sieger von Frankreich“ die Nase voll hatten von dieser Schule!

Natürlich gehörte auch ich, wie vorauszusehen war, oft genug zu den Geschundenen. Sehr deutlich kann ich mich daran erinnern, wie es mir einmal bei einer solchen Schinderei erging. Es hatte geregnet, der ganze Platz war von Pfützen bedeckt. Offensichtlich trieb uns dieser Menschenverächter mit Wollust über das Feld und durch das völlig mit Wasser überzogene Gelände. Wie gehabt wurden die Kommandos „Auf!“ und „Nieder!“ in immer kürzerer Folge gebrüllt. In mir erwachte der alte Adam, von dem ich schon berichtet habe. Mit jeder zurückgelegten Platzlänge wurden mein Zorn und meine Wut größer. Der Spieß stand an der Schmalseite des Platzes. Waren wir auf dem Weg zurück, starrte ich ihm fest in die Augen, machte die Bewegungen „Auf!“ und „Nieder!“ immer langsamer. Dabei wollte ich, daß der Kerl meinen wachsenden inneren Widerstand gegen diese Brutalität bemerkte. Meine Selbstbeherrschung war am Ende. Für mich stand fest: Wenn das nicht die letzte Schinderbahn ist, spring’ ich dem Kerl an den Hals und bringe ihn um! War es gütige Vorsehung Gottes, oder hatte der Mann mein provozierendes Verhalten und meinen grimmigen Zorn bemerkt und doch Angst bekommen? Jedenfalls blieb es bei dieser letzten Bahn. Heute noch danke ich Gott, daß es damals nicht zur Katastrophe kam. Wahrscheinlich wären etliche der ebenfalls Geschundenen mir zu Hilfe gekommen.

Auf eine andere Weise wurde mir unerwartet Genugtuung geschenkt. Kurze Zeit nach diesem Geschehen saß ich an einem Spätnachmittag in einem bequemen Sessel in der Hotelhalle, als der Chef der Schule, der Oberstabsarzt, hereinkam. Ich sagte bereits, daß er mir schon bei der Begrüßung sympathisch gewesen war. Ich schnellte auf und „baute mein Männchen“, wie wir die Habachtstellung vor einem Vorgesetzten nannten. Da setzte er sich leutselig neben mich in einen Sessel und fragte: „Was halten Sie von dieser Schule?“ Ich konnte ehrlichen Herzens sagen: „Die Schulung ist recht gut und eine sinnvolle Sache. Sie macht mir wirklich Freude.“ Er fragte weiter: „Sind die Kameraden ihrer Kompanie auch zufrieden?“ „Sie sind sehr zufrieden mit der Unterkunft und der Verpflegung. Aber sie gehen mit Unlust in die Schule, und das hat einen guten Grund.“

Der Chef hörte gespannt zu, als ich ihm das ganze Dilemma mit dem Hauptfeldwebel, seinem „Spieß“, erzählte. Nachdem ich die Vorfälle, die sich jeden Tag wiederholten, aufgezählt hatte, lautete mein Schlußsatz: „Herr Oberstabsarzt, für mich steht fest, daß dieser Mann ein Sadist ist, der durch sein Verhalten die ganze Schulung kaputtmacht.“ Meinem Gegenüber stieg bei dieser Behauptung die Zornesröte ins Gesicht. Es war ein Glück für mich, daß in diesem Augenblick der freundliche ostpreußische Unteroffizier in der Halle erschien, der uns hierher gebracht hatte. Der Chef rief ihn herbei, bat ihn, sich dazuzusetzen, teilte ihm mit, was ich über den Hauptfeldwebel berichtet hätte und fragte ihn, ob diese Vorwürfe der Wahrheit entsprächen. Der Mann sagte kurz und bündig: „In voller Breite, ja.“ Für den hohen Vorgesetzten war das ein Blitz aus heiterem Himmel. Offensichtlich hatte er ein ganz anderes Bild von der „Mutter seiner Kompanie“ gehabt. Der Chef explodierte förmlich. Er sprang aus seinem Sessel so jäh auf, daß der nach hinten knallte, und eilte die Treppe hinauf in die Schreibstube, die Kommandostelle des allgewaltigen Hauptfeldwebels. Der Unteroffizier, der mir beigestanden hatte, und ich hörten unfreiwillig, wie der Offizier seinen „Spieß“ anbrüllte. Die Worte konnten wir nicht verstehen, aber es wurde deutlich, welche Enttäuschung es für den Oberstabsarzt bedeutete, diese seine rechte Hand so entlarvt zu sehen. Aus welchen Gründen auch immer hatte er diesem Mann vertraut. Er hatte nicht einmal geahnt, daß er ein „Radfahrer“ war. Wie häufig habe ich solche Kerle beim Kommiß erlebt! Als Folge unseres Gesprächs fanden wir „Schüler“ schon am nächsten Morgen einen anderen Feldwebel beim Appell vor. Der neue Mann war ein echter Soldat, streng, aber gerecht. Er blieb unser Betreuer bis zum Ende der Schulung, zur Freude und zum Aufatmen aller. Das Klima änderte sich schlagartig, entsprechend verbesserten sich auch die Leistungen. Nach einigen Tagen verschwand der Sadist und Schinder von der Schule. Es hieß, er sei versetzt worden.

Wenn meine Erinnerung mich nicht täuscht, bestanden wir alle die Prüfung und wurden richtige Sanitätsdienstgrade und Sanitätsgefreite, Soldaten mit dem hellen Winkel am Ärmel.

Wir freuten uns auf unsere Rückkehr nach Le Faouet, dem Standort unserer Kompanie. Der militärische Alltag hatte uns wieder. In unserer Freizeit besuchten wir Geschäfte, kauften Waren, vor allem Lebensmittel, und schickten sie nach Hause. Hier war noch reichlich vorhanden, was in der Heimat schon sehr rar geworden war. Sonntag für Sonntag lud mich mein Unteroffizier Uth ein zu einem „Zug durch die Gemeinde", also zum Besuch der vielen kleinen Wirtschaften, in denen es all das an Alkoholischem noch gab, was in Deutschland schon stark eingeschränkt war. Mein unmittelbarer Vorgesetzter, ich erzählte es schon, war ein geradezu unheimlicher Trinker. Natürlich war sein Ziel bei den gemeinsamen Aktionen immer, mich betrunken zu machen. Das ist ihm nie gelungen. Wenn es bei mir „klingelte": es ist genug, konnte auch er mich nicht davon abhalten, in mein Quartier zu gehen. Er aber zog dann weiter „durchs Gelände". Imponiert hat der dortigen Bevölkerung, daß unter den wenigen Rheinländern der Einheit einige überzeugte Katholiken waren, die, wann immer möglich, sonntags die Heilige Messe in der katholischen Kirche des Ortes besuchten – natürlich in Uniform, was streng verboten war. Immer war mein guter Kamerad Franz dabei. Gott sei Dank sind wir nie angezeigt worden.

Bei einem sonntäglichen Spaziergang entdeckte ich das „Café de la Poste", ein kleines, sauberes Lokal, das einer Familie Breut gehörte. Herr Breut hatte viele Jahre als Legionär in Indochina gelebt. Das Leben dort hatte ihn geprägt. Er war still, aber keineswegs kontaktscheu. Seine Frau war eine typische Bretonin, die sich erst mit der Zeit etwas aufschloß. Eine Tochter hatten die beiden und einen mongoloiden Jungen. Das Mädchen war 18 und hatte gerade Abitur gemacht, der Junge war etwa 12 Jahre alt. Mongolismus, so habe ich es gelernt, ist eine Form des angeborenen Schwachsinns mit körperlichen Veränderungen, die dem Menschen eine gewisse äußere Ähnlichkeit mit der Rasse der Mongolen gibt. Dieser Junge war in seiner Familie von Verständnis und Liebe umgeben. Zwischen der Familie und mir entwickelte sich allmählich eine richtige Freundschaft. Oft genug hockten wir in der Küche zusammen und aßen gekochte Kastanien – Bäume mit Eßkastanien gab es in Mengen. Jeder konnte ernten, soviel er wollte. Ich zeigte, wie man bei uns die Kastanien brät, was man dort gar nicht kannte. Getrunken wurde dazu Cidre, Apfelwein. Die Tochter Mimy hatte auf der Schule etwas Deutsch gelernt. Wißbegierig wie sie war, wollte sie richtig deutsch sprechen lernen. Nach ihrer Überzeugung sprach ich französisch wie ein Pariser. Das war weitaus übertrieben. Allerdings hatte ich auf dem Gymnasium einen guten Französischlehrer gehabt und konnte mich in dieser Sprache leidlich unterhalten. In meiner Studentenzeit und in den Priesterjahren hatte ich auch französische Literatur gelesen. Wegen meiner Sprachkenntnisse wurde ich der Dolmetscher zwischen unserer Einheit und der Bevölkerung. Die gute Mimy nannte mich bald „Monsieur Rudi, mon professeur". Die Gespräche im Familienkreis wurden immer lebhafter und herzlicher. Die Tochter war ein prächtiger junger Mensch, unverdorben und von großer innerer Reinheit. Da hätte mal ein dreister „Anbieter" kommen sollen! Der hätte eine energische Abfuhr erhalten.

Unser Kompaniechef in Le Faouet war menschlich gesehen ein mieser Typ. Mich mochte er nicht, weil ich Katholik und sogar Priester war. Dabei wußte er aber sehr genau, daß ich dienstlich gute Arbeit leistete. Das brachte ihn manchmal in großen inneren Zwist und verwickelte ihn in Widersprüche. Einige Beispiele: Das Unteroffizierskorps erzählte mir: „Es gibt eine neue Beförderung zum Unteroffizier. Diesmal sind Sie dran." Nach der Beförderungssitzung teilten sie mir mit: Als mein Name gefallen sei, habe der Chef gesagt: „Peifer? Der kommt überhaupt nicht in Frage, der gewinnt mir sowieso schon zuviel Einfluß in der Kompanie." Die netten Kerle waren wütend. Ich konnte sie trösten: Ich sei ihnen zwar dankbar, daß sie für mich eingetreten seien, aber mir mache diese Sache überhaupt nichts aus, denn ich hätte nicht die Spur von militärischem Ehrgeiz.

Andererseits wies mir der Chef wichtige Aufgaben zu. Eines Tages hatte sich unser General zur Besichtigung der Sanitätskompanie angemeldet. Natürlich große Aufregung: Alle Geräte mußten auf Hochglanz gebracht werden – wie beim Osterputz in der Familie. Unser Kompaniechef versuchte in seinem Ehrgeiz, uns alle zu Höchstleistungen anzuspornen. Jede Panne mußte ausgeschlossen sein. Zu den Risikofaktoren gehörten vor allem die komplizierteren ärztlichen Geräte. Ich erhielt den Auftrag, wenn nötig, dem Herrn General das medizinische Instrumentarium zu erklären. Hier, wo der Kompaniechef vermutlich das größte Risiko des Unternehmens sah, durfte ich „vertrauensvoll“ herhalten.

Ein weiteres Beispiel für das widersprüchliche Verhalten meines Kompaniechefs, das gleichzeitig meine ruhige Zeit in Le Faouet für einige Wochen unterbrach: Der Chefarzt unserer Division forderte einen selbständigen Sanitätsdienstgrad an. Der solle in Quimperlé eine Krankenstation eröffnen, wofür er befähigt sein müsse, bei Krankmeldungen zu entscheiden, ob er selber die Behandlung des Kranken vornehmen könne oder ob dieser ins Lazarett zu überweisen sei. Erneut ging es um das Prestige unseres Chefs, als es galt, einen Geeigneten für diese Stelle in Quimperlé zu finden. Prompt wurde ich dorthin kommandiert. Quimperlé liegt wenige Kilometer von der Atlantikküste entfernt, nahe bei dem Badeort Concarneau, wo unsere Sanitätsschule gewesen war. Mein neuer Standort war eine typische bretonische Kleinstadt mit außerordentlich quirligem Leben. Das Ganze war für mich ein Glücksfall. Als niedrigster Sanitätsdienstgrad, Gefreiter, hatte ich die Möglichkeit, selbständig zu arbeiten, selbst „meinen Laden“ aufzubauen. Ich besorgte mir das medizinische Material, das zur Behandlung von leichteren Krankheiten und kleinen Verletzungen notwendig war, denn bei mir gab es ja nur ambulante Behandlung, die schweren Fälle überwies ich in das Militärlazarett.

In Quimperlé lag das Proviantlager für die ganze Division, die 12.000 Mann stark war. Hier holten sich alle Einheiten ihren Bedarf an Lebens- und Genußmitteln. Unglaublich, was da alles aufgebaut war! Zahlmeister verwalteten das Ganze; von den Soldaten wurden sie „Schmalspuroffiziere“ genannt. In diesem Lager traf ich einen tüchtigen Feldwebel, der für die Ausgabe verantwortlich war. In meiner Freizeit war ich oft bei ihm und half ihm manchmal bei seiner Aufgabe. Auch gefangene französische Soldaten waren hier unter schwerer Bewachung beschäftigt. Sie waren schlechter gestellt als unsere Soldaten. So manchem von ihnen habe ich etwas zukommen lassen, denn die armen Kerle taten mir leid. Das Städtchen selbst habe ich ausgiebig besichtigen können. Es war vor allem wegen seiner Keramik bekannt. Die Wochen dort vergingen viel zu schnell.

Dann kam die Rückberufung zum alten Standort. Hier begann wieder der normale Alltag. Nicht allzuviel Dienst, das Mitgeschlepptwerden durch die Lokale von meinem Unteroffizier Uth und die erfreulichen Besuche bei Familie Breut, privat und auch im „Café de la Poste“, wo meist Mimy bediente. Das

Verhältnis zwischen der Bevölkerung und uns Besatzern war und blieb ungestört. Unseren Soldaten muß man ein Lob spenden. Sie verhielten sich so mustergültig, daß mit der Zeit eine recht freundliche Atmosphäre entstand. Schändliche Übergriffe sind mir nie bekannt geworden. Gab es Betrunkene, sorgten die eigenen Kameraden dafür, daß es nicht zu Exzessen kam. Die fanden nur „in den eigenen Kreisen" statt. Einige Male mußte ich im Offizierskasino den Adjutanten spielen, die Bedienung für die Feste feiernden hohen Kreise. Alkohol gab es in allen Arten und in Hülle und Fülle. Einmal waren die Herren bei einer Feierei allesamt total betrunken. Die Landser nannten das weniger fein: „sturzbesoffen". Was die Offiziere sich dabei leisteten an Kindereien, Flegeleien und Schweinereien, ist kaum zu beschreiben. Alles aber blieb „intern" und gelangte nicht an die Öffentlichkeit.

Mein Anliegen ist es, Begegnungen aufzuzeigen. Dazu gehört unbedingt die Bekanntschaft mit der Familie Breut, ihrer Mimy und dem mongoloiden Bruder. Nach meinem Weggehen aus Le Faouet setzten wir unseren Kontakt brieflich fort. Als das im Laufe des Rußlandfeldzuges und meiner Gefangenschaft unmöglich wurde, ließ Mimy sich von meinen Eltern berichten, was weiter mit mir geschah. Als ich nach Hause zurückkehrte, erzählte sie mir brieflich die weitere Geschichte ihres Lebens. Bis zum heutigen Tag halten wir Kontakt. Sie gehört zu den Menschen in meinem Leben, die ich nicht vergessen kann.

Vor Weihnachten begann in Le Faouet die große Urlaubswelle. Zunächst waren die verheirateten Soldaten dran. Zu denen gehörte auch mein guter Kamerad und Freund Franz aus Köln. Er war verheiratet und hatte zwei Kinder, Karin und Rosemarie. Wir Unverheirateten kamen erst im Januar dran. Schwerbepackt mit kostbaren Lebensmitteln, die es in der Heimat schon kaum mehr gab, reiste ich Mitte Januar nach Hause. Die Freude bei Eltern und Geschwistern, bei Verwandten und Freunden war groß. Jeder Tag wurde so zum Festtag. Wir vier Brüder, alle Soldaten, trafen uns endlich wieder. Die drei jüngeren hatten den Winkel des Gefreiten am Ärmel, mein ältester Bruder Josef war Hauptmann bei der Flak geworden. Ich habe bereits erzählt, daß er sich mit 16 Jahren 1914 als Freiwilliger gemeldet hatte. Nach dem Krieg hatte er das Abitur nachgeholt und war Zahnarzt geworden. Vor Beginn des Zweiten Weltkrieges wurde er als Reservist erneut eingezogen.

Gegen Ende meiner Urlaubszeit erhielt ich von der Division

Die drei Brüder Peifer auf Heimaturlaub, Januar 1941

ein Telegramm: „Im Heimatort bleiben. Division wird verlegt. Abwarten bis Nachricht kommt über neuen Standort." Das „Abenteuer" Frankreich war so abrupt beendet. Auf Wiedersehen, Bretagne; auf Wiedersehen, stilles, liebenswertes Le Faouet; auf Wiedersehen, liebe Familie Breut! Wohin würde mein Weg nun weiter führen? Anfang Februar 1941 kam dann die Nachricht: Ein kleines Dorf an der Bahnlinie Königsberg-Tapiau war der neue Standort unserer Sanitätskompanie.

Als ich dort ankam, lief mir mein Hauptfeldwebel über den Weg. Nach meiner Ehrenbezeigung sagte er: „Am Samstag ist hier unser Manöverball. Sorgen Sie dafür, daß Sie eine Manöverbraut haben." Er hatte inzwischen wohl gemerkt, daß ich ihn durchschaut hatte mit seinen Ambitionen, mich unbedingt „an die Frau zu bringen". So geschah diese Aufforderung wohl ein wenig mit einem Augenzwinkern. Meine Ankunft war am Wochenanfang. Es blieben mir ein paar Tage Zeit, diesem Mann in Bezug auf den Samstag ein Schnippchen zu schlagen. In Königsberg saß doch meine Liesel aus Euskirchen! Sie hatte schon in der Tapiauer Sanitätsschule für eine kleine Sensation gesorgt, also mußte sie erneut herhalten. Am selben Abend noch rief ich sie an. Großes Staunen, große Freude bei ihr: Ihr ehemaliger Kaplan war nach fast einem Jahr erneut in Ostpreußen. Ich erzählte ihr von dem Manöverball am Samstag. Ob sie nicht kommen könne, um meine Manöverbraut zu sein? Ich wollte meinen Hauptfeldwebel so gern total in Verwirrung bringen. Liesel war begeistert. Das Dutzend Rheinländer der Einheit wollte ein bißchen rheinischen Karneval in den Manöverball einbringen. Ich selbst plante, eine Büttenrede über den Hauptfeldwebel zu halten. Niemandem aber wollte ich erzählen, daß Liesel käme. Es sollte eine völlige Überraschung für alle werden, besonders aber für die „Mutter der Kompanie".

Liesel nannte mir die Ankunft ihres Zuges, die etwa eine Stunde vor Festbeginn lag. Ich wollte sie am Bahnhof abholen und heimlich ins Krankenrevier bringen, von wo wir dann zeitig genug zum Dorfkrug aufbrechen würden. „Krug" heißen die Dorfwirtschaften in Ostpreußen, die meistens auch einen Tanzsaal haben. Mir war schleierhaft, wie es möglich sein sollte, eine ganze Kompanie dort unterzubringen samt den Dörflern, die Quartiergeber waren, den Dorfschönheiten und etlichen Frauen der ostpreußischen Soldaten, deren Heimatort nicht weit weg lag. Liesels Zug traf pünktlich ein. Wir schafften es auch, unbemerkt ins Krankenrevier zu kommen und von dort zum Dorfkrug. Vor der Eingangstür des Krugs trafen wir unversehens den Hauptfeldwebel. Ich baute militärisch-zackig mein „Männchen" und meldete: „Herr Hauptfeldwebel, Befehl ausgeführt, mit Manöverbraut da!" Entgeistert und kopfschüttelnd betrachtete der Mann dieses junge, frische, so nett anzusehende Mädchen, und dann mich, den Soldaten, der katholischer Priester war. Er verstand die Welt nicht mehr. Das ging über seinen Horizont. Mit saloppem Gruß flüchtete er ins Lokal.

Der Abend verlief großartig: ein bißchen Karneval, viel Tanz mit Jubel, Trubel, Heiterkeit und Musik. Meine „Büttenrede ohne Bütt" auf die „Mutter der Kompanie" wurde ein großer Lacherfolg. Die Tanzfläche war immer „knubbelvoll", so daß von wirklichem Tanzen kaum die Rede sein konnte. Der Clou des Abends aber war Liesel. Ich weiß es nicht mehr genau, zweifle aber daran, daß sie auch nur einen einzigen Tanz auslassen konnte. Sie war fraglos die Tanzfavoritin der Offiziere und des Unteroffizierskorps. Sie hätte so gern auch mal mit ihrem Kaplan getanzt, aber der hat halt nie tanzen gelernt. Bei bestem

Willen konnte ich ihr den Gefallen nicht tun. Der letzte Zug nach Königsberg fuhr zwischen 23 und 24 Uhr. Das relativ kleine Dorf war durch die ganze Einheit voll belegt. Für Liesel hatte ich kein Quartier mehr bekommen können. Als ich ihr zeitig genug in den Mantel half, um sie zum Bahnhof zu bringen, schoß der Sohn des Wirtes, der das Büffet bediente, auf uns zu: „Unmöglich, daß Sie beide jetzt gehen! Das ganze Fest würde darunter leiden. Wegen eines Nachtquartiers für das junge Mädchen gehen Sie doch ins Honoratiorenstübchen, wo die Offiziere sich aufhalten. Dort sitzt auch der ungekrönte König des Ortes, der Gutsherr mit dem riesigem Hof." Also auf zum Gutsherrn! Der Manöverball schien auch ihn angeregt zu haben, und so meinte er jovial: „Nein, natürlich dürfen Sie nicht gehen! Der Haken ist nur: Für alles, was die Unterkunft angeht, ist meine Tochter zuständig, und die ist auf der Tanzfläche. Warten Sie ab, bis sie kommt!" Und sie kam bald. Natürlich konnte sie „das junge Fräulein" auf dem riesigen Gutshof noch unterbringen. Klar, daß wir beide bleiben mußten. Ungetrübt und ohne Zank und Streit ging der Manöverball gegen 3 Uhr morgens zu Ende. Das junge Mädchen brachte ich zum Gutshof und ging dann selbst in die Krankenstation, wo ich zu dieser Zeit Dienst hatte. Am nächsten Morgen stapften Liesel und ich durch tiefen Schnee zum Bahnhof.

Am Ort ging unser Dienst weiter, ohne Schikanen, ohne Überforderungen. Die Kälte und der hohe Schnee bescherten uns – im Gegensatz zum vorigen Winter in Tapiau – einige Erleichterungen. Eine katholische Kirche gab es in diesem Ort nicht. Religiös gesehen war es eine Zeit „in der Wüste", in der Einsamkeit, aber dennoch in der Bereitschaft, auch in einer solchen, für einen Priester scheinbar sinnlosen Soldatenzeit die Stimme und den Anruf Gottes nicht zu überhören. Mein Hauptfeldwebel hielt sich erstaunlich zurück seit dem Manöverball. An einem Tag Anfang März aber wurde ich „auf Schreibstube" gerufen. Er eröffnete mir: „In der Schublade liegt schon seit Wochen ein Brief, den ich Ihnen jetzt zur Kenntnis geben muß. Sie haben sich Mitte März nach Berlin in Marsch zu setzen zu einem Kriegspfarrerlehrgang. Stellen Sie sich vor, wenn Sie diesen Lehrgang bestehen, sind Sie Kriegspfarrer im Hauptmannsrang! Wenn wir uns dann noch einmal begegnen, muß ich Sie grüßen." Hatte der Sorgen! Mich traf der Befehl völlig unvorbereitet. Im Frankreichfeldzug hatte mich mein Divisionspfarrer ja bereits aufgefordert, an einem solchen Lehrgang teilzunehmen. Ich habe davon erzählt, daß ich damals abgelehnt hatte mit der Begründung, bei den einfachen Soldaten bleiben zu wollen. Wer diese neue Sache in Gang gebracht hatte, weiß ich bis heute nicht. Also auf nach Berlin!

Es mögen an die 15 katholische Priester gewesen sein, die zu dem Lehrgang zusammengekommen waren. Mir war kein einziger bekannt. Diese Schulung ist mir merkwürdigerweise nur bruchstückhaft im Gedächtnis geblieben. Ein Zeichen dafür, daß es dort nicht zu wichtigen Begegnungen mit Menschen kam oder zu Erlebnissen, die bedenkenswert geblieben wären. War es eine Woche, oder waren es gar zwei – ich weiß es nicht mehr. Die Anforderungen waren nicht hoch, die schriftlichen Aufgaben erforderten nicht gerade viel Geist. Kurzum: Am 25. März 1941 wurde ich zum Kriegspfarrer a.K., das heißt: auf Kriegszeit, ernannt.

Rückschauend bin ich dankbar, daß es entgegen meinem ursprünglichen Wunsch so gekommen ist. Warum? Weil die Zukunft mich gelehrt hat, wieviel mehr, wieviel größere Möglichkeiten mir als Kriegspfarrer gegeben waren, wirklich priesterliche Aufgaben an den Soldaten zu erfüllen. Anschließend an diesen Lehrgang erhielt ich einige Tage Urlaub, um in dieser Zeit meine Sanitäteruniform abzuliefern und mir die neue Uniform zu besorgen. Katholische wie protestantische Kriegspfarrer hatten keine Schulterstücke, wohl aber an Uniformmütze und Kragen Offizierspaspelierung. Dazu trugen wir alle ein schlichtes Kreuz mit Kette, die Protestanten ohne, wir mit dem gekreuzigten Christus. Mit eher lustigem Spott als mit Bosheit nannten uns die Landser „Kasak“ und „Esak“: Abkürzungen für „katholische“ bzw. „evangelische Sünden-Abwehr-Kanone“. Abwertender war da schon die Bezeichnung „Himmelskomiker“. Freilich muß ich zugeben, daß dieser zweite Ausdruck mir gegenüber nie boshaft oder zynisch gebraucht wurde, schon gar nicht an der Front.

Nach meiner Verwandlung vom Sani-Gefreiten zum Pfarrer im Hauptmannsrang erhielt ich den Befehl, mich im Hauptquartier der 6. Armee zu melden, das in Lublin in Polen lag. Hier schien man vorerst keine rechte Verwendung für mich zu haben. Das veranlaßte einige Divisionspfarrer, mich, den arbeitslosen Mitbruder, für sich an Land zu ziehen. Im April und Mai 1941 war ich viel unterwegs zu den verschiedenen Truppenteilen der Divisionen. Gottesdienste standen auf dem Programm und insbesondere die Erteilung des Bußsakraments.

Im Mai erhielt ich den Einsatzbefehl nach Chelm, einer Stadt von etwa 20.000 Einwohnern, unweit von Lublin am Flüßchen Ucherka liegend, das nahebei in den Bug mündet. Hier war ich hauptamtlich Kriegspfarrer bei einem Armeekorps, dessen Nummer ich vergessen habe. Offiziell gab es wenig zu tun. So nutzte ich die Wochen, um junge katholische Soldaten um mich zu scharen. In kurzer Zeit wurde daraus ein Kreis, der sich versammelte zur Schriftlesung und zum Glaubensgespräch, das in lebendige Gottesdienste mündete. Wie oft habe ich später an diese prächtigen jungen Menschen gedacht! Was hat der unmittelbar bevorstehende Rußlandfeldzug aus ihnen gemacht? Wie viele oder wie wenige werden das Blutbad überstanden haben!

Einmal Stalingrad und zurück

Der Rußlandfeldzug

Die Gerüchte häuften sich: Es geht los!, oder: Nein, es ist noch nicht so weit. Dann kam der Befehl: Alarmbereitschaft! Ich lag in einem Zelt an dem Flüßchen Ucherka. Unvergeßlich: Am frühen Morgen des 22. Juni 1941 schien die Hölle auszubrechen: Kanonen brüllten ihr Todesgeschrei ins Land; das Knattern der Maschinengewehre erfüllte die Luft wie anhaltendes Geschwätz, das Tod, Leid und Elend über die Menschen brachte. Teile der 6. Armee überschritten den Bug in Richtung auf die Ukraine. Meine Aufgabe beim Korps war für mich völlig unbefriedigend. Mehr oder minder war man hier in der Etappe, sozusagen stets hinten, wußte oder sah vom Krieg wenig, hörte nur von ihm durch den Geschützdonner, der noch gerade bis zu uns drang. Wirklich priesterliche Aufgaben konnte ich kaum wahrnehmen, weil auch „die Etappe“ in ständiger Bewegung war, um der Front wieder beizukommen. Für mich war es eine Erlösung, als ich den Befehl bekam: Versetzung als Kriegspfarrer zu einem Armeefeldlazarett, dessen Bezifferung ich nicht mehr weiß. Auch hier versagt mein Gedächtnis.

Jede Armee hatte nur wenige solcher Frontlazarette. Ich habe sie kennen und schätzen gelernt als vorzügliche militärische Sanitätseinrichtung. Solche Lazarette waren voll motorisiert, deshalb auch sehr beweglich und schnell einsatzbereit. Mit Fachärzten und Sanitätspersonal ausreichend „bestückt" und gut versehen mit medizinischen Apparaten und Instrumenten, konnte solch ein kleines „Kriegs- und Frontkrankenhaus" in wenigen Stunden einsatzbereit sein und verwundete und kranke Soldaten aufnehmen. Es gab keine Art von Verletzungen und Verwundungen, auch keine lebensgefährdenden, bei denen unsere Chirurgen gepaßt hätten. Unsere Zulieferer waren die Truppen und die Hauptverbandsplätze. Sie schickten ihre notdürftig behandelten Soldaten in die Feldlazarette der Divisionen, die ihrerseits dann die Fälle, die eine baldige Operation benötigten, in die Armeelazarette überwiesen.

So weit, so gut. Die Lazarette waren ein wahrer Segen, aber einen Haken hatten sie doch. Ihre Aufnahmekapazität lag bei 300 Patienten. Die Schwierigkeiten begannen, wenn diese Zahl erheblich überschritten wurde. Dann wurde aus dem normal verlaufenden, überschaubaren Betrieb im Lazarett eine große Herausforderung und Kraftprobe für die Ärzte und das gesamte Sanitätspersonal – nicht minder auch für den katholischen und den evangelischen Pfarrer. Meine neue Aufgabe war für mich, der ich mich nun Lazarettpfarrer nannte, totales Neuland. Das schreckte mich aber nicht. Ich war gewiß, daß ich unter den „Patienten" auch Menschen treffen würde, die mein Helferangebot annehmen würden, vielleicht sogar freudig darauf eingingen. Gespannt war ich wirklich, wie mein zukünftiger evangelischer Mitbruder und die Ärzteschaft sich mir gegenüber verhalten würden. So machte ich mich auf zu meinem neuen Einsatzort.

Hier im Lazarett begann für mich der wirkliche Rußlandfeldzug. Bisher war ich mit dem Stab des Armeekorps, so schien es mir, der immer weiter enteilenden Front hinterhergelaufen. Meine priesterlichen Möglichkeiten, unter den Menschen, den Soldaten, für das Reich Gottes zu arbeiten, waren begrenzt gewesen. Das sollte sich an meinem neuen Einsatzort ändern. Erstaunlich, wie weit die Front schon nach Osten vorangekommen war! Das Lazarett lag in der Gegend von Rovno, das damals noch zu Polen gehörte. Man hatte es eingerichtet in den Räumen einer großen Schule. Dort waren auch die Ärzte und die Sanitätssoldaten untergebracht. Die Offiziere, die alle Ärzte waren, begrüßten mich korrekt und unpersönlich, mein evangelischer Kollege freundlich, fast herzlich. Seine Sprache verriet ihn: Er war Sachse, vor dem Krieg Pfarrer in Leipzig gewesen. Ein großgewachsener Mann, fast immer mit einem lächelnden Gesicht. Er war ein gläubiger evangelischer Christ, nicht nationalsozialistisch angehaucht, aber wohl kaum eine Kämpfernatur. Unser persönliches Verhältnis zueinander ist in den 15 Monaten unserer Zusammenarbeit nie ernstlich getrübt gewesen. Uns beiden stand je ein sogenannter „Bursche“ zu, der uns persönlich zu Diensten stand und zugleich eine Art Hilfsküster bei unseren Gottesdiensten darstellte. Mein Helfer war ein älterer Soldat aus dem Sudetenland, sein Vorname war Franz, ein einfacher, guter Mensch, treu und hilfsbereit, der mir ein lieber Kamerad wurde und es blieb bis zum Ende unseres Zusammenseins.

Gleich mein erster Lazaretteinsatz hatte es in sich. Wir waren voll belegt. Ich besuchte einen großen Saal voll mittelschwer Verwundeter, die also keine unmittelbaren Anwärter für den Sakramentenempfang waren. Nach kurzer Begrüßung wanderte ich von Bett zu Bett. Niemanden fragte ich nach Konfessionszugehörigkeit oder nach seiner Auffassung von Glauben oder Religion. Meine Fragen galten der Art der Verwundung, Beruf, Familie und Heimat und zuletzt: „Kann ich in irgendeiner Weise für Sie etwas tun, Ihnen helfen, etwas zu erledigen, wozu Sie selbst im Augenblick nicht in der Lage sind?“ Denke ich zurück, dann weiß ich auch heute noch um meine tiefe Enttäuschung am Abend. Keiner meiner verwundeten Kameraden hatte mich etwa abgewiesen oder gar beschimpft, aber ich mußte mir eingestehen, daß die Türen sich bei meinem Besuch nicht geöffnet hatten. Was war mit ihnen los, was mit mir? Ich hatte doch gemeint, schon ein ganz guter Menschenkenner geworden zu sein und mich nicht sonderlich schwer zu tun im Umgang mit Menschen, und nun diese scheinbar völlige Pleite mit den Soldaten! Aber nach kurzer Zeit schon fiel bei mir der „Groschen“: Diese meist jungen Soldaten hatten zum ersten Mal den Ernstfall erlebt, Auge in Auge mit dem wirklichen Tod, zum ersten Mal hilflos dem scheinbar Unabwendbaren ausgeliefert. Nunmehr waren sie nicht mehr bereit, sich irgend jemandem, möglicherweise gar einem Scharlatan, anzuvertrauen. Anders ausgedrückt: Sie legten keinen Wert darauf, von einem Priester in Uniform besucht zu werden. Der Priester würde sie erst interessieren, wenn sie den Menschen in Uniform akzeptieren konnten. Erkannten die Männer ihn als echt und nicht als Sprücheklopfer, würde es keine großen Schwierigkeiten mehr geben, zu einem guten Gespräch zu kommen.

Zu Beginn des Rußlandfeldzuges 1941

Wie häufig noch bin ich in jenen großen Saal voll von Verwundeten gekommen! Schmunzelnd denke ich daran zurück, wie nach wenigen Tagen schon dieselben Kameraden mir vorwarfen, ich hätte ihnen versprochen, schon gestern wieder bei ihnen zu sein, warum ich erst heute gekommen sei. Sorgen hatte ich mir auch gemacht, wie sich wohl Verwundete aus der Waffen-SS mir gegenüber verhalten würden. Ich hatte reichlich Gelegenheit, auch mit ihnen zu sprechen. Schwierigkeiten: keine, wenn diese Soldaten den akzeptablen Menschen in mir erkannten. Wie viele Schicksale offenbarten sich da! Die Schar derer, die einfach ihrer körperlichen Größe wegen aus anderen Truppenteilen zur Waffen-SS eingezogen worden waren, war erstaunlich hoch.

Ich habe schon häufig von meinem miserablen Gedächtnis seit Kindestagen gesprochen. Auch davon, daß ich kein Tagebuch geführt habe und nicht den geringsten Anspruch darauf erhebe, exakt in Orts- und Zeitbestimmungen zu sein. Ich wage nur deshalb, doch zu schreiben, weil mein Gedächtnis merkwürdigerweise prächtig funktioniert, wenn es um Begegnungen und Erfahrungen mit Menschen geht. Eine kurze Skizze unserer Marschroute in den kommenden Wochen läßt sich trotzdem rekonstruieren: Der erste Abschnitt des Weges, den unser Lazarett zurücklegte, führte immer in Frontnähe der Spitze der 6. Armee nach. Unsere wichtigsten Stationen waren vom Juli 1941 bis zum Spätherbst desselben Jahres: Lutsk, Rovno, Novograd, Volynskij, Zhitomir, Kiew, Yagotin, Lubny, Poltava und Charkow.

Unsere Ärzte bildeten ein gutes Team, mit dem man reibungslos zusammenarbeiten konnte. Ein Katholik war nicht dabei. Der Facharzt für innere Krankheiten, ein tüchtiger Mediziner, war Nationalsozialist und trug den sogenannten Blutorden. Aber er war kein Störenfried in der Ärzteschaft, auch nicht mir gegenüber. Menschlich warm geworden bin ich in diesen Monaten nur mit dem Chefchirurgen, einem Hamburger namens Helmut Remé, der wohl aus einer Hugenottenfamilie stammte. In seiner Personalakte stand: Konfession: evangelisch. Das machte mich neugierig. War er wirklich ein überzeugter, praktizierender Christ? Als Mensch und Facharzt fand ich ihn großartig, unermüdlich im Einsatz, sich sozusagen selber alles abverlangend. Auf eine seltsame Weise wurde meine Neugierde befriedigt. Bei einem unserer Einsätze fand ich einen blutjungen Soldaten, aus der HJ kommend, dem man das linke Ohr abgeschossen hatte. Gewiß, keine schwere Verwundung, aber für so einen jungen Menschen war es eine entsetzliche Entstellung. Er konnte im Lazarett herumlaufen, so daß wir uns häufig begegneten. Wir beide verstanden uns prächtig. Wenn er mich sah, ging ein Strahlen über sein Jungengesicht, und ich sagte schon von weitem: „Da kommt ja mein falscher Malchus!" Das hörte eines Tages unser Chefchirurg und fragte mich: „Herr Pfarrer, warum nennen Sie den Jungen ‚falschen Malchus'?" Meine Antwort: „Im Neuen Testament steht, daß Petrus dem Malchus, dem Knecht des Hohenpriesters, mit dem Schwert das rechte Ohr abschlug." Darauf Remé: „Nein, das steht so nicht in der Bibel." Es kam zu einem durchaus freundschaftlichen Streit. Ich erzählte ihm, ich hätte zwar ein schlechtes Gedächtnis, aber bei mir sei doch hängengeblieben, was auf der Universität unser Professor für Exegese erklärt hatte. Wir hatten ihn gefragt, wie denn Petrus dem Mann das rechte Ohr abgeschlagen haben konnte, wenn er ihm gegenüberstand. Das linke hätte er abschlagen können, aber das rechte? Das wäre doch eine Kunststück gewesen. Der Professor darauf: „Sie haben mit ihrer Frage recht. Ich persönlich stelle mir das so vor: Entweder war Petrus Linkshänder, oder der erschreckte Malchus hatte sich schon auf der Flucht befunden, und so traf Petrus das rechte Ohr." Der Chirurg war nicht zu überzeugen, sagte aber dann: „Gut, ich werde im Neuen Testament nachlesen." Bei unserem nächsten Treffen erklärte er: „Ich habe mich in der Bibel informiert. In zwei Evangelien steht zwar: ‚Er hieb ihm das rechte Ohr ab', in beiden anderen aber heißt es: ‚Er hieb ihm ein Ohr ab.' Sie haben also nur halb recht." Mir war nicht wichtig, ganz recht zu haben; viel wichtiger war für mich die Erkenntnis, daß dieser Arzt im Rußlandfeldzug die Bibel mitschleppte. Das schien mir doch ein starker Hinweis darauf zu sein, daß er gläubiger Christ war. Diese Vermutung verstärkte sich im Laufe unserer Zusammenarbeit ständig. Wir kamen uns persönlich immer näher. So gewährte er mir allmählich Einblick in seine familiären Verhältnisse. Er war verheiratet und hatte ein Mädelchen, das damals so um die sechs Jahre alt war. Wenn er von Frau und Tochter sprach, spürte ich seine verhaltene, aber mir sichtbare echte Freude.

Wie schon gesagt, unser Lazarett war geradezu perfekt eingerichtet für 300 verwundete und kranke Soldaten. Leider kümmerte sich der Krieg wenig darum, wie wenig oder wie viel Platz wir hatten. So mußten wir einige Male an die 1.000 Kameraden aufnehmen. Eine immense Arbeit für die Ärzte, besonders für die Chirurgen, aber auch für das gesamte Sanitätspersonal! Wie oft habe ich miterlebt, daß der Chef um Mitternacht sagte: „Zigaretten- und Kaffeepause von einer Viertelstunde.“ Das Getränk in der Tasse war schwarz wie die Nacht und stark wie eine Spritze. Denke ich an jene Zeit zurück, empfinde ich größte Hochachtung vor den enormen Leistungen dieser „Soldaten ohne Waffen“, die im Kriegsgeschehen, das so viel Leid und Elend, Schmerz und Tod für Millionen von Menschen brachte, die einzigen Samariter waren. Sie verabreichten vom ersten bis zum letzten Tage dieses Krieges den am Wege „von Jerusalem nach Jericho“ liegengebliebenen, zusammengedroschenen Menschen statt Kugeln und Granaten Wein und Öl der Liebe und gaben damit auch wieder Hoffnung auf Leben und Heimat. Wir Pfarrer beteiligten uns an diesem Werk der Liebe, so gut wir konnten.

Der Vormarsch der 6. Armee ging in der Ukraine zügig voran. Da es unser Auftrag war, möglichst in Frontnähe zu arbeiten, blieben wir nie für längere Zeit am selben Ort. Das hatte zur Folge, daß wir Kriegspfarrer keine Gelegenheit hatten, große Lazarett-Gottesdienste zu feiern. Unsere Aufgabe beschränkte sich darauf, das Hauptaugenmerk auf die Schwerverwundeten zu richten und uns ihnen besonders zur Verfügung zu stellen. Hatten die Männer erst gemerkt, daß man sich zunächst rein menschlich um sie sorgte, sich Zeit nahm, sie nach der Schwere ihrer Verletzung zu fragen, nach ihren Familienverhältnissen, nach ihren Ängsten und Nöten um daheim, dann konnte man im allgemeinen damit rechnen, daß man auch als Seelsorger akzeptiert wurde. Wie viele Briefe mag ich wohl geschrieben haben für Verwundete, die nicht mehr zu schreiben vermochten? Ich ließ sie mir oft diktieren, was mich zutiefst anrührte. An Ausbrüche von Bitterkeit oder Verzweiflung kann ich mich nicht erinnern. Für mich wurden diese Briefe zu Dokumenten menschlicher Größe. Sie zeigten, wie Leid, Schmerz und Not verschüttetes menschliches Leben wieder blankzulegen vermögen. Um es auf einen Nenner zu bringen: Die Briefe legten Zeugnis ab für den Glauben dieser Menschen, sie illustrierten, wieviel Dank, wieviel Liebe sie schuldig geblieben waren in ihrem Leben. Der Grundtenor war Dank und Bitte um Vergebung für alle vergangenen Fehler und der Anbruch einer neuen großen Bereitschaft zur Liebe.

Einer dieser Briefe zeigte mir, was Mutterliebe für einen

Menschen bedeuten kann. Das Schreiben ging an die Mutter des Verwundeten. Er wollte ihr das wohl Unumgängliche mitteilen, daß er sterben und begraben werde in fremder Erde. Wie er voller Dankbarkeit sei für die immer wieder und neu geschenkte Liebe, wie er um Vergebung all' des Häßlichen bitte, was er ihr angetan habe. Dann kam eine Stelle, die mich aufschrecken ließ bei diesem Diktat. „Liebe Mutter, ich schreibe das nur dir und nicht meiner lieben Frau. Sie ist so sensibel, darum nicht stark genug, diese furchtbare Last allein zu tragen. Du bist der einzige Mensch, dem ich zutraue, das wohl Unabwendbare zu verkraften und es meiner lieben Luise so beizubringen, daß sie nicht über der Nachricht zusammenbricht. Mutter, du warst immer die Stärkste in der Familie, warst immer der Halt für uns alle. Bleibe es bitte auch jetzt!" Natürlich ist dies nicht der genaue Wortlaut. Inhaltlich ist aber alles enthalten, was der Schwerverwundete aussagen wollte. Manchem einfachen Soldaten habe ich geholfen, seine Gedanken besser auszudrücken. Bei dem oben genannten Brief aber brauchte ich nicht zu helfen. Für mich war er einer der erschütterndsten Briefe, die ich für meine Kameraden nach Hause schicken konnte.

Sicher hat es mein evangelischer Amtsbruder nicht anders gehalten als ich: Bei solchen Hilfsangeboten fragten wir nicht, welcher Konfession der Kamerad angehörte. Auch hier gab es für mich wieder eine neue Erfahrung. Die weitaus meisten dieser „Diktate" waren „fromm", sprachen von Gott und vom Wiedersehen in der Ewigkeit. Ich kann mich nicht an einen einzigen Brief erinnern, der vom heroischen Sterben, dem Heldentod für das Vaterland gesprochen hätte. Die Mehrzahl erwähnte auch Gott, und das durchaus ernsthaft und glaubwürdig. Da war von Gottes Barmherzigkeit, vom Vertrauen auf ihn die Rede und vom Wiedersehen in seiner Ewigkeit. Kaum jemals tauchte die doch menschlich so naheliegende Frage auf: Warum gerade ich? Es waren Dokumente des Friedens, ohne große Bitterkeit oder Hader mit solch schwerem Schicksal. Die Sorge um das Los der Familien daheim war überall erkennbar.

Im Umgang mit den verwundeten Kameraden glaubte ich schon bald, den richtigen Ton gefunden zu haben. Bei den Verwundeten, die nicht in Lebensgefahr waren, versuchte ich den Eindruck zu erwecken: Hier im Lazarett gibt es Menschen, die versuchen, Zeit zu haben. Von den Ärzten konnte man das in keiner Weise erwarten, da sie zumeist völlig überarbeitet waren. An eine Begegnung erinnere mich noch besonders gut. Auf einem Zimmer lagen vier Schwerverwundete zusammen. Mit dreien von ihnen kam ich sehr bald in ein Gespräch gegenseitigen Vertrauens. Machte ich dort Besuche, strahlten die drei vor Freude. Nur der, der unmittelbar an der Eingangstür lag, machte jedesmal das gleiche Gesicht der Ablehnung und der Uninteressiertheit, wenn ich kam. Von Freude keine Spur. Das hinderte mich nicht, ihn jedesmal als ersten zu begrüßen, mich nach seinem Befinden zu erkundigen, ob es Neuigkeiten gebe aus der Heimat, ob ich ihm in irgendeiner Weise helfen könne. Die Antworten blieben gleichmäßig mürrisch. Auf seinem Krankenblatt stand als Konfession, genau weiß ich es nicht mehr, entweder: „ohne" oder „Deutscher Christ". So stur, wie er war, war auch ich. Ich blieb bei meiner Tour: Bleib bei deinem Angebot, vielleicht höhlt auch bei ihm steter Tropfen den Stein. Wir waren damals ziemlich lange am selben Ort. Siehe da – eines Tages schaute er mich bei meinem Besuch etwas unsicher an, dann sagte er: „Ich wäre Ihnen dankbar, wenn Sie etwas Zeit für mich hätten!" Das Eis war gebrochen. Er hat mir die Geschichte seines Lebens erzählt und sich frei gemacht von vielerlei Bedrängnis.

Erfreulich waren auch viele Begegnungen mit der Zivilbevölkerung. Zu Anfang des Krieges zogen wir noch durch Gebiete, die damals zu Polen gehörten. Sie waren von den Russen besetzt, die sich dann nach Osten absetzen mußten unter der Wucht des deutschen Angriffs. Die tiefgläubigen Polen betrachteten uns als Befreier. Mit Begeisterung nahmen sie unsere Truppen insgesamt auf. Die besonders angesprochenen katholischen Militärpfarrer standen vor der etwas heiklen Frage: Was können wir tun angesichts all der Bitten der Bevölkerung um Hilfe? Der private Umgang mit der Zivilbevölkerung war verboten. Ich sagte mir: Tu, was dir möglich ist an religiöser, priesterlicher Hilfe. Für dich ist es nicht „privat", in deinem ureigenen Beruf angesprochen zu werden. Außerdem vertraute ich darauf: Die kämpfende Truppe hat Besseres zu tun, als sich mit solchen Dingen aufzuhalten. Also habe ich getauft, getraut und eine Menge Polen damit glücklich gemacht. Wieder eine neue Erfahrung: Wie anders doch die religiöse Haltung der Polen ist, wie überschwenglich ihre Dankbarkeit; wie fast abgöttisch sie den Priester verehren! Sie wollten mir die Hände küssen, knieten vor mir nieder, versuchten mir Eier, Butter, gar Hühnchen zu schenken. Bleibende Erinnerungen! Was mag aus den vielen geworden sein, meinen Täuflingen, meinen Eheleuten? Auch die Ukrainer bejubelten uns wie Befreier. Unbegreiflich für uns, wie viele gläubig geblieben waren unter dem sowjetischen Regime!

Wir zogen mit unserem Lazarett immer im Abstand von zwei bis drei Tagen hinter der Fronttruppe her. Deshalb erlebten wir, mit welchem Eifer die Gläubigen in Dörfern und Städten dabei waren, aus Kaufhäusern, Museen, Galerien des „kämpferischen Atheismus" wieder Gotteshäuser zu machen; vergrabene Ikonen wurden ans Licht gebracht und erhielten in Kirchen und Privathäusern ihren alten Platz. Unvergeßlich für mich die geradezu fröhlichen, erlösten Gesichter der Menschen! In den Untergrund gegangene oder in Kolchosen und Fabriken versteckte Priester tauchten wieder auf. Es konnte einem die Tränen in die Augen treiben, zu erleben, was diesen tiefgläubigen Menschen Gott und die Kirche bedeuteten. In den Dörfern und kleineren Städten schienen die „systemtreuen" Kommunisten im Untergrund zu verschwinden, wo vorher die gläubigen Christen gewesen waren. In den Großstädten, wie etwa in Kiew und in Charkow, waren zwar mehr Kommunisten zu Hause als in den kleineren Orten, aber auch hier schien die Zahl der Glaubenstreuen bei weitem zu überwiegen. Eine Seite des ukrainischen und des russischen Menschen, so fing ich damals an zu glauben und glaube es bis heute noch, ist seine Glaubenswurzel. Kein Regierungssystem wird diesem Volk einen solch sicheren Besitz zu nehmen vermögen. Der dialektische Materialismus, der das während seiner langen Herrschaft zu erreichen versuchte, ist kläglich gescheitert.

In einem größeren Ort versuchte ich, echte Ikonen zu erwerben. Man erzählte mir, eine junge Frau habe Ikonen, die sowieso damit nichts anfangen könne; bei der könnte es mir wohl gelingen, welche zu kaufen. Ich suchte die Frau auf. Sie war so um die dreißig Jahre alt, schwarzhaarig und attraktiv. Als sie den Mann in Uniform sah, schaute sie mich mit abgründigem Haß an. Sicher war sie eisern systemtreu, vielleicht Funktionärin. Arbeitete sie im Untergrund für ihre Heimat? Die Front war ja schon weit weg. Jedenfalls ließ ich mich nicht beirren. Ich erklärte ihr, daß ich wegen Ikonen gekommen sei. Ich würde ihr gerne welche abkaufen. Sie ging mit mir in eine Scheune, langte mit der Hand hinter einen Querbalken, und da kamen zwei echte, aber wohl wenig wertvolle Ikonen ans Tageslicht, die völlig verdreckt waren. Die bot sie mir an, und ich nahm sie mit. Ihr Stolz verbot ihr, sie sich bezahlen zu lassen. Als ich zu ihr gekommen war, hatte sich die Tür aufgetan in ein für dortige Verhältnisse recht ordentlich möbliertes Wohnzimmer. In einer Ecke hatte eine Ikone gehangen mit einem brennenden Licht davor. Dann waren wir zur Scheune gegangen, wo ich die Verachtung entdeckte, die diese junge Frau gegenüber Ikonen zeigte. Wie paßte das zueinander? Bevor ich fortging, fragte ich sie: „Sie sind Kommunistin, folgerichtig auch Verächterin religiöser Symbole. Wie kommt es aber, daß Sie in Ihrem Wohnzimmer eine Ikonenecke haben?“ Diese Frage war ihr offensichtlich peinlich und machte sie verlegen. Das blasse, haßerfüllte Gesicht bekam etwas Farbe. Die Antwort lautete: „In meiner Jugend habe ich oft mit meinen Eltern und Großeltern vor einer solchen Ikonenecke gestanden. Sie gehörte zur Familie und ist mir deshalb unvergeßlich. Aus dankbarer Erinnerung an die Meinen und meine schöne Kinderzeit habe ich diese Ikone behalten.“ Damals habe ich mich zum ersten Mal gefragt, wer sich wohl auskennt in der russischen Seele. Wie oft sollte ich mich das in meiner jahrelangen Rußlandzeit noch fragen!

Solche haßvollen Begegnungen mit der Bevölkerung in der Ukraine waren 1941/42 die absolute Ausnahme. Einmal hatte ich ein Erlebnis ganz anderer Art. Unsere Einheit war mit dem Aufbau des Lazaretts beschäftigt, und ausnahmsweise mußte ich mir mein Privatquartier selbst suchen. Schließlich landete ich bei einem Häuschen mit gepflegtem Vorgarten. Nach meinem Anklopfen öffnete mir eine gut gekleidete Frau, wohl Mitte 50. Deutlich war ihr Erschrecken, als sie den Mann in Uniform sah. Ich bat darum, eintreten zu dürfen. Die Tür wurde weiter geöffnet, und sogleich stand ich in einem relativ großen Wohnraum. Nach Armut sah es hier nicht aus. Wohl aber hatte man an der Schmalseite des Zimmers ein Bett zurechtgemacht, in dem eine alte Dame lag. Neben ihr saß auf einem Stuhl eine Frau, die, wie sich herausstellte, die Schwester der Türöffnerin war. Die drei Gesichter drückten Angst und Hilflosigkeit aus. Mein Anliegen, hier Quartier zu suchen, schien fast Entsetzen auszulösen. Die Frauen verstanden und sprachen ein wenig deutsch. Sie erklärten mir, ihre arme, im Bett liegende Mutter sei sehr alt, sehr krank, und die Anwesenheit eines Fremden würde sie sicher umbringen. Bei diesem Gespräch sah ich mich ein wenig im Raum um. Zu meiner Freude bemerkte ich einige recht ordentliche Heiligendarstellungen und ein Kruzifix mit

Corpus, also mit völliger Körperdarstellung unseres Herrn – eine Darstellung, die man normalerweise weder bei den Russisch-Orthodoxen noch bei den uns unierten Orthodoxen findet. Diese Gruppen kennen die Holzkreuze mit entweder darauf gemaltem Christuskörper oder mit aus dem Holz des Kreuzes reliefartig herausgearbeitetem Leib. Das brachte mich auf eine Idee: Waren diese drei katholische Christen? Sie waren es. Als ich ihnen erklärte, ich sei katholischer Priester, war die Angst wie weggeblasen, und sichtbar wurden Freude und Erleichterung. Da konnte ich natürlich bleiben, den Frauen die heiligen Sakramente spenden, das Bußsakrament und die Heilige Eucharistie. Die Mutter empfing mit großer Ehrfurcht die Krankensalbung. Mehr und mehr hat mich mein Leben gelehrt, nicht an Zufälle zu glauben, sondern an göttliche Vorsehung und Fügung.

Als wir in dieser Zeit mal wieder bis zum Hals eingedeckt waren mit Arbeit durch viele verwundete Kameraden, erreichte mich ein Befehl des Armeepfarrers, der meine Versetzung beinhaltete zu einer Division, die ich geistlich betreuen sollte. Dem Boten gab ich eine Antwort mit, die völlig unmilitärisch war. Darin verweigerte ich meinem obersten Chef den Gehorsam mit folgender Begründung: „Unser Lazarett ist mit fast 1.000 Verletzten überbelegt. Dabei bin ich der einzige katholische Pfarrer am Ort. Keiner unserer Sanitäter ist katholischer Priester. (Viele junge Priester waren inzwischen als Sanitäter eingezogen und den Kriegspfarrern – verbotenerweise – große Helfer. Ich kannte Feldlazarette, nicht zu vergleichen mit unserem Großbetrieb, in denen bis zu vier Priester-Sanitäter arbeiteten.) Vor meinem Gewissen und vor Gott kann ich es nicht verantworten, diesen Weinberg des Herrn zu verlassen und all die katholischen Kameraden im Stich zu lassen. Ich danke für die ehrenvolle Berufung (Es klingt zwar lächerlich, aber Divisionspfarrer zu sein, hatte allgemein einen größeren Glanz als ‚nur' Lazarettpfarrer.) und bitte um Verständnis für meine schwierige Situation." Ich wurde nicht versetzt. Noch heute Dank dem damaligen Armeepfarrer, der mir persönlich nie begegnet ist und dessen Namen ich nicht mehr weiß.

Die Ärzte arbeiteten mit uns Pfarrern immer besser zusammen. Vor dem Zweiten Weltkrieg hatte ich so manches Mal erlebt, wie wenig doch eine Reihe von Ärzten unsere Sakramentenspendung an den Kranken schätzte. Ich hatte oft den Eindruck: Für die bist du eine Art geduldeter Quacksalber! Eine ganz andere Erfahrung machte ich in diesem Lazarett. Die Ärzte machten uns darauf aufmerksam, bei welchen Kameraden Lebensgefahr bestand, wo folglich unsere schnelle Hilfe gebraucht wurde. Das erleichterte uns die Arbeit wesentlich. Die Zahl der Gefährdeten blieb aber immer erheblich kleiner als die Zahl der nicht unmittelbar Gefährdeten. Um die aber mußten die Ärzte sich natürlich auch kümmern. Bei einem Extrem-Einsatz der Ärzte und Sanitäter kam mir deshalb der Gedanke: Könnte ich nicht, wann immer es mir zeitlich möglich ist, im Operationssaal aushelfen? Ich hatte doch den Frankreichfeldzug als Sanitäter mitgemacht, hatte in der Sanitätsschule eine Menge gelernt, konnte instrumentieren und assistieren. Erst hatte ich Bedenken, war ich doch nun in der Wehrmacht nicht mehr Sanitäter, sondern diensttuender Pfarrer. Den Ausschlag, das Experiment einfach zu wagen, gab der Anblick der hoffnungslos überarbeiteten Ärzte, denen ich helfen wollte. In Stoßzeiten hatte das gesamte Lazarettpersonal schier Unmögliches zu leisten, und das sozusagen immer unter Hochspannung. Eine der wohl kaum zu vermeidenden Folgeerscheinungen war, daß die Nerven aller Beteiligten derart überstrapaziert waren, daß sie von Zeit zu Zeit rissen. Da wurde der eine zum Feind des anderen: Die Ärzte beschimpften die Sanitäter und hatten keine Geduld mehr mit ihnen. Diese wiederum verfluchten die Ärzte. Ich hoffte, den Umgangston durch meine Anwesenheit etwas zu normalisieren, und bot meine Hilfe an mit der Begründung: „Sie haben mir meine Arbeit erleichtert, dadurch ist mir Zeit übriggeblieben. So möchte ich nun versuchen, Ihnen bei der Arbeit zu helfen." Es stellte sich heraus, daß dieses Unternehmen ein voller Erfolg war. Zu dieser Zeit hatte ich noch gute Nerven, konnte bei Operationen auch in beunruhigenden Situationen Ruhe bewahren und besänftigte die aufwallenden Wogen. Mir schien, daß der Umgang des Sanitätspersonals untereinander wieder normaler wurde. Die Sanitäter bedrängten mich, doch wiederzukommen, wann immer ich könne.

Unsere Ärzte hatten sich schnell daran gewöhnt, daß ich relativ viel als „Mitarbeiter im chirurgischen Dienst" auftrat. Kam ein neuer Schub von Verwundeten direkt von der Front, ging Dr. Remé mit mir die Reihen der Kameraden ab. Er bestimmte, in welcher Reihenfolge die Schwerverwundeten für die Operation fertig gemacht werden sollten. Die ersten waren die Bauchschuß-Verletzten und die, die Gasbrand hatten. Zu meiner Verwunderung gehörten nicht die Kopfschuß-Verletzten dazu. Ich mußte mich belehren lassen: Wurden die operiert, durften sie auf längere Zeit nicht transportiert werden. Der Transport nach der Operation wäre dann sozusagen das Todesurteil. Solange sie aber nicht operiert waren, blieben sie transportfähig. So habe ich wenige Operationen bei Kopfschüssen erlebt. Hier mitzuwirken, stellte für mich die schwerste Belastung dar. Es ist halt nicht jedermanns Sache, in ein lebendiges, offengelegtes Gehirn hineinzuschauen.

War die Reihenfolge geklärt, sagte der Chirurg zu mir: „So, jetzt erst Sie, dann ich." Nun mußte alles schnell gehen. Erste Frage für mich: Ist der Patient katholisch oder nicht? Zweite Frage: Ist mein evangelischer Mitbruder erreichbar? Je nach Lage machte ich mich nun daran, dem Verletzten ruhig und sachlich seine Lage zu schildern. Ein schwieriges Unterfangen! Die „Holzhammermethode" konnte hier auf keinen Fall in Frage kommen. Der Schock saß den armen Kerlen noch sichtlich in den Gliedern. Also begann ich zunächst ein Gespräch, in dem ich versuchte, Vertrauen zu wecken und Gelassenheit gegenüber dem, was nun unmittelbar bevorstand. Etwa so: „Unsere Ärzte sind gut und tun ihr Bestes. Wissen Sie, ich bin lange genug bei diesem Verein hier. Sie können gewiß sein, daß Sie hier in den besten Händen sind. Da ist ein großartiger Haufen beieinander. Angst brauchen Sie nicht zu haben. Natürlich sind Sie vernünftig genug, sich darüber klar zu sein, daß jede Operation ihre Risiken hat. Wenn Sie ein gläubiger Mensch sind, gehen Sie jetzt die einzige absolut tragende Lebensversicherung ein, sprechen Sie mit Ihrem Herrgott. Ich helfe Ihnen dabei, bleibe auch bei Ihnen während der Operation. Hinterher, wenn Sie versorgt sind, werde ich sehr bald bei Ihnen sein und Ihnen erzählen, was geschehen ist." Während dieser Zeit bereitete sich der Chirurg auf seinen Eingriff vor. Kam er, dann machte ich mich fertig: Hände sorgfältig waschen, Gummihandschuhe anziehen und zur Verfügung stehen zur Assistenz oder eventuell auch zum Instrumentieren. Einige Male habe ich, wenn der Patient zu hohen, also gefährlichen Blutverlust erlitt, gleich am Operationstisch Blut gespendet. Meine Blutgruppe 0 war – nach damaligem medizinischen Verständnis! – für alle Blutgruppen geeignet.

Die Ärzte akzeptierten meine Hilfe bei den Operationen mehr und mehr. Sie merkten wohl, daß ich ihnen damit nichts nahm, sondern in ihre Hände arbeitete. Es stellte sich heraus, daß meine Mitarbeit auch für mein priesterliches Tun bei den verwundeten Kameraden von Vorteil war. Dadurch wuchs ihr Vertrauen zu den Ärzten und auch zu mir. So verschwanden mit der Zeit auch meine Bedenken, weil ich ja eigentlich nicht als Sanitäter, sondern als katholischer Priester eingesetzt war. Beim ersten Besuch nach der Operation hatte ich bei den Patienten „einen Stein im Brett". Sie waren begierig auf meinen Bericht und wollten wissen, welche Chancen sie wohl hätten. Waren es Katholiken, war es relativ leicht, auf die größte Chance zum Leben zu sprechen zu kommen, die Sakramente Buße, Kommunion und Krankensalbung: „Sie wissen doch, daß die allein entscheidende Rolle für Ihr Wohl unser Gott spielt. Wäre es nicht gut für Sie, seine Hilfe in Anspruch zu nehmen, die er uns doch sehr konkret im Bußsakrament, der Kommunion und der Krankensalbung angeboten hat? Jedes dieser Sakramente ist eine konkrete Begegnung mit unserem Herrn und seiner Liebe. Ich dränge Sie nicht, auch Gott drängt Sie nicht. Es bleibt allein bei ihrer freien gläubigen Entscheidung. Wenn Sie sich dafür entscheiden, das verspreche ich Ihnen im Namen Gottes, werden Sie spüren, wieviel gelassener Sie werden, wieviel vertrauender. Sie werden geradezu merken, daß Sie auf jeden Fall in den gütigen Händen Gottes sind!" Ich wollte nicht diese von Gott geschenkten Zeichen schnell „an den Mann bringen", sondern es ging mir darum, so weit wie möglich diese Kraftquellen zu erschließen, die das Leben erträglicher machen.

Ich habe bereits erzählt von meinen zwei Semestern an der Tübinger Universität und wie ich dort besonders beeindruckt war von den Vorlesungen des Dogmatikprofesssors Karl Adam. Seine Darlegungen zur Dogmatik der Sakramente blieben mir unvergeßlich. Für ihn war jedes der sieben Sakramente Begegnung mit Christus dem Herrn. Wie er das auszudrücken verstand! Was er erklärte, war wie Licht, das einem zu leuchten begann. Um die Bedeutung der Sakramente zu erklären, muß ich ein wenig ausholen: Einmal hat Gott einen Mann zu seinem Volk geschickt, der Moses hieß. Der fragte Gott: „Wenn die Menschen mich fragen: Welchen Namen hat denn dieser Gott, was soll ich ihnen dann antworten?" Gott nannte ihm den Namen: „Ich bin, der ich da bin." Damit ist alles ausgedrückt: Er ist Wirklichkeit. Wer an die Wirklichkeit Gottes glaubt, lernt daraus, daß seine eigene Wirklichkeit ein Geschenk Gottes ist. Ich bin nur deshalb da, weil Gott gewollt hat, daß ich bin und lebe. Gott gab uns sieben Zeichen, um uns damit anzuzeigen, daß er in allen wichtigen Phasen unseres Lebens da ist. Dem, der glaubt, bedeutet jedes dieser sieben Zeichen in der jeweiligen Lebenssituation ein Anklopfen Gottes an seine Tür. Aber eintreten wird Gott nur bei dem Gläubigen, der in dem Anklopfenden die Stimme Gottes erkennt und dem Herrn die Tür öffnet. Gottes Name wird für mich Wirklichkeit und Wahrheit: Ich bin, der ich da bin für dich. Wie wunderbar Christus die Sakramente postiert hat an den Brennpunkten menschlichen Lebens: die Taufe, das endgültige Annehmen eines gebrechlichen Menschenlebens; das Bußsakrament, das zu erkennen gibt, daß es bei jedem Menschen das Gute und das Böse gibt und daß das Tun des Glaubenden jedesmal Entscheidung bedeutet für das Leben, welches allein in Gottes Liebe und Erbarmen beruht; das Altarsakrament, das wir schlicht „Kommunion" nennen, die notwendige Nahrungsquelle für ein Leben mit Gott in der Welt; die Firmung, wieder an einer Nahtstelle irdischen Lebens, da der junge Mensch fähig wird, selbständig zu handeln und allein für sich zu entscheiden; die Krankensalbung, das Wissen in vermeintlicher oder wirklicher Lebensgefahr; Was immer geschieht, ich falle niemals an Gottes Händen vorbei; bleiben die beiden Standessakramente, Ehe und Priesterweihe. Gott will der dritte im Zweierbund der Liebe sein, Garant für die Möglichkeit einer „endlosen Liebe". „Mit Gott geht alles, ohne ihn geht nichts." Das gleiche Versprechen gibt Gott auch dem jungen Menschen im Sakrament der Priesterweihe. Gewiß, solche Ausführungen konnte ich meinen Kameraden nicht machen. Sie sollten aber spüren, wie ernst es mir war mit meinem Glauben, daß jedes Sakrament persönliche Begegnung mit Christus und dem dreieinigen Gott ist. Bei Karl Adam hatte ich gelernt, die Sakramente aus den Regalen der Billig-Angebote herauszuholen und in die Reihe der größten Kostbarkeiten zu stellen, die es auf der Erde überhaupt gibt. Mir bereitet es Schmerz, wenn ich daran denke, wie wenig diese Sakramente heute vielen Menschen bedeuten. Billig habe ich im Lazarett das Bußsakrament, die Heilige Eucharistie und die Krankensalbung nicht „verkauft".

Die Erlebnisse an der Front. – Wie schnell so ein junges Menschenleben voller Hoffnungen und Pläne weggepustet werden konnte oder zerbrochen war für das ganze Leben! Sakramentenpastoral konnte ich bei den Schwerverwundeten nicht gerade dozieren. Sie sollten aber durch mich erfahren, daß die Sakramente keine Trostpillen sind, sondern ein sehr ernstzunehmendes Angebot Gottes. Am eigenen Leibe sollten sie erfahren, wie bei gläubiger Annahme sich Hoffnung und Zuversicht bemerkbar machen. Meine Erfahrungen mit der Sakramentenspendung in der damaligen Zeit waren in den meisten Fällen mutmachend.

Ich erwähnte bereits, daß keiner der Ärzte katholisch war. Einige bekannten sich wie Dr. Remé zum Protestantismus, und es gab solche, die keinen Glauben mehr hatten. Aber alle, so kam es mir vor, machten mich darauf aufmerksam, wenn einer ihrer Patienten gefährdet war. Dabei kümmerten sie sich überhaupt nicht darum, welcher Konfession oder welchen Glaubens ihr Patient war. Eines Tages machte Dr. Remé eine Bemerkung, die mich ahnen ließ, warum die Seelsorge des katholischen Priesters bei den Verwundeten so geschätzt war: „Ich habe ganz neue Erfahrungen gemacht. Kameraden, denen Sie die Sakramente gebracht haben, wirken beruhigter, gelassener, besonders nach der Heiligen Ölung, und erleichtern mir meine ärztlichen Bemühungen." Anfangs war ich mir nicht sicher, ob diese Äußerung nicht doch ironisch oder gar ein wenig spöttisch gemeint war. Die Erfahrungen der folgenden Zeit aber belehrten mich, wie ernst Dr. Remé es gemeint hatte.

Zu meiner Verwunderung fragte er mich eines Tages, inzwischen waren wir schon Monate zusammen: „Würden Sie einem evangelischen Christen die Heilige Ölung, die Krankensalbung spenden, wenn er Sie darum bäte?" Meine Antwort lautete: „Nach katholischem Kirchenrecht ist es nicht möglich. Aber bei bestimmten Voraussetzungen würde ich es dennoch tun." Der Arzt darauf: „Welche Voraussetzungen sind das?" „Ich müßte wissen, daß dieser Protestant gültig getauft ist, und dazu die Überzeugung gewinnen können, daß er durch ein eigenes Erlebnis zu dem Glauben gekommen ist: Bei dieser Salbung ist Gott am Werk." Zu meinem Erstaunen sagte der Chirurg: „Herr Pfarrer, wenn mir in diesem Krieg etwas passiert und ich ohnmächtig und bewußtlos daliege, so bitte ich Sie jetzt schon: Spenden Sie mir die Krankensalbung!" Mein Erstaunen war groß, wußte ich doch, daß der überzeugte evangelische Christ nie an Konversion denken würde. Wie oft habe ich später Kranken davon erzählt, die so oft törichte Angst hatten vor diesem Sakrament, als sei es der „Dolchstoß Gottes", als sei damit alles aus, als sei die Salbung sozusagen das unwiderrufliche Amen Gottes zu einem menschlichen Leben.

Nach diesem Erlebnis wurde mir auch klarer, warum die Ärzte lieber mich als meinen evangelischen Mitbruder auf gefährdete Verwundete aufmerksam machten. Sie hatten, wie der Chirurg, gute Erfahrungen gemacht mit diesem Sakrament und seinen so oft erkennbaren guten Wirkungen. Eine denkwürdige Art von Bestätigung, so scheint es mir wenigstens, erfuhr ich 1989. In einem Interview – es ging dabei um „Pfarrer im Heere Hitlers" – sagte der evangelische Wehrmachtspfarrer Baedeker: „Ein Schwerverwundeter, das habe ich am eigenen Leibe erfahren, ist auf Psalmen oder Predigtworte nicht besonders erpicht." Aus dem Gesprächszusammenhang ging hervor, daß die katholischen Pfarrer es wegen der Sakramente leichter hatten, Schwerverwundeten Hilfe zu leisten.

Normalerweise kümmerte ich mich damals um die katholischen Soldaten. Erfuhr ich, daß der Verwundete evangelisch war und seine Verwundung im Augenblick nicht lebensgefährdend, machte ich meinen Mitbruder auf ihn aufmerksam, der sich dann des armen Kameraden annahm. Diese Benachrichtigung war nicht mehr möglich, wenn der, den mir der Arzt als unmittelbar gefährdet genannt hatte, auch für mich erkennbar dem Tode nahe war. Natürlich meldete ich hinterher meinem Amtsbruder, wenn ich mit einem sterbenden evangelischen Soldaten gesprochen hatte.

Mir kommt die Erinnerung an einen solchen, wirklich erschütternden Fall. Nachts meldete mir ein Arzt: „Oben im großen Speicher liegen, wie Sie wissen, eine ganze Reihe von Verwundeten. Einer von ihnen wird bald sterben. Nehmen Sie eine Stallaterne mit, dort gibt es kein Licht. Sicher werden Sie ihn finden, er ist der einzige, der unmittelbar vor dem Tod steht." Mit der Laterne suchte ich den Raum ab. Es war recht ruhig, ein Zeichen dafür, daß alle medizinisch gut versorgt waren. Schließlich fand ich „meinen Patienten". Totenbleich und unbewegt lag er auf seinem provisorischen Bett. Das Licht stellte ich neben ihm ab. Sein Krankenblatt ergab: Konfession: Evangelisch. Nein, er war noch nicht tot. Der Puls war noch so eben spürbar, der Atem ganz flach, auch kaum vernehmbar. In einem Fall wie diesem wollte ich den Sterbenden nicht merken lassen, daß ich katholischer Pfarrer war. Auf mein leises Ansprechen kam nicht die Spur von Verstehen oder Aufmerksamwerden zurück. Gott sei Dank hatte ich aber schon Erfahrungen mit Sterbenden gesammelt, die keine Reaktionen mehr zu erkennen gaben und dennoch zu hören und zu verstehen vermochten. Leise sprach ich zu ihm. Der Sinn war etwa: „‚Nach Hause kommen' war und ist unser aller Wunsch in diesem unseligen Krieg. Wie schön, daß Sie ein gläubiger Christ sind! Sie gehören zu denen, die hier auf der Erde geweint, gelacht, geliebt und gehofft haben und die der Herr nun nach Hause ruft in jene Heimat, in der Sie all das finden, wonach Sie in dieser Welt vergeblich gesucht haben. Machen Sie unserem Herrn und Gott getrost die Tür auf. Er weiß so gut, wie Sie es selber wissen: Liebe sind wir schuldig geblieben hier auf dieser Welt. Herr, hab' Erbarmen! Unser Herr Jesus Christus wird Ihnen die Furcht und die Angst nehmen. Er wird sagen: ‚Jetzt wirst du voller Freude und Hoffnung die Wahrheit meines Wortes erfahren: Ich kam in die Welt nicht um der Gerechten willen, sondern der Sünder wegen.'" Bis dahin immer noch keine Spur von Reaktion. Hatte ich wirklich ins Leere geredet? Ich schloß meine Gedanken ab mit der Aufforderung: „Jetzt beten wir miteinander in Zuversicht das Vaterunser. Sie beten halt im Geiste mit, so gut Sie können." Getrost begann ich das Gebet. Können Sie verstehen, wie froh ich wurde, als ich hörte, wie der Sterbende wirklich mitbetete? Seine Kraft reichte zwar nicht für alle Worte des Textes, aber ich muß gestehen, daß es mich schauderte, als der scheinbar Tote leise, aber vernehmlich einzelne Worte mit mir sprach: „... im Himmel ... dein Name ... dein Reich ... dein Wille ... im Himmel ...auf Erden ... gib uns heute ...". Seine Kraft reichte noch für ein schwaches „Amen". Anschließend sprach ich noch einige Sätze in folgendem Sinne: „Lieber Kamerad, nun haben Sie alles getan vor Gott, was Ihnen noch möglich war. Jetzt dürfen wir hoffen, daß Gott das Seine für Sie tut. Was immer Gott mit Ihnen vorhat, sicher und geborgen sind Sie nun in seinen Händen." War es Einbildung oder nur Wunschdenken? Ich glaubte bei meinem Sterbenden ein glückliches Lächeln zu sehen. Was ich nicht bemerkt hatte – ein neben ihm liegender Verwundeter, wie sich herausstellte ein Katholik, hatte die ganze Szene mitbekommen. Er war so ergriffen, daß er mich zu sich bat. Dieser aufgewühlte Kamerad wollte nun auch zur Ruhe kommen. Während wir noch miteinander sprachen, hörte ich ein ganz leises „Herr Pfarrer" – und noch einmal, wie ein Hauch nur: „Herr Pfarrer". War das mein Sterbender? Er war es. Mein Ohr mußte ich ganz nah seinem Mund zuneigen, um verstehen zu können: „Herr Pfarrer ... bitte ... noch einmal das Vaterunser." So beteten wir nun zum zweiten Mal miteinander das Vaterunser. Wie beim ersten Mal schloß ich das Gebet mit dem Satz, der damals nur in der protestantischen Kirche gesprochen wurde: „Denn dein ist das Reich und die Kraft und die Herrlichkeit in Ewigkeit, Amen."

Bei der Vorbereitung zum Sakramentenempfang ging es mir nicht nur darum, echte Gläubigkeit gegenüber Gott, sondern auch den Willen zu wecken, sich auf keinen Fall selbst aufzugeben. Hier fällt mir ein Schwerstverwundeter ein, ein junger Leutnant aus Düsseldorf. Er hatte Bauch- und Lungendurchschüsse erlitten und war operiert worden. Die Ärzte hatten ihn aufgegeben, er selbst wußte zumindest, daß sein Zustand höchst bedenklich war. Ich bereitete ihn auf den Empfang der Sakramente vor. Wir beide machten einander nichts vor. Wir einigten uns auf den Gedanken: Gott hat gewiß jetzt das Seine getan. Darauf verlassen wir uns felsenfest. Ganz sicher ist: Was auch geschieht, wir werden immer nur in Gottes Hände fallen. Halten wir uns an die Glaubensgewißheit des Aussätzigen im Evangelium, der zu unserem Herrn sagte: „Herr, wenn du willst, kannst du mich gesund machen." Ob Gott will, wissen wir nicht, daß er kann, daran zweifeln wir keine Sekunde. Der junge Offizier blieb bei seinem unbändigen Willen zum Leben. Solange er bei uns war, schienen seine Überlebenschancen zu wachsen. Zur Leiderfahrung im Lazarett gehörte es, daß wir unsere „Zelte" abbrechen und weiter nach vorne rücken mußten, der Front nach. Unsere Verwundeten und Kranken wurden „nach hinten" abtransportiert. Wie gerne hätte ich, hätten die Ärzte gewußt, was aus dem jungen Leutnant geworden ist!

Mir war bewußt, daß zu jedem Sakramentenempfang das gläubige Ja-Sagen aus dem Glauben gehört, das Vertrauen auf die Gültigkeit und das Inkrafttreten dessen, was das äußere Zeichen aussagt und verspricht. Torheiten meinerseits waren deshalb aber nicht ausgeschlossen: Vor mir hatte ich einmal einen Brocken von Mann, kräftig genug, um Bäume auszureißen. Die Ärzte waren der Meinung: mittelschwere Verwundung. Der arme Kerl war in den Nahkreis einer explodierenden Sprenggranate geraten, die nach dem Aufschlagen zu unzähligen Eisensplittern zerbarst. Der Kamerad hatte so ziemlich am ganzen Körper Splitter abbekommen, von denen aber nicht einer lebensbedrohlich war. Man hatte ihn bereits operiert, der Splitter waren aber zu viele, als daß man alle hätte entfernen können. Er mußte deshalb ziemlich starke Schmerzen erleiden. Ich nannte ihn gerade einen Brocken von Mann. Als ich ihn näher kennenlernte, wurde mir sehr bald klar, daß er kein Brocken, sondern höchstens ein „Bröckchen“ war, wehleidig und nicht sehr robust. Er war Katholik. Als ich mit ihm über den Sakramentenempfang sprach, wurde er kalkweiß. Die letzte Ölung schien für ihn die Aufforderung zu sein, Ja zu sagen zum unausweichlichen Sterben. Vergeblich versuchte ich ihm klarzumachen, daß Gott der Herr es nicht nötig hat, ein Sakrament zu erfinden, um einen Menschen umzubringen. Hier wurde mal wieder die Krankensalbung als Giftspritze Gottes angesehen. Meine Versuche, ihn umzustimmen, versandeten kläglich; ich durfte gar nicht mehr davon anfangen. Mir tat der arme Teufel wirklich leid, zumal ich befürchtete, er trage selber tüchtig dazu bei, daß seine Überlebenschancen immer kleiner wurden. Hier „der Brocken“, von Angst besessen und ohne den Mut, seine Lebens-Chance zu ergreifen, dort der junge Offizier, schier zu Tode getroffen, der keinen Augenblick daran dachte aufzugeben. Damals beging ich also eine der Torheiten meines Lebens. Der schlechte Ratgeber war mein Mitleid mit dem ängstlichen Kameraden. Als ich ihn einmal schlafend vorfand, habe ich ihm die Heilige Ölung gespendet, weil er doch nicht grundsätzlich gegen die Sakramente war. Eigentlich widersprach das meinen Prinzipien völlig: Als ob Gott unbedingt ein Sakrament nötig habe, um einen Menschen in sein Reich heimzuholen! Unmittelbar nach meinem Tun war mir schon klar, welchen Fehler ich da begangen hatte! Getröstet hat mich der Gedanke, daß es dem Verwundeten nicht hat schaden können, und für mich hoffte ich wieder einmal auf ein Lächeln Gottes über meine gutgemeinte Torheit. Es sei noch berichtet, daß dieser „mittelschwer Verwundete, nicht in Lebensgefahr“ bei uns im Lazarett starb.

Die Monate unseres Einsatzes in der Ukraine verflogen wie im Winde, der Herbst neigte sich dem Ende zu, die Vorboten eines eisigen Winters meldeten sich. Die 6. Armee war über Charkow hinaus nach Osten vorgedrungen. Unser Lazarett befand sich wieder in Frontnähe. Vorläufige Winterendstation war Bjelgorod, etwa 50 Kilometer nordöstlich von Charkow. In diesem Lager fror die 6. Armee für Monate ein. Zu dieser Zeit tobte vor Moskau ein erbitterter Eis- und Schneekampf.

Im Ort wimmelte es von Soldaten. Wenn meine Erinnerung mich nicht täuscht, lagen hier vier oder gar fünf Divisionsstäbe, das heißt, die gesamten Führungskräfte dieser Divisionen. Das Gelände war hügelig. Auf fünf der den Ort umgebenden Bergkuppen lag je eine Batterie der Flakabteilung I/37. Vier der fünf Einheiten hatten die schweren Geschütze mit den 8,8 cm-Geschossen, die fünfte hatte die leichten 2,2 cm-Geschosse. Diese Flakabteilung war zum Schutz der Divisionsstäbe bestellt. Die Front verlief etliche Kilometer weiter östlich. Große Kampfhandlungen fanden bei uns in diesem Winter nicht statt. Es blieb bei Spähtrupp-Unternehmen und kleineren Scharmützeln. Die Divisionen benutzten den Ort sozusagen als Naherholungsort. Sie schickten aus den Stellungen einen Teil der Männer in die Stadt zum Pausieren und Atemholen. In dieser Zeit war unser Lazarett nie überfüllt, ein Segen für das Sanitätspersonal und uns Pfarrer. Endlich hatten wir Zeit und Ruhe, uns um unsere Patienten besser zu kümmern.

Flakabteilungen waren Einheiten, die zur Luftwaffe gehörten. Im Unterschied zur Wehrmacht und zur Flotte hatte die Luftwaffe keine Kriegs- oder Wehrmachtspfarrer. Eines Tages erschienen bei mir die Pfarrer der Divisionen, deren Stäbe in Bjelgorod lagen, und fragten, ob ich nicht bereit wäre, im Ort eine Art Standort-Gottesdienst einzurichten, so daß sie bei ihrer Truppe bleiben könnten, wo sie doch hingehörten. Weil ich vermutete, daß diese neue Arbeit mich nicht wesentlich in meinem Lazarettdienst beeinflussen würde, sagte ich zu. Der Ort, an dem der sonntägliche Gottesdienst abgehalten werden sollte, war ein großer ehemaliger Kinosaal, der leider nicht beheizbar war. Soldaten meldeten sich als Meßdiener. Die Gottesdienste waren schon bald nicht mehr aus dem Ort wegzudenken und wurden recht gut besucht. Wie staunte ich, als eines Sonntags ein ansehnlicher Zug einer der Flakbatterien geschlossen zum Gottesdienst kam, angeführt von dem jungen Oberleutnant Alois Wetz und seinem Batterieleutnant Otto Kircher, die beide überzeugte Katholiken waren. Schätzungsweise ein Drittel der Batterie war katholisch. Es fehlte wohl kein Mann bei der Heiligen Messe. Wie manches Mal hatte ich das schon erlebt! Da trat ein bei der Truppe beliebter Chef vor die Männer seiner Einheit und sprach sie so oder ähnlich an: „Wir haben die Gelegenheit, einen katholischen Gottesdienst zu besuchen. Ich bin Katholik und halte es für sinnvoll, in dieser schweren Zeit dorthin zu gehen. Meine katholischen Kameraden fordere ich auf, doch mitzukommen. Natürlich ist das kein Befehl.“ Solcher Aufforderung folgten dann meist alle, gewiß aber die weitaus meisten. Sprach ein anderer Einheitschef aber etwa so: „Da ist ein katholischer Gottesdienst angesagt.– Naja, wer meint, da hingehen zu sollen, der kann das meinetwegen tun.“, so genügte das, um die Mehrheit abzuschrecken. Die wenigen, die dann doch zum Gottesdienst gingen, waren „die kleine Herde“ der wirklich überzeugten, gläubigen Katholiken, denen Gott mehr wert war als eine menschliche Autorität.

Bei den Gottesdiensten war immer auch „die Mutter der Kompanie“ anwesend, der Hauptfeldwebel. Bei der Flak hieß dieser Dienstgrad Hauptwachtmeister. Dieser, Willi Egerndorfer, stammte aus dem großen bayerischen Wallfahrtsort Altötting. Wie hätte ich damals ahnen können, daß diese drei Männer, der Chef Alois Wetz, sein Batterieoffizier Otto Kircher und der Hauptwachtmeister Willi Egerndorfer, jahrzehntelang mein Leben begleiten würden und ich ihres! Wetz, gebürtiger Karlsruher, und der Hauptwachtmeister Egerndorfer leben noch, bis heute sind wir untrennbar verbunden; der damalige Batterieoffizier Kircher starb im März 1984.

Alois Wetz war noch jung, 24 Jahre alt, recht gut aussehend, begeisterter Soldat, nicht die Spur Nationalsozialist, die Offiziersmütze gekonnt und schnittig aufgesetzt und, wie ich mehr und mehr herausbekam, bei seinen Männern beliebt und angenommen. Wir verstanden uns und mochten uns vom ersten Augenblick an. Jede mögliche Hilfe bot er mir an. Ich solle meine Wünsche ruhig dem Hauptwachtmeister Egerndorfer sagen, den er offensichtlich sehr schätzte. Der schaffte zum Beispiel sehr bald ein großes Holzkreuz heran, das in der Batterie angefertigt worden war, und half in jeder Weise mit, daß der kahle Kinosaal als Gottesdienstraum ansehnlich wurde. Willi Egerndorfer war für mich der „Urbajuware“, etwa 1 Meter 70 groß, breit wie ein Gewichtheber, absolut vertrauenswürdig, ganz einfach: ein Prachtkerl, ein toller Kamerad, soldatisch wie menschlich ein Vorbild für seine Einheit, eine wirkliche „Mutter der Kompanie“. In diesem Winter wuchs das Kameradschaftsverhältnis zwischen dem Oberarzt Remé, dem Batteriechef Wetz, dem Hauptwachtmeister Egerndorfer und mir immer enger zusammen. Der Chef der Flak besichtigte unser Lazarett. Er war tief beeindruckt von dem, was er da zu sehen bekam. Ab und zu besuchten wir zwei vom Lazarett auch mal die Stellungen der 3. Batterie.

Die Russen wußten um die Bedeutung des Städtchens mit seinen Divisionsstäben, wußten um seine Bedeutung für den Nachschub, seine Munitionslager. In den Monaten, in denen wir dort waren, flog die russische Luftwaffe viele Angriffe auf Bjelgorod. Ihre Maschinen waren damals noch ziemlich primitiv. Fast immer flog der Typ von Flugzeugen, die wir „die Nähmaschinen" nannten. Ihre Motoren machten ein Geräusch, das dem Surren einer Nähmaschine ähnelte und so ganz und gar nicht bedrohlich klang. Hin und wieder hatten die Russen Erfolg. Ich erinnere mich, daß sie einmal eines der Munitionslager trafen, das mit einem unheimlichen Krach in die Luft flog. Für die Flak gab es bei diesen Anflügen immer Arbeit. Bei einem solchen Angriff war ich gerade zu Besuch bei der 3. Batterie. Eine der „Nähmaschinen" wurde getroffen und trudelte in der Nähe ins Gelände ab. Der Pilot war nur leicht verletzt, und heute noch meine ich, sein wütendes, feindseliges Gesicht vor mir zu sehen. Er wurde gefangengenommen und wird sich gewundert haben, wie gut er von den verhaßten Deutschen behandelt wurde.

An hohen Festtagen bot ich allen meinen katholischen Kameraden den Empfang der Sakramente an. Eine Vielzahl nahm mein Angebot an. Vor Weihnachten 1941 besuchte ich ein Zimmer, in dem acht mittelschwer Verwundete lagen, bei denen keine unmittelbare Todesgefahr bestand. Bis dahin sollten meine Besuche bei den Kameraden eher eine menschliche Beziehung schaffen, sie waren auf dem Wege, Vertrauen zu wecken. Es schien mir gelungen zu sein. Ich wußte nicht, wer von den Männern katholisch war. Bei diesem Besuch stellte ich nun die Frage: „Wer von Ihnen ist denn katholisch?" Links von dem Mittelgang, in dem ich stand, waren alle katholisch, die anderen vier andersgläubig. Bei den vergangenen Besuchen hatten wir viel gelacht, so mancherlei Erlebnisse waren erzählt worden. Nach der heutigen Begrüßung wurde ich ernster. „Weihnachten steht vor der Tür. Zu solch hohen Feiertagen empfangen viele Katholiken die Sakramente." Eine kurze Erklärung für alle acht folgte, was das bei uns bedeutete: Empfang der Sakramente der Beichte und der Kommunion. Auf die Frage, wer von den Katholiken dazu bereit sei, meldeten sich alle vier. Wir verabredeten einen Termin. Dann bat ich die vier anderen um Verständnis, daß dieser Besuch dann nicht wie jeder andere sei. Ich wünschte mir ein bißchen Ruhe dabei. Wegen des Beichtgeheimnisses machte mir Sorge, daß die Betten relativ nahe beieinander standen. „Spanische Wände", die hätten abschirmen können, gab es nicht.

Als ich zur verabredeten Stunde das Zimmer betrat, wurde es still. Ich setzte mich auf den Bettrand des ersten Kameraden. Ich hatte gerade den Eingangssegen des Bußsakramentes gesprochen, da begann auf der anderen Seite des Ganges ein

Mann mit einer wunderschönen Tenorstimme das Ave Maria von Bach/Gounod zu singen, was mir das Beichthören wesentlich erleichterte. Dieses Ave Maria hatte ich bis dahin bei allen möglichen und unmöglichen Gelegenheiten singen hören, von guten und auch von ungeeigneten Sängern und Sängerinnen, die einem das Stück geradezu vergällt hatten. Bei dieser Gelegenheit, von einer so schönen Stimme gesungen, verwandelte die Musik das Zimmer in eine Kapelle. Es herrschte eine große Stille, niemand schien sich eine Bewegung zuzutrauen. Ich war noch nicht zu Ende mit der Sakramentenspendung, als der Text einmal gesungen war. Es trat eine kurze Stille ein, und dann begann mein verwundeter Helfer, noch einmal die Melodie zu summen. Als ich mit dem Beichthören fertig war, ging ich zum Bett des Sängers und bedankte mich herzlich. Bei dieser Gelegenheit erfuhr ich, daß er ein junger Operntenor war, was keiner von uns gewußt hatte. In dem Augenblick, als ich das Zimmer betrat, sei ihm auf einmal der Gedanke gekommen, daß er mir durch sein Singen vielleicht helfen und die Aufmerksamkeit aller Kameraden auf das Lied lenken könne. Das war ihm allerdings vortrefflich gelungen! Ich bin überzeugt, daß keiner von uns dieses Erlebnis je vergessen hat.

Der weitaus größte Teil unserer Verwundeten kam von der Front, aber daneben versorgten wir auch etliche Soldaten, die bei Fliegerangriffen verletzt worden waren. Meine Arbeit als Pfarrer konnte ich jetzt viel intensiver tun, weil in der ganzen Zeit die Zahl der Verwundeten und Kranken immer überschaubar blieb. Ich entdeckte immer wieder, wie bunt, wie verschieden, auch wie unberechenbar doch die Menschen sind, die Gottes irdische Schöpfung bewohnen. Von neuem ging mir auf, daß der Mensch ein Individuum ist, ein Einzelwesen in seiner Besonderheit und Einzigartigkeit. Hier gibt es keine Duplikate. Solche Einsichten machen bescheidener, rücksichtsvoller, bewahren vor schneller Be- oder gar Verurteilung. Meine Erfahrungen bestärkten meine Lebensrichtung: Suche als Priester zuerst den Menschen im Menschen zu finden. Versuche, hinter die Masken zu schauen, die der Mensch trägt. Für mich war die Bjelgoroder Zeit sehr segensreich. Als Standortpfarrer bescherten die Sonntagsgottesdienste mir das, was ein Pfarrer braucht: eine Gemeinde, die bereit ist, die frohe Botschaft von Gottes Liebe zu hören und zu verstehen – auch in einem Krieg. Die Männer hatten an der Front gelernt, wie schutzlos man sich in aussichtslosen Situationen vorkommt, und so manche hatten sich aufgemacht, ein neues Vertrauen zu finden zu dem Gott, der alle und alles in seinen Händen hält.

Die Monate gingen schnell vorüber. Wir gerieten in unserem Abschnitt nur im Oktober 1941 noch einmal in ernste Schwierigkeiten. Die Russen versuchten mit massiven Panzerkräften, Charkow zurückzuerobern. In erbitterten, schweren, auf beiden Seiten verlustreichen Kämpfen gelang es, die Stadt zu halten. Unser Lazarett begann sich wieder zu füllen. Ich erinnere mich an einen jungen deutschstämmigen Russen, der als Freiwilliger in die deutsche Wehrmacht eingetreten war. Seine Verwundung war ziemlich schwer. Wir beide konnten uns ganz ordentlich in Deutsch verständigen. Dabei erfuhr ich, daß seine Eltern auf einer russischen Kolchose arbeiteten. Aus Angst vor der strengen, kämpferisch atheistischen Leitung dieses Betriebes hatten diese armen Menschen nicht gewagt, jemals mit ihren Kindern von Gott zu sprechen, von seinem Sohn Jesus Christus oder gar von der göttlichen Dreifaltigkeit. Dies erfuhr ich von dem jungen Russen selbst, als ich mit ihm über die Gefährlichkeit seiner Verletzung sprach. Es sei an der Zeit, sich klarzumachen, was denn zu tun sei, wenn der Abruf von dieser Welt durch Gott wirklich bevorstünde. Der arme Kerl schaute mich völlig verständnislos an. Dann stammelte er: „Was ist das, ‚Gott'?" Er hatte in seinem jungen Leben nicht einmal dieses Wort zu hören bekommen! Mein Glaubens-Kurzgespräch versuchte ihm zu erklären, daß dieser unbekannte Gott gewollt habe, daß er ein Mensch, Sohn seiner Eltern würde, daß Gott eigens seinen Sohn als Mensch in die Welt geschickt habe, damit wir seine Liebe glaubten. Tief erschüttert sagte dieser arme Junge: „Ich bin wie ein Stück Vieh großgeworden." Es schien mir, daß das Samenkorn Gottes hier weder auf steinigen Grund noch unter die Dornen gefallen war, sondern auf einen Acker, der bereit war, es aufzunehmen und Frucht zu bringen.

Bei aller Freude, die ich im priesterlichen Dienst auch bei der Wehrmacht im Rußlandfeldzug erfahren habe, ein Schmerz blieb immer: Wenn man glaubte, Ansatzpunkte zu sehen für ein neues „Unterwegs" eines Menschen zu Gott, dann hörte die Wegbegleitung für den Priester auf. Der Abtransport „nach hinten", näher zur Heimat, trennte uns. Was mag aus den vielen geworden sein? Haben sie wirklich die Sinnerfüllung gefunden, die, wie auch immer, tragfähig macht für alles Leben?

Im Frühjahr 1942 versuchten die Russen erneut, Charkow zurückzugewinnen. Wieder endete die große Schlacht nach schweren Kämpfen mit dem Rückzug der Russen. Wieder war das Lazarett voll belegt. Die Ärzte und wir Pfarrer hatten alle Hände voll zu tun. In diese Zeit fiel auch ein nettes, menschlich-persönliches Zwischenspiel: Eines Tages kreuzte bei mir Hauptwachtmeister Willi Egerndorfer auf. Er verkündete mir, daß sein Geburtstag vor der Tür stehe und mit dem ganzen Unteroffizierskorps groß gefeiert werde. Auch die russischen Mädchen, die in der Batterie arbeiteten, seien eingeladen. Er würde sich freuen, wenn ich auch käme. So gut das gemeint war, ich mußte ihm erklären, daß ich durch mein Erscheinen sein Fest stören würde. Die ganze Gesellschaft wäre gehemmt: „Ein Pfarrer in unserer Runde!“ Seine Kameraden würden nicht mehr genau wissen, ob sie dann noch fröhlich sein dürften. So zog Egerndorfer wieder ab, die Enttäuschung war ihm anzusehen. An dem Geburtstag ging ich gegen 22 Uhr zu Bett. Kaum lag ich, da donnerte es geradezu an meine Tür. Herein trat mein Hauptwachtmeister, machte eine zackige Ehrenbezeigung und meldete: „Herr Kriegspfarrer, die Stimmung bei meinem Fest ist so großartig, daß ich meinen Kameraden gesagt habe: ‚Jetzt fahre ich ins Städtchen und hole als Ehrengast unseren Pfarrer.‘“ Die Kameraden kannten mich wohl alle. Sie hätten jubelnd zugestimmt. Er muß mein Lächeln über so viel Hartnäkkigkeit bemerkt haben und, ehe ich mich versah, hatte er mich samt Wolldecke aus dem Lager gehoben und auf die Füße gestellt. Ich sehe noch heute sein erschrockenes Gesicht vor mir, als er sich des „unglaublichen Vorgehens“ bewußt wurde, das er damit an dem Pfarrer, der im militärischen Rang als Stabsoffizier sozusagen „turmhoch“ über ihm stand, begangen hatte. Als er aber mein Lachen sah, begann auch er, über seine „Untat“ zu lachen. Was blieb mir da übrig? Ich zog meine Uniform an und fuhr mit ihm hinauf zur Batteriestellung. Der Abend wurde auch für mich ein fröhliches Fest. Angeheitert waren zwar alle, aber keiner war richtig betrunken. Trotz der miteingeladenen russischen Mädchen und Frauen gab es keine Ausschweifungen. Da wurde mal ab und an ein bißchen umarmt, aber sichtlich freundschaftlicher Art. Ich gewann den Eindruck: Dieser Willi Egerndorfer hat seine Unteroffiziere auch bei solchen Gelegenheiten fest im Griff. Für mich war es fast wie eine rheinische Feier nach dem Motto: „Wir haben Spaß an der Freud'!“, obwohl kein einziger Rheinländer in dieser Einheit war. Das Fest dauerte bis morgens früh. Es war ein Erlebnis der „anderen Art“, die es beim „Kommiß“ eben auch gab.

Im Frühjahr 1942 erhielt ich meinen Heimaturlaub, den ersten und letzten während des Rußlandfeldzuges. Meinen Eltern teilte ich nicht den genauen Tag meiner Ankunft mit. Ich wußte, wie groß die Freude in der Familie sein würde, aber wieviel Unruhe würde entstehen, wenn aus irgendwelchen Gründen das angekündigte Datum von mir nicht eingehalten werden könnte! Diese Verschwiegenheit entpuppte sich als eine gütige Fügung. Wie habe ich an göttliche Vorsehung glauben gelernt! Als ich am Kölner Hauptbahnhof ankam, heulten die Alarmsirenen los. Köln war schon oft bombardiert worden, aber an diesem Pfingsttag rollte zum ersten Mal eine Angriffswelle nach der anderen mit 1.000 englischen und amerikanischen Bombern auf Köln zu. Der erste Großangriff dieser Art auf Köln überhaupt. Was tut man als Soldat von der Front, der mit seinem Koffer in einem Großbahnhof steht, wenn die Sirenen losheulen? Im nächsten Augenblick verwandelte sich das Bahnhofsgelände in einen Hexenkessel. Es gab hier einen „echten", großen, bombensicheren Bunker, der sich im Handumdrehen füllte, und einen zweiten, mehr provisorischen im Kellerraum des Bahnhofs, in den zu normalen Zeiten per Aufzug Großgepäck von den Bahnsteigen gebracht wurde. Dieser Raum war zwar ausgebaut worden, blieb aber ein Behelfsbunker. Zuerst stand ich ziemlich ratlos herum, bis mich ein Beamter in diesen zweiten Bunker schickte. Der „Bessere" war schon übervoll, unserer füllte sich dann auch noch gänzlich. In unaufhörlichen Wellen, so schien es uns, flogen die Bomber heran. Einwandfrei war das näherkommende Geräusch der Motoren zu hören. Dazwischen grölte der Krach der explodierenden Flakgranaten. Es hörte und hörte nicht auf. Bei den Einschlägen der Bomben erzitterten unsere Kellerwände. Irgend etwas schlug auf dem Bahnsteig ein, der über uns lag. Alles schien zu wanken, unser Notlicht ging aus, Geschrei und Hilferufe ohne Ende. Neben mir kauerte schreckensbleich eine Luftwaffenhelferin in Uniform. Im Augenblick des Aufschlags der Bombe, die mit einem furchtbaren Krachen oben auf dem Bahnsteig explodierte, hängte sie sich mir buchstäblich an den Hals und weinte wie ein Kind. Was blieb mir anderes übrig, als sie festzuhalten und beruhigend ihren Rücken zu streicheln. Im Grunde war bei uns nichts weiter passiert. Ein Kölner Bahnbeamter rettete die Situation, indem er in echt Kölscher Sprache in den Tumult hineinrief (ins Hochdeutsche übersetzt): „Liebe Leute, jetzt braucht ihr keine Angst mehr zu haben. Wir haben es überstanden, denn auf dieselbe Stelle schlägt nun bestimmt keine Bombe mehr ein." War es die gelassene Stimme oder das vertraute „Kölsch" des Beamten? Jedenfalls trat überraschend schnell wieder Ruhe ein. Die Luftwaffenhelferin löste sich von mir und stotterte ein paar Entschuldigungsworte. Die Flugzeugwellen und damit das Krachen der einschlagenden Bomben hielten noch eine ganze Weile an. Dann trat endlich Ruhe ein, und es gab Entwarnung. Wir waren noch einmal davongekommen!

Der Hauptbahnhof brannte an vielen Stellen. Engländer und Amerikaner hatten neben Bomben, zum Teil schwersten Kalibers, auch gebündelte Phosphorgranaten abgeladen. Überall loderten die Feuer. Sämtliche Stellwerke standen in Flammen. An eine Weiterfahrt mit der Eisenbahn war nicht mehr zu denken. Immer an meiner Seite hielt sich die Luftwaffenhelferin. Sie teilte mir mit, daß sie nach Bonn in Urlaub fahren wolle. Sie war völlig entnervt und entscheidungsunfähig. Es war ein Glück für das arme Kind, daß ich in dieselbe Richtung wollte, in meinen Heimatort Bad Godesberg, und sie mitnehmen konnte. Wie aber sollten wir nun dahin kommen? Endlich fanden wir eine Möglichkeit. Ein Beamter riet uns: „Pilgern Sie doch nach Rodenkirchen. Ich könnte mir denken, daß die Rheinuferbahn (eine elektrische Bahn von Godesberg nach Köln) bis dahin fahren kann. Von dort bis hierher ist es aussichtslos. Gleise und Oberleitungen sind völlig zerstört. Zum Glück für Sie beide hat diese Elektrische zwei Stromlieferanten. Der eine ist in Köln wohl unbrauchbar geworden, der andere aber ist in Bonn. Soweit ich weiß, ist da nichts passiert. Versuchen Sie Ihr Glück!" Vor dem Bahnhof gab es ein großes Geschrei: „Der Dom brennt!" Zum Glück erwies sich das als ein Irrtum. Getroffen war die Dombauhütte, die vom Bahnhof aus gesehen unmittelbar hinter dem Dom lag. Die freilich brannte lichterloh, und die Flammen stiegen höher als der Dachstuhl des Domes.

Wir zwei machten uns also auf den Weg nach Rodenkirchen. Die Kölner Rheinuferstraße war ein einziges Chaos: Zum Teil riesige Bombentrichter, die wunderschöne Häuserfront von Alt-Köln, der Stolz der Stadt, brannte zum großen Teil. Da fuhr man mit Kippwägelchen gerettetes Eigentum in Sicherheit, dort warfen Menschen Bettzeug aus den Fenstern – kurz gesagt: Es war zum Weinen. Krieg scheint die immerwährende Selbstgeißelung der Menschheit zu sein. Die oft am meisten Betroffenen sind die, die am wenigsten Verantwortung tragen für das Kriegsgeschehen. Meine Begleiterin ging wie eine

Traumwandlerin neben mir her. Sie war nicht mehr fähig, das alles wach zu erleben. Sie reiste mit zwei ziemlich schweren Koffern, die sie, kraftlos, wie sie war, nicht tragen konnte. So hing ich meinen Koffer an einem Riemen über die Schulter und nahm ihre beiden Koffer in die Hände. Der gute Mann in Köln hatte recht gehabt. Die Elektrische fuhr bis Rodenkirchen. Schon bald rollten wir unserer Heimat zu. Das Mädchen stieg in Bonn aus. Der Schock saß ihr noch immer in den Knochen. Eine zufällige Begegnung zweier Menschen. Ich war ungefähr doppelt so alt wie sie; vielleicht lebt sie noch, vielleicht hat dieses Erlebnis sie nicht zerstört, sondern reicher gemacht. Ich wünsche es ihr so sehr!

Dann kam meine Endstation. Das Nachhausekommen ist der Wunschtraum eines jeden, der irgendwie gezwungen ist, „draußen“ zu leben und dort gelernt hat, was es heißt, ein Zuhause gehabt zu haben. Ich war glücklich, daß ich den genauen Ankunftstag meines Urlaubs nicht gemeldet hatte. Jetzt war die Freude meiner Eltern und Geschwister um so größer. Natürlich wußten sie von dem Inferno in Köln, konnten aber nicht ahnen, daß ich es selbst erlebt hatte. In Meldungen aus Köln hieß es, die Zahl der Toten und Verletzten sei geringer als befürchtet. Die Feuer hätten schnell gelöscht werden können. Der Schaden an Häusern und Gebäuden sei zwar groß, aber man beginne sofort mit den Aufräumarbeiten. Im großen und ganzen wird das wohl der Wahrheit entsprochen haben. Trotzdem, wie grausam sind solche nüchternen Nachrichten! Sie erzählen nicht vom Leid und Kummer der Betroffenen, von dem Elend der Familien, bei denen es Tote und Verletzte gab, nicht von zerbrochenen Träumen und zerschlagenen Hoffnungen, nicht von erlittenen Schocks und den Schäden an Geist und Seele. Aber auch das gehört zur Wahrheit! Dieser Angriff war erst der Anfang. Im Laufe der nächsten Jahre verwandelte sich Köln in einen einzigen Trümmerhaufen. Auch der Dom blieb nicht unbeschädigt. Der schwerste Treffer einer Bombe oder eines Lufttorpedos riß ein kapitales Loch in den Nordturm, der vermutlich im Laufe der Jahre eingestürzt wäre. Verhindert hat das ein beherzter Pionieroffizier, der gegen einen Befehl das Loch mit Ziegelsteinen wieder schließen ließ. Heute, 1991, bemüht sich Herr Dombaumeister Prof.Dr. Arnold Wolff um eine noch bessere Absicherung des Nordturms.

Der Ur-Kölner hat einen nicht umzubringenden Humor. Noch während meines Urlaubs hatten die „Davongekommenen" den Kopf wieder oben. Belegen sollen das zwei Witze, die um diese Zeit kursierten. Zur Vorgeschichte: Luftmarschall Göring hatte Anfang des Krieges getönt: „Ich will Meier heißen, wenn auch nur ein einziges Flugzeug über Deutschland Bomben abwirft." Er erwartete geradezu Wunder von den deutschen Flugzeugen und der starken Flak, der Flugabwehr. Letztere hatte ich im Kölner Bahnhofsbunker ja laut genug bellen gehört. Gewiß hat sie damals Flugzeuge abschossen, aber weder sie noch unsere Nachtjäger konnten der englischen Luftwaffe je deren große Erfolge streitig machen. Die Kölner erzählten sich also folgendes: Die Kölner Typen schlechthin, Tünnes und Schäl, begegnen sich auf einer Kölner Trümmerstraße, kurze Zeit nach dem verheerenden Fliegerangriff. Sie begrüßen sich fröhlich wie immer. Im Laufe des Gesprächs sagt Tünnes zu Schäl in breitestem Kölsch, hier „übersetzt": „Schäl, jetzt können wir ja den dicken Göring ‚Herr Meier' nennen! Das kann uns doch keiner verwehren." Fatalerweise wird diese Bemerkung von einem Nazispitzel aufgeschnappt. Tünnes wird von der Gestapo verhaftet und zum Tode verurteilt. Der Grund: Verächtlichmachung des Nationalsozialismus. Er darf einen letzten Wunsch äußern. Da sagt er: „Ich wünsche, von der Flak erschossen zu werden." Dann wird die Geschichte hochdramatisch. Die Flaksoldaten entblößen seinen Oberkörper und stellen ihn an eine Wand. Drei Tage schießen sie auf ihn – vergeblich, alles geht vorbei. Schließlich stirbt Tünnes an Lungenentzündung.

Eine andere Geschichte aus derselben Zeit macht den Spott noch deutlicher. Da treffen sich die beiden am Tag nach der Bombennacht. Tünnes fragt den Schäl: „Kannst du ‚daneben' steigern?" Darauf der Gefragte: „Was ist das, was heißt das: ‚steigern'?" Also belehrt ihn Tünnes: „Steigern, das kannst du auch. Zum Beispiel: schön, schöner, am schönsten. Verstehst du nun?" „Aha," sagt Schäl, „das kann ich auch." „Dann mal los! Steigere das Wort ‚daneben'!" Schäl darauf: „Das Wort kann man nicht steigern!" Triumphierend sagt Tünnes: „Ich kann es aber! Daneben, total daneben – Flak." Nicht jeder wird den Kölner Humor verstehen. Wohnt man in dieser Stadt, erlebt man aber immer wieder, welche Überlebenskünstler die Kölner sind.

Nun aber wieder zurück zu meinem Heimaturlaub. Es wurde eine Traum-Zeit. Auch der Krieg schien Urlaub zu haben, fast schien es, als ob die Gegner miteinander eine kurze Atempause

Im Juli 1942 in Bjelogorad

vereinbart hätten. Die Eltern waren glücklich, „ihren Jungen" mal wieder bei sich zu haben. Die Besuche bei meinen Geschwistern gerieten jedesmal zu einem Fest. Der Onkel Pastor in Uniform wurde zu einer besonderen Attraktion für meine Nichten und Neffen. In den drei Familien meiner Geschwister herrschte trotz des Krieges eine relativ heile, ungetrübte Welt. Vier von uns waren nicht verheiratet. Die paar Wochen flogen im Eiltempo vorüber. Viel zu schnell war die Zeit vergangen, als ich im Hauptbahnhof vor dem Militärzug stand, der mich nach Rußland bringen sollte. Hier kam es wieder zu einer dieser merkwürdigen Begebenheiten, die lebenslang unvergeßlich bleiben. Ich hatte mich auf dem Bahnsteig von meinen Eltern verabschiedet, war eingestiegen, hatte mein Gepäck versorgt und stand am geöffneten Fenster. Der Zug fuhr an. Meine Mutter machte einen Schritt zu mir hin. Sie sprach leise, als wäre es nur für sie selbst bestimmt, nicht aber für mich: „Komm wieder, Junge!" In diesem Augenblick kam sie mir vor wie eine Visionärin. Sie „wußte" gleichsam etwas, was sie erschreckte. Der Leser mag denken, was er will. Ich glaube weder an Spuk noch an Gespenster, noch an Hellseherei oder anderen Hokuspokus. Aber ich glaube aus Erfahrung, daß es Dinge zwischen Himmel und Erde gibt, die zwar „sind", aber die man nicht erklären kann. Ich wußte in jenem Augenblick ganz nüchtern und klar, ich rollte irgendeinem Unabwendbaren entgegen und das hieß: schwere Verwundung, Gefangenschaft oder Tod. Hatte ich nicht ähnlich Unerklärliches bei jener Innsbrucker Bergtour erlebt, bei der unsere Dreier-Seilschaft in höchste Lebensgefahr geraten war? Meine Mutter hatte das in jener Nachtstunde genau „gewußt" – 700 Kilometer entfernt! Der Gedanke an solche Erlebnisse hat mich nicht mehr verlassen.

Als ich an meinem Standort ankam, war dort so manches anders geworden. Der große Aufbruch hatte stattgefunden, die VI. Armee begann mit dem Vormarsch auf Stalingrad. Die Flakabteilung war von den Hügeln verschwunden, die Divisionsstäbe waren unterwegs zu ihren Einheiten. Bjelgorod wurde relativ schnell zur Etappe. Unser Lazarett aber bekam zu spüren, daß die russischen Truppen erheblichen Widerstand leisteten. In diesen Sommermonaten kam es wieder zu zahlreichen Überstunden für unsere Ärzte, das gesamte Sanitätspersonal und natürlich auch für uns Pfarrer. Wiederholt waren bis an die 1.000 Verwundete und Kranke zu versorgen. Erneut bewährte sich meine Zusammenarbeit mit Dr. Remé und den Ärzten. In dieser Zeit erschien wiederum ein Bote des katholischen Armeepfarrers: „Sie sind versetzt zu einer Infanteriedivision im Raum Stalingrad.“ Auch diesmal verbot mir mein Gewissen, diesem Befehl Folge zu leisten. Ich beging also abermals eine Befehlsverweigerung. Wäre unser Armeepfarrer ein „Nazi“ gewesen, hätte das für mich sehr schlecht ausgehen können. Auch heute noch halte ich das Ansehen dieses prächtigen Priesters hoch, der zweifelsohne selbst ein großes Risiko einging, indem er meinen Fall „unter den Tisch kehrte“. Ich bedaure sehr, daß mir sein Name völlig entfallen ist. Wie gerne hätte ich ihm nach der Heimkehr gedankt!

Diese Monate haben dem gesamten Sanitätspersonal ein fast übermenschliches Maß an Einsatz abgefordert. Einen Fall möchte ich nicht unerwähnt lassen, der etwas über die Hochherzigkeit des Dr. Remé aussagt. Die Tagesarbeit war erst in der Nacht zu Ende gegangen. Wir waren alle völlig erschöpft. Vor dem Lazarettgelände schnappte ich ein wenig frische Luft. Da näherte sich ein Wägelchen. Als Pferd und Wagen herangekommen waren, erkannte ich einen russischen Bauern an seinem mächtigen Bart und dem typisch russischen Bauernkittel. Aufgeregt machte er mich auf seinen Wagen aufmerksam. Da lag auf einem großen Strohbündel ein Mädchen von etwa zwölf Jahren, wohl seine Enkelin. Sie hatte um den Leib einen blutdurchtränkten Wickel. Der arme Mann stammelte nur immer wieder: „Doktor, Doktor!“ Ich versuchte, ihn zu beruhigen, zeigte auf das Lazarett und bedeutete ihm, ich wolle einen Arzt suchen. Ich wußte: Wenn einer nach diesem Tagesstreß noch bereit sein würde zu helfen, dann nur unser Chirurg Dr. Remé. Tatsächlich erklärte er sich bereit, sich das Kind wenigstens einmal anzusehen. Die Wickel wurden entfernt. Es stellte sich heraus, daß das Kind sich eine schwere Unterleibsverletzung zugezogen hatte, weil es mit einem Sprengkörper gespielt hatte, der plötzlich explodiert war. Ein schnell zusammengestelltes Team machte sich ans Werk. Dr. Remé schnitt die Bauchdecke auf. Schwerste Darmverletzungen waren zu erkennen. Alle Därme gingen durch seine Hände. Der Dünndarm war an acht Stellen durchschossen, der Dickdarm an vier. Der Chirurg schüttelte den Kopf, bei so vielen Verletzungen hielt er eine Operation für zwecklos. Ich wagte ihn zu erinnern: „Herr Doktor, wir haben doch bei so manchem russischen Soldaten erlebt, wie widerstandsfähig der russische Mensch ist, warum sollte es bei diesem Kind nicht auch so sein?“ Dr. Remè machte sich daran, Darmstücke, deren Verletzungslöcher nahe beieinander lagen, herauszuschneiden, die Enden zu vernähen, die bleibenden Löcher wieder zusammenzuflicken und die Bauchdecke zu schließen. Die Operation war geglückt. In den Tagen, die wir noch an diesem Ort waren, erlebten wir, wie dieses Kind erhebliche Fortschritte machte und die Gefahr überwand, sein junges Leben zu verlieren. Wir hatten alle die Hoffnung, daß das Mädchen das fast unmöglich Scheinende schaffen würde. Schließlich war sie „über den Berg". Ihr erstes Lächeln ließ uns einen Augenblick lang den Wahnwitz des Krieges vergessen. Wie so oft: Die volle Genesung erlebten wir nicht mehr. Es hieß wieder einmal, „die Zelte abbrechen" und weiter nach vorne ziehen. Diese Herbstzeit des Jahres 1942 bedeutete für unsere Lazarettbelegung eine unerhörte Herausforderung der physischen und besonders der nervlichen Kräfte. Das kleine Russenmädchen ging mir dabei nicht aus dem Kopf. Heute noch frage ich mich: Ob sie wohl noch lebt? Ob sie wohl zum Bindeglied zwischen Russen und Deutschen geworden ist durch ihr Erlebnis mit uns?

Im Oktober wurde das Sanitätspersonal in einen Fronturlaub geschickt. Wir waren alle total fertig und erschöpft. In einem Kosakendorf durften wir uns erholen. Nur einer, der Ähnliches erlebt hat, vermag wohl nachzuvollziehen, wie uns zumute war: Kein Krieg mehr, kein Donnergrollen von Geschützen, keine Spur mehr von ständigem Gehetze, keine blutdurchtränkten Verbände, kein Stöhnen und Schreien. Nur lautlose Stille. Nur Frieden. Damit mußte man erst einmal fertig werden. Daß es das überhaupt noch gab! Zuerst wirkte die Stille beunruhigend, wir waren wie verkrampft. Das konnte doch gar nicht wahr sein! Aus dieser Stimmung wurde ich sehr bald herausgerissen. Ein Befehl des Armeepfarrers erreichte mich: „Sie sind versetzt. Setzen Sie sich in Marsch zur 3. Inf.Div.mot. Richtung Stalingrad." Sicher wußte der Pfarrer, daß ich diesmal keine Entschuldigung hatte. Also: Auf nach Stalingrad! Mein treuer, biederer „Bursche" Franz aus dem Sudetenland wollte unbedingt bei mir bleiben. So gingen wir beide unserem gemeinsamen Schicksal entgegen, das Stalingrad hieß.

Im Kessel von Stalingrad

Nach einer Such- und Irrfahrt landeten wir Mitte Oktober bei unserer Division, der dritten motorisierten Infanteriedivision, im Kürzel: 3. Inf. Div. mot. Mit zwei weiteren Divisionen bildeten wir das XIV. Panzerkorps, das die nördliche Riegelstellung von Stalingrad besetzt hielt und bis an die Wolga vorgestoßen war. Für mich war eine völlig neue Situation eingetreten. Das eigentliche Kampfgeschehen hatte ich bis dahin kaum einmal erlebt. Umso besser kannte ich freilich die furchtbaren Folgen des Krieges, die Opfer, diese Unzahl von Verwundeten und Toten – eine grausame Ernte! Als Lazarett-Pfarrer war ich so gezielt eingesetzt gewesen für meine armen Kameraden, daß ich keinen Gedanken mehr frei hatte für das mörderische Geschehen an der Front. Jetzt wurde ich Augenzeuge. Vorab will ich noch einmal ein klärendes Wort sagen. Erwarten Sie weder in mir einen Kriegsberichterstatter jener Zeiten noch einen kompetenten militärischen Fachmann. Ich verbürge mich keineswegs dafür, daß alle angegebenen Daten genau stimmen, auch nicht dafür, daß die Orte präzise genannt werden. Es hätte mir geholfen, wenn ich ein Tagebuch geführt hätte. Für mich war und ist nur wichtig, die Erfahrungen zu schildern, die ich als gläubiger Christ und katholischer Pfarrer mit den Menschen damals machte. Ich ahnte noch nicht, wie sehr mir die kommende Zeit das Wort aus der Schrift nahebringen würde: „Des Menschen Herz ist ein Abgrund. Wer kann ihn ergründen?"

Als wir den Gefechtsstand unserer Division, den Sitz des Stabes, erreicht hatten, führte uns der erste Gang zum Quartiermeister, der mir und meinem treuen Burschen und Hilfsküster Franz unser neues „Zuhause" anwies, ein ganz ordentlich gebuddeltes Loch in der Lehmwand einer Balka. Solche kleinen Schluchten durchzogen vielfach unseren Abschnitt in der nördlichen Riegelstellung. Erneut drang ich auf meinen guten Franz ein, er solle doch nun zurückkehren zum Armeefeldlazarett. Der gute Mensch aber wollte bei mir bleiben. Ahnungslos wie ich war, sammelte ich zunächst Informationen. Unsere Division war in Brandenburg aufgestellt worden. Die katholischen Kameraden bildeten nur eine Minderheit. Mein evangelischer Partner war nicht da, wie mir sein Bursche berichtete. Er sei wohl zu einem Lehrgang nach Deutschland geflogen. Ich habe ihn nie kennengelernt. Der Divisionskommandeur war, wie ich erfahren durfte, ein gläubiger evangelischer Christ.

Mich nannte er später: „Der Mann mit dem anderen Gebetbuch." Ich habe Generalmajor Schlömer gut kennen und schätzen gelernt. Der kommandierende General des XIV. Panzerkorps war zu meiner Zeit Panzergeneral Hube, der bis dahin Kommandeur der 16. Panzerdivision gewesen war. Anfang November war sein Vorgänger, General von Wietersheim, abgelöst worden, weil er bei der dünnen Besetzung unserer drei Divisionen gefordert hatte, entweder solle die sechste Armee in Stalingrad igeln oder hinter den Don zurückgehen.

Unser Korps hatte bis Ende August Enormes geleistet. Es war im Norden von Stalingrad bis an die Ufer der Wolga vorgestoßen. Die Sowjets hatten mit gewaltigen Kräften versucht, vom Norden her unsere Riegelstellung zu knacken. Vergebens. Vom 3. bis zum 5. September wurde die sowjetische Großoffensive abgewehrt. Aber auch nach diesen schwersten Tagen ließen die Russen uns keine Ruhe. Bis zum 15. September hatte allein unsere Division 355 russische Panzer und vier Flugzeuge abgeschossen. Ich habe im November noch den sogenannten „Panzerfriedhof" gesehen. Natürlich waren auch die eigenen Verluste groß. Nach unserer Ankunft erfuhr ich auch, daß „meine" Flakbatterie aus Bjelgorod kräftig an der Vernichtung der russischen Panzer beteiligt gewesen war. Als ich Ende Oktober meine neue Stelle antrat, hatte meine Division die ruhiger gewordene Situation genutzt. Die Männer hatten Holz, Eisenplatten und Schwellen herangeschafft. Die Gefechtsstände lagen unter Panzerplatten. Die Löcher waren ausgebaut, die Bunker verstärkt und Kriechgräben geschaffen worden.

Diese Lage fand ich vor. Es wurde nun Zeit, als neuer katholischer Divisionspfarrer bei meinem Divisionskommandeur vorzusprechen. Gemeldet wurde ich seinem Stellvertreter, Oberst Freiherr von Hanstein, dem Kommandeur unseres Artillerieregimentes. General Schlömer hatte keine Zeit, denn er führte gerade das ganze XIV. Panzerkorps. Der eigentliche Kommandeur des Korps, General Hube, war kurzfristig von Hitler zur Berichterstattung nach Deutschland zurückbefohlen worden. Der Oberst empfing mich nicht gerade freundlich, sondern streng dienstlich und korrekt. Im Laufe der Zeit lernte ich ihn kennen als vortrefflichen Soldaten und Mann mit außergewöhnlicher Zivilcourage. Diese Haltung findet man nicht gerade häufig bei Soldaten, auch nicht bei Offizieren, so tapfer sie sich auch im Kampfeinsatz bewähren mögen. Im Laufe des Gesprächs äußerte ich ihm gegenüber, ich wüßte wohl, daß die

Stammquartiere der Divisionspfarrer immer beim Divisionsstab seien. Selbstverständlich wisse ich auch um meine Aufgabe im Feldlazarett der Division. Um meiner neuen Stellung aber besser gerecht werden zu können, bäte ich ihn um die Erlaubnis, einige Tage bei unseren Männern an der Front sein zu dürfen. Bisher sei ja doch mein „Metier“ als Kriegspfarrer erheblich anders gewesen. Er schien erstaunt, sagte dann aber ein wenig grinsend zu. Ich sollte mich durch einen Melder zu Major Bernhard Bechler bringen lassen, einem unserer Bataillonskommandeure. Der Melder brachte mich zu diesem Offizier, der sich in einem Bunker aufhielt, der von den Russen nicht eingesehen werden konnte. Nachdem ich mich als der neue katholische Divisionspfarrer vorgestellt hatte, bat Bechler mich, Platz zu nehmen. Es war noch hellichter Tag, und er teilte mir mit, daß es unmöglich sei, bei Tag in die Stellungen vorne zu kommen. Der Geländestreifen bis dorthin sei für den Gegner voll einsehbar. Bei Licht würde ich von den Russen wie ein Kaninchen abgeschossen werden. Er werde mich bei Dunkelheit von einem Soldaten an die Front bringen lassen. Bis dahin hätten wir Zeit, uns ein wenig auszutauschen über unsere Einstellung zum Nationalsozialismus. Es sei zwar verboten, aber wir seien ja allein, und so könnten wir es riskieren, „wir zwei Pastorentöchter“, vertraulich miteinander zu sprechen. Ganz offen bekannte er sich zum Nationalsozialismus. Ob ich denn nicht die Zeichen der Zeit erkenne? Schließlich sei ich doch Akademiker, wolle Karriere machen und vorwärts kommen. Das aber sei nur möglich im Zusammengehen mit der Partei. Er erzählte mir, er sei erst vor kurzem an die Front gekommen. Vorher sei er der Ordonanzoffizier eines Artilleriegenerals gewesen. Da dieser fast taub gewesen sei, habe er mit dem General häufig das Führerhauptquartier zu Besprechungen aufsuchen müssen, um dann hinterher seinem halbtauben Chef die Ergebnisse ins Ohr zu brüllen. Auf diese Weise sei er Ohrenzeuge einiger Aussprüche des Führers geworden. Ob ich denn nicht wisse, was mit mir und meiner katholischen Kirche geschehen würde, wenn der Krieg gewonnen wäre? Meine Antwort lautete: „Gewiß weiß ich, daß unser Weizen dann ausgeblüht hat.“ Darauf sagte er: „Zu diesen Themen kann ich Ihnen mit Originalsprüchen unseres Führers Adolf Hitler dienen.“ Er sprach über die völlige Einheit aller Deutschen im Denken und Handeln. Dann schrie er sich geradezu in seinen Haß hinein und brüllte: „Die einzigen Störenfriede dieser Einheit sind die beiden großen christlichen Konfessionen und ihre Pfaffen. Wenn die nach dem Krieg (für ihn war er ja schon gewonnen) kein Einsehen haben, muß man diese Kerle alle an die Wand stellen und erschießen lassen." Ich konterte sofort: „Das würde ich auf mich nehmen. Wissen Sie, ich bin 36 Jahre alt, überzeugter Katholik und seit zwölf Jahren Priester. Mein Glaube ist mir kein Wechselhemd, sondern tiefste Überzeugung. Mein Glaube und ich oder ich und mein Glaube sind im Laufe der Jahre eine untrennbare Einheit geworden. Ohne meinen Glauben käme mir mein Leben vor wie ein Luftballon, dem plötzlich alle Luft genommen würde, und nichts bliebe von mir übrig als eine leere Hülle."

Hier muß ich ausdrücklich betonen: Unser Gespräch verlief ohne persönliche Gehässigkeiten. Der Major machte weder hier noch später an der Front Anstalten, mich aufzuhalten oder Schwierigkeiten zu bereiten. Als die Dämmerung begann, führte mich ein Melder in die vordersten Linien. Zunächst landete ich im Bunker eines Leutnants, der Kompanieführer war. Sein Erstaunen war ziemlich groß, hier vorne einem katholischen Pfarrer zu begegnen. Er erklärte mir das Gelände und zeigte mir die Stellung der Russen, die nicht weit, nur durch eine „Balka" von uns getrennt lag. Die sogenannte „Milchfarm" und der „Panzerfriedhof" wurden mir zu festen Begriffen. Eine Unmenge russischer Panzer lagen hier „begraben". Sie waren für mich Zeugen dafür, wie hart und furchtbar die russischen Angriffe im ganzen September gewesen waren. Mit aller Gewalt und mit großer Übermacht an Menschen und Material hatten die Sowjets versucht, den Nordriegel zu sprengen. Es war ihnen nicht gelungen. Unvorstellbar, was unsere drei Divisionen geleistet hatten! Nun war es erheblich ruhiger geworden. In diesen Tagen erlebte ich, wie selbstbewußt unsere Männer geworden waren. Noch war nichts von Resignation zu spüren.

In dem Frontabschnitt, den ich besuchte, lag eine russische Maschinengewehrgruppe. Unter einem abgeschossenen russischen Panzer hatte sie sich eingegraben, ein Stück von ihrer eigenen Frontlinie entfernt. Sie war für unsere Gewehre und Maschinengewehre nicht erreichbar und bildete eine dauernde Gefahr für alles, was sich bei uns bewegte. In einer meiner Front-Nächte machte sich ein Stoßtrupp unserer Pioniere auf, um diesem Übel ein Ende zu bereiten. Sie krochen vorsichtig durch den Schnee seitlich auf den Panzer zu, so erzählten sie nachher, erreichten geräuschlos und unter allen Vorsichtsmaßnahmen das Eingangsloch des Bunkers unter dem gefällten Koloß und warfen ein Bündel Handgranaten in den Unterstand – das Ende allen Lebens da unten. Die Pioniere kamen ohne Verluste zurück. Sicher eine militärische Meisterleistung. Dennoch, wie verheerend ist so ein Krieg! Da stehen sich Menschen gegenüber, die einander nicht kennen. Keiner hat dem anderen je etwas Böses getan. Jeder glaubt trotzdem, seinem Vaterland diesen tödlichen Dienst schuldig zu sein. Und so hört das Weinen nie auf. Wer aber denkt schon daran im Augenblick des Erfolges und feiert nicht mit?

Eines fiel mir damals im November 1942 auf. Da schon begann sich der Munitionsmangel bei der Artillerie und den schweren 8,8 cm-Flakgeschützen bemerkbar zu machen. Das erlebte ich sozusagen „handgreiflich“ in der Zeit meines Frontaufenthaltes. Vor unseren Augen hatten in etwa gleicher Höhe mit uns die Russen einen mächtigen Kommandeursbunker gebaut, mit dicken Balken verstärkt. Unsere Artillerie hatte keine Möglichkeit, diesem Bau beizukommen. So wurde nachts ein schweres 8,8 cm-Flakgeschütz dicht hinter unserer Frontlinie nach vorne gebracht. Der ganze Schützengrabenbereich wurde aufgefordert, die Köpfe ja nicht über den Grabenrand zu erheben. Das Geschoß würde ganz knapp darüber wegfliegen. Diese Kanone schoß „Strich“, das heißt, ihre Granaten blieben bei der hohen Geschwindigkeit, die sie besaßen, wie ein Strich auf ihrer Flugbahn ohne die kleinste Abweichung nach unten. Das ganze Manöver erlebte ich im Bunker eines Kompanieführers mit. Der vorgezogene Artilleriebeobachter gab seine Angaben per Feldtelefon an den Geschützführer durch: „Planquadrat soundso“ und andere Ausdrücke, die für einen Pfarrer natürlich „böhmische Dörfer“ waren. Der Richtkanonier bestätigte die jeweiligen Angaben als ausgeführt. Schließlich kam das Kommando: „Feuer!“ So lernte ich damals, was heute jeder weiß, wie sich nämlich Überschallgeschwindigkeit bemerkbar macht: Unmittelbar nach dem Einsatzwort zischte etwas über unsere Köpfe hinweg. Nach diesem Zischen erst war der Abschußknall zu hören. Die Sprenggranate war kein Voll-, sondern nur ein Teiltreffer. Ich hörte die geringe Kurskorrektur des Artilleriebeobachters, den erneuten Feuerbefehl, den krachenden Einschlag und den Jubelruf des Beobachters: „Hurra! Voll im Ziel!“ Gleich darauf wurde das Geschütz aus der Frontlinie gezogen, weitere Granaten durften nicht mehr verschossen werden. Als die Morgendämmerung begann, erblickten wir den Trümmerhaufen, der einmal ein solider Bunker gewesen war. Sanitäter liefen herum, Verwundete oder Tote wurden geborgen, und das Ganze sah aus wie ein kribbelnder Ameisenhaufen. Auch das waren die Russen: Stur, wie sie sein konnten, bauten sie an derselben Stelle einen neuen Bunker auf. Ob sie wohl wußten um unseren beginnenden Munitionsmangel? Noch einmal muß ich hier innehalten. Ich glaubte, ein überzeugter Christ zu sein und ein halbwegs ordentlicher Priester und freute mich doch über den Erfolg der eigenen Soldaten. Sicher, menschlich verständlich: Lieber sollen doch die anderen „dran" sein und nicht wir! Hinterher erst stellte sich dann der Kater ein: Wiegen der Schmerz und die Trauer der anderen Mütter, Frauen und Kinder weniger als die der unseren? Wie irrsinnig ist so ein Krieg!

Ich mußte wieder nach hinten, das Feldlazarett verlangte meine Anwesenheit. Ich hielt dort einige Gottesdienste ab. Am 21. November kam unser Divisionskommandeur Schlömer zurück, um seinen Stellvertreter, Oberst von Hanstein, abzulösen. Inzwischen waren die Russen nicht untätig geblieben. Marschall Schukov startete im November großräumige sowjetische Operationen mit dem Ziel, die Deutschen vor Stalingrad einzukreisen und damit unsere Ostfront zu durchbrechen. Am 19. November begann die tödliche Umklammerung. Zwei Zangen mit überlegenen russischen Armeen bewegten sich aufeinander zu, ein nördlicher und ein südlicher Teil. Am 22. November nahmen die beiden Keile Verbindung auf. Damit waren 20 deutsche Divisionen eingeschlossen, über 300.000 deutsche Soldaten. Wir, die wir in dieser Zeit noch in der nördlichen Riegelstellung lagen, wußten um unser Eingeschlossensein. Am 24. November wurde das Stichwort „Hemdwechsel" ausgegeben, das hieß: Stellungswechsel. Das Gerücht ging um: „Wir brechen aus!" Vorher mußte aller Ballast beseitigt werden. Jeder von uns durfte nur kleines Sturmgepäck mitnehmen. Alles, was nicht mitgenommen werden konnte, wurde verbrannt, auch nicht mehr fahrbereite LKWs und Krafträder sowie das Gefallenengepäck. Das gesamte Hab und Gut meines evangelischen Kollegen, der ja nicht mehr eingeflogen worden war, mußte ebenfalls „dran glauben". Aus seinen Beständen nahm ich mir, natürlich mit Einverständnis seines Burschen, die große Lutherbibel mit, das gesamte Alte und Neue Testament. Dafür mußte mein Neues Testament den Weg alles Irdischen gehen. Nur ungern verließen unsere Männer die inzwischen gut ausgebauten Stellungen. Trotzdem war die Stimmung nicht schlecht. Wir glaubten doch, daß wir die Ehre hätten, mit an der Spitze des Ausbruches zu stehen.

Der Marsch ging nach Süd-Ost im Kessel von Stalingrad. Es wurde eine durchgehende Front im Westen und Süden des Kessels aufgebaut. Unsere Männer hatten es sehr schwer, sich in den neuen Stellungen einzurichten. Der Boden war tief gefroren. Nur mit großer Anstrengung gelang es, ein kleines Loch für den Körper zu schaffen. Bei minus 15 Grad diente nur eine Zeltplane als Abdeckung. Am 27. November hatte sich bei uns die Lage so stabilisiert, daß wir uns bis tief in den Januar 1943 halten konnten. Immer wieder versuchten die Russen nach großer Artillerievorbereitung, mit Panzern und folgenden Fußtruppen in die Front einzubrechen. Vergebens! Am 29. November versuchten sie, die Kampfmoral der deutschen Truppen zu untergraben. In der Nacht tönte es aus einem Lautsprecher: „Tapfere Soldaten der 3. Division, ergebt euch! In eurer Treueformel steht, der Soldat solle sich bis zur letzten Patrone verteidigen. Aber an einer anderen Stelle steht, daß in dem Augenblick, in dem eine Verteidigung als aussichtslos bezeichnet werden kann, der Soldat aus Vernunftgründen aufgeben soll." Die Wirkung dieses Appells war gleich Null. Mit dem 3. Dezember begannen die Sowjets, den Kessel einzudrücken. Einbrüche gelangen ihnen ständig, aber die wurden anschließend von uns stets wieder „bereinigt". Diese Gegenstöße kosteten uns allerdings erhebliche Verluste. Unsere Versorgung wurde immer schlechter: Die Suppe war so dünn, daß sie ausgetrunken werden konnte, und so fettarm, daß kein Rand auf dem Deckel zurückblieb. Für jeden gab es nur einen Teller. Post kam auch nicht mehr durch.

Eine Ausnahme gab es, und die war für mich. In den ersten Tagen des Dezembers erhielt ich von der Feldpost sechs mit einer Kordel miteinander verbundene kleine Päckchen als erste und einzige Weihnachtspost. Es war fast wie eine Wunder, daß ausgerechnet diese „Schulungspost" den Weg in den Kessel von Stalingrad gefunden hatte. Ich staunte nicht schlecht, als ich den Absender las. Es war jene Liesel aus Essen-Steele, von der ich bereits erzählt habe: Sie hatte als Schulkind im Alter von zehn Jahren gefragt, ob sie mir helfen könne, ihrem Herrn Vikar, der so viel Arbeit habe. Erinnern Sie sich noch? Unter anderem hatte sie Mitte Dezember 1939 die vielen Päckchen fertig gemacht für die Soldaten aus meinem Bezirk, die in Polen gekämpft hatten und dort als Besatzer geblieben waren. Das Mädchen und ich waren verbunden geblieben. So kannte sie meine Stalingrader Feldpostnummer und hatte das tolle Experiment gewagt, ein Weihnachtspäckchen auf den Weg zu schikken. Der Inhalt dieser sechsfachen Gabe bestand in der Hauptsache aus Zigaretten, Schokoladentäfelchen und Bonbons. Dieser unerwartete Segen brachte mich auf eine Idee. Im Bericht von meiner Zeit beim Armeefeldlazarett habe ich vom damaligen Chefchirurgen Dr. Remé berichtet. Der hatte mir damals etliches über sein Familienleben erzählt, von seiner geliebten Frau und seinem väterlichen „Schwarm", dem kleinen Töchterlein. Remés Hamburger Adresse wußte ich. Also machte ich meinerseits ein Weihnachtspäckchen fertig und füllte es mit Schokoladentäfelchen und Bonbons. Mitte Dezember schickte ich es los.

Es war wohl noch in den fünfziger Jahren, als ich die Verbindung mit der Familie Remé wieder aufnahm. Der Chirurg war inzwischen Chefarzt einer großen Klinik in Lübeck geworden. Ich machte dort einen Besuch und erlebte schöne Tage. Der inzwischen zum Professor ernannte, berühmt gewordene Mediziner führte mich zu den vielen herrlichen Baudenkmälern der Hansestadt. Endlich fand ich den Mut zu fragen: „Helmut, vor Weihnachten 1942 habe ich aus dem Kessel von Stalingrad ein Feldpostpäckchen an dein kleines Mädchen geschickt. Ich bin neugierig: Ist es angekommen?" Er stutzte, lief aus dem Zimmer, kam sehr bald zurück und zeigte mir ein Foto. Darauf war sein Kind vor einem Weihnachtsbaum zu sehen, wie es strahlend aus Vaters Händen mein Feldpostpäckchen empfängt. Die Freude hatte sich fortgesetzt.

Aber zurück in den Kessel von Stalingrad. Noch eine kleine Episode am Rande, die unsere Situation im Advent des Jahres 1942 illustrieren soll. Am 6. Dezember erbeutete eine unserer Infanteriekompanien ein russisches Troßfahrzeug mit zwei Pferden, das sich im Nebel verirrt hatte. Die Pferde waren schnell geschlachtet. Nach 5 Stunden lag nur noch das Gerippe da. Am gleichen Tag noch kamen von weither Soldaten, um sich möglichst noch Fleisch oder Knochen zu holen. So schnell hatte sich an der Front herumgesprochen, welches Glück die Kompanie gehabt hatte! Der Hunger ging um. Kurz vor Weihnachten konnte ich mich zum letzten Mal satt essen, als ein alter magerer Klepper geschlachtet worden war. Heute noch gerate ich ins Schmunzeln, wenn ich daran denke, wie weh meine

Kaumuskeln taten, als ich das lederartige Stück Fleisch endlich geschluckt hatte.

Es ist nicht meine Aufgabe, heerestaktische Schachzüge aus der Stalingradzeit aufzuzeigen. Nur wenig sei darüber berichtet: Nach der Einschließung der 6. Armee war eine Heeresgruppe „Don“ unter der Führung von Generalfeldmarschall von Manstein gebildet worden. Sie sollte die russischen Angriffe zum Stehen bringen und den Ring um Stalingrad aufsprengen. Die wohl wichtigste Voraussetzung für das Gelingen dieser Aktion war die hinreichende Versorgung der 6. Armee mit Nahrungsmitteln und Kriegsmaterial. Göring hatte sich dafür vor Hitler stark gemacht und bürgte mit seiner Luftflotte dafür. Sein Unternehmen wurde eine einzige Katastrophe. Immerhin wurde die Heeresgruppe Don für uns Stalingrader ein großer Hoffnungsträger. Oft genug habe ich damit unsere Verwundeten ein wenig zu trösten versucht. Dabei half mir, daß wir schließlich sogar den Geschützdonner dieser neuen Front zu hören vermochten. Die Gruppe kam uns bis auf etwa 40 Kilometer nahe. Dann ging dieses Manöver zu Ende.

In diese Zeit fiel auch die Zunahme der Krankheitsfälle. Wir mußten eine Quarantänestation für Fleckfieber aufmachen. Diese Krankheit beginnt oft mit Schüttelfrost, raschem Fieberanstieg, dann zeigen sich hellrote, sich violett färbende Flecken auf der Haut. Über Wochen haben die Kranken hohes Fieber, werden hinfällig, leiden unter Herzschwäche und nervösen Störungen. Die Krankheit wird durch Stiche von Kleiderläusen übertragen. Die Todesrate ist schon bei normalen Lebensbedingungen ziemlich hoch. Wie hoch mußte sie dann bei unseren entkräfteten, unterernährten Männern sein! Nur die Ärzte und die Sanitäter, die unmittelbar mit den Kranken zu tun hatten, erhielten eine Schutzimpfung, die sie gegen drohende Infektionen immun machte. Der Impfstoff war bei uns sehr rar, so daß mir meine Bitte abgeschlagen wurde, auch mich zu impfen. Hier muß ich betonen, daß diese Absage begründet war, zumal ja meine Besuche in der Quarantänestation nur gelegentlich stattfanden und nicht meine Hauptarbeit bedeuten konnten. Meinem Vorschlag, auf eigene Verantwortung den Besuch dort zu wagen, wurde nicht widersprochen. Nur mit Grauen denke ich an diesen Besuch zurück. Es war wie in einem Tollhaus, in dem alles außer Kontrolle geraten war: In einer Ecke rang ein Sanitäter mit einem hochfiebrigen Soldaten, der seine Decke unter den Arm gepackt hatte und schrie: „Ich gehe jetzt nach

Hause!“ In einer anderen Ecke versuchte ein „Sani“, einen Kranken auf seinem Lager festzuhalten, der es hier nicht mehr aushielt. Einen erheblich ruhigeren Kameraden konnte ich ansprechen. Zu Beginn des Gesprächs war ich schockiert. Jetzt hatte er dieses gefährliche Fieber, und vorher war er schon so schwer verwundet worden, daß man ihm beide Beine wegoperiert hatte; er zeigte mir seine Stümpfe. Er staunte zwar, als er hörte, daß ich ein katholischer Priester sei, aber dann entwikkelte sich ein Gespräch, von dem ich glaube, daß wir beide etwas davon hatten. Immer mehr dieser Armen schienen – trotz ihrer Fieberphantasien – durch irgend etwas angerührt zu sein. Vielleicht war es einfach die Tatsache, daß ein Priester den Schritt in ihre Hölle wagte. Im Feldlazarett versuchte ich, den Verwundeten und Kranken ein wenig Hoffnung zu machen auf die Heeresgruppe Don, die angetreten war, zu uns zu stoßen und unseren Ausbruch zu ermöglichen. Mir schien der Pfarrer immer stärker zu einem Symbol zu werden für eine gewisse Gelassenheit, Symbol für Hoffnung gegen alle menschliche Hoffnung.

Kurz vor den Weihnachtstagen suchte ich unseren General Schlömer auf und bat ihn, mich aus der üblichen Verpflichtung, an Weihnachten beim Divisionsstab einen Gottesdienst zu halten, zu entlassen und mir stattdessen die Erlaubnis zu geben, unsere Männer an der Front zu besuchen. Am 6. Januar würde ich mich zu einem Gottesdienst beim Stab zurückmelden. Der Mann „mit dem anderen Gebetbuch“, wie gesagt ein gläubiger evangelischer Christ, stellte eine Bedingung: „Ihr erster Weg, wenn Sie zurückkommen, führt Sie zu mir. Sie sind für mich der einzige Frontberichterstatter, der mir wahrheitsgetreu sagen kann, wie es mit der Stimmung, der Haltung und dem Einsatzwillen der Männer aussieht.“ Das versprach ich ihm gern. War es Zufall, war es Fügung? Mein erster Besuch führte mich wieder zum Batallionskommandeur Bernhard Bechler, dem überzeugten Nationalsozialisten. Wieder ein ruhiger, sachlicher Empfang ohne alle Gereiztheit oder gar Ablehnung. Als es am Heiligen Abend, dem 24. Dezember 1942, zu dunkeln begann, schickte er mich nach vorne, zu der an Zahl noch stärksten Kompanie seiner Truppe. Sie bestand aus 24 Soldaten, „normalerweise“ hätten es 120 Männer sein müssen. Dieser Heiligabend wurde zu einem unvergeßlichen Erlebnis. Die Situation war hier völlig anders als bei meinem ersten Frontbesuch. Nichts zu sehen von einer durchgehenden Grabenfrontlinie.

Hier und da ein Loch, mit einer Zeltdecke abgeschirmt. Man mußte sehr aufpassen, um bei diesem löchrigen System nicht unversehens beim Russen zu landen. Als erstes erkannte ich einen Wachtposten, der sich in seiner grauen Uniform etwas vom Weiß des Schnees abhob. Weiße Pelzmäntel, wie alle Russen sie hatten, waren an unserer Front nicht zu sehen. Der Militärmantel dieses Postens schien zu einem Eispanzer gefroren zu sein. Wie staunte er, als ich plötzlich bei ihm auftauchte und ihm als erstem eine gesegnete Weihnacht wünschte! Er wies mich zu dem Loch, in dem sein Kamerad sich aufhielt, der ihn ablösen würde. Als ich dessen Zeltplane lüpfte, rief ich meinen Namen. Dann ging es einige Stufen hinunter, und ich saß bei dem Kameraden in der Höhle. Drei Personen hätten sich hier unmöglich aufhalten können. Der Mann staunte: Ein Pfarrer „ganz vorne", und das am Heiligabend! Aber auch ich staunte. An den Lehmwänden waren weihnachtliche Symbole angeheftet, die aus Silberpapier ausgeschnitten waren. So kamen wir leicht ins Gespräch über den Sinn und die Botschaft dieses Festes. Bei Friedrich Bodelschwingh ist zu lesen: „Nach Hause kommen, das ist es, was das Kind von Bethlehem allen schenken will, die weinen, wachen und wandern auf dieser Erde." In einem ähnlichen Sinn versuchte ich, die Frohe Botschaft in der Hölle von Stalingrad zu verkünden, natürlich der soldatischen Situation angepaßt. In jedem dieser Löcher fand ich weihnachtliche Zeichen.

Noch am Heiligen Abend fand ich den Unterstand des Kompaniechefs in diesem Divisionsabschnitt. Es war ein großes Loch, das erstaunlich gut ausgebaut war. Man konnte es schon Bunker nennen. An der Stirnseite saß ein junger Leutnant. An dieser Wand war geradezu ein kleiner Sternenhimmel. Ich kam aus dem Staunen nicht heraus. Der junge Offizier las gerade die Geburtsgeschichte Jesu nach Lukas. Ringsherum auf den Lehmbänken saßen 12 Männer seiner Einheit. Kein Laut war zu hören außer der Stimme des Vorlesenden. Wohl eine halbe Stunde war ich bei den Kameraden. Auch hier große Überraschung: ein Pfarrer zu Weihnachten direkt an der Front! Alle hatten ein kleines Päckchen in der Hand. Ein besonderes Präsent, Gott weiß woher, das zu diesem Festtag Freude machen sollte. In dieser Kompanie war es eine Art Backwerk. Die Verpflegung war ja immer miserabler geworden: Im Augenblick bestand sie aus 100 Gramm Brot pro Tag und einer dünnen „Weihnachtssuppe". Essensträger brachten sie in der Dunkelheit in die einzelnen Löcher. Sie und die Munitionsbringer waren die einzigen, die sich vorne kurz blicken ließen.

Im Gespräch erfuhr ich, daß „der Chef“ ein Kölner war, ein überzeugter Katholik. Viele Jahre später konnte ich seiner Familie von diesem Weihnachtsabend mit ihm erzählen. Er ist nicht nach Hause gekommen; er blieb einer der Vermißten von Stalingrad. Als dieser prächtige Mann seine Zwölf zurück in die Löcher schicken wollte, tat sich bei denen nichts. Sie saßen da wie entrückt. Schließlich beschwor er sie: „Die anderen zwölf, die ihr jetzt ablösen müßt, wollen doch auch in dieser Weihnachtshöhle feiern.“ Schließlich verließen alle zögernd, als seien sie nicht ganz bei sich, den Unterstand.

Der Aufenthalt an der Front war für mich nur möglich in der Dunkelheit. Fing es am Morgen an zu dämmern, mußte ich zurück zur Verpflegungsstelle. Es war unmöglich, sich vorne über Tag in einem dieser Löcher aufzuhalten. Für einen Dritten gab es einfach nicht genug Platz. Zur Aufgabe hatte ich mir gemacht: Du läßt nicht eine Stelle vorne aus, du besuchst die ganze Frontlinie der Division! Ich hatte dazu 13 Tage Zeit, bis zum 5. Januar 1943. Die Russen konnten über Tag unsere ganze Frontlinie einsehen. Das bereitete mir ab und zu Schwierigkeiten. So zum Beispiel, wenn ich im Gespräch mit den Kameraden den Zeitpunkt verpaßte, von der Front nach hinten zurückzukehren. Einmal, als ich die Zeltplane hob, war es schon hell geworden. Die Russen erspähten mich bei meinem Zurückrennen. Zum Glück war der Abstand für Gewehrfeuer schon zu groß. So beschossen sie mich mit Granatwerfern. Diese Geschosse hatten keine Überschallgeschwindigkeit wie bei unserer Flak. Ich vernahm deutlich das „Flopp“, wenn die Geschosse aus der Röhre hinausgestoßen wurden. Das war das Zeichen für mich: rein in den Schnee, und nach dem vernehmlichen Einschlag: Sprung auf, Marsch, Marsch. Passiert ist nichts, offensichtlich hatte ich einen guten Schutzengel.

Mann und Maus hatte ich schon besucht, Infanterie, Artillerie, es blieben nur noch die Besuche bei unseren im Schnee festliegenden Panzerbesatzungen. Die Panzer lagen ziemlich breit gefächert auseinander, so daß Nachtbesuche hier nicht möglich waren. Die Gefahr war zu groß, im Dunkeln die Richtung zu verlieren und so unversehens bei den Russen zu landen. So wurde mir dringend geraten, dieses Vorhaben abzublasen. Es sei einfach zu gefährlich. Aber ich hatte es mir in den Kopf gesetzt: Die Panzerkameraden sollten erfahren, daß ich auch für sie als Botschafter Gottes unterwegs war. Mein Plan sah folgendermaßen aus: Ich mußte mich auf den Weg machen in dem Augenblick, wo der erste Panzer im Frühlicht erkennbar war. Das Unternehmen wurde von einem Panzerbesuch zum nächsten immer gefährlicher, weil es immer heller wurde. Die Russen, so erfuhr ich, schossen beim Hellwerden auf alles, was sich zwischen den Panzern bewegte, und das mit Panzergranaten, die viel gefährlicher waren als die Geschosse der Granatwerfer. Den ersten Panzer erreichte ich noch ungefährdet, aber schon auf dem Weg zum zweiten Koloß ging es los. Sie schossen mit Sprenggranaten. Für mich war es ein Rennen mit viel „Auf und Nieder". Ein Geschoß schlug, ich lag im Schnee, unmittelbar hinter meinen Beinen ein. Gott sei Dank: Es explodierte nicht. So gelang mein Besuch auch bei den Panzern. Es hat die Besatzungen tief beeindruckt und erfreut, und vielleicht hat es auch Hoffnung gebracht auf einen Gott, der keinen aus seinen Händen fallen läßt. Ein Versorgungspanzer lud mich am frühen Abend auf und brachte mich am 5. Januar zum Stab zurück. So wurde ich einmal im Leben auch „Panzerbeifahrer".

Wie versprochen, hielt ich am 6. Januar 1943 einen feierlichen Weihnachtsgottesdienst beim Divisionsstab. Die Orgel wurde ersetzt durch den Donner der russischen Artillerie. Natürlich machte ich auch den geforderten Besuch bei unserem Kommandeur General Schlömer. Das Erfreulichste an meinem Bericht für ihn war wohl, daß unsere Männer weiter eine bewundernswerte Haltung zeigten. Wahrheitsgemäß aber berichtete ich ihm auch, wie miserabel die Verpflegung war und welch verheerende Wirkung bei dieser grimmigen Kälte die mangelnde Winterbekleidung hatte. Der Kräfteverfall und die Erfrierungen nahmen rapide zu.

Zu dieser Zeit erhielt unser Divisionskommandeur Schlömer das Eichenlaub zum Ritterkreuz. Am 8. Januar kündigte der sowjetische Generalmajor Rokossowski durch Funkspruch an: Am 9. Januar um 10 Uhr würden drei Parlamentäre mit einem Kapitulationsangebot bei der 6. Armee erscheinen. Einer dieser drei Parlamentäre landete bei unserer Division. Jahrzehnte später habe ich gelesen, daß der Brief an den Oberbefehlshaber der 6. Armee die Kapitulation forderte bis zum 10. Januar, 10 Uhr. Vergeblich erbat die 6. Armee bei Hitler Freiheit zum Verhandeln. Der „Führer" befahl, die Parlamentäre sofort zurückzuschicken. Schon in der Nacht zum 9. Januar warfen die Sowjets in Massen Flugblätter ab, die die Bedingungen für eine

Kapitulation enthielten: ehrenvolle Übergabe, ausreichende Verpflegung, Versorgung der Verwundeten und das Versprechen auf Rückkehr der Soldaten nach Kriegsende. Bedingung aber sei es, alle Waffen unbeschädigt auszuliefern. Andernfalls folge eine neue russische Offensive. Die Wirkung dieser Flugblätter auf die Kampftruppe war gleich null.

Die Nacht vom 9. auf den 10. Januar und der folgende Morgen brachten eine fast unheimlich wirkende Ruhe. Unsere Beobachter meldeten, daß die Sowjets Geschütze und Stalinorgeln in einem Kilometer Entfernung in Stellung gebracht hätten, die Rohre ausschwenkten und Unmengen von Munition herankarrten. Am 10. Januar herrschte bittere Kälte, und neuer Schnee fiel. Abends kam ein Schneesturm auf. Unsere Luftwaffe konnte weder Gebrauchsgüter noch Munition einfliegen. In den Erdkampf vermochte sie schon gar nicht einzugreifen. Bei unserer Division, wie wohl bei der ganzen 6. Armee, gab es keine Reserven mehr, weder an Soldaten noch an Waffen oder Munition. Auch der Kraftstoff ging zu Ende. Wie vom Russen angesagt, begann um Punkt 10 Uhr ein mörderisches Artilleriefeuer. Es wanderte vor und zurück. Die ganze weite, weiße russische Steppe schien in Wellenbewegungen zu geraten. Später hörte ich, daß die Sowjets selbst angegeben hätten, es sei das schwerste Feuer des ganzen Krieges gewesen. Alle bis dahin noch intakten Leitungen wurden zerstört. Unsere eigenen schweren Geschütze mußten schweigen. Von diesen letzten knappen drei Wochen bis zum „Aus“ in Stalingrad sage ich zusammenfassend: Zeit der Hölle. Und doch hat unsere Division bis zuletzt keine Stellung ohne Befehl aufgegeben. Es war eine Zeit übermenschlicher soldatischer Haltung.

Darf ein katholischer Priester so etwas sagen, der doch überzeugt ist von dem Wahnsinn eines solchen Krieges? Der doch auch hier wieder, wie so manches Mal schon, sagen müßte: Das Entscheidende ist das Weinen und die Trauer der Mütter, der Frauen und Kinder in Deutschland, in Rußland, in Italien, in Ungarn und Rumänien. Für mich ist aber die Feststellung soldatischer Haltung lediglich ein Hinweis darauf, daß die große Mehrheit unserer einfachen Soldaten diesen Krieg als notwendiges Übel ansah. Es ging doch um den Schutz ihrer Familien, ihres Vaterlandes vor dem an die Wand gemalten „Teufel“ Sowjetrußland, der angeblich alles vernichten würde, was lebens- und liebenswert war in dieser Welt. Meine Aufgabe war, in dieser wahnsinnigen Verwirrung Gott ins Spiel zu bringen, der

„da ist“, auch im Kessel von Stalingrad. Höhnisch klingt für mich die Frage: Wo war Gott denn in Stalingrad? Mir scheint sie geradezu kindisch. Sie hat Alibifunktion für den eigenen erbärmlichen Glauben oder schuldhaften Unglauben. Die Menschen bringen selbst das Inferno in die Welt und glauben, die Schuld daran trage ein unfähiger Gott. Die Weltgeschichte lehrt uns doch, daß es die Hitlers und Stalins immer gegeben hat und es sie auch in unseren 90er Jahren weiter gibt. Es gibt immer noch Politiker, die es verstehen, mit anscheinend unwiderstehlicher Suggestionskraft ganze Völker, vulgär gesagt, „dumm und dusselig zu reden“ oder sie, anders ausgedrückt, in solche Emotionen hineinzupeitschen, daß Verstand und Vernunft bedeutungslos werden. Die Schlüsselworte sind vielfältig: Freiheit, Lebensraum, Partei; immer aber geht es dabei um Macht. So geraten Völker in den Wahnsinn der Kriege. Unsere Männer an der Front kämpften längst nicht mehr für Hitler und die Nationalsozialisten, sondern glaubten noch Sinn zu finden in der Überzeugung, daß sie mit ihrem Tun ihre Heimat und ihre Familie schützen könnten.

Am 11. Januar, nach dem verheerenden Artillerieüberfall der Sowjets, zog sich der Rest der Division befehlsgemäß auf die Riegelstellung zurück, die nur schwach ausgebaut war. Diese sollte die „endgültige“ sein. Dieser Abschnitt sollte vor allem gehalten werden, um den Flugplatz Pitomnik zu sichern. Dieser Ort war der wichtigste Umschlagplatz für die Versorgung der 6. Armee. Was die deutschen Flugkapitäne damals geleistet haben, ist nicht vorstellbar für alle, die es nicht selber erlebt haben. Nur bei krassesten Wetterverhältnissen wurde nicht geflogen, etwa bei Schneestürmen oder dichtem Nebel. In der Mehrzahl flogen die brave JU 52 und die HE 111. Sie brachten hauptsächlich Lebensmittel und Munition. Kaum waren sie entleert, wurden Verwundete eingeladen. Unglaublich, was sich da abspielte! Die armen Kameraden wußten ja, daß der Krieg für sie auf jeden Fall aus war. Nun bot sich ihnen die einzige Chance zu überleben: heim zu fliegen. Vergleichbar scheint mir ihr Verhalten nur zu sein mit dem von Menschen bei Schiffskatastrophen, mit der Panik, mit der die Passagiere dort reagieren. Jeder meint, Gründe zu haben, daß er sich unbedingt retten muß. Also rücksichtsloser Durchbruch zu den Rettungsbooten. Grauenhafte Bilder, die ich auf den Flugplätzen Pitomnik und, Tage später, in Gumrak erlebte. Kaum war das Flugzeug leer, ging der Sturmlauf der Verwundeten los.

Mühsam versuchten Besatzungen und Sanitäter, eine Gasse zu schaffen für die Schwerverwundeten, die herangebracht wurden. Die Frontkameradschaft war wie weggeblasen. Waren die Maschinen voller Menschen, mußten die Flieger ihre Pistolen ziehen, manchmal sogar in die Luft schießen, um die rasende Meute davon abzuhalten, die Flugzeuge zu entern. Oft genug hingen noch Leichtverwundete an den Tragflächen der startenden Flugzeuge. Ihr Flug endete in Schnee und Eis. 22.000 Verwundete retteten die „fliegenden Männer" aus dem Stalingrader Kessel.

Wie schon gesagt, am 11. Januar hatte die Division die Riegelstellung erreicht. Am selben Tag noch war der „Riegel" nicht mehr zu halten. Rechts und links von uns waren die Russen durchgebrochen. In diesen Tagen mußten alle schweren Waffen und ein Panzer gesprengt werden. Die Munition schmolz dahin, und das Benzin ging aus. Am Abend des 13. Januar drang der Gegner bis zum Divisionsgefechtsstand durch. General Schlömer mit seinem Stab und zwei Panzern vernichtete eine russische Einheit mit 5 Panzern. Am 15. Januar ging der Flughafen Pitomnik endgültig verloren. Der Kessel war auf ein Drittel zusammengedrückt. Wie ich später las, war er nur noch 25 Kilometer lang und 16 Kilometer tief. Seine Versorgung lief nur noch über den Behelfsflugplatz Gumrak. Trotz heftigsten Widerstandes mußte unsere Division immer weiter nach Osten zurückweichen, auf den Stadtrand zu. Am 20. Januar starteten die Russen erneut einen Großangriff. Eine Stunde wieder mörderisches Trommelfeuer. Danach gezielte einzelne Feuerstöße und Angriffe. Erstaunlich, was unsere Soldaten noch an Haltung und Disziplin aufbrachten! Schließlich ging es auf Divisionsbefehl zurück. Am 22. Januar erreichten wir den Stadtrand. Zum ersten Mal betrat unsere Kampfgruppe die Stadt Stalingrad. Unser Feldlazarett hatte keine Möglichkeit, marschunfähige Soldaten zu transportieren. So blieb es zurück unter der Betreuung von Sanitätspersonal und zwei Ärzten, zu denen sich ein versprengter katholischer Divisionspfarrer gesellte. Er hatte seine Division verloren und fand hier erneut priesterliche Aufgaben. Dieser prächtige Mann stammte aus einer süddeutschen Diözese.

Die Hauptkampflinie befand sich nun unmittelbar am Stadtrand. Am 22. Januar wurde unseren Männern mitgeteilt: Heute ist die letzte Möglichkeit, Briefpost in die Heimat zu schicken. Auch ich schrieb einen Abschiedsbrief an meine Eltern. Den adressierte ich allerdings an einen meiner besten Freunde mit der Bitte, das Schreiben meinen Angehörigen erst dann zu übergeben, wenn sichere Nachrichten vorlägen über meinen Tod oder mein Überleben in der Gefangenschaft. Dieser „letzte Brief" kam tatsächlich an. Mein Freund hielt sich an meine Bitte.

Am 18. Januar war General Hube ausgeflogen worden, der Kommandierende des IV. Panzerkorps. Die dritte motorisierte Infanteriedivision gehörte zu seinem Korps. Oberst von Manstein übernahm die Führung unserer Division. Was sich in diesen Wochen alles getan hat, ist wirklich unvorstellbar! Ich will nur kurz skizzieren: Kaskaden von Stahl und Eisen ergossen sich über die Stellungen der Deutschen. Die Stadt bestand nur noch aus Ruinen. Jedes Trümmergrundstück wurde zur Festung, die im Nahkampf gehalten oder verloren wurde. Schwere Waffen gab es bei uns fast gar nicht mehr. Bei dem ständigen Rückzug kam es oft zu grotesken Situationen: Einmal machten wir wieder kurz Halt. Kaum kamen wir ein wenig zur Ruhe, da donnerten russische Bomber heran. Sie flogen recht niedrig. Mit eigenen Augen konnte ich sehen, wie sich die Bombenschächte öffneten und die Lufttorpedos heraussegelten. Die meisten von uns hatten noch Zeit, sich in irgendeine vermeintliche Deckung zu retten. Flak hatten wir nicht mehr. Was sollten Karabiner gegen solche Kolosse anrichten können? Wo diese neue Art Bomben einschlugen, wuchs kein Gras mehr, geschweige denn, daß Menschen am Leben blieben. So geordnet das Zurückgehen auch war, so grausam war es. Der immer nachsetzende Russe blieb auf unseren Fersen. Brach er dann rechts oder links von unserer Division durch, traten unsere Männer notgedrungen ihren „strategischen Rückzug" an. Die Wege waren von toten Soldaten gesäumt: zerquetschte, niedergewalzte, zerfetzte Menschenleiber. Dazwischen auch Pferdeknochen, bis auf den letzten Fetzen Fleisch abgenagt von hungernden Menschen.

Im Keller des GPU-Gefängnisses waren die Gefechtsstände unserer Division und die des IV. Panzerkorps untergebracht. Auch ich lebte in einem dieser Kellerräume. In dieser „Endzeit" im wahrsten Sinne des Wortes erschossen sich mehrere Offiziere und auch einfache Soldaten, um der Gefangenschaft zu entgehen. Etliche Offiziere fragten mich um Rat: Hat man in einer solchen Situation das Recht, sich zu töten? Meine Antwort lautete: „Gefangenschaft bedeutet immerhin, wenn auch entfernt, die Möglichkeit, nach Hause zu kommen. Dann braucht Deutschland uns als Zeugen dieses ungeheuerlichen, sinnlosen Krieges und als Gehilfen beim Neuaufbau der Heimat mit dem Ziel: Nie mehr Krieg.“ Ich weiß es nicht genau, bin aber fast überzeugt, daß keiner, mit dem ich sprach, Selbstmord beging. Sie schienen meine Argumente für überzeugend zu halten.

In diesen letzten Tagen ereignete sich für mich noch etwas Unvergeßliches. Die Lage war völlig hoffnungslos: Verpflegung und Munition waren nicht mehr vorhanden, unsere Soldaten physisch und psychisch völlig am Ende. In den Baracken lagen Verwundete herum; Medikamente oder Spritzen gab es nicht mehr. Nicht einmal Verbandzeug war da. Einige Stabsoffiziere erschienen bei mir. Ich sei der Einzige, der ihrer Ansicht nach noch Einfluß ausüben könnte auf unseren General. Mein gutes Verhältnis zu ihm sei ja bekannt. Es müsse Schluß gemacht werden mit der Abschlachterei unserer braven Männer. Bei einer Kapitulation könnte gewiß Tausenden von Kameraden das Leben gerettet werden. Ich war erschüttert, daß einige deutsche Offiziere im letzten Augenblick noch „Herz“ zeigten. So machte ich mich auf und ließ mich durch einen Ordonanzoffizier bei General Schlömer melden. Sofort wurde ich eingelassen. Nach meiner soldatischen Meldung kam ich auf mein Anliegen zu sprechen. Ich versuche hier, zwar nicht wortgetreu, aber sinngemäß, dieses Gespräch wiederzugeben: „Herr General! Etliche Offiziere Ihres Stabes haben mich gebeten, Sie aufzusuchen. Sie glauben, und das ist auch meine Meinung: Es ist 5 Minuten vor 12. Die Finger einer Hand genügen, um die Tage zu zählen, die uns noch bleiben, bis die Sowjets ihr Schlachten beenden. Kapitulieren wir sofort, werden wahrscheinlich noch Tausende von Kameraden gerettet, die in der russischen Gefangenschaft immerhin eine Chance haben zu überleben.“ Der General, spürte ich, wurde unruhig. Dann sagte er: „Herr Pfarrer, Sie vergessen, ich bin deutscher General. Für den gilt unumstößlich: Befehl von oben ist Befehl. Den habe ich auszuführen.“ Geschlagen gab ich mich noch nicht. So fuhr ich fort: „Natürlich ist mir das nicht unbekannt. Ich hätte es auch gar nicht gewagt, hierher zu kommen, wenn ich nicht gewußt hätte, daß Sie überzeugter Christ sind. Auch für einen tief gläubigen Menschen gilt sicher: Pflicht ist Pflicht, Befehl ist Befehl. Aber das heißt nicht, daß es nicht auch Situationen geben kann – und mir scheint, eine solche Situation ist jetzt da –, in der eine höhere Instanz als der Befehlsgeber sich meldet, und diese Instanz ist bei Ihnen und bei mir das Gewissen. Niemand, der irgendwo draußen sitzt (natürlich habe ich den Namen Hitler nicht genannt), hat das Recht, Sinnlosigkeit zu befehlen. Wer aber im Mittelpunkt der ‚Hölle Stalingrad' steht, der kann und muß entscheiden: Ist Befehlserfüllung hier noch zu verantworten oder nicht." Der General lief unruhig im Kellerraum hin und her. Dann brach es aus ihm heraus: „Herr Pfarrer, ich bin nicht nur deutscher General, ich bin preußischer General. Der aber kennt nur eins: Befehl ist Befehl, und der ist auszuführen." Hier hätte noch „Basta" hingepaßt oder das „Hough" der Indianer. Das Gespräch war jedenfalls beendet. Im Grunde war das Ganze ein bißchen grotesk. Ohne sich dessen bewußt zu sein, war der General nach dieser Unterredung bereits ein Befehlsverweigerer. Erstens tat ich etwas, was strikt verboten war: Pfarrer durften nur ihrer religiösen Arbeit nachgehen. Gespräche über Politisches oder Militärisches waren unter Strafandrohung verboten. Zweitens hätte er mich erschießen lassen müssen wegen Defätismus und moralischer Zersetzung der Truppe. Das wäre bei einem lupenreinen Nazigeneral auch ganz gewiß so geschehen.

Zu meiner Verwunderung hieß es am folgenden Tag, der General habe seinen Keller verlassen, um in die vorderste Linie zu gehen. Man munkelte sogar, er sei nach vorne gegangen, um dort den Heldentod zu suchen. Tatsache war, daß er am Stock humpelnd in seinen Kellerunterstand zurückkehrte. Es hieß: leichte Beinverletzung durch einen Gewehrschuß. Keineswegs hätte General Schlömer Selbstmord begangen wie so einige Generäle in diesen Tagen. Ob ich vermuten darf, daß sein Gewissen ihn aber doch verunsicherte wegen seiner Haltung? Wer kennt sich aus in einem anderen Menschen? Des Menschen Herz ist ein Abgrund. Wer kann es erforschen?

In diesen Tagen jagten sich die Ereignisse. Immer wieder griff der Russe an. Erstaunlich, wie oft er noch zurückgeschlagen und aufgehalten wurde. Am 28. Januar explodierte unmittelbar vor unserem Kellerfenster eine russische Granate. Genau dem Fenster gegenüber hielt ich mich auf, etwa fünf oder sechs Meter von ihm entfernt. Stein, Glas und Granatsplitter sausten mir um die Ohren und trafen mich. Ich blutete stark im Gesicht und war sehr benommen. Man führte mich zum Feldlazarett. Die Ärzte erkannten mich in diesem Zustand nicht. Nach kurzer Untersuchung sagten sie zueinander in lateinischer Sprache: „Er wird das rechte Auge verlieren und mit großer Wahrscheinlichkeit auch das linke." Nach einer Säuberung des Gesichtes verband man mein rechtes Auge mit meinem eigenen Verbandspäckchen, das jeder Soldat in der Hosentasche bei sich zu tragen hatte. Medikamente oder sonstige Hilfsmitteln gab es ja nicht mehr. Schöne Aussichten: noch lebend in Gefangenschaft zu geraten, in dieser Zeit blind zu werden und vielleicht so nach Hause zu kommen!

Am 29. Januar 1943 kapitulierte unser Armeekorps und damit unsere Division, die 3. Inf. Div. mot. Die Sowjets, wir konnten das beobachten, begannen, Truppenmassen heranzuführen und tief gestaffelt leichte und schwere Artillerie in Stellung gehen zu lassen. Geradezu Berge von Munition wurden herangeschleift. Wir hatten dem nichts mehr entgegenzusetzen. So entschloß sich General Schlömer, nicht 5, sondern 1 Minute vor 12 zu kapitulieren. Generalfeldmarschall Paulus, der sich diesen Titel erst in Stalingrad holte, kapitulierte am 31. Januar. Die Russen hatten den Kessel Stalingrad noch spalten können. Der sogenannte Nordkessel gab am 2. Februar auf. An der Stalingrad-Front wurde nicht mehr geschossen. Die völlige Ruhe, die nun eintrat, hatte etwas Gespenstisches, Beunruhigendes an sich. Kein „Gezwitscher" der Maschinengewehrgarben mehr, die vorbeihuschten, als hätten sie es sehr eilig, kein Aufbrüllen der Geschütze mehr, keine Krachwellen mehr der explodierenden Hölle. Und – wir lebten noch.

In sowjetischer Gefangenschaft

Vor unserem Auftauchen aus der Unterwelt ins Tageslicht hatte ich mich gefragt: Nimmst du die Krankenpatene mit, in der noch einige konsekrierte Hostien sind, oder verzehrst du die Hostien andächtig, um sie vor jeder Entwürdigung zu bewahren? Eine Patene ist untertellergroß und besteht aus Metall, das meist versilbert oder vergoldet ist. In der Mitte befindet sich eine Kapsel mit Deckelverschluß, Pyxis genannt, die zur Aufbewahrung der konsekrierten Hostien dient. Das liturgische Gerät wird in ein sauberes Leinentuch geschlagen und in einen entsprechend großen Lederbeutel gesteckt, den man wie einen Brustbeutel um den Hals trägt. Diese Patene benutzen katholische Priester, wenn sie den Leib des Herrn zu einem Kranken bringen. Ich beschloß, das Risiko einzugehen und die Hostien mitzunehmen. Es war mir klar, daß in der Gefangenschaft vorerst nicht an das Feiern einer Heiligen Messe zu denken sein würde. Das hieß, daß ich keine Krankenkommunion würde austeilen können, was in der Gefangenschaft aber bestimmt nötig wäre, also: Mitnehmen. Aus Sicherheitsgründen versteckte ich die Patene unter dem Unterhemd auf der nackten Brust.

Alle, die wir „aufstiegen aus der Finsternis", mußten die Waffen ablegen. Ich trennte mich von der Pistole, die ich tragen durfte, um Verwundete zu schützen. Die in ihre Teile zerlegte Waffe sowie meinen auseinandergebauten Fotoapparat verstreute ich über dem Haufen, der sich angesammelt hatte. Ebenso verfuhren die anderen Offiziere und Mannschaften. Unglaublich, was da alles noch aus der umgepflügten, umgewälzten Mutter Erde herausgekrochen kam! 91.000 überlebende Männer der 6. Armee, so erfuhren wir später, schlurften in russische Gefangenschaft. Die sowjetischen Soldaten benahmen sich uns gegenüber korrekt: typisch für Frontsoldaten. Gleich zu Anfang wurden die Offiziere von den Mannschaften getrennt. So verlor ich meinen braven Burschen Franz aus den Augen und habe ihn nie wiedergesehen.

Es begann der Abmarsch der gehfähigen Männer unserer Division. In mehreren Abteilungen, voneinander nicht sehr weit getrennt, ging es nach Süden in die Steppe. Es war 25 bis 30 Grad unter Null. Zuerst führte unser Weg durch die russischen Batteriestellungen. Wie haben wir gestaunt über die gestaffelte Masse von leichten und schweren Batterien, über die aufgestapelte Munition! In der „Etappe", also hinter den russischen Stellungen, machten sich sogenannte „Flintenweiber" an uns heran. Zuerst überrumpelten sie die Wachmannschaften. Dann versuchten sie, uns mit Drohungen und wildem Gekreische Uhren und Wertsachen zu entreißen. Teils wehrten die Wachen diese wilde Horde ab, teils ließen sie die Überfälle geschehen. In Erinnerung geblieben sind mir die etlichen kurzen Pausen in den etwas windgeschützten Balkas, wo wir wie umgemäht in den Schnee sanken. Ob meine Kameraden das ähnlich erlebt haben wie ich, weiß ich wirklich nicht, aber es ist wahrscheinlich: Der Hunger – wir kamen doch schon halbverhungert aus dem Kessel Stalingrad – die gnadenlose Kälte, die völlig nachlassenden physischen Kräfte und die uns überwältigende Müdigkeit fällten uns, wie ein Orkan ganze Wälder niederlegt. Eine neue Erfahrung: Während wir noch vor uns hin duselten und träumten, daß wir liegenbleiben und den wunderbaren Eistod erleben durften, kam der scharfe Befehl zum Weitermarsch. Gott der Herr hat uns wohl den Selbsterhaltungstrieb eingepflanzt. Dieser Stachel erwies sich als Überlebenshilfe: Der ganze armselige Menschenhaufen erhob sich wieder. Und weiter ging es durch die Schneehölle. Noch gab es dabei anrührende Bilder der Kameradschaft. Da schleppten zwei müde Krieger einen Dritten mit sich, der völlig am Ende war. Dort hatte ein anderer einen Daherstolpernden, immer wieder Strauchelnden kräftig in den Arm genommen. Wir wußten ja, wer nicht mehr laufen konnte, also zurückblieb, wurde erschossen. Am schlimmsten wurden wir schikaniert, wenn es durch Dörfer ging. Die Menschen stürzten sich auf uns Gefangene und rissen den Kameraden zum Teil Mäntel, Stiefel, Pullover und Uniformen vom Leibe. Für die Opfer ging es weiter mit lappenumwickelten Füßen und mit umgeschlagenen Decken.

Beketovka und Krasnoarmejsk

Nach einigen Tagen erreichten wir den Ort Beketovka. Hier gab es die erste Verpflegung, ein Stück Trockenbrot und Trokkenfisch. Zum Trockenbrot: Das normale russische Brot wurde damals mit viel Wasser zubereitet und war deshalb sehr feucht. Wurde diese Sorte ein zweites Mal gebacken, ergab das ein sehr hartes Trockenbrot. Wir kennen dieses Verfahren bei unserem sogenannten „Zwieback“. 200 Gramm Trockenbrot galten soviel wie 600 Gramm „normales“ Brot. Im Geiste sehe ich noch das höhnische Gesicht eines russischen Generals. Er stand auf einer Kiste, streckte uns zwischen zwei Fingern einen getrockneten Hering entgegen, und beschimpfte und schmähte uns maßlos, wie unsere Dolmetscher uns erklärten.

Das Lager Beketovka war restlos überfüllt. So mußte sich unsere Offziersabteilung wieder auf den Weg machen, weiter nach Süden zum Nebenlager Krasnoarmejsk. Untergebracht waren wir dort in den roten Ziegelbauten einer ehemaligen Panzerfabrik. In diesem Lager herrschten katastrophale Zustände: Unentwegt pfiffen Wind und Schnee durch die Räume, die keine Fenster und Türen mehr hatten. Ärztliche Versorgung gab es nicht – geschweige denn Entlausung. Verwundete und Kranke wurden abgesondert in einem Großraum untergebracht. Das große Sterben begann. Der Kräfteverfall forderte täglich neue Opfer. Oft genug waren es 50 Männer am Tag. Die nackten Toten wurden an den Beinen durch den Schnee geschleift und in einer Senke in Schnee und Eis begraben. Der Frost erhielt die Leichen noch lange unversehrt, der Schnee machte sie nach und nach unsichtbar.

Eine Zeitlang duldeten die Russen, daß die Gefangenen aus einer großen, völlig zerstörten Scheune mit letzter Kraft sich Holz verschafften. Wir lagerten dann dicht gedrängt um das Feuer, um uns ein wenig aufzuwärmen. Die Verpflegung im Lager war miserabel. Alle ein bis zwei Tage eine Suppe und ein einziges Brot für 10 bis 30 Mann. Außer der mageren Suppe gab es keine Getränke. Deshalb aßen wir Schnee, um den Durst zu stillen. Der Raum, in dem wir uns bewegen durften, wurde dadurch allmählich schneefrei. Gierig schauten wir auf eine wunderschöne Schneedecke vor unseren Augen, die nicht betreten werden durfte. Es waren die wenigen Meter, die uns vom Stacheldrahtzaun trennten, der unser Lager begrenzte. Wer unbefugt dieses kleine Schneeparadies betrat, wurde erschossen. So geschah es etliche Male. Schließlich wurde es auch verboten, Feuerholz aus der Scheune zu holen. Mit eigenen Augen sah ich einen Kameraden sich dennoch auf diesen Weg machen. Wer weiß, was ihn bewegte! Stumpfsinn, nicht mehr zu beherrschende Sucht, sich ein wenig Wärme zu erobern, oder hatte er den strengen Befehl gar nicht gehört? Ich sah ihn einsam und allein daherstapfen. Wie ein Schatten tauchte plötzlich einer der Wachposten hinter ihm auf. Ein Griff zur Pistole, Genickschuß und aus der Traum von der Wärme. Der Schrei des Schreckens und der Warnung blieb mir im Halse stecken. Der Glaube in mir sagte: Gott wird dir Wärme für die Ewigkeit geben!

Die Stabsoffiziere waren zunächst in einem einigermaßen geschützten Raum untergebracht. Wir wurden dort allerdings so zusammengepfercht, daß keiner von uns sitzen, geschweige denn sich hinlegen konnte. Sehr bald schon gehörten etliche Offiziere meiner Division zu den Toten. Das Sterben nahm und nahm kein Ende.

Meinen eigenen Gemütszustand kann ich nur als katastrophal bezeichnen. Eine Art Stumpfsinn oder Dumpfheit machte sich in mir breit. War es vielleicht eine Art von seelischer Panzerung, die da wuchs, um die Sintflut von Elend ohne großen inneren Schaden überstehen zu können? Die Antwort weiß allein Gott. Er gab mir sehr bald die Gelegenheit, mir darüber klar zu werden, ob dieser „Innenpanzer“ schon so fest zusammengeschweißt war, daß ich unfähig war zu klarem Denken und zu Gewissensentscheidungen. Im Lager begannen Vernehmungen. Da wurden technische Inspektoren, Nachrichten- und Flakoffiziere herausgefiltert. Außerdem startete man eine Großaktion: Jeder einzelne Gefangene mußte mitsamt seinen verbliebenen Habseligkeiten hinab in einen Kellerraum. Alles „Verdächtige“ flog auf einen wachsenden Haufen von allen möglichen Utensilien. Am begehrtesten waren natürlich Wertsachen. Dazu gehörten auch die Gegenstände, die aus Metall waren. Schließlich wurde auch ich in die „Unterwelt“ befohlen. Der Politkommissar war ein kleiner, stämmiger Mensch, den Gesichtszügen nach vielleicht Kaukasier. In der Rechten hielt er eine Pistole, wie ich es später noch häufig erleben sollte. Da lag also der Haufen all der Gegenstände, die man meinen „Vorgängern“ abgenommen hatte. Wortlos bedeutete er mir, ich solle hervorkramen, was ich noch besaß. Alles, was mein Gegenüber für bedeutsam hielt, mußte auf den Plunderberg geworfen werden, der vielleicht in zwei Meter Entfernung vor mir lag. Ein Wink mit seiner Pistole gab das Zeichen dazu. Der Kerl sprach nur ein paar Worte Deutsch. Das erste hieß: „Ausziehen!“ Ich begann mit der „Entkleidung“, bis alles, was ich angehabt hatte, am Boden lag. Was ich noch um den Hals trug, war die Krankenpatene. Ich mußte die Ledertasche öffnen. Ich zog das schöne Leinentuch heraus, faltete es auseinander und – vor den wahrscheinlich verzückten Augen des Kommissars kam die Patene zum Vorschein, in der sich meine konsekrierten Hostien befanden, im Glauben der katholischen Kirche die reale Gegenwart unseres Herrn Jesus Christus in Brotgestalt. Aber was verstand der Sowjet von solchen Dingen? Das Gold stach ihm in die Augen. Wieder der Pistolenwink: auf den Haufen werfen! Völlig gedankenlos, ohne eine Spur des Begreifens, was ich damit tat, flog mein Hostienbehälter samt Inhalt auf den Abfallhaufen. Dann geschah alles in Sekundenschnelle. Meine gefüllte Krankenpatene war noch im Fluge, da wurde ich „wach“. Die ganze Ungeheuerlichkeit meines Tuns kam mir blitzschnell zu Bewußtsein. Meine Gedanken jagten sich: Du wirst nie in deinem Leben mehr den Mut finden, den Gläubigen zu verkündigen: „Der Menschensohn Jesus, der zugleich der Sohn Gottes ist, lebt auch in der Gestalt der heiligen Hostie.“

Du hast einen gräßlichen Verrat begangen an deinem Glauben! Energisch drehte ich mich zu meinem Peiniger um und sagte zu ihm, auf das Gefäß deutend: „Das muß ich wiederhaben." Dreimal kam ein ebenso energisches „Njet", Nein, zurück. Da war mir völlig klar: Jetzt geht es um alles! Ich sprang auf den kleinen Berg zu, nahm die Patene, öffnete den Deckel, holte mit spitzen Fingern die Hostie heraus und konsumierte sie. Mein letzter Gedanke war: Herr und Gott, laß es gelingen, dann mag er schießen! In den folgenden Sekunden war es da unten still wie in einem Grab. Zur Überraschung des Kommissars über meine Frechheit gesellte sich die zweite Überraschung, daß er „sein Gold" ja nicht verlor. Das hatte ich sofort zurückgeworfen. Der Mann war so verständnislos, so konsterniert, daß er nicht schoß. Stattdessen fluchte er drauflos und machte seinem Ärger Luft. Ich durfte meine Kleider wieder anziehen und schlurfte ans Tageslicht zurück. Gott gegenüber empfand ich eine ungeheure Dankbarkeit und große Erleichterung. Nun durfte ich wieder ein glaubwürdiger Priester sein. Noch eine Freude kam dazu: Mein Pfarrer-Brustkreuz, das Geschenk eines guten Freundes, brachte ich durch. Wie ich das fertiggebracht habe, weiß ich nicht mehr. Nur ganz wenigen Pfarrern gelang es in den ersten Jahren der Gefangenschaft, ihre Kreuze zu retten. Das Kellerereignis wirft viele Fragen auf: Wie ist mein Versagen zu erklären? War es die Stumpf- und Dumpfheit, der zuwachsende Panzer, der mich abschirmte gegen den ganzen Wahnsinn dieses Krieges und das totale Ausgeliefertsein in der Gefangenschaft, die einem den eigenen Namen nahm und den Menschen zur Nummer degradierte? Auch die andere Frage ist zu stellen: War meine Unachtsamkeit nicht einfach Feigheit oder Todesangst? Wenn das der Fall gewesen wäre und ich es wüßte, dann traute ich mir zu, diese Wahrheit zu gestehen. Endgültiges kann ich dazu nicht sagen. Das jedenfalls weiß ich ganz sicher: Gott hat mich damals gerettet aus einer Situation, die mir meinen geliebten Priesterberuf zur Qual gemacht hätte.

Im Lager von Krasnoarmejsk ging das Sterben weiter. Der Egoismus fing an, sich breit zu machen. Viel Kameradschaftlichkeit ging in dieser Not zugrunde. Im Lager Beketovka ging es noch grausamer zu als bei uns. Nach Berichten, die wir bekamen, lagen dort um die 60.000 Stalingrader Soldaten in soliden Baracken. Sehr bald brach dort das Fleckfieber aus. Das Massensterben beschleunigte sich. In späteren Jahren, aber noch in der Gefangenschaft, gaben selbst die Russen zu: Allein in den ersten zwei Monaten Februar und März starben von den 91.000 deutschen Soldaten, die in Stalingrad gefangengenommen worden waren, 60.000 in Beketovka und Krasnoarmejsk. Die Angaben von unserer Seite, wer denn von den Stalingradern heimgekommen ist, schwanken zwischen 5.000 und 6.000. Wir hatten wohl alle das Gefühl: Aus dieser Hölle kommt niemand von uns heraus! Wir sitzen in der Todeszelle und warten auf den Tag der Vollstreckung.

Wie ein Paukenschlag traf uns ein Aufruf: Etwa 200 Offiziere wurden genannt, die sich fertig machen sollten zum Abtransport. Es waren hauptsächlich Stabsoffiziere genannt worden – Dienstgrade vom Major an aufwärts. Auch einige Beamte waren dabei und andere, für die die Russen offenbar Interesse hatten. Ich, Pfarrer im Majorsrang, gehörte ebenfalls dazu. Dieser 16. Februar 1943 ist mir unvergeßlich geblieben. Wir schlurften, mit „kleinem Handgepäck", endlos über Gleise, an Güterzügen vorbei. Ich gestehe, daß ich keine Hoffnung hatte auf einen guten Ausgang. Aus der Todeszelle heraus und nun an einen einsamen Ort zur Vollstreckung ... Es kam alles ganz anders. Plötzlich hieß es: „Halt!" Wir standen vor einem Schlafwagenzug. Dann kam das Kommando: „Je sechs Offiziere in ein Abteil!" Dort befanden sich sechs aufklappbare Schlafstätten und auf jedem Bett eine Decke und ein sauberer Bettbezug. Der Schein trog ein wenig. Beim Gebrauch merkten wir, daß auch hier Läuse ihren Einzug gehalten hatten. Nun, wir waren viel Schlimmeres gewöhnt. Die Verpflegung war sehr ordentlich, es gab sogar richtigen, heißen Tee. Auch die Wachmannschaften verhielten sich korrekt. Wir waren aus der Hölle in eine Art Himmel gekommen. Hier lernte ich zum ersten Mal die Unberechenbarkeit dieses ganzen sowjetischen Kommunismus kennen.

Krasnogorsk

Zehn Tage lang dauerte die Fahrt, die uns in das Lager 27 brachte, nahe bei Moskau. Endstation: Bahnhof Krasnogorsk. Mit zwei Lastwagen wurden die Generäle samt Gepäck abtransportiert. Alle anderen Kriegsgefangenen machten sich zu Fuß auf den Weg. Die Wachtposten trieben uns zur Eile an. Der Weg führte durch eine langgestreckte Ortschaft und endete vor einem Holztor, hinter dem sich ein großes Barackenlager befand. Man kann Krasnogorsk wohl als Vernehmungslager oder Propagandalager bezeichnen. Am selben Ort gab es außerdem ein Arbeitslager von Kriegsgefangenen und eine Musterschule des dialektischen Materialismus, wo deutsche Gefangene umgeschult wurden zu lupenreinen Kommunisten. Lange dauerte es, bis wir endlich einzeln durch die Wachstube bugsiert waren und auf der Lagerstraße landeten. Unsere neue Unterkunft lag am Hang eines Hügels. Links befand sich ein Blockhaus mit kleinen Fenstern, daran schlossen sich Wirtschaftsgebäude an. Rechts erstreckten sich, terassenartig angelegt, die Wohnbaracken bis hinunter an die Lagergrenzen mit dem doppelten Stacheldrahtzaun und den Wachtürmen. Hier konnte man die Erinnerung an die Hölle von Stalingrad vergessen. Der Anblick des Hügels mit seinen eingestreuten Nadelbäumen, Fichten und Kiefern, tat dem Auge wohl. Möglicherweise erinnerte diese Landschaft ein wenig an die Heimat. Wir Neuen wurden in den Eßraum geführt, wo wieder einmal Personallisten aufgestellt wurden. Truppweise ging es anschließend in die „Banja", das Badehaus. Badehaus? So sah das Ganze aus: In einem Vorraum mußten wir sämtliche Kleider ausziehen. Wie lange war es eigentlich her, daß ich gebadet und die Wäsche gewechselt hatte! Als mein Unterhemd als letztes Stück fiel, traute ich meinen Augen nicht: Das Hemd wimmelte nur so von Läusen. Es sah aus, als ob es davonliefe. Die Uniform und alles, was ich am Leib getragen hatte, wanderte in einen glühendheißen Ofen, der alles Ungeziefer tötete, leider aber nicht die Eier der Kleiderläuse, die in den Kleidersäumen überlebten. Es blieb unsere Aufgabe, nach der ganzen Prozedur in den Baracken unsere Uniformen nach Läuseeiern abzusuchen. Die Russen legten viel Wert darauf, denn sie hatten eine höllische Angst vor einer von Läusen übertragenen Fleckfieber-Epidemie – wir allerdings nicht minder.

Für mich ergab sich in diesem Vorraum die Gelegenheit, auch meinen Augenverband endlich loszuwerden. Ein Gefühl großer Dankbarkeit und Erleichterung packte mich: Mit meinem verwundeten, nun freigelegten rechten Auge konnte ich ein wenig sehen, wenn auch nur schemenhaft und unklar. Die Hoffnung aber war da: Ich würde das rechte Auge doch nicht verlieren! Gegen die Prognose der Ärzte blieb auch die Sehkraft des linken Auges erhalten.

Nach der Entkleidung ging es in den Baderaum. Jeder erhielt

ein Stückchen Seife, holte sich eine Blechschüssel, die mit lauwarmem Wasser gefüllt war, und wir begannen zu „baden“. Der primitive Vorgang wurde zur Labsal. Wie lange hatten wir uns schon nicht mehr waschen können! Nebenan war danach „ärztliche Untersuchung“: Grinsende, gar feixende Weiber, so muß man wohl sagen, machten sich daran, unseren armseligen, nackten Körpern sämtliche Haare abzurasieren. Eine Ärztin beendete die Prozedur, indem sie die Haut am Gesäß und den Rippen mit den Fingern zusammenkniff. Das nannte sich „Feststellung des wirklichen Zustandes“ des einzelnen Gefangenen. Anschließend gab es saubere Unterwäsche aus einer Art groben Nessels. Die Hose hatte statt eines Gummis zwei Bändchen zum Zubinden. Wir zogen unsere Uniformen an, die noch heiß waren, und wurden in die Baracken eingewiesen. Feldmarschall Paulus bezog ein Zimmer in einem Blockhaus. Die Generäle wurden in der Lazarett-Baracke, wir Stabsoffiziere in anderen Baracken untergebracht, abgesondert von den übrigen Offizieren und den Mannschaften. Der Barackenälteste war jeweils der Verantwortliche und der Ansprechpartner für die russische Lagerführung. Wir erhielten Decken, schüttelten unseren armseligen Strohsack etwas zurecht und verstauten unsere Utensilien. Bald kam der Ruf: „Alle raustreten zum Essensempfang!“ Wir holten uns von einem hohen Stapel eine Aluminiumschüssel. Aus einem großen Kessel erhielt jeder eine Kelle wässerige Kohlsuppe und dazu als Tagesration 400 Gramm Brot. Dunkelbraun und feucht war dieses seltsame Produkt. Einer von uns meinte: „Schmeiß' es an die Wand, es bleibt sicher dort kleben!“ Als Abendessen gab es reichlich gesüßten Tee. Am späten Abend wurde die ganze Belegschaft des Lagers noch einmal aufgescheucht zum Zählappell. Dieses Zeremoniell sollten wir wochenlang erleben. Wir standen in Reih und Glied im Barackenflur, der wachhabende Offizier vom Dienst aber kam und kam nicht. In dieser Zeit des Wartens kippte da und dort einer um. Endlich erschien der sowjetische Offizier, die Hand zum militärischen Gruß am Mützenrand: „Stillgestanden!“ Endlos dauerte das Durchzählen, bis wir wegtreten durften. Morgens erneut Appell, dann 200 Gramm Schwarzbrot und jede Menge Kaffee. Zu Mittag erneut Kohlsuppe und 200 Gramm Brot. Abends süßer Tee.

Erwähnenswert war das Lagerklo. Es befand sich in einem langen Holzschuppen, der an den Schmalseiten offen war. Ein hölzernes Podest durchlief den ganzen Raum, in der Mitte von einer Querstange geteilt. Rechts und links davon waren je 20 Löcher zu sehen. An der Stange konnte man sich anlehnen, wenn man sein Geschäft machte. In allen Lagern ähnelten sich diese Kloanlagen. Allenthalben waren wir auf der Suche nach Klopapier. Bei diesem erbärmlichen Essen war das eine Notwendigkeit. In dieser ersten Zeit erschien ein Zivilist im Lager, der Lagerkommissar, wie wir erfuhren. Major Stern, in eine vorzügliche Pelzgarnitur gekleidet, sprach ein tadelloses Deutsch. Er sah im ersten Moment so unschuldig und naiv aus, daß er bald von Kameraden angesprochen wurde. Sie sahen den richtigen Augenblick gekommen, sich zu beschweren. Thema war natürlich die Verpflegung, die uns auf die Dauer umbringen würde, und die Tatsache, daß wir keine Zigaretten oder Tabak erhielten. Schließlich kam auch noch das „Lokuspapier" zur Sprache. Der Angesprochene tat ganz verwirrt und überrascht, so wurde erzählt, um dann zu erklären, mit der Lagerverwaltung habe er nichts zu tun, aber er werde mit den zuständigen Stellen sprechen. Wegen des Toilettenpapiers sollten wir uns an die Lagerärztin wenden. Den Mut zur Kritik hatte der Zahlmeister gehabt, einer der ältesten Mitgefangenen. Er erzählte später von seinem Gang zur Lagerärztin. Diese habe ihm erklärt, der Gebrauch von Papier sei eine Zivilisationskrankheit. Also: kein Papier! Am anderen Morgen war der Zahlmeister aus dem Lager verschwunden. Wir begannen zu lernen, wie das sowjetische Prinzip funktionierte: Bei entscheidenden Anfragen an die Lagerleitung war kein Zuständiger zu finden. Aber – wehe dem Herausforderer!

Es gab innerhalb der russischen Lagerleitung immer einen militärischen Kommandanten und einen zivilen Kommissar. Offensichtlich hatte der militärische Leiter nicht allzuviel zu sagen. Seine Aufgabe bestand in der Hauptsache darin, für Zucht und Ordnung und Erfüllung des Arbeitsdienstes zu sorgen. Möglicherweise waren diese Militärs nicht so geschult im „dialektischen Materialismus" wie die besonders ausgebildeten Kommissare, die die heiklen und grundsätzlichen Fragen entschieden. Es gab noch eine dritte Instanz für uns, den deutschen Lagerkommandanten. Ich kenne zwar noch den Namen unseres damaligen Kommandanten, nicht mehr aber seinen Dienstgrad, den er in der 6. Armee innegehabt hatte. Er war zwar ein williges Werkzeug in der Hand der Russen, aber gleichzeitig einer der wenigen, der noch „Herz" besaß. Zufällig erfuhr ich, daß ihm eine Gitarre gehörte. Ich bat ihn, sie mir zu leihen. Und siehe da, zu meinem Staunen erfüllte er meine Bitte. Mit der „Klampfe“ bewaffnet, begab ich mich in unsere Stabsoffiziersbaracke. Die Stimmung dort war unter Null. Die Rede war ständig nur von dem Fraß, vom Hunger und der Ausweglosigkeit unserer Situation. Die Kameraden schauten auf, als ich mit dem Instrument aufkreuzte. Ich erklärte ihnen: „Wenn Sie wollen, singe ich Ihnen Lieder aus der Heimat vor. Vielleicht singen da und dort ein paar Kameraden mit!“ Niemand widersprach. Ich sang Löns-Lieder und solche, die mir aus der Jugendbewegung geläufig waren. Es herrschte Stille. Mir schien es, als brächte ich den Soldaten ein Stück Heimatgefühl zurück und ein wenig Mut, bei dem Gedanken an zu Hause Kraft zu schöpfen. Das Singen wurde, so glaube ich sagen zu dürfen, zu einem kleinen Licht in unserer Dunkelheit.

Während dieser Zeit dauerten die Vernehmungen an. So mancher Kamerad verschwand danach auf Nimmerwiedersehen aus dem Kreis der Gefangenen. Bei einem meiner Verhöre machte ich eine außerordentlich schöne menschliche Erfahrung. Vernommen wurde ich von einer Frau, die mich sehr beeindruckte. Mit Fug und Recht möchte ich sie eine Dame nennen. Ihrem Aussehen nach war sie eine Jüdin, sie sprach sehr gut Deutsch. Wie am Anfang der Vernehmungen üblich fragte sie zunächst nach der Familie, nach Eltern und Geschwistern. Dann sollte ich die Stellung angeben, die ich bei der Truppe innegehabt hatte. Bei allen Vernehmungen war ein russischer Beobachter anwesend. Als der bei unserem Gespräch, das ihm zu lang zu werden schien, verschwand, schaute mich die Frau kurz an. Dann geschah etwas, was ich in Rußland nicht für möglich gehalten hätte. Sie sagte sehr eindringlich zu mir: „Sagen Sie in Zukunft bei Vernehmungen nie, daß Sie auch im Ausland gewesen sind! Bei uns gerät jeder in schwersten Verdacht, wenn er erzählt, daß er vor dem Krieg einmal in fremden Ländern war. Unsere Leute können sich einfach nicht vorstellen, daß einer Urlaub macht oder seine Erholung im Ausland sucht. Das heißt für sie, daß er das nur tun kann, weil er einen politischen Auftrag hatte zu irgendeiner Art von Spitzelei oder als Spion.“ Was für eine mutige Frau! Sie wußte genau, daß sie unweigerlich dem Tod ausgeliefert wäre, wenn ich ihren Verrat dem Russen meldete. Ich aber hätte einen Stein im Brett der Sowjets gehabt. Unvergeßlich dieses Erlebnis! Was ist doch der Mensch, und wie schwer ist er zu ergründen!

Die Stalingrad-Generäle durften nicht besucht werden. Ein

Schild wies darauf hin. Ab und an ließ sich einer von ihnen bei uns im Lager sehen. Bei einem meiner Spaziergänge durch das Lager traf ich eine Gruppe von Generälen, die ihr Gebiet verlassen hatten. Sie disputierten lebhaft und laut miteinander. Das Wort führte Generaloberst Heitz, der Kommandeur eines Armeekorps in Stalingrad, der diesen hohen Generalsposten noch Ende Januar 1943 bekommen hatte. Im Vorbeigehen, niemand nahm Notiz von mir, hörte ich Heitz zu seinen Generälen sagen: „Meine Herren, merken Sie sich für die Zeit der Gefangenschaft eines: Hier ist die Schnauze nur zum Fressen da und nicht zum Reden." Als Landserjargon war ich diese Sprache gewohnt. Bei Generälen allerdings hatte ich sie nicht erwartet. Heitz meinte natürlich nicht das Reden untereinander, sondern das Schweigegebot den Sowjets gegenüber. Er selbst hat die Heimat nicht mehr erlebt, er ist in der Gefangenschaft gestorben. Er war in Stalingrad bekannt dafür gewesen, daß er mit gnadenloser Härte alle Hitlerbefehle ausführte. Er schien ein Mann aus Granit zu sein, dem alles menschliche Denken in dieser grausigen Zeit abhanden gekommen war. Hitlers Befehle lauteten zum Beispiel: „Jeder gefangengenommene Kommissar ist sofort zu erschießen." Als die Verpflegungslage im Kessel immer verzweifelter wurde, befahl Hitler: „Jeder Soldat mit Dienstgrad hat jeden Kameraden oder auch ‚Hiwi' auf der Stelle zu erschießen, wenn er ihn beim Diebstahl von Verpflegung erwischt." So hart diese Befehle waren, nicht weniger hart wurden sie von Heitz ausgeführt. „Hiwis" waren russische Soldaten, die zu uns übergelaufen waren. Sie glaubten bis in die letzten Stalingradwochen, daß wir Deutsche Sieger bleiben würden. Meist waren es einfache, etwas naive Burschen, die sich schnell bei uns einlebten. Sie wurden „Hiwis", Hilfswillige genannt, weil sie unseren Männern in jeder Weise zur Hand gehen sollten. Was meine Erfahrungen in meiner Division angeht, kann ich nur rühmend sagen: Sie wurden ordentlich behandelt und erhielten denselben Verpflegungssatz wie wir alle. Als wir in Gefangenschaft gingen, wurden alle „Hiwis" von den Sowjets erschossen.

Diese neun Wochen Krasnogorsk wurden für mich eine harte Lehrzeit. Wie alle meine Kameraden lernte ich, was wirklich Hungern heißt. Dieses ewige Kreisen um Essen! Dieses immer wieder zu hörende: „Wann gibt es die nächste Mahlzeit?" Wie oft habe ich in jenen sieben Jahren den „Schwur" gehört: „Sollte ich wirklich nach Hause kommen, würde ich Gott danken, auch wenn ich nur in einer Höhle Platz fände, mir dabei aber jeden Tag soviel Brot leisten könnte, wie ich zu essen vermag." Thema Nummer 1 auch im Schlaf und den Träumen: Eine Kurzreise in eine Art Schlaraffenland voll köstlicher Angebote. Dann das immer grausige Erwachen. Es war der Wunschtraum aller, sich endlich wieder einmal sattessen zu können: „Ich möchte mir von gutem Brot so viele Scheiben abschneiden können, wie ich will!" Dabei spielten nicht einmal Butter und Aufschnitt eine Rolle, nur gutes, heimatliches Brot. Bei dem ewigen Gerede über Essen und Brot habe ich nie erlebt, daß einer von einem Festessen sprach. Die Vaterunser-Bitte um das tägliche Brot erhielt in dieser Situation eine neue Bedeutung.

Die Zeit blieb voller Unruhe. Ich machte die erste Bekanntschaft mit dem antifaschistischen Aktiv des Lagers 27. Meine Vernehmungen schienen zu Ende zu sein. Als Pfarrer einer Division gab ich anscheinend nichts her und wurde uninteressant. Für mich bedeutete das ein kurzes Aufatmen. Allmählich wurde deutlich, daß die Kriegsgerichtsräte, auch im Majorsrang, am meisten gefragt waren. Von ihnen verschwanden in meiner Zeit einige. Wir vermuteten, daß sie in einem der Moskauer Gefängnisse landeten. Besonderes Interesse für die Russen schienen auch die „Ic"-Offiziere der Stäbe zu erwecken. Ich bin nicht genau im Bilde, was für eine konkrete Aufgabe diese Offiziere hatten. Auf jeden Fall hatten sie etwas mit der Abteilung „Abwehr" zu tun, der Spionage, dem Aushorchen von Gefangenen und Spezialisten hinter der gegnerischen Front.

Wenn ich an jene erste Zeit in der russischen Gefangenenschaft denke, befällt mich Scham. Wie ein Schiff, das sein Steuerruder verloren hat, trieb ich willen- und ziellos dahin, physisch und psychisch am Ende. Kraft- und würdelos ließen wir uns alle Schikanen gefallen: das ewige Meckern der Lagerärztin über unser Verhalten: „Nix Kultura!", die immer sich wiederholenden Elendsbilder bei den täglichen Zählappellen. Da standen und standen wir und warteten und warteten, bis es dem Tagesoffizier gefiel, die Front abzuschreiten und zu zählen. Eine Ewigkeit dauerte das, als wäre er ein armer Hilfsschüler. Bevor er kam, waren immer ein paar von uns schon ohnmächtig zusammengebrochen. Während der Zählerei ging es noch mehreren so. Das ganze Geschehen spielte sich in den Baracken oder auch draußen in grimmiger Kälte ab. Trotzdem muckten wir kaum einmal auf. Und wenn, dann ließen wir uns wie Schwachköpfe mit dümmlichen Versprechungen abspeisen und meinten sogar noch, einen Sieg errungen zu haben. Die Kameradschaft in unserer Stabsoffiziersbaracke war zwar insgesamt in Ordnung, aber es kam nicht zu freundschaftlichen Verbindungen. Zu unsicher war, wie lange wir noch zusammenbleiben würden. Wir wußten: Krasnogorsk war ein Durchgangslager. Wenn die Russen wüßten, was sie von uns wissen wollten, würden wir abgeschoben in ein anderes Lager, voraussichtlich wohl für längere Zeit. Für immer bleibt mir aus diesem Lager die Erinnerung an den Anblick der Elendsgestalten, die nackt in der Banja, im Baderaum, versuchten, ihre Körper zu säubern und mit der einen Schüssel Wasser zu „baden“. Zu sehen waren nur mit Haut überzogene Skelette, abgemagert bis auf die Knochen. Diese „Schatten“ bewegten sich, redeten sogar, sie schienen also zu leben. Unverdrängbare Bilder. Auch das gehörte zum Wahnsinn des Krieges.

Zum normalen Waschen gab es die berühmte „Wasch-Kuh“. Dieser Apparat bestand aus einer Art Dachrinne, die mit Wasser gefüllt war und an der sich ein Dutzend oder noch mehr „Nippel“ befanden. Drückte man einen nach oben, floß ein Strählchen Wasser heraus. Das Komplizierte war aber, daß die „Quelle“ sofort versiegte, wenn man den Nippel losließ. Diese Dinger wirkten wie Ventile, die sich sofort wieder verschlossen. Ein toller Waschkomfort für uns, sehr geeignet zur Verringerung des Wasserverbrauchs!

Ende April 1943 wurde ich mit einer ganzen Reihe von Männern aufgerufen, an die der Befehl ging: Fertigmachen zum Transport! Der 1. Mai 1943: Die mit Namen aufgerufenen Offiziere harrten am Lagertor der Dinge, die da kommen sollten. Fragen tauchten auf: Wohin wird die Reise gehen? Werden wir dahin zu Fuß gehen müssen? Für uns abgezehrte, kraftlose Gesellschaft eine grausame Vorstellung. Wird das Ziel wieder ein so furchtbares Lager sein wie das, das wir nun verlassen? Dieser Gedankenwirrwarr hatte ein Ende, als plötzlich ein großer offener LKW herangerumpelt kam. Wie immer hatte es unsere Wachmannschaft nun sehr eilig. Wir wurden mit unseren paar Habseligkeiten in diesen Wagen hineingetrieben, hatten uns gleich hinzuhocken und durften während der ganzen Fahrt nicht aufstehen. Unsere genaue Zahl weiß ich nicht mehr. Das aber weiß ich noch, und das mit Erschrecken, wieviele Menschen sich zusammenquetschen ließen auf dem kleinen Raum. Zwischen all den Körpern und Beinen standen die russischen Soldaten. Wir konnten unsere Glieder kaum recken und strekken. Gut, daß wir nicht wußten, daß unser Ziel etwa 200 Kilometer nordöstlich von Moskau und Krasnogorsk lag.

Suzdal

Dieser 1. Mai war noch eisigkalt. Heute kann ich kaum verstehen, daß alle die Höllenfahrt überlebten. Wir froren furchtbar. Nach vielen Stunden Rüttel-Schüttel-Fahrt landeten wir vor einem Spitzbogentor. Unser neues Lager war erreicht: Suzdal, nahe bei Vladimir an der Nerl. Wieder einmal hatten es unsere Wächter eilig: „Schnell herunter von der Ladefläche!“ Von wegen schnell – wir waren wie vereist. Schon das Aufstehen aus unserer verkrümmten Körperhaltung wurde zur Qual. Beim Sprung auf den Erdboden hatte ich das Gefühl: Jetzt zersplitterst du wie Glas. Aber die Höllenfahrt war überstanden. Dann kam das Übliche: Banja, neue Wäsche und heiße entlauste Uniformen. Alles war sauberer und besser, als wir es bisher erlebt hatten, irgendwie anders, menschlicher. Der russische Kommandeur dieses Lagers, ein Oberst, schien fast wohlwollend auf die Diszipliniertheit, Sauberkeit und Korrektheit der deutschen Offiziere zu schauen, von denen die meisten Stabsoffiziere waren. Weniger schienen ihm die rumänischen und die italienischen Offiziere zu gefallen, die viel lockerer, im Grunde ziviler miteinander umgingen und lebten. Sie waren in eigenen, getrennten Blocks untergebracht. Das Lager war umgeben von hohen Mauern, da es ehemals ein Wehrkloster gewesen war, eine Art Festung gegen feindliche Einfälle. Ein erster Spaziergang durch das Lager führte mich durch eine Art Traumland. Hier gab es schattenspendende Bäume und geradezu gärtnerisch gepflegte Rasenflächen. Auch Blumenrabatten leuchteten mir entgegen. Die Rumänen hatten eine ziemlich große Tomatenplantage angelegt, mit Stacheldrahtzaun einigermaßen abgesichert gegen „Fremdbesucher“. Hinter der Ruine eines uralten Glockenturms konnte man einen grauen Rundbau erkennen, der sich als ehemalige Kirche „im Grünen“ entpuppte. Es gab mehrere Gotteshäuser im „Klosterdorf“. Alle waren ihrem ehemaligen Zweck entzogen und dienten nun in der Hauptsache als Magazine. Mir ist es nie gelungen, auch nur einen Blick in das Kircheninnere zu werfen. Heute ist dieser Bezirk längst renoviert und wird dem erstaunten Rußlandbesucher präsentiert.

Das zum ersten Mal geordnete Lagerleben in Suzdal ließ die Kameradschaft unter den gefangenen Offizieren wieder aufleben. Die Verpflegung, die einigermaßen den versprochenen Normen entsprach, machte uns zwar nicht satt, ließ aber Überlebenshoffnungen aufkommen. Zu Arbeiten wurden wir Stabsoffiziere nicht herangezogen, so daß unsere Lebensgeister allmählich wieder erwachten. Verschwommene Gesichter bekamen wieder Profil. Wir begannen, einander zu sehen, neugierig zu sein, wer der andere wohl war. Ich lernte noch etliche katholische Kriegspfarrer aus Stalingrad kennen. Da war zum Beispiel Alfons Jaeschke aus der Breslauer Diözese. Später nannte ich ihn den „Stier von Uri" wegen seiner konsequenten, unbeugsamen Haltung, die keine Kompromisse zuließ. Leider hat er mir diese Benennung ziemlich übelgenommen. Er hielt sie wohl für eine Art Verunglimpfung, was aber keineswegs so gedacht war. Als Rheinländer wird man da leider oft ziemlich mißverstanden. Da war Kurt Kantwerk, der in der Pfarrseelsorge in Berlin tätig gewesen war. Er war klein, hatte ein wenig eine „Stupsnase". Eine Seele von einem Menschen und ein Energiebündel voller Überzeugungskraft! Uns beide verband mit der Zeit nicht nur eine echte Kameradschaft, sondern eine bleibende Freundschaft. Im Geiste sehe ich ihn noch, disputierend, mit der Stummelpfeife in der Hand – mit Tabak oder auch ohne. Von ihm wird noch manches zu berichten sein. Wir katholischen Kriegspfarrer rückten allmählich zusammen zu einem festen Block. Auch zu einigen der übrigen Kriegskameraden bekam ich zunehmend guten Kontakt.

Wir waren noch nicht lange im Lager, da wurden alle zu einer Veranstaltung abkommandiert, die von der Antifa-Bewegung deutscher Kriegsgefangener in Szene gesetzt wurde. Uns war nur der Name dieser Organisation bekannt, den wir im Lager Krasnogorsk gelesen hatten. Ein Hauptmann Markgraf war der Vorsitzende. Er versuchte uns ziemlich plump und überheblich klarzumachen, wie verrückt es sei, daß wir uns als Gefangene in Rußland nicht endlich auch geistig von der nationalsozialistischen Wehrmacht trennten. Sie habe sich schließlich schuldig gemacht, durch diesen verbrecherischen Krieg ein Meer von Leid, Tod und Tränen über die ganze Welt gebracht zu haben. Zunächst gab es bei den deutschen Offizieren nur erhebliche Unruhe und erregte Zwischenrufe. Als dann der Eintritt in die Antifa-Bewegung als der einzige Weg zur Befreiung aus unserer Schuld angepriesen wurde, brach die Hölle los, denn unsere Offiziere, alles Männer von der Front, waren in der großen Mehrzahl überzeugt davon gewesen: Wir ziehen nicht in den Krieg um der nationalsozialistischen Ideologie willen, sondern zur Verteidigung von Vaterland, Heimat und Familie. Das halbe Dutzend Antifaschisten wurde niedergeschrien und eingedeckt mit Schmähungen, Schimpfworten und gar Drohungen, so daß die ganze Geschichte in einem wüsten Chaos zu Ende ging. Den meisten Offizieren sah man nach diesem Wutausbruch die Erleichterung an. Einer stieß sogar hervor: „Das war der schönste Tag meines Lebens." Die Veranstaltung war aber auch zu primitiv, zu wenig überlegt aufgezogen worden. Nach Kriegsende wurde Hauptmann Markgraf der erste neue Polizeipräsident von Berlin im Range eines Obersten.

Sehr bald schon konnten wir ökumenische Gottesdienste abhalten, die recht gut besucht waren. Wir katholischen Priester überlegten, bei unserem russischen Lagerkommandanten anzufragen, ob er uns nicht die Erlaubnis zu einer Heiligen Messe mit unseren katholischen Kameraden geben könnte. Die Schwierigkeit dabei war, daß wir dafür um Wein bitten mußten. Wir besprachen miteinander unseren „Schlachtplan". Ein wesentlicher Punkt dabei: Die Russen hatten uns mitgeteilt, in ihrer Verfassung sei freie Religionsausübung festgeschrieben. Darauf sollten unsere zwei Abgesandten in ihrer „Audienz" beim russischen Oberst hinweisen. Das Unternehmen glückte zu unser aller Freude. Die beiden brachten gleich eine Flasche kaukasischen Weines mit. Mein „Stier von Uri", Pfarrer Jaeschke, und sein Begleiter hatten ihre Sache prächtig gemacht. Von da ab wurde regelmäßig die Messe zelebriert, sogar ohne daß der Prediger vorher seinen Text zur Überprüfung einreichen mußte. Große Unterstützung erhielten wir bei unseren Gottesdiensten von Oberst Luitpold Steidle aus München, der großes Ansehen genoß, Stalingrader, wie ja die meisten Kameraden des Lagers, und Ritterkreuzträger. Militärisch ging ihm ein vorzüglicher Ruf voraus. Außerdem war er ein geradezu begnadeter Redner mit großer Intelligenz. Er war hochgebildet und auch künstlerisch sehr begabt. Es hieß, er habe sich in seiner Heimatstadt sehr engagiert an der Katholischen Aktion beteiligt. Er sorgte dafür, daß für den langen Gang, der zu den einzelnen „Mönchsklausen" führte, heimatliche Bilder gemalt wurden in recht ansprechender künstlerischer Form. Was bewiesen dabei unsere Offiziere für ein großes Improvisationstalent! Rote Farbe gewannen sie aus Ziegeln, die zu feinem Staub zerrieben wurden. Wie all die anderen Farb-Variationen entstanden, ist mir ein Rätsel geblieben.

Die Lebensgeister der gefangenen Offizieren erwachten. Manche meldeten sich freiwillig zu Arbeiten, die zum Teil staunenerregend waren. Schwerstarbeit leisteten beispielsweise jene Stabsoffiziere, die auf einem langen Holzgestell standen, in dessen Mitte sich ein mächtiger Baumstamm befand. Der wurde von den Gefangenen mit großen Baumsägen bearbeitet, die jeweils zwei Mann handhaben mußten. Riesiger Kraftaufwand wurde dabei von ihnen eingefordert. Die Sonne hatte mächtig an Kraft zugenommen, so daß die Männer mit nacktem Oberkörper arbeiteten. Der Schweiß triefte nur so von ihren Körpern, und sichtbar wuchsen auch ihre Muskeln. Deutlich konnte man gesundheitliche Fortschritte bei ihnen erkennen. Bei den Freiwilligen war auch ein Major Willig, Ritterkreuzträger. Im Stalingradkessel war er immer dort zu finden gewesen, wo es brannte. Unwahrscheinlich, was dieser Mann geleistet hatte! Ich glaube, daß die Gefangenen den ungeforderten Arbeitseinsatz leisteten, um sich dabei Kraft zu holen und auf jeden Fall alles zu tun, um die Überlebenschancen in der Gefangenschaft zu stabilisieren. Andere begannen, Sport zu treiben. Handball wurde gespielt und Dauerläufe durchs Lagergebiet gemacht, also eine Art Jogging betrieben. Das war nur möglich, weil es in diesem Lager ausnahmsweise die tatsächlich zustehende Verpflegung gab. Täglich bekamen wir auf die Hand 400 Gramm Weißbrot, 200 Gramm Schwarzbrot, 70 Gramm Fett, 60 Gramm Zucker, 20 Zigaretten und 40 Gramm Fleisch oder Fisch. Als Getränke gab es Tee oder Kaffee, zu Mittag die übliche Suppe und „Kascha", einen Brei aus Hirse, Grieß oder ähnlichen Bestandteilen. Im normalen Leben wäre das schon beträchtlich gewesen, noch dazu in schlechten Zeiten ... Unseren monatelangen Hunger konnten die Portionen allerdings nicht stillen.

Oberst Novikov, unser Lagerkommandant, versuchte auch, uns auf kultureller Basis Möglichkeiten zu eröffnen. Italiener, Rumänen und Deutsche sollten je einen Männerchor bilden und dann zu einem Sängerwettstreit gegeneinander antreten. Unseren Chor leitete der Berufsdirigent Wilhelm Adams, der vor dem Zweiten Weltkrieg einer der Dirigenten beim Rundfunk in Berlin gewesen war. Er machte seine Sache so vorzüglich, daß wir in meiner Zeit dort alle Wettbewerbe gewannen. Der Preis für den Gewinn war eine Tagesration Brot mit den dazugehörigen Zutaten. Wir waren von vornherein entschlossen: Den Preis bekommt unser Dirigent ganz allein. So konnte sich wenigstens einer von uns für einen Tag einigermaßen sattessen. Der Chor der Italiener war bei weitem nicht so diszipliniert wie unser Chor. Aber wen wundert es, wenn ich hier hinzufüge: Hätte es den Sieg für die besten Stimmen gegeben, hätten die Italiener gewonnen, weil sie einige prächtige Tenöre dabeihatten. Im übrigen hatten weder Italiener noch Rumänen Verständnis für das Verhalten der Deutschen. Sie schienen sich zu amüsieren über unseren Sportbetrieb, unsere freiwillige Arbeit und über den bei uns noch herrschenden militärischen Ton. Der „Zack" der Wehrmacht war erhalten geblieben.

Kameradschaftliche Annäherungen zwischen den Nationalitäten gab es kaum. Nur ein italienischer Feldgeistlicher nahm brüderlichen Kontakt mit mir auf. Er war Jesuitenpater und stammte aus Rom. Klein von Gestalt, ziemlich hager, erwies er sich als ein Kraftpaket und Energiebündel. In wachsendem gegenseitigen Vertrauen erzählte er mir von seinem Schicksal. Er war vor dem Zweiten Weltkrieg Botschafter Gottes in Rußland gewesen. Jahrelang hatte er wolgaaufwärts und -abwärts gläubigen Menschen die Frohe Botschaft verkündet, die Heilige Messe gefeiert und die Sakramente gespendet. Nie war er erwischt worden, weil er durch seine Tätigkeit die russische Sprache perfekt erlernt hatte. Aber gerade diese Fähigkeit brachte ihm jetzt Unglück, denn die Russen schöpften wegen seiner Spracheleganz Verdacht. Er war mit seiner Einheit als Feldgeistlicher in Gefangenschaft geraten. Dem russischen Kommissar verschlug es fast die Sprache: Ein italienischer Priester mit besten Russischkenntnissen, da stimmte doch etwas nicht! Jedenfalls verschwand der Jesuitenpater schnell aus dem Lager und wurde in eines der Moskauer Gefängnisse überführt. Er erzählte mir von seinen unzähligen Vernehmungen dort. Der vernehmende russische Kommissar wollte und wollte ihm nicht abnehmen, daß er Priester sei. Schließlich, so erzählte mir der Jesuit, habe er sein Gegenüber überzeugen können. Was dann geschah, war fast unglaublich: Der Kommissar habe ihm mit Tränen in den Augen gestanden, er selbst sei auch katholisch. Das schien der wahre Grund für ihn gewesen zu sein, so hartnäckig herauszufinden, ob dieser Mensch Priester war oder nicht. Dann bat der Kommissar den Pater, sofort beichten zu dürfen, also das Bußsakrament zu empfangen. Nicht lange nach unserer Bekanntschaft wurde der italienische Mitbruder erneut abtransportiert. Im Lager ging das Gerücht, er sei zum

Tode verurteilt und gehängt worden. Das stimmte aber nicht; er konnte später in seine Heimat Italien zurückkehren.

Suzdal war schon ein bemerkenswertes, besonderes Lager: Das Lagergelände eine Art gepflegter Park, der russische Lageroberst uns Deutschen wohlgesonnen, das Essen ziemlich so, wie es uns nach den Pflegesätzen zustand. Im Juni 1943 kreuzten im Lager immer wieder neue politische „Macher“ auf. Da gab es den Hauptmann der Reserve Dr. Ernst Hadermann. Er hatte schon den Ersten Weltkrieg mitgemacht und erzählte davon voller Begeisterung. Auch, wie ihm dann im Zweiten Weltkrieg aufgegangen sei, wer Hitler und seine Nationalsozialisten in Wirklichkeit seien: Verbrecher und Mörder der zivilisierten Welt. Schon 1941 war er in Gefangenschaft geraten und überzeugter Hitler-Gegner geworden. Der Mann hatte ein anderes Kaliber als dieser halbgebildete Hauptmann Markgraf mit seinen hohlen antifaschistischen Parolen. Erstmals ein überzeugender Antifa-Mann! Hauptmann Hadermann sprach nicht nur hervorragend, er brachte nicht nur treffende Argumente gegen den längst verlorenen Krieg, sondern auch und vor allem gegen die verbrecherischen Absichten des „Führers“ und seiner hirnlosen Vasallen. Er sprach mit Überzeugung, seine Beweisführung war so logisch, daß selbst die eingefleischtesten Nazis verstummten. Jeder mußte zugestehen: Da sprach kein Karrierejäger und auch kein schlauer Wendehals. Hadermann brachte wohl jeden zum Nachdenken. Er nahm nach dem Krieg den Lehrstuhl für Neuere deutsche Literatur an der Universität Halle/Wittenberg ein.

Ab und zu erschien auch der Dichter Johannes R. Becher. Wir nannten ihn „Erbrecher“. Äußerlich war er etwas unansehnlich, und seine Antifa-Reden rissen niemanden vom Stuhl. Er hatte nicht das Format Hadermanns. Und als Dichter? Er soll, so erfuhr ich, schöne, lesenswerte Gedichte geschrieben haben. Für mich war dieser Mann trotzdem die Karikatur eines Dichters! Was ich von ihm zu lesen bekam, trieb mir die Schamröte ins Gesicht: Pamphlete über Hitler und seine „Großen“ in einer unflätigen Art sondergleichen, dazu seine Lob- und Triumphtiraden auf den großen, erhabenen Stalin und den Kommunismus! Seine Sprache wirkte auf mich hölzern und unbedarft. Was er über die deutschen Soldaten schrieb, war das Gemeinste, was ich jemals gelesen habe. Mir war es unmöglich zu glauben, daß er ein begnadeter Dichter sein sollte. Natürlich machte auch er später Karriere in der DDR, wurde Kultusminister und verfaßte die bekannte Becher-Hymne.

Hin und wieder bekamen wir einen Mann zu Gesicht, ebenfalls Emigrant, mit schon gebleichtem Haar und einem rotwangigen Gesicht, aus dem eine recht breite, dicke Nase herausragte. Es war Wilhelm Pieck, der schon während der Weimarer Zeit als Kommunist im Reichstag gesessen hatte. Als Hitler kam, verschwand er nach Rußland. Ein Mann mit etlichen Qualitäten, jedenfalls kein Dummkopf oder seelenloser „Apparatschik“, der wie ein Roboter seine auswendig gelernten Thesen des dialektischen Materialismus ausspuckte. Ich sollte ihn persönlich erleben und mir ein Bild von ihm machen können.

Unsere Gottesdienste waren weiterhin sehr gut besucht. Anfang Juli ging uns der Meßwein aus. Ich ahnte, daß wir keinen neuen Wein mehr bekommen würden. Vermutlich hatte unser braver Lageroberst einen Rüffel bekommen, weil er mit der Flasche Wein die Feier der Heiligen Messe ermöglicht hatte – durchaus nicht im Sinne des dialektischen Materialismus. Trotzdem schickten wir unsere beiden Pfarrer erneut zu ihm. Diesmal kamen sie, wie vermutet, wirklich unverrichteter Dinge zurück. Wortreich habe ihnen der Lagerchef erklärt, warum er nicht helfen könne: Wir seien doch im Krieg. Soviel Wein baue die Krim und der Kaukasus doch nicht an, daß er uns weiter damit helfen könne. Er bedaure das sehr. Was nun? Da hatte einer von uns eine Idee: Da wir zu dieser Zeit ausnahmslos alle die Lebensmittel erhielten, die uns Gefangenen zustanden, gehörten dazu auch 10 Gramm Trockenobst, darunter Korinthen und Rosinen. Unser Kamerad sagte nun: „Sammeln Sie doch diese getrockneten Weintrauben! Wenn Sie das Gesammelte in einem Glasgefäß mit Wasser und Zucker ansetzen und es in die Sonne stellen, gerät das Ganze in Gärung. Endprodukt: ‚vinum de vite‘: Wein aus Weintrauben.“ Wir alle waren uns einig, daß dieser Wein unter normalen Verhältnissen keineswegs als gültiger Meßwein angesehen werden konnte. Zwei Stellungnahmen standen sich bei unseren katholischen Feldseelsorgern gegenüber. Für einen Teil von uns war klar: „Wir können mit diesem Getränk keine gültige Eucharistie feiern.“ Der andere Teil, dazu gehörte auch ich, mahnte: „Wir leben in einer Ausnahmesituation. Diese läßt uns bedenken: Das Eigentliche und Wesentliche, was die Kirche uns vorschreibt, ist doch: Es muß ‚vinum de vite‘ sein, und das ist hier doch gegeben: Wein aus Weintrauben.“ Wir setzten uns mit dieser Haltung durch. Eine Reihe protestantischer Mitbrüder, die meisten waren Freikirchler, vertraten die Meinung: „Wir können das Abendmahl auch mit dem täglich ausgegebenen Tee halten.“ Das freilich hätten wir niemals für gültig gehalten, auch nicht in solchem Ausnahmezustand. Aber auch bei den evangelischen Pfarrern waren viele gegen den Tee. Einen Haken hatte die Geschichte mit dem selbstgemachten Wein: Während der ganzen Gefangenschaft bekamen wir nur zwei Wochen lang das uns zustehende Trockenobst, nämlich hier in Suzdal.

Diese Vollverpflegung hat auch eine eigene Geschichte, sie war eine Art „Potemkinsches Dorf“. Einige Tage, nachdem der total erfüllte Pflegesatz ausgegeben worden war, wurden uns Listen vorgelegt. Wir wurden gebeten, durch Unterschrift zu bezeugen, daß wir den beschriebenen Pflegesatz bekämen. Wenn ich auch mißtrauisch hin und her überlegte, zuletzt glaubte ich doch, diese Wahrheit bezeugen zu müssen, und unterschrieb. Die weitaus meisten von uns taten dasselbe. Nur eine Handvoll Stabsoffiziere unterschrieb nicht. Wie sich herausstellte, waren sie klüger gewesen als die große Masse. Nach 14 Tagen war das Wunder der Vollverpflegung schon vorbei. Das Gerücht ging um, die Alliierten hätten von Rußland präzise Angaben darüber verlangt, was die deutschen Stabsoffiziere und Generäle für einen Lebensmittelsatz bekämen. Die Gefangenen, so wurde gefordert, sollten diese Angaben selbst bestätigen. Ich kann mich nicht dafür verbürgen, ob die Geschichte stimmt. Naheliegend wäre sie schon. Der Wahrheit aber auch die Ehre: Die Verpflegung in Suzdal war das beste, was ich in meiner russischen Gefangenschaft erlebt habe. Das blieb auch nach der Verkürzung so. Hier sei vorweggenommen, daß in späteren Jahren häufig das Brotproblem für die Meßfeier genauso aufkam wie in Suzdal das Weinproblem. Hier bekamen wir zum Teil sogar Weißbrot ausgehändigt. Nach unserer Meinung war es kein Problem, dieses Brot in der Heiligen Messe zu verwenden, wenn es auch nicht dem entsprach, was die Kirche für den Normalfall als gültig ansetzte. Nach Suzdal erhielten wir das normale Gefangenenbrot: nicht eine Spur mehr von Weißbrot. Dieses Gebäck war eine einzige Katastrophe, eine Zumutung nach unseren Vorstellungen, so etwas „Brot“ zu nennen. Nur die Gewißheit, daß es aus Getreide hergestellt worden war, führte zu der Überzeugung, in diesem Notstand sei auch hier das Wesentliche gegeben: Brot aus Brotgetreide.

Im Lager wurde die politische Szene immer spannender. Da trat plötzlich ein Professor Arnold immer mehr in Erscheinung. Er sprach recht gut deutsch. Auf sogenannten Meetings war er ein fähiger Vertreter der sowjetischen Propaganda. Nicht selten wurde er von deutschen Stabsoffizieren, zum Beispiel einem Major, der Studienrat war, attackiert. Der mußte ein tüchtiger Historiker gewesen sein, da er den Professor in Verlegenheit bringen konnte. Dann erschien im Lager Anna Pauker, eine elegant gekleidete junge Rumänin, ein bißchen mondän, mit überlanger Zigarettenspitze. Mal zeigte sie sich mit Johannes R. Becher, dann mit Professor Arnold. Eigentlich war sie Politik-Instruktorin für den Offiziersblock der Rumänen. Als streitbare Kommunistin war sie aus ihrem Heimatland emigriert. Im neuen Rumänien wurde sie Chefin des Außenministeriums. Diese junge Frau sprach wie viele ihrer Kollegen ein akzentfreies Deutsch.

Auffällig für mich war gegen Ende Juni bis Anfang August 1943, daß die Emigranten nun gezielt Jagd machten auf besonders herausragende Persönlichkeiten unter den Stabsoffizieren. Dazu gehörte an erster Stelle der Pionier Oberst Luitpold Steidle, der Münchener Ritterkreuzträger. Mit ihm verband mich eine Art Vertrauensverhältnis. Der praktizierende Katholik war wirklich ein herausragend begabter Mensch. Gegen Ende Juni bat er mich um ein Gespräch. Die unter den Gefangenen begründete Antifa-Bewegung hatte sich als völlig wirkungslos erwiesen. Nun hatten sich die deutschen Emigranten mit den Russen darauf geeinigt, ein gleichartiges Unternehmen auf entschieden höherer Ebene zu gründen: das Nationalkomitee „Freies Deutschland". In der Zukunft sprach man der Einfachheit halber nur noch vom NK. Zu diesem Unternehmen brauchte man hellere Köpfe als diese Primitivlinge von der Antifa. Steidle erzählte mir, wie er genötigt werde, doch teilzunehmen an der Gründung des Nationalkomitees „Freies Deutschland". Mit dem NK begann, scheint es mir, die Lebenstragödie eines großen, bedeutenden Menschen. Steidle berichtete mir, wie er bedrängt wurde: Er sei doch wohl klug genug, einzusehen, daß für Deutschland der Krieg verloren sei. Diese neue Vereinigung wolle den Gefangenen endgültig klarmachen, wie die augenblickliche Lage in Wirklichkeit aussehe: aussichtslos. Sie, die Gefangenen, die doch seit Stalingrad wüßten, wie sie von ihrem Führer dort verraten worden seien, hätten die Möglichkeit, mit Hilfe der Sowjets auch dem deutschen Volk die Hoffnungslosigkeit der Lage zu unterbreiten. Die Konsequenz daraus heiße: Hitler muß weg! Dann erst bestehe die Möglichkeit, dem totalen Untergang Deutschlands zu entkommen und noch ein einigermaßen günstiges Friedensabkommen zu erreichen. Wer den Oberst zu überreden versuchte, weiß ich nicht. Es hieß, es sei der Dichter Johannes R. Becher gewesen, der angeblich vor dem Krieg mit Steidle befreundet gewesen sei. Der Oberst wollte wissen, was ich von der ganzen Sache halte. Ich riet ihm dringend davon ab, zu der NK-Gründung zu fahren. Eindeutig gab ich ihm zu verstehen: „Auch für mich ist der Krieg verloren. Aber dieses neue Unternehmen ist ein Windei. Wer steht denn dahinter? In der Hauptsache sind das doch die deutschen Emigranten, die im Grunde nichts davon verstehen, was sich nach 1933 in Deutschland alles ereignet hat. Die kennen doch die Situation überhaupt nicht mehr. Und es ist doch klar, daß die Sowjets nur die Gelegenheit nutzen wollen, um mit Hilfe der Gefangenen ihren Krieg verlustloser zu gewinnen." Nachdenklich schied der Oberst von mir. Ehrlich, wie er damals war, kam er erneut, bevor er abtransportiert wurde nach Krasnogorsk, dem Tagungsort der NK-Gründung. Mit Tränen in den Augen versuchte er, eine Art Rechtfertigung zu geben. Man habe ihm zugesichert, wenn er dort nicht mitmachen wolle, könne er ins Lager Suzdal zurückkehren. Ich gab ihm zur Antwort, daß meine guten Wünsche ihn gewiß begleiten würden, daß aber das, was er da tue, schon mehr als nur ein Risiko sei. Sein Unternehmen sei für mich so, wie wenn einer sich unter einen Wasserfall begebe mit der Behauptung, daß er dabei nicht naß würde. Wie gesagt, mit dem Transport nach Krasnogorsk begann für diesen Mann, der mir so viel bedeutet hatte, eine unfaßbare Lebenstragödie.

In der Gründungsversammlung des NK am 12. und 13. Juli 1943 wurde ein Aufruf verfaßt: „Manifest des Nationalkomitees ‚Freies Deutschland' an die Wehrmacht und an das deutsche Volk". Der Stil und die Aussagen standen turmhoch über den Ergüssen der Antifa in der Zeitschrift „Freies Wort". Kurz und schlagwortartig sei der Inhalt skizziert: „Deutschland in höchster Gefahr! Das NK fühlt sich berechtigt und verpflichtet, in dieser Schicksalsstunde im Namen des deutschen Volkes zu sprechen. Der Krieg ist verloren! Weitere Kriegsführung bedeutet das Ende der Nation. Machen wir willenlos so weiter, steht am Ende die Zerstückelung unseres Vaterlandes! Dann können wir Anklage erheben nur gegen uns selbst. Das deutsche Volk hat nur eine Überlebenschance, nämlich sich von Hitler zu befreien! Mit ihm schließt niemand Frieden. Ziel ist die Bildung einer wahrhaft neuen deutschen Regierung. Die muß den Krieg sofort abbrechen, die Truppen an die Reichsgrenzen zurückführen und Friedensverhandlungen einleiten mit dem Verzicht auf alle eroberten Gebiete. Vorwärts, Deutsche! Deutsche Offiziere und Soldaten, bleibt unter den Waffen! Bahnt euch mutig den Weg zur Heimat, zum Frieden!" Am Ende des Manifests wurde noch auf ein großes Vorbild der deutschen Geschichte verwiesen: „Vor 130 Jahren, 1813, standen ebenfalls deutsche Truppen als Feinde auf russischem Boden. Die besten Deutschen, vom Stein, Arndt, Clausewitz und Yorck haben damals das Gewissen des deutschen Volkes angerufen zum Freiheitskampf." Parole am Ende: „Für Volk und Vaterland! Gegen Hitler und seinen Krieg! Für sofortigen Frieden! Für die Rettung des deutschen Volkes! Für ein freies und unabhängiges Deutschland!"

Wer hatte das Manifest verfaßt? Ich weiß es bis heute nicht. Es war perfekt inszeniert und mußte Emotionen hervorrufen. Kein Wunder, daß es bei vielen zündete. Vielen war klargeworden: So ist die gegenwärtige Kriegslage in Wahrheit. Aber der aufgezeigte Ausweg? Wer seinen Verstand behielt, begann den Kopf zu schütteln. Dahinter steckten doch die Sowjets! Das Kopfschütteln mußte sich verstärken, wenn man die Unterschriften las, über 30 an der Zahl. Zehn Unterschriften stammten von Unteroffizieren und einfachen Soldaten, elf von Offizieren, drei von Stabsoffizieren im Majorsrang. Von den Offizieren kannte ich nur den Fliegerleutnant Graf von Einsiedel, einen zwanzigjährigen Urenkel Bismarcks, der wohl besonders Aufsehen erregen sollte, und Hauptmann Dr. Hadermann. War der kluge Mann gar der Verfasser des Manifests gewesen? Die übrigen Unterzeichner waren wohl aus Deutschland emigrierte Kommunisten: der Dichter Johannes R. Becher, der Schriftsteller Erich Weinert sowie Wilhelm Pieck und Walter Ulbricht. Oberst Steidle war nicht dabei. Ich konnte nur raten. Hatte man ihn nicht gebraucht? War er selbst im letzten Augenblick anderen Sinnes geworden? Beides schien mir kaum wahrscheinlich. Was in Wahrheit passiert war, erfuhr ich erst aus Heinrich Gerlachs Buch „Odyssee in Rot. Bericht einer Irrfahrt". Was Gerlach über Steidle schreibt, paßt ganz zu dem Bild, das ich selbst von diesem Oberst hatte. Wie hätte ein solcher Mann zu dem Sammelsurium der Männer, die unterschrieben hatten, gepaßt? Fast alles kleine Geister und dazu ein Haufen aus Deutschland emigrierter Kommunisten! Gerlach schreibt, Steidle sei damals von Depressionen geschüttelt gewesen, habe sich in die Baracke verkrochen, in Krankheit und die Abgeschiedenheit des Lazaretts geflüchtet. Aber eines Tages sei er beim Morgenappell wieder da gewesen und habe erklärt: „Ich mache mit. Ich bin Ihr Mann." Und damit erhielt die Initiativgruppe ihre Seele. Steidle war viel zu klug, um nicht einzusehen, daß ein solcher Aufruf, so gut er auch ausgedacht und formuliert war, geradezu grotesk anmuten mußte, wenn man in Deutschland und an der Front die Unterschriften las. Nicht ein einziger dabei, der irgendwie bekannt oder gar anerkannt war! Steidle glaubte seinen Weg gefunden zu haben und wurde der „Motor" einer Initiativgruppe. Hohe, angesehene Offiziere und Generäle mußten geworben werden. Ende Juli und im August begann ein zähes Ringen um die Stalingrader Generäle. Wen würde man überzeugen können? Namen wurden genannt: Seydlitz, Dr. Korfes, Wulz. Eine große Limousine brachte die drei völlig ahnungslosen Generäle nach Lunjovo, dem Hauptquartier des NK. Wulz wurde wieder zurückgebracht, dafür kam General Martin Lattmann. Die Generäle wurden nicht von Emigranten umgeben, sondern herzlich begrüßt von ihren eigenen Offizieren, die schon im NK waren. Russen waren zunächst nicht zu sehen. Riesiger Beifall der Offiziere beim Auftritt der Generäle. Der erlosch in dem Augenblick, als General Seydlitz sagte: „Ich glaube, daß Sie mit uns nicht rechnen können." Dann trat Oberst Steidle vor. Dieser Mann war wirklich ein begnadeter Redner. Selbst die drei Generäle schienen von seiner Ansprache tief betroffen zu sein. Nach einiger Zeit und anfänglichem Zögern traten sie dem NK bei. Neben der Überzeugungskraft Steidles war dieses Ergebnis wohl das Werk des russischen Generals Melnikov und eines gewissen Professors Stern. Der General brachte einen unwiderstehlichen Köder an der Angel mit, eine Zusage der russischen Regierung: Wenn der Bund deutscher Offiziere Wirklichkeit wird und seine Zielsetzung erfüllt, wird es einen für das deutsche Volk annehmbaren Frieden mit Rußland geben. Die Aufgabe lautete: Durch Propaganda an der Front, direktes Ansprechen der Befehlshaber, Überbringen persönlicher Briefe der gefangenen Generäle, durch Klarstellung der aussichtslosen militärischen Lage der Wehrmacht sollte erreicht werden, daß die deutschen Ostarmeen mitsamt ihren Waffen sich zurückzögen bis an die ehemaligen deutschen Reichsgrenzen. „Endziel" war der Sturz Hitlers. Gelänge das, versichere der russische Staat dem deutschen Volk in einem Friedensvertrag,

Deutschland mit den alten Grenzen von 1937 zu erhalten. Der kluge Russe Melnikov und der gerissene Professor Stern versicherten, natürlich sei klar, daß Deutschland dabei kein neues kommunistisches Land werde, wie ja auch die Generäle keine Kommunisten werden mußten. Das Ganze war sehr geschickt als echter Patriotismus getarnt, als einzige Möglichkeit, das deutsche Volk zu retten. Schlüsselargument: Mit dem Führer schließt kein einziges Volk Frieden. Bleibt er, wird das deutsche Volk durch die Alliierten ausgelöscht. Mit diesem Argument wurden die ersten drei Generäle gewonnen, die den Bund deutscher Offiziere gründeten. Das geschah am 11. September 1943 im Lager Lunjovo, etwa 20 Kilometer nordwestlich von Moskau. Präsident wurde General Seydlitz, Vizepräsidenten waren die Obersten Steidle und van Hooven und General Edler von Daniels. Im übrigen Vorstand waren die Generalmajore Lattmann und Dr. Korfes und einige Offiziere aus den Lagern. Am Abend gab es ein Fest mit Wodka und mehr Brot als sonst und sogar Aufschnitt. Russische Sänger und Tänzer verschönerten den Abend. Dazu gab es noch einen „Knüller“: Der Kommunist Weinert, 1. Vorsitzender des Nationalkomitees, teilte mit, General Seydlitz habe erklärt, daß der Offiziersbund sich dem Nationalkomitee anschließen werde.

Mitglieder des Bundes waren zunächst auch ein katholischer Feldseelsorger namens Josef Kayser und der protestantische Pfarrer Schröder. Über den evangelischen Mitbruder weiß ich nicht viel zu berichten, weil ich ihm persönlich nie begegnet bin. Sicher weiß ich nur, daß er sehr engagiert und überzeugt mitarbeitete. Sein katholischer Mitbruder Kayser wurde für mich ziemlich durchsichtig, was seinen Charakter und sein Priestertum angeht. Er hatte schon den Ersten Weltkrieg mitgemacht und danach im Kohlenrevier als Bergmann gearbeitet. Sein weiterer Weg führte ihn zum Priesteramt. In seiner Division war er völlig unbestritten ein As. Geradezu legendär und sagenhaft ist all das, was er im Kriege geleistet hat für seine Soldaten, seine Verwundeten und auch für die Zivilbevölkerung, obwohl das verboten war. Er blieb bei verwundeten Kameraden manchmal auch dann, wenn er dadurch von der russischen Front überrollt wurde. Meistens schaffte er es auf abenteuerliche Weise, sich durch die russischen Linien durchzumogeln, zurück zu seiner Division. Nur an jenem Tag Mitte Januar in Stalingrad, an dem er inmitten seiner verwundeten Männer von den Russen geschnappt wurde, war ihm das nicht gelungen. Später kam er zum NK und zum Bund Deutscher Offiziere. Nach dem Krieg erzählte er mir, er habe damals nur „bedingungsweise“ zugesagt. Diese Bedingungen hießen: Wenn sich herausstelle, daß den Gefangenen, die nicht beim NK waren, daraus Nachteile erwüchsen, würde er wieder austreten und bei diesen Benachteiligten bleiben. Und er wollte, daß er als letzter deutscher Kriegsgefangener nach Hause zurückkehren dürfe mit den letzten entlassenen Kameraden, oder daß ihm unter Umständen die Gelegenheit gegeben würde, als Pfarrer in einem von Rußlanddeutschen besiedelten Dorf zu bleiben. Beim Vormarsch war er auf diesen Ort gestoßen und hatte eine ganze Zeitlang neben seinen Aufgaben bei der Truppe diesen Ort seelsorgerlich mitbetreut zum Jubel und zur Freude der Menschen dort. Sie waren glücklich, endlich einen katholischen Priester bei sich zu haben, der Taufen spendete, ihnen in der Heiligen Messe den Herrn brachte und ihre Ehen einsegnete. „Natürlich“ wurden dem Pfarrer alle Bedingungen zugesagt. Versprechen waren ja billig, wenn es um eine Gallionsfigur ging, die dieser Pfarrer nun einmal darstellte. Nichts von alledem wurde für ihn Wirklichkeit. Hat er nicht gemerkt, daß die Nicht-Mitglieder des NK schwere Nachteile hatten? Hat er denn nicht gesehen, daß das NK eine Flut von Gewissensnot, Leid und Elend verursacht hat? Eines steht für mich fest: Er war ein vorbildlicher Priester, untadelig in seinem Wollen und seiner Absicht. Wir strebten sicher dieselbe Haltung an: bedingungslose Liebe und Angebot für die Menschen, für Jedermann.

Wie war die Haltung der katholischen Feldseelsorger in Suzdal der Antifa-Bewegung gegenüber? Der Berliner Pfarrer Kurt Kantwerk und ich haben uns gedanklich sehr ernst mit diesem Thema beschäftigt. Unser Ziel war es, ein für allemal eine sichere Stellungnahme zu entwickeln. Das Ergebnis versuche ich so kurz wie möglich zu umschreiben: Wir waren weder für den Führer noch für die NSDAP Militärpfarrer geworden. Wir hatten nie daran gedacht, daß es unsere Aufgabe sei, die Kampfmoral der Fronttruppe zu stärken, wie Hitler es sich vorgestellt hatte. Übrigens war auch Hitler 1943 klar, daß dieser Plan ein Fehlschlag gewesen war. Folgerung: Von da ab gab es keine neuen Ernennungen von Kriegspfarrern mehr. Uns war stets bewußt: Alleiniger oberster „Kriegsherr“ ist für uns der dreifaltige Gott des Christentums. Er hat uns berufen, die Frohbotschaft seiner Liebe, damit die Sinnhaftigkeit menschlichen Lebens allen Menschen zu verkünden, auch den Soldaten. Wir waren ja in gewissem Sinne schon immer „Antifaschisten“ gewesen, allerdings aber auch Gegner jener Art von Antifaschismus, die den Menschen entmenschlicht und zur Nummer macht, zum Automaten, zum Nichts. Für uns war der Kommunismus eine Entmenschlichung des Menschen, den Gott berufen hat, bei seinem Volk der Erlösten Aufnahme zu finden. Wir hatten es absolut nicht nötig, durch den Eintritt ins Nationalkomitee unseren Antifaschismus zu bezeugen. Wir wollten nie einen Hehl daraus machen, daß wir Seelsorger waren in Hitlers Heer um der Soldaten willen, nicht aber im Sinne Hitlers. Wir hatten nichts zu verbergen. Unsere katholischen Mitbrüder fanden im Dialog zu derselben Haltung. Pfarrer Josef Kayser war nicht in Suzdal. Er wurde erst später nach Lunjovo gebracht.

Der August verlief ohne große Aufregungen. Wilhelm Adams, der Leiter unseres Chores, schrieb ein Plenni-Lied, ein typisch deutsches, romantisches, „gemütvolles“ Lied der Wehmut. Wort und Weise des dreistrophigen Werkes stammten von ihm. Hier der Refrain: „Ich bin ein armer Plenni, gefangen schon manches Jahr, doch nach der Heimat sehnt sich mein Herz wohl immerdar. Wann kommt der Tag der Freiheit, wann kommt das große Glück, wann kehr’ ich in die Heimat, die teure, wohl zurück? O schönes Vaterland!“

Die Zeit in Suzdal ging im September zu Ende. Vier Monate in einem für Rußland-Verhältnisse märchenhaften Lager waren vergangen. Für die meisten von uns Stabsoffizieren kam der Befehl: „Fertigmachen mit Gepäck zum Transport!“ Vorab sei gesagt: Das wahre Gesicht des Rußland der Sowjets und ihres politischen Systems wurde für uns immer rätselhafter. Es war nicht einzusehen, warum wir in Suzdal diese erheblichen Bevorzugungen erlebten, und dann die Fahrt und das Lager, das uns erwartete! In dem einen Lager begrüßenswerte, menschliche Behandlung der gefangenen Stabsoffiziere, ein humaner russischer Oberst als Lagerleiter, auf der anderen Seite nun eine menschenunwürdige Fahrt in ein Lager, das einem Zuchthaus ähnelte. Wie immer wurde das Ziel unseres Umzugs nicht genannt. Wir ahnten also nicht, was mit dem Lager, das der Zielpunkt unserer Reise war, auf uns zukam. Es fing damit an, daß man uns in aller Eile auf einen Bahnhof trieb. Dort stand ein Zug mit Waggons, die normalerweise russische Schwerverbrecher zu den Gulags brachten. Dreiviertel der Breite jedes Wagens bestand aus großen, vergitterten Einzelzellen, die sich aneinander reihten. An ihnen entlang zog sich ein langer durchgehender Gang für das Wachpersonal. Wir wurden in die Zellen hineingequetscht. Dann begann unsere Höllenfahrt. Jeder, der sie mitgemacht hat, wird sie nicht vergessen. Völlig unfähig fühle ich mich, die Qualen dieser Fahrt zu beschreiben. Die sowjetischen Soldaten waren gänzlich taub gegenüber allen Anfragen und Bitten der Gefangenen. Wut und Enttäuschung machten sich in lautem Geschrei Luft. Ganz schweigen will ich zur Art der Verpflegung, zu den Möglichkeiten, seine Notdurft zu erledigen. Das Ganze ging über eine Strecke von ungefähr 600 Kilometern Richtung Nordosten. Wieviele Tote die Fahrt gekostet hat, vermag ich nicht zu sagen. Alle Pfarrer haben die Tortur des Transports lebend überstanden. Bei der Ankunft schienen wir stumpfsinnig geworden zu sein und wurden ausgeladen wie Vieh, das zum Schlachthof geführt wird. Der Bestimmungsort hieß Jelabuga und lag an einem Nebenfluß der Wolga namens Kama, der diesseits des Urals entspringt. In Kazan, der Hauptstadt der Tataren, fließt dieser Fluß in die Wolga. Der Ort Jelabuga war in zwei Lager geteilt, das Kama-Lager und das Kloster-Lager.

Jelabuga

Suzdal und Jelabuga – Rußland und seine zwei Gesichter. Jedes dieser Gesichter gab Rätsel auf. Hier in der Tartarei schienen wir am Ende der Welt angekommen zu sein. Der Chef des Lagers war der eingebildete, geradezu grausame Gardemajor Kudrjatschov, der uns zuweilen wie ein Sadist schikanierte. Der Lagerzustand war ein einziges Chaos. Korruption und Schikanen der Sowjets, Terror unter den Kriegsgefangenen. Inzwischen hatten sich ein- bis zweihundert Deutsche dem Nationalkomitee angeschlossen. Etwa die Hälfte der Belegschaft hatte eine abwartende Haltung. Dann war da noch eine Reihe von Männern, die die Wachmannschaften provozierten, wo es nur möglich war. Was mir imponierte: Endlich fand ich in ihnen deutsche Männer mit Zivilcourage und Selbstbewußtsein. Nie habe ich herausfinden können, was sie in Wirklichkeit miteinander verband. Waren es im Innersten Erz-Nazis, waren es Anti-Kommunisten und Anti-Faschisten, waren es Offizierstypen, Haudegen, die nicht Tod und Teufel fürchteten? War es eine Sorte von Menschen, die einfach nicht leben konnte ohne

Krach und Streit? Manches konnte man nur bewundern. Ich erinnere mich noch gut, was eines Tages geschah. Es wurde Gefangenenkost angeliefert. Der russische Sergeant von der Bewachung saß an einem Tisch, wohl um zu kontrollieren, ob die Zahl des Gelieferten stimmte. Eine große Menge Gurken wurde abgeladen. Vor unseren Augen nahm der Russe immer wieder Gurken aus der Lieferung und steckte sie in seine Tischschublade. Ruhigen Schrittes löste sich aus der wütenden Gefangenenschar Oberst von Hanstein, ein Hamburger, der ehemalige Kommandeur des Artillerieregimentes unserer Division. Als ich zu meiner Division nach Stalingrad kam, hatte er gerade unseren General vertreten. Es wurde mäuschenstill in der Runde. Der Oberst näherte sich in aller Ruhe dem Russen, der schließlich verwundert aufschaute. Als er bei dem Posten war, machte er seelenruhig die Schublade auf und warf die angesammelten Gurken zu dem großen Haufen, der für unsere Nahrung bestimmt war. Ganz gelassen drehte er sich um und kehrte zu uns zurück. Er wurde von nicht enden wollendem Beifall empfangen. Männer wie er machten den Russen, besonders dem völlig unbedarften Gardemajor, immer mehr Ärger. Sie verweigerten die Arbeit und beschimpften die Offiziere, die zur Arbeit gingen. Anlaß zum Boykott gab es ja genug: Das Essen war miserabel, die Behandlung die von Zuchthäuslern, Betrug in allem und jedem. Der vor Wut schäumende russische Lagerkommandant wußte schließlich keinen anderen Rat mehr, als diese „Aufrührer“ im berühmt gewordenen Block VI ganz und gar vom übrigen Lager abzutrennen.

Zu den Insassen von Block VI gehörten auch zwei Pfarrer. Da war einmal der katholische Pfarrer aus der Breslauer Diözese, Alfons Jaeschke, den ich zu seinem Ärger „Stier von Uri“ genannt hatte. Den hatte man schon vom Lager Krasnogorsk aus nach Jelabuga geschickt, weil der aufrechte Mann und Priester dort ein NK-Mitglied provoziert hatte. Außerdem saß in Block VI ein älterer evangelischer Pfarrer, ebenso knochenhart wie sein katholischer Amtsbruder. Sie kamen aus der Isolierungshaft nicht heraus. Abwechselnd mußten einige Offiziere in großen Tonnen die Vepflegung zu ihnen bringen, die wir nicht Essen, sondern Fraß nannten. Auch ich war etliche Male der „Fraßbringer“. Mir waren diese Offiziere sympathisch, weil sie so konsequent ihre Haltung durchsetzten.

Weniger allerdings gefiel mir, daß dieser Block letztlich ein Unglück für das gesamte Lager wurde, weil die gereizten Russen uns Gefangenen gegenüber immer brutaler wurden. Was sie dadurch bei uns erreichten, war eine generelle Unlust zur Arbeit. Die Effektivität des „Unternehmens Arbeit" war allerdings sowieso fast gleich Null. Ich erinnere mich an Einsätze zur Getreideernte: Mit primitiven Tragen, zwei Stangen, auf die etliche Brettscheiben genagelt waren, wurden wir auf den Weg geschickt. Uns gingen die Augen über, als wir an einem riesigen sogenannten Weizenfeld ankamen. Die Weizenhalme mußte man suchen. Der ganze große Acker war voll von Unkraut. Da hatte wohl nicht einer Unkraut unter den Weizen gesät, wie die Heilige Schrift einmal erzählt, sondern da schien einer umgekehrt Weizen unter das Unkraut gesät zu haben. Die Ernte sah dann so aus: Wir gingen nebeneinander in langen Reihen das Feld ab und legten alle gefundenen Weizenähren einzeln auf unsere Tragen. Trotz der spärlichen Ernte häuften sich allmählich die feinen Halme. Eine Tragelast wurde es allerdings nicht. Das Eingesammelte brachten wir zu den Erntemaschinen. Aber siehe da, keine einzige Maschine war funktionsbereit! Der ganze Ernteertrag wurde auf einen Haufen abgeladen, der dann liegenblieb. Unsere Bewacher waren zufrieden. Wir hatten unseren Auftrag erfüllt und damit basta! Wie oft noch sollten wir diese russische Mißwirtschaft erleben!

Im Klosterlager wurden Ausgrabungen gemacht. Dabei stießen unsere Gefangenen auf Nonnengräber. Daß es sich um die Skelette von russischen Ordensschwestern handelte, war offensichtlich, weil noch Fetzen von Ordenskleidern erkennbar waren. Den letzten Beweis erbrachte einer unserer Stabsoffiziere. Er fand in der Hand einer Toten ein völlig erhalten gebliebenes, etwa 25 Zentimeter großes Kreuz, ein typisch russisches Flachrelief. Auf der einen Seite war Christus dargestellt, auf der anderen Maria. Es war wohl das Kreuz der Äbtissin des Klosters, eine sehr schöne Holzarbeit. Als mir der Offizier das Kreuz in die Hand gab, wuchs mein Erstaunen. Das Kleinod war federleicht und dennoch makellos erhalten. Der Finder hat es mir überlassen, und ich habe es auf abenteuerliche Weise mit nach Hause gebracht. Erst daheim habe ich von einem Experten erfahren, daß das Kreuz aus einem bestimmten Palmenholz gefertigt wurde, das sich durch sein geringes Gewicht und eine ungeheure Zähigkeit auszeichnet. Bei diesen Grabungen entdeckte ein Russe außerdem eine sehr gut erhaltene Kreuzigungsszene mit Maria und Johannes im Halbrelief. Nur der obere Teil war abgebrochen. Er lieferte das schöne Stück, das vermutlich aus Bronze war, in unserer von Gefangenen betriebenen Schmiede ab. Die Männer erzählten mir, der Russe habe es ihnen zum Einschmelzen gegeben. Wenn ich es haben wollte, würden sie es mir gerne überlassen. Hocherfreut und dankbar nahm ich die Kreuzigungsgruppe an. Auch sie brachte ich mit nach Hause.

Im Lager wurden inzwischen die Gefangenen auf zwei Bezirke verteilt. In den einen Teil steckte man die „Unbelehrbaren", die als Faschisten bezeichnet wurden. In dem anderen Teil wohnten die NK-Angehörigen und die, bei denen noch Hoffnung auf Bekehrung zum Antifaschismus bestand. Zu den ersten, den hoffnungslos Unbelehrbaren, gehörte auch ich mit den wenigen katholischen Pfarrern, die überhaupt in Jelabuga waren um diese Zeit. Es näherte sich das erste Weihnachtsfest in der Gefangenschaft. Unter uns, den abgestempelten „Unverbesserlichen", herrschte eine wohltuende Kameradschaft. Das „Waldkommando" sollte einen Nadelbaum beschaffen und brachte eine große, gut gewachsene Kiefer ins Lager. Geschmückt wurde sie mit allem möglichen Plunder, zurechtgestutzten, phantasievollen Gebilden. Kerzen oder gar moderne Leuchten in diesem letzten Winkel der Welt aufzutreiben, war reine Utopie. Da hatte einer unserer Stabsoffiziere, ein Ingenieur, eine Idee: Man könne doch fingerdicke Baumäste auf etwa 10 Zentimeter lange Stücke schneiden, diese dann mit einem glühenden Draht aushöhlen und den Hohlraum mit dünnstem Blech verkleiden. Dochte könnten wir aus Baumwollfetzen herstellen und sie durch ein mit einem Loch versehenes Blechdeckelchen ziehen. Das Brennmaterial sollte verbrauchtes Öl sein. Zunächst löste dieser verrückt erscheinende Vorschlag ein Riesengelächter aus. Der Initiator blieb gelassen. Alle Fragen wußte er zu beantworten. Er zielte auf den Ehrgeiz der Deutschen: Sie würden versuchen, das Unmögliche möglich zu machen. Die Idee zündete bei den handwerklich und technisch geschickten Offizieren. Tatsächlich – das Werk gelang! Am Weihnachtsabend trug unser Tannenbaum Schmuck und dazu wohl ein Dutzend brennender, allerdings auch qualmender Lichter. Unvergeßlich, dieses Erlebnis! Es war eine Stille im Raum, die ahnen ließ, daß alle in Gedanken daheim waren bei ihren Familien.

Noch ein kleines Wunder geschah. Ich erhielt die Erlaubnis, eine Weihnachtsansprache zu halten. Natürlich mußte ich den Text auf allen möglichen Papierfetzen vorher aufschreiben und abgeben. Eins war mir freilich sofort klar, denn ich wußte nur zu gut um mein erbärmliches Gedächtnis: Was da so zu lesen war, würde ich nie wortwörtlich sprechen können! Ich verließ mich auf mein Gespür dafür, die Weihnachtsbotschaft in der entsprechenden Situation so in Worte zu kleiden, daß ihr Sinn möglichst die Herzen aller Mitgefangenen traf und zwar als Botschaft der Hoffnung. Weihnachten geschieht immer da, wo der Mensch „dennoch“ an die Liebe Gottes glaubt. Die Stille während meiner Ansprache ließ mich hoffen, daß das Wort Gottes angekommen war. Das Schönste für mich bestand darin, daß ich diese Ansprache noch einmal im Block VI halten durfte. Wem ich das zu verdanken hatte, weiß ich nicht mehr. Ehrlich gestehen aber muß ich, daß ich Herzklopfen hatte: Würde dieser berüchtigte Block mich annehmen? Wenn auch nur einer aus dieser Schar vorher fälschlich verbreitet hätte, auch ich stünde dem NK nahe, wäre es zu einem Fiasko gekommen. Erschwerend kam noch hinzu, daß in diesem Block zwei Pfarrer saßen. Würden diese Männer mich annehmen, dann wüßte ich, daß meine grundsätzliche Haltung als Priester in der Gefangenschaft akzeptiert wäre. Mir lag einfach daran, aufzuzeigen, daß ich zwischen allen Fronten stand. Was ging mich an, ob ein Gefangener zum NK und zum Bund Deutscher Offiziere gehörte, ob er ein unbekehrbarer Nazi oder ein lupenreiner Kommunist war. Jeder sollte eindeutig wissen, daß ich keiner dieser Parteien angehörte. Ich spielte eine ganz andere Partie. Ich wollte Ansprechpartner sein für jeden, der bei mir als Priester Rat oder Hilfe suchte. Und derer gab es genug während meiner Gefangenschaft. Auch der Block VI hat das offensichtlich erkannt und akzeptiert. Es wurde eine würdige Feier. In diese Weihnachtstage fielen die wenigen erhabenen und erhebenden Ereignisse in Jelabuga.

Neben uns Pfarrern begann sich ein Kameradschaftskreis aus etlichen Stabsoffizieren zu bilden, die ebenfalls unabhängig geblieben waren in ihrer Haltung. Dieser Kreis hielt prächtig zusammen. Wir halfen einander aus, so gut wir konnten. In dieser Zeit erlebte ich auch den später so berühmt gewordenen Stalingradarzt, der mit primitivsten Mitteln kleine Heilungswunder vollbrachte. Ihm stand ja überhaupt nichts zur Verfügung an ärztlichen Hilfsmitteln. Ich suchte ihn auf, als sich bei mir ein ziemlich mächtiger Furunkel oberhalb des rechten Knies bildete. Was konnte er schon tun? Er versuchte, den Eiter herauszuschleusen, was ihm auch gut gelang. Verbandszeug hatte er nicht. Stattdessen gab er mir den Rat, das nackte Knie wann und wo immer möglich der Sonne auszusetzen. Tatsächlich verheilte die Wunde nach und nach und ließ nur eine große Narbe zurück. Dieser prächtige Arzt und Mensch half uns mit primitivsten Mitteln. Er ist sozusagen zu einer lebenden Legende geworden. Nach seiner Heimkehr wurde ein Buch über ihn geschrieben und ein Film gedreht. In der Nachkriegszeit wirkte er als Arzt in einem Städtchen an der Nahe, wo ich ihn besucht habe. Aus dem Besuch wurde eine Freundschaft. Mein altes Elend: Seinen Namen habe ich vergessen, den Menschen nicht. Er war eine der Lichtgestalten in der Gefangenschaft. Leider ist er schon vor vielen Jahren gestorben.

Ansonsten gab es fast nur düstere Erlebnisse. Das Lager Jelabuga war eines der schrecklichsten, die ich in Rußland erlebt habe. Schuld daran war hauptsächlich der korrupte russische Lagerleiter, ein überheblicher, stumpfsinniger Gardemajor samt seinen russischen Mitarbeitern. Als 1944 – ich war damals schon von dort weg – eine offizielle Abordnung des NK eintraf, darunter ein General und der bekannte Graf von Einsiedel, war besonders im Block VI der Teufel los. Der Propagandafeldzug endete in einem Chaos. Kein Mensch hörte zu, die Popagandahelden wurden ausgelacht, verhöhnt, angepöbelt und ausgepfiffen. Der Gardemajor und seine Wachmannschaften waren diesem Spektakel gegenüber völlig hilflos.

Vielleicht sollte ich noch berichten von der Begegnung mit einem alten Bekannten, auch einem Stalingrader, den ich aus der Suzdaler Zeit noch gut in Erinnerung hatte, weil er mit sechs anderen Kameraden und mir in einer der Mönchszellen untergebracht gewesen war. Schon damals war mir aufgefallen, daß er Sympathie für das antifaschistische Aktiv zeigte. Hier in Jelabuga erlebte ich ihn als eifrigen Aktivisten. Er war Kriegsgerichtsrat und im Majorsrang wie ich. Diesen alten Bekannten sollte ich ein dreiviertel Jahr später wiedersehen. Für die Sowjets waren diese Kriegsgerichtsräte wohl die gefährlichsten Gefangenen, denen sie mit größtem Mißtrauen begegneten, noch ehe sie überhaupt vernommen waren. Als wir Stabsoffiziere Ende 1949 entlassen wurden, waren vom Abtransport allein die Kriegsgerichtsräte ausgeschlossen.

Inzwischen waren in Jelabuga noch einige evangelische und katholische Theologen eingetroffen, die während ihres Studiums eingezogen worden waren. Ein Bekannter war nicht darunter. Sie alle kamen aus Mannschaftslagern. Wie immer in

Rußland, wie ein Blitz aus heiterem Himmel hieß es plötzlich: „Fertigmachen zum Abtransport!" Merkwürdigerweise wurden außer uns Theologen noch einige Stabsoffiziere aufgerufen, die alle aus der Division stammten, deren Kommandeur General Edler von Daniels gewesen war. Die Majore kannte ich alle, unter ihnen war auch mein guter Kamerad und Freund Major West. Das große Rätselraten begann: Wozu das Ganze, wohin führt der Weg, wird es noch schlimmer werden als bisher? Am 1. Mai standen wir mit unserem Gepäck am Ufer der Kama bereit. Das Eis war fast ganz verschwunden, da und dort gab es noch einen Flecken Schnee. Die Kama war freigegeben für die Schiffahrt. Unser Anführer war ein älterer russischer Unteroffizier, dem zwei einfache Soldaten zur Seite standen. Dieser Mann war ein prächtiger Mensch, ich habe ihn nie vergessen. Die ganze Reisezeit hindurch blieben er und seine beiden Männer korrekt und hilfsbereit.

Es rauschte ein ziemlich großer Passagierdampfer heran. Uns wurde als Quartier für die Schiffahrt eine Art Rauchersalon zur Verfügung gestellt. Die Verpflegung, die man für uns mitgenommen hatte, war für russische Verhältnisse sehr ordentlich. Uns gingen die Augen über, daß wir so etwas erleben durften. Erneut diese Widersprüche! Wir kamen aus einer Art Hölle und fühlten uns nun wie die „Fürsten". Freund Kantwerk aus Berlin und ich, die einzigen Pfarrer an Bord, waren uns sofort darüber einig: Was auch immer auf uns zukäme, diesmal waren wir den Sowjets etwas wert. Irgend etwas wollten sie von uns. Darum wurden wir auf einmal mit Glacéhandschuhen angefaßt – wenigstens ihrer Auffassung nach. Sie würden uns den Preis dafür bezahlen lassen.

Das Schiff hatte zwei Decks. Wir baten unseren Unteroffizier, uns doch einmal auf beiden „Etagen" herumzuführen. Er kam der Bitte nach. Erneut konnten wir uns davon überzeugen, wie das einfache russische Volk vom Kommunismus seines Landes betrogen wurde. Von wegen Einklassensystem! Mit Erstaunen hatten wir bereits festgestellt, daß es im russischen Heer erhebliche Klassenunterschiede gab: Die schlechteste Verpflegung bekamen die einfachen Soldaten, besser war das Essen schon bei den Unteroffiziersrängen, noch besser bei den Offizieren. Der Eindruck einer „mehrklassigen" russischen Gesellschaft wurde auf der Schiffsfahrt erneut bestätigt: Das untere Deck war für das einfache Volk vorgesehen, das sich auf der Reise selbst verpflegen mußte. Wie erstaunt waren wir, als diese Menschen, nachdem uns die Verpflegung ausgegeben worden war, die russischen Soldaten baten, die Töpfe ganz leer machen zu dürfen. Sie hungerten wie wir selbst. Im Augenblick ging es uns sogar besser. Das obere Deck des Dampfers gehörte der „gehobenen Gesellschaft". Durch die Außenfenster konnten wir sehen, was diese Männer und Frauen so alles zu sich nahmen. Wie wurde das einfache Volk doch betrogen! Auf dem Oberdeck lag auch unser Quartier, der Rauchersalon.

Die Gegend, durch die wir fuhren, war eintönig und trist. An den wenigen Anlegestellen fand sich jedesmal ein buntgemischtes Völkchen aus den umliegenden Kolchosen und Dörfern. Ein friedliches Bild! Endstation für uns war zunächst die Tartarenhauptstadt Kazan, wo die Kama in die Wolga strömt. In Kazan wurden wir durch die Stadt zum Bahnhof geleitet. Unterwegs wurden wir angepöbelt, man bewarf uns mit Kot und Schmutz. Unsere drei Bewacher hatten Mühe, uns durch die aufgebrachte Menge heil bis zum Bahnhof zu bringen. Wir hatten auf dem Schiff von Jelabuga nach Kazan bereits etwa 250 Kilometer zurückgelegt. Dann traf ein Personenzug ein, der vollbesetzt war. Was nun geschah, war ein erneutes Zeichen für uns, daß wir den Sowjets im Augenblick wichtig waren. Die drei Bewacher räumten im Handumdrehen einige Abteile mit Fahrgästen radikal aus, und wir konnten diese Abteile für uns allein besetzen. Der Sowjetstaat, mal so und mal wieder anders! Erinnern Sie sich noch, was ich von der Höllenfahrt von Suzdal nach Jelabuga erzählte? Uns blieb vorerst ein Rätsel, worum es den Russen eigentlich ging. Die etwa 550 Kilometer lange Bahnfahrt führte uns über Moskau und endete im Lager Krasnogorsk. Mein zweiter Besuch dort, und der würde nicht der letzte sein. Auch hier war die Behandlung beeindruckend. Wir schienen wirklich etwas Besonderes für die Sowjets zu sein. Was nur? Um was ging es ihnen?

Nochmals in Krasnogorsk und in der Sommerresidenz

In dieser Zeit in Krasnogorsk lernte ich einen Russen kennen, der angeblich Psychologieprofessor in Moskau war und sich Dr. Saveljev nannte. Ihn werde ich mein Leben lang nicht vergessen. Er sprach sehr gut deutsch, besaß große Intelligenz, bestechende Umgangsformen und war stark gehbehindert. Wer er wirklich war, was ihm seine Sonderstellung verschafft hatte, ist mir bis heute unklar geblieben. Er schien eine Art Hauptschlüssel zu haben für alle Geheimtüren der Sowjets. Er ging ein und aus, wo immer er wollte. Viele sowjetische Größen habe ich kennengelernt, aber keinen, der so viele Vollmachten besaß wie er. Ein imponierender, höchst bemerkenswerter, aber auch geheimnisvoller Mann! Man hätte glauben können, er sei eine Art Hellseher bei der Beobachtung von Menschen und deren Innenleben. Mit kleinen Fischen gab er sich nicht ab. Ich war offenbar für ihn ein großer Fisch, für den ich selbst mich nun wirklich nicht hielt. Wieso ich das war? Hier muß ich ein wenig ausholen und noch einmal kurz die Entwicklung der antifaschistischen Aktive zusammenfassen.

Die Sowjets hatten sich viel davon versprochen, als sie unterstützten, daß unsere Soldaten in die antifaschistischen Aktive eintraten. Die Bekehrten sollten durch ihre Aufrufe und ihre Aktivitäten an der Front versuchen, unsere Soldaten zu beeinflussen und damit die deutsche Front zu zersetzen. Das wurde ein vollkommener Fehlschlag, sehr zum Ärger der deutschen Emigranten. Dann inszenierten die Sowjets zusammen mit Ulbricht und seinen Trabanten einen neuen Versuch mit einer höheren „Etage". Es kam zur Gründung des Nationalkomitees „Freies Deutschland". Aber auch diese Neugründung wurde ein „Papiertiger". Wie konnte man bei den deutschen Frontsoldaten Eindruck schinden? Der nächste Versuch: Gründung des BDO, des „Bundes Deutscher Offiziere", am 11. und 12. September 1943 mit General Seydlitz an der Spitze. Wirklich erreicht wurde aber auch damit nichts. Dr. Saveljev war einer der wenigen Experten, der das einsah. Er kannte die Deutschen und wußte, daß Hitler als einzige wirkliche Gegner die beiden christlichen Konfessionen zu fürchten hatte. So kam ihm eine neue Idee: Katholische und protestantische Pfarrer und Theologen mußten zusammengetrommelt werden. Sie sollten einen Aufruf verfassen, der in Millionen Exemplaren über der deutschen Front und in der Heimat durch Flugzeuge verteilt werden sollte.

Das war der Grund, warum eine kleine Schar von Theologen in Krasnogorsk als erster Sammelstelle zusammengefaßt wurde. Pfarrer, von denen von vornherein klar war, daß sie nicht mitmachen würden, waren ausgeschlossen. So auch mein Mitbruder Alfons Jaeschke und der protestantische Mitbruder, die im berüchtigten Block VI in Jelabuga einsaßen. Außer einigen weiteren Stalingrader Pfarrern gab es sonst kaum noch

Kriegspfarrer in russischer Gefangenschaft. In Krasnogorsk waren wir ganze drei katholische Feldseelsorger. Zu meinem Freund Kurt Kantwerk und mir kam noch ein Münsteraner, der Mitte 1943 in Gefangenschaft geraten war und den wir beide nicht kannten. Ein hochintelligenter Mann, den man einzeln in „Quarantäne" gesetzt hatte, wo BDO-Leute und Dr. Saveljev versuchten, ihn weichzuklopfen für das NK „Freies Deutschland". Der Doktor hatte ihn wohl ein wenig in Verwirrung gebracht. Kantwerk und ich hatten aber keine Mühe, ihm erneut Durchblick zu verschaffen. Er wurde ein aufrechter, unbeugsamer Mitkämpfer und teilte unsere Vorstellung, wie sich ein katholischer Priester in der russischen Gefangenschaft zu verhalten habe: natürlich antifaschistisch, aber auf der ganzen Breite. Der nationalsozialistische Faschismus und das sowjetische System fielen bei uns in ein und dieselbe Art des Faschismus. Also kam „weder – noch" in Frage. Wir waren nicht Priester geworden, um Systemen zu dienen, sondern uns zu sorgen um Menschen, denen wir helfen wollten an Leib und Seele, wenn sie uns als Angebot annahmen.

Der Berliner Pfarrer und ich haben immer wieder miteinander diskutiert. Kantwerk spielte dabei oft den „advocatus diaboli", den Vertreter einer Gegenposition. Auf diese Weise wurden wir allmählich ein perfektes „Duo". Ihn würde ich als die „Nummer 1" bezeichnen. Er war im Grunde der „Motor", der grundsätzlich Einfallsreichere, Härtere. Ich war mehr der Zauderer, der „Bremser". Merkwürdig, daß ich auf die Kameraden wohl trotzdem größeren Einfluß ausüben konnte. Kurt Kantwerk war zu hart, zu kompromißlos, manchmal auch zu juristisch; das war ich keineswegs. Im Grunde stellte sich während der Jahre der Kriegsgefangenschaft heraus, wie günstig diese verschiedenen Veranlagungen sich für uns beide auswirkten, wenn es einmal darauf ankam, uns miteinander vor den Sowjets zu behaupten. Ob dieser Dr. Saveljev mich für den leichter bekehrbaren Plenni hielt? Er vermutete auf jeden Fall, daß wir beide die Säulen des inneren Widerstandes gegen die „Sowjetisierung" der deutschen Kriegsgefangenen waren. Oder hatten Pfarrer Josef Kayser oder Oberst Steidle ihn auf mich aufmerksam gemacht? Es ist für mich rätselhaft geblieben, warum er es gerade auf mich abgesehen hatte. Jedenfalls wurde ich das Opfer, welches er bearbeiten wollte.

Als ich Dr. Saveljev kennenlernte, klingelte es bei mir: Paß auf, du hast es mit einem gerissenen Fuchs zu tun! Er benahm sich mir gegenüber wie ein wohlmeinender Gentleman. Sehr bald teilte er mir mit, ich würde in ein besseres Lager transportiert, ich solle mich abfahrtbereit machen. Ich wurde zu einem kleinen, geländegängigen Wagen geführt, zusammen mit zwei weiteren Theologen. Saveljev saß am Steuer neben mir und plauderte. Das neue Ziel sei nicht weit von Moskau entfernt, etwa 20 Kilometer westlich der Hauptstadt. Es sei der Sommersitz eines russischen Großfürsten gewesen. Ich staunte: Wieviel mußte ich dem sowjetischen Professor wert sein! Diese Wertschätzung, sagte mir meine Abenteuerlust, mußt du gleich auf die Probe stellen! Gezielt stellte ich ihm nun die Frage: „Wir fahren so dicht an Moskau vorbei, wäre es da nicht möglich, daß Sie einen kurzen Umweg machen und uns ein wenig durch Moskau führen? Wie gespannt bin ich, die russische Hauptstadt kennenzulernen." Zu meinem Erstaunen erklärte er sich bereit, mit uns diesen „Ausflug" zu unternehmen. So lernte ich einiges in Moskau kennen: den Kreml, die Moskvaufer, einige Universitäten – eine eindrucksvolle Parade der ansehnlichsten russischen Baudenkmäler. Und Saveljev spielte Fremdenführer! Wir hatten von ihm nur den Auftrag bekommen, uns als Gefangene nicht zu sehr erkennbar zu machen und uns nicht aus den Fenstern zu lehnen. Wahrhaftig ein verständlicher Wunsch! Schließlich kehrte er zurück auf den Weg zu unserer neuen Unterkunft. Damit war erneut der Beweis erbracht, wie wichtig wir im Augenblick für die Sowjets und ihren Professor waren.

Unser Erstaunen wuchs, als wir in der Sommerresidenz ankamen. Von dreifachem Stacheldrahtzaun, der sonst alle Gefangenenlager umgab, keine Spur, auch nicht von Wachtürmen. Nicht einmal patrouillierende russische Soldaten waren zu sehen. Der erste, der uns begrüßte, war der russische Lagerleiter, ein klug und freundlich aussehender Oberst. Wir kamen aus dem Staunen nicht heraus: Begrüßung durch Handschlag! Seine Tochter, ein hübsches, sehr gut gekleidetes Mädchen, schüttelte uns ebenfalls die Hände. Sie sah uns dabei recht neugierig und ohne Verlegenheit an, obwohl wir in unseren geflickten Klamotten wohl kaum einen attraktiven Eindruck erwecken konnten. Freundlich wurden wir dann in einen sehr ordentlichen Wasch- und Duschraum überwiesen. Eine Wohltat, dieses Reinigungsmanöver und anschließend das Anziehen frischer Unterhosen und Hemden! Unsere Uniformen gingen inzwischen durch den Entlausungsofen. Anschließend wurden die Quartiere zugewiesen. Uns gingen die Augen über: Es erwartete uns ein großes luftiges Zimmer mit acht Feldbetten, die in großem Abstand voneinander rechts und links an den Wänden standen. Jede dieser Schlafstätten hatte eine Art Nachtkommode zur Verfügung. Der Mittelgang war reichlich bemessen, Bett und Kopfkissen waren weiß bezogen. Im Speisesaal aß man zu viert an entsprechend großen quadratischen Tischen, die weiß gedeckt waren. Kam die Essenszeit, lief eine italienische Ordonanz mit einem Gong durch das Haus und rief: „A tavola, Signori!" Selbst Bestecke fanden wir vor. Wir aßen vornehm, aber leider Portionen, die unsere hungrigen Mägen nicht befriedigen konnten. Ein gepflegter Park machte Spaziergänge zur Freude. Zu arbeiten brauchten wir nicht. Häufig wurden in dem großen Vestibül der ehemaligen fürstlichen Residenz großartige russische und amerikanische Filme gezeigt. Wir lebten fast wie in einer normalen Welt. Selbst die schrecklichen Eindrücke aus Jelabuga verblaßten allmählich.

Die Gefangenen, die wir vorfanden, waren eine vornehme Gesellschaft. Meines Wissens waren alle hohe Offiziere, allerdings keine Generäle. Manche von ihnen haben mich über ihr Wissen und Können staunen lassen. Bis heute bin ich nicht daraus klug geworden, wes Geistes Kinder sie waren. Offensichtlich keine Schreihälse, keine tückischen Agenten. Einige waren mir direkt sympathisch. Pfarrer oder Theologen waren nicht dabei. Kurt Kantwerk und ich steckten erneut die Köpfe zusammen. Was wollten die Sowjets von uns?

Nach wenigen Tagen begann sich die Lage zu klären. Dr. Saveljev sprach mich an: „Heute abend werden hochinteressante Filme gezeigt. Sie werden sie sich ansehen wollen. Tun Sie das! Es wird sehr lange dauern. Aber ganz gleich, wie spät in der Nacht es ist, kommen Sie doch anschließend auf jeden Fall noch auf mein Zimmer!" Der Professor lebte in Moskau, hatte aber in der Residenz ein eigenes Zimmer, in dem er sich häufig aufhielt. Es wurde drei Uhr in der Nacht, bis ich befehlsgemäß oder einladungsgemäß, wie man will, bei ihm anklopfte. Er rief: „Herein!" Als ich die Tür aufmachte, sah ich als erstes einen festlich gedeckten Tisch vor mir. Ich zuckte zusammen und entschuldigte mich: „Sie erwarten wohl einen Gast." Saveljev war die Freundlichkeit selbst, als er antwortete: „Sie sind eingeladen. Ich habe mir gedacht, wie wohl das einem hungrigen Gefangenen tun wird, sich einmal so richtig satt essen zu können. Nehmen Sie doch Platz!" In Sekundenschnelle überlegte ich mir: Würde mich bei Annahme dieser großzügigen Einladung mein „innerer Schweinehund“ weich und kompromißbereit machen? Nein. Also, erlaubte ich mir, darfst du essen nach Herzenslust! Der Tisch war gedeckt: Weißbrot, Schwarzbrot, Butter, Kaviar. Dazu gab es einen sehr guten Tee.

Unser Gespräch begann mit einer Art Plauderei. Auf meine Frage, wie er an das gute Deutsch, das er sprach, gekommen sei, antwortete er, er habe zwei Jahre in Deutschland studiert. Sein Studienort sei Leipzig gewesen. Bald merkte ich, daß er meine Akten aus den russischen Vernehmungen genau kannte, einschließlich meiner Familienverhältnisse. Daß er Psychologe war, zeigte sich ebenfalls sehr schnell. Sein erster Trick: Er benutzte, wenn er mich ansprach, mal die Anrede „Major“, mal nannte er mich „Herr Pfarrer“. Er wollte herausfinden, welcher dieser Titel mir genehm war. Ich tat ihm nicht den Gefallen, einem der beiden den Vorzug zu geben. Er beteuerte, daß ihm klar sei, daß ich nie Nationalsozialist gewesen sei. Ebenso betonte er, daß er auf keinen Fall versuchen werde, mich etwa zum Kommunisten zu machen. Er wisse, daß das ein hoffnungsloses Unterfangen wäre. Ich hätte mich sicher schon gefragt, wozu gerade Pfarrer und angehende Theologen zusammengerufen worden seien. „Das wollen wir nun einmal miteinander besprechen.“ In Kürze finde ein Treffen aller Geistlichen der christlichen Kirchen statt. Die sollten miteinander einen Aufruf verfassen, der eindeutig klarstelle, was sie schon immer vom Nationalsozialismus und vor allem von seinem Führer gehalten hätten, aber in Deutschland nie hätten verkünden können, weil das einer Art von Selbstmord gleichgekommen wäre. Jetzt aber hätten sie die Freiheit, die Wahrheit zu sagen über Hitler und sein verbrecherisches Tun. Jedem müsse doch klar sein, daß der Krieg verloren sei. Es gäbe nur einen Ausweg: Revolution gegen diesen Verbrecher. Eine andere Möglichkeit sei nun nicht mehr gegeben, den totalen Zusammenbruch und das Ende der Geschichte Deutschlands zu verhindern.

Zu mir gewandt sagte er: „Sie haben in Deutschland ja schon das Ihnen Mögliche getan, zweifellos. Gefahren haben Sie sich ausgesetzt, man hat Sie schikaniert und bespitzelt, aber die ganze Wahrheit konnten auch Sie nicht verkünden. Hier haben Sie jetzt die Möglichkeit, von der Kanzel aus in Freiheit den ‚Führer‘ und seinen Nationalsozialismus vor der Welt zu entlarven.“ Natürlich hatte er in einer Hinsicht recht: Was ich in Deutschland gleichsam auf den Gassen geflüstert hatte, konnte ich nun von den Dächern verkünden. Wußte er wirklich etwas von meinem Leben und Treiben als junger Kaplan? Oder war es nur seine Klugheit, die ihn zwei und zwei zusammenzählen ließ? Hatte er erkannt, daß ich ein kompromißloser Anti-Nazi war, und daraus einfach geschlossen, wie ich im Nazideutschland gehandelt haben mußte? Mir war bewußt, daß ich in Saveljev einen überragenden Gegner hatte. Wie gut war es doch, daß mein Pfarrerfreund aus Berlin mit mir dieses ganze Thema so ausführlich diskutiert hatte! Meine Antwort war ein klares, hartes „Nein" gegenüber dem Nationalsozialismus, aber auch ein ebenso hartes „Nein" dem Kommunismus, beziehungsweise dem ganzen verlogenen dialektischen Materialismus gegenüber. Für Kurt und mich kam keine andere Antwort in Frage.

Dr. Saveljev merkte wohl, daß ich mich vor Müdigkeit und Überforderung kaum noch aufrecht halten konnte. Das Überraschungsmahl für mich ausgehungerten und nun gesättigten Plenni ging friedlich zu Ende. Der russische Fuchs bot mir russische, amerikanische und deutsche Zigaretten an, auch Zigarren, wohl Beutegut. Dazu gab es Wodka oder Wein. Ich wählte den Wein. Mir war klar: Wie eine gereizte Bulldogge würde dieser Russe bei mir am Ball bleiben, um sein Ziel zu erreichen. Freund Kantwerk hätte sich in derselben Situation ganz anders verhalten. Er hätte hart und kompromißlos gleich die Weichen gestellt auf einen unerbittlich harten Kurs und damit auf eine eindeutige Absage. Ich war von anderer Art. Ich liebte das Abenteuer, sozusagen den Drahtseilakt: Ich wollte dem Gegner eine vermeintliche Chance geben, um ihn dann doch noch „austricksen". Freilich tat ich das nur in der Hoffnung auf Beistand des Heiligen Geistes. Ohne ihn hätte ich das nie gewagt. Seine Hilfe hatte ich schon oft erfahren. Mein Priesterleben war von ihm getragen gewesen, auch in der Zeit des Nationalsozialismus, und ich war überzeugt, er würde mein Beistand sein auch hier in Rußland.

Diesem Nachtgespräch folgten noch eine Reihe weiterer, ein halbes Dutzend wenigstens. Immer, wenn Dr. Saveljev in die Residenz kam, war ich wieder „fällig". Würde ich behaupten, das hätte mir nichts ausgemacht, wäre es gelogen. Meine Nerven flatterten jedesmal. Obwohl es regelmäßig das verführerische Essen gab, hätte ich gern darauf verzichtet, wenn ich den gefürchteten Gesprächen damit hätte entgehen können. Aber ich hatte nun einmal A gesagt, ich wollte nun auch bis zum Z durchhalten. Die Sowjets hatten Erfahrungen genug damit gesammelt, daß Dauerhunger zum gefräßigen Ungeheuer macht.

Hängt man also den Brotkorb etwas niedriger, ist das wie mit dem Speck in der Mausefalle. Die Sowjets erhoben dieses Verfahren zum Prinzip. Ich habe Lager erlebt, in denen die Gefangenen, die in das Nationalkomitee eintraten, erhöhte Lebensmittelsätze bekamen – ein mächtiger und aufreizender Anlaß, einen Gesinnungswandel vorzunehmen. Man wollte schließlich überleben.

Der Doktorpsychologe hatte wohl bald gemerkt, daß diese Verführung bei mir nicht zum Erfolg führte. Er änderte seine Taktik trotzdem nicht. Vielleicht handelte er nach dem Sprichwort: Steter Tropfen höhlt den Stein. Das Gesprächsthema blieb unverändert: „Sie haben jetzt endlich die freie Möglichkeit, das über den Schurken Hitler und sein System zu sagen, was Ihre wahre Meinung ist. Warum tun Sie es nicht?" Von seinem Standpunkt aus gesehen hatte er ja recht. Der Haken dabei war nur, daß dieser ausgekochte Materialist sich nicht in die besondere Lage eines katholischen Priesters hineindenken konnte. Ich konnte mich nicht von der Gegnerschaft des Nazi-Faschismus bekehren zum Anhänger eines anderen Faschismus, nämlich des sowjetischen. Außerdem war mir das Arm-in-Arm-Gehen mit einem System, in dem Gott ausgeklammert wurde und Religion zum Opium für das Volk erklärt wurde, unmöglich. Mich interessierte, was dieser Russe noch alles auffahren würde, obwohl mich diese Neugier ungeheuer viele Nerven kostete. Der Balanceakt gelang, weil Dr. Saveljev immer höflich und gut gelaunt blieb, und weil wir beide die Anstandsregeln einhielten. Nur einmal kam es zu einer sehr ernsten Gefährdung meines inneren Zustandes. Ich glaubte, aus einigen Worten meines Gegners eine umschriebene Drohung herauszuhören. Sofort reagierte ich scharf: „Herr Doktor, Drohungen haben bei mir überhaupt keine Chance!" Höflich und beflissen reagierte er sofort: Er denke überhaupt nicht daran zu drohen. Ich gab mich zufrieden.

Ab und an versuchte ich, sein richtiges Gesicht zu finden. So fragte ich ihn: „Herr Doktor, nehmen wir einmal an, ich käme nach Friedensschluß tatsächlich nach Hause. Wenn ich Sie dann zu einer Reise in meine Heimat einladen würde, würden Sie der Einladung folgen?" „Aber sicher", sagte dieser undurchschaubare Fuchs. Er brachte mich mit meinen Ausweichmanövern oft genug in Bedrängnis. Er wußte genau, daß ich ihm die wahren Motive für meine Absage nicht verriet, und die wollte er auf jeden Fall herausbekommen. Gut erinnere ich mich an eines unserer Wortgefechte. Er trieb mich dabei ziemlich in die Enge. Es ging ja im Grunde immer um die Frage: „Sie, der Sie nie NS-Mann waren, haben hier die Gelegenheit, frei gegen das nationalsozialistische System zu sprechen. Das sollen Sie nicht als Kommunist tun, sondern als katholischer Pfarrer. Es ist einfach nicht einzusehen, warum Sie sich weigern. Das macht Sie unglaubwürdig." Der Heilige Geist kam mir schließlich zu Hilfe: „Herr Doktor, zwischen Ihnen und mir steht mein Gewissen. Dieses aber rät mir: Überlege dir genau, ob du verantworten kannst, diese an sich richtigen und konsequenten Aussagen zu machen. Dann gehst du Arm in Arm mit einem Staat, der die Existenz Gottes ausdrücklich für unmöglich hält. Wenn Sie – von einem Gewissen haben doch auch Sie schon gehört – mein Gewissen beruhigen können, dann bin ich ‚Ihr Mann'." Er lächelte, durchschaute mich, weil es nur ein Stück, aber nicht die ganze Wahrheit war. Er begann allmählich, unruhiger zu werden, weil er bei mir immer noch nichts erreicht hatte. Offensichtlich rückte der Termin für die Pfarrersitzung näher. Ich ahnte, daß er sich etwas Neues einfallen lassen würde.

Als wieder einmal das nächtliche Festessen vorüber war, bot er nicht wie sonst Wodka oder Wein an. Er erklärte mir, wenn ein ewig hungernder Plenni solch ein Essen zu verdauen habe, schreie das geradezu nach Wodka. Was wir in Deutschland als Schnapsgläser bezeichnen, habe ich in Rußland nirgendwo gesehen. Bei den Russen wird der Wodka aus einer Art Wasserglas getrunken. Also schüttete er den Alkohol in große Gläser, bot mir eines an, stand auf und brachte einen Toast, einen Trinkspruch, aus: „Herr Pfarrer, auf eine glückliche Heimkehr!" Seine bisherigen Bemühungen waren fehlgeschlagen. So folgte also ein neuer Versuch: Alkohol. Sei wachsam, signalisierte mir mein Kopf. „Danke", antwortete ich. Ich nahm nur einen Schluck aus meinem Glas. Ich wußte, was nun kam. Prompt sagte mein Gegenüber: „In Rußland ist es Sitte, wenn man einen Toast ausspricht, sein Glas leerzutrinken." Also trank ich mein Glas aus. Ich dachte mir: Auch so wirst du es bei mir nicht schaffen! Das Gespräch setzte sich fort. Nach kurzer Zeit brachte Saveljev erneut einen Trinkspruch aus: „Daß Sie bei der Heimkehr Ihre Eltern und Geschwister gesund wiedersehen!" Du Heuchler, dachte ich, dich soll der Teufel holen! Mir hilft mein Gott – und ich trank den „Becher" wieder leer. Kaum hatte ich den Hochprozentigen herunter, ging es in meinem Kopf rund. Mir wurde schlecht. Was ich gewagt hatte, war schon tollkühn. Aber auch hier verließ mich unser Herr nicht. Das Mühlrad im Kopf drehte sich weiter, mir war todschlecht. Trotzdem blieb ich hellwach. Meine Gedanken sammelten sich. Der Alkohol sollte mich benommen machen. In Trunkenheit sollte ich meinen Eintritt ins Nationalkomitee unterschreiben. Damit wäre ich gezwungen, mich auch dem Aufruf der Pfarrer anzuschließen. Ein nicht gerade christlicher Trotz überkam mich: Das wird dem Doktor nicht gelingen!

Hastig erklärte ich: „Ich kann nicht mehr, ich muß sofort auf die Toilette.“ Sehr ergiebig „frühstückte ich rückwärts“, wie ich diesen Ausdruck von Studenten gehört habe. Das Örtchen lag dem Zimmer direkt gegenüber. Mir schwante: Verließe ich den Ort, Saveljev würde totsicher vor seiner Zimmertür stehen und mich liebevoll einladen, mit ihm weiterzutrinken. Ob ich das dann auch noch durchstehen würde, einen Zustand, den ich nie kennengelernt hatte, das schien mir doch fraglich. Also, dachte ich mir, erst bleibst du mal auf dem „Örtchen“. Will doch mal sehen, wer den längeren Atem hat! Also blieb ich einfach noch eine ganze Weile sitzen. Als ich endlich meinem selbstgewählten Kerker entfloh, siehe da, empfing mich ein lächelnder Professor und lud mich ein, das kleine Fest nun auch fröhlich miteinander zu beenden. Wie längst erkannt! Hastig erwiderte ich: „Das geht nicht, mir ist noch viel zu schlecht.“ Eine Antwort wartete ich nicht ab, machte auf dem Absatz eine Kehrtwendung und eilte auf mein Zimmer, das ich seit einiger Zeit bewohnte. Man höre und staune: Es war ein Zweibettzimmer, das ich mit Kurt Kantwerk teilte. Ich riß die Tür auf, stürzte ins Zimmer, zog mich im Eiltempo aus und verschwand im Bett. Mein Pfarrerfreund machte vielleicht Augen! „Kurt“, sagte ich, „der Kerl bringt es noch fertig und steckt mich ins NK. Gut, daß ich dich als Zeugen habe, daß das absolut gegen meinen Willen geschehen würde.“ Ich vergaß zu erwähnen, daß der Professor bei dieser Trinkorgie zum ersten Mal einen Sowjetoffizier im Hauptmannsrang dabei hatte. Welche Hilfestellung Saveljev sich von diesem Begleiter erhoffte, ist mir völlig schleierhaft. Der Hauptmann sagte kein einziges Wort. Mir war nicht einmal klar, ob er Deutsch verstand. Daß man diesem Saveljev jemals einen Mann als Aufpasser gegeben hat, halte ich für völlig ausgeschlossen. Ansonsten freilich waren Begleiter bei Vernehmungen oder Verhören der einfachen Kommissare gang und gäbe. Übrigens stand der Mann mit Saveljev auf dem Flur, als ich endlich aus der Toilette kam. Diese ganze Geschichte erzählte ich meinem Mitbruder natürlich. Er sagte nur: „Typisch für dich, du Waghals und Hasardeur! Dem hätte ich gleich meinen Standpunkt klargemacht und ihm den Marsch geblasen!“ Daß das besser gewesen wäre, wußte ich auch. Das war ja auch der Grund, warum Saveljev den „härteren“ Kurt Kantwerk sich erst gar nicht ausgesucht hatte. Er hatte sehr bald erkannt, daß er bei dem von vornherein der Verlierer sein würde.

Was würde der Professor nun aushecken, um mich doch noch zur Strecke zu bringen? Daß er ein hervorragender Psychologe war, hatte ich bereits erfahren. Dem konnte ich nur entgegensetzen, daß ich mich schon als Schüler und Student und vor allem als Priester bemüht hatte, hinter den vielen Masken den echten, wirklichen Menschen zu finden, wie er in Wahrheit war. Das hatte sicher etwas mit Psychologie zu tun, aber nicht mit der wissenschaftlichen, sondern mehr mit meiner „hausbackenen“ Erkenntnis: Nur so kann ich den wirklichen Kern des Menschen finden und für mich ansprechbar machen. Saveljev trug die Maske eines Unschuldslammes, war aber in Wirklichkeit ein überaus schlauer Fuchs. Ihm gegenüber galt es, höchst wachsam zu sein, um ihm nicht in die Falle zu gehen.

Schon bald dachte er sich einen dritten Trick aus, gefährlicher als die beiden ersten. Mir wurde befohlen, zu einer bestimmten Zeit in ein bestimmtes Zimmer zu kommen. Sofort fiel mir auf, daß es nicht das Zimmer des Professors war. Daß er aber auch hier hinter allem steckte, wußte ich sofort. Was hatte er nun ausgeheckt? In besagtem Zimmer stand ein mir völlig unbekannter Zivilist mit einem Mikrofon in der Hand. Der Mann sprach mich in ordentlichem Deutsch an: „Ich bin beauftragt, Ihnen ein großes Geschenk, eine besondere Freude zu machen. Sie sind dazu ausersehen, über den Sender ‚Freies Deutschland‘ zu Ihrem Heimatort zu sprechen. Sie wissen sicher, daß die Nationalsozialisten unter schwerer Strafandrohung verboten haben, diesen Sender abzuhören. Von vielen Fällen wissen wir aber, daß er trotzdem abgehört wird und der Name dessen, der spricht, und das, was er sagt, weiter verbreitet wird. Wenn Sie sprechen, wird auch Ihr Name und das, was Sie sagen, sehr bald Ihre Heimat und das Elternhaus erreichen.“ Er kannte aus meinen Akten offenbar meine Herkunft aus Bad Godesberg, wußte um meine Eltern und um meine Geschwister. Er fuhr dann fort: „Spätestens seit dem Januar 1943 weiß man daheim nichts mehr von Ihnen. Sämtliche Stalingrader gelten in Deutschland als tot oder vermißt. Stellen Sie sich die Trostlosigkeit, die Sorgen, das Leid und die Tränen in Ihrer Heimat vor!"

Es stimmte, was er sagte. Wir wußten, daß solche Sendungen zu Hause tatsächlich ankamen. Bisher hatten nur hohe Dienstgrade, die dem NK angehörten, über den Sender in die Heimat gesprochen. Diese Gunst erhielten sie deshalb, weil man ihnen versprochen hatte: „Treten Sie dieser Friedensbewegung bei, wird das durch Sie selbst in Ihrem Zuhause bekannt gemacht." Auf diese Weise verkauften diese Brüder ihre Seele an die Sowjets. Sie haben ihren Preis dafür zahlen müssen. Der Mann ließ nicht ab: „Sie brauchen nicht den Aufruf der Pfarrer zu unterschreiben oder dem NK beizutreten: Für Sie ist alles ‚franko und kostenlos'". Er setzte noch eins drauf: „Stellen Sie sich die Freude Ihrer Eltern und Geschwister vor, wenn sie die Nachricht bekommen, daß Sie leben! Tränen der Freude werden fließen, eine Erlösung wird es sein." Ja, das wäre vermutlich wirklich so. Der Handlanger des Professors fuhr fort: „Nun will ich Ihnen den Text vorsprechen, den Sie senden sollen. Sie können ihn sicher und ohne Scheu sprechen, weil er die Wahrheit enthält." Der Text lautete ungefähr so: „Achtung, Achtung! Hier spricht der Sender ‚Freies Deutschland' aus Moskau, hier spricht Pfarrer Rudolf Peifer. In Stalingrad bin ich in Gefangenschaft geraten. Mein Heimatort ist Bad Godesberg, ich wohnte dort in der Bachstraße 1. Meine lieben Eltern und Geschwister, es wird euch sehr freuen: Ich lebe noch, wenn auch in Gefangenschaft. Es geht mir ganz ordentlich. Mir bleibt die Hoffnung, einmal wieder nach Hause zu kommen und euch gesund wiederzusehen. Herzlich, Euer Rudolf."

Dieser Text sprach ja wirklich die Wahrheit aus. Meine Gedanken jagten sich. Das alles klang so unverfänglich! Worin bestand der Trick und die Teufelei? Es war keine Zeit, lange zu überlegen. Sollte ich zusagen und über den Sender sprechen? Wenn nicht, wie wollte ich das begründen? Meine Hoffnung auf den Heiligen Geist bewährte sich wieder einmal. Plötzlich erkannte ich den Pferdefuß: Sprach ich durch das Mikrofon, würde das sehr bald in allen Lagern bekannt, auch in denen, wo ich gewesen war. Kein Mensch würde mir abnehmen, daß ich das ohne alle Auflagen getan hätte. Einheitlich hätte es bei denen, die nicht im NK waren, geheißen: „Also auch der ein Verräter!" Mein ganzer Einfluß bei den Stalingradern wäre dahin gewesen. Also gab ich dem Russen zur Antwort: „Versuchen Sie, die

Gedanken, die sich ein katholischer Pfarrer bei solch großzügigem Angebot macht, mitzudenken: Natürlich weiß ich, daß eine Nachricht für meine Familie eine unschätzbare Erleichterung wäre. Nicht vorstellbar, welche Last an Sorgen, Angst und Leid von den Schultern der Meinen fielen! Und doch kann ich mir das als katholischer Priester nicht erlauben. Sie wissen, in Rußland sind Abertausende von Deutschen als Gefangene, und es werden immer mehr werden. Nur ganz wenige, kaum eine Handvoll von ihnen, kann eine Verbindung nach Hause aufnehmen. Zu diesen wenigen Privilegierten darf ein katholischer Priester nie und nimmer gehören. Die Christen würden aufschreien vor Empörung. Es hieße: ‚Siehe da, der, der behauptet hat, er sei für die Menschen da, sei ein Angebot der Liebe und der Hilfsbereitschaft für jedermann, sucht nur seinen eigenen Vorteil und nutzt ihn! Alle die anderen aber läßt er in ihrer Sorge um Daheim sitzen.' In diesem Sinne ist der Pfarrer kein Privilegierter. Er hat zu leiden, wenn alle leiden müssen. Seine Eltern und Geschwister müssen dasselbe tragen, was die Angehörigen all der anderen tragen müssen. Ob Sie das verstehen, weiß ich nicht. Pfarrer haben eine besondere Stellung. Damit müssen Sie sich abfinden." Damit war Saveljev ausgetrickst. Der Saveljev-„Ersatzmann" sah ziemlich verwirrt seine Felle davonschwimmen.

Der Professor, das wußte ich längst, konnte nicht verlieren. Der Termin der angekündigten Pfarrerversammlung rückte immer näher. Eines Tages ließ mich Saveljev erneut rufen. Er schien etwas nervös und teilte mir mit, sie, die Sowjets, hätten etwas nicht bedacht. Wir Pfarrer hätten doch alle ein Kreuz auf der Brust getragen. Wo die Kreuze denn geblieben wären? Bei der „Protestversammlung" gegen Hitler wären sie notwendig, weil die Pfarrer auf den Fotografien, die gemacht würden, deutlich erkennbar sein sollten als echte Feldseelsorger. Ich solle ihm doch aufzeichnen, wie die Kreuze ausgesehen hätten. Er werde nach meiner Skizze neue anfertigen lassen. Was doch mitten im Krieg noch alles möglich war! Die Sowjets stellten Kreuze her! Jetzt schien für mich die Zeit gekommen, in die Offensive zu gehen: „Herr Dr. Saveljev, den meisten von uns sind gleich bei der Gefangennahme die Kreuze abgenommen worden." Ich verschwieg dabei, daß ich das meine durchgebracht hatte und es noch besaß. „Außerdem haben Sie doch Pfarrer zur Verfügung, die begeisterte Antifaschisten und BDO-Mitglieder sind. Pfarrer Kayser wird Ihnen sicher helfen." Zähneknirschend wandte sich Saveljev an meinen Mitbruder. In kurzer Zeit waren Kreuze da: helle, leuchtende Kreuze; es hieß, sie seien aus Neusilber. Erneut tauchte der Professor bei mir auf: „Die Kreuze sind da, aber wie wurden sie getragen?" Ich sprach von einer simplen Metallkette. Er wollte wohl ein bißchen verzweifelt wirken, als er mich nach einer anderen Möglichkeit fragte. Ich wüßte doch bestimmt einen Ausweg. Erneut erklärte ich ihm, er könne gewiß keinen besseren Experten dafür finden als Pfarrer Kayser. Der nannte ihm dann tatsächlich eine Möglichkeit: ein rotes oder violettes Band. Sehr schnell traf ein langes rotes Band aus Seidenrips ein, das für alle Kreuze ausreichte. Warum wurde ich als erster gefragt? Wie hinterlistig dieser Psychologe war! Hätte ich Auskunft gegeben, hätte er unter den Gefangenen verbreiten können: „Peifer ist Mitarbeiter bei der Antifa. Er war es, der die Kreuze der Antifa-Leute entwarf." Allmählich bekam ich Oberwasser, weil ich Saveljevs Angriffe immer besser zu parieren verstand.

Ausflug nach Lunjovo

Dann wurde ich – es muß so um den 10. Juni gewesen sein – nach Lunjovo gebracht, dem Hauptquartier des NK, das sich später in „Bewegung Freies Deutschland" umtaufte. In diesen Tagen vor dem Pfarreraufruf versuchte ich, einige Dinge zu klären, die für mich bis dahin im Dunkeln gelegen hatten. Ich habe bereits berichtet, daß bei der Dampferfahrt von Jelabuga außer den Theologen etliche Stabsoffiziere mitfuhren, die alle aus derselben Division stammten. Sie blieben im Lager Krasnogorsk, als die Pfarrer von dort nach und nach in die Sommerresidenz geschafft wurden. Die Stabsoffiziere, die ich ganz gut kannte, baten mich, in Lunjovo ihren Divisionskommandeur Edler von Daniels zu fragen, warum sie nach Krasnogorsk geholt worden waren. Sie vermuteten, daß er allein diese Frage beantworten konnte. In Lunjovo suchte ich den General auf. Bei unserem ersten Gespräch tat er sehr geheimnisvoll, so daß ich zunächst nichts erfuhr. Ich kannte ihn persönlich gar nicht, aber merkwürdigerweise schien er mir zu vertrauen. Was er mir beim zweiten Mal erzählte, versetzte mich in ungläubiges Erstaunen. Er habe den Sowjets den Vorschlag gemacht, insgeheim seine Division zu sammeln und diese Truppe unter seiner Führung den Russen an der Front zur Verfügung zu stellen.

Daraufhin hätten die Sowjets ihm zugesichert, seine Offiziere nach Lunjovo zu holen. Natürlich wolle er sie in Wirklichkeit der deutschen Front zur Verfügung stellen. Die Sowjets hätten wohl Verdacht geschöpft und sein Angebot doch schließlich abgelehnt. Sollte das ein Märchen sein oder sein Ernst? Tatsache war, daß seine Offiziere mit uns gekommen waren. Der General erzählte die Geschichte wie einen guten Witz. Leider weiß ich nicht, ob er die Gefangenschaft überlebt hat und was aus ihm geworden ist.

Noch etwas anderes gehört hierher. War es im Lager Jelabuga oder in Krasnogorsk? Eines Tages erschien auf der Wandtafel des Lagers wieder einmal die Zeitung „Freies Deutschland“, das Organ der Antifa. Auf der ersten Seite prangte ein großer Artikel: „Bekenntnisse des ehemaligen Majors der Wehrmacht Bernhard Bechler.“ Hier plauderte einer bedenkenlos all das aus, was er bei Hitler in dessen Hauptquartier in Ostpreußen erlebt hatte. Ein kurzer Rückblick: Bernhard Bechler war der erste Offizier gewesen, den ich unmittelbar nach meiner Versetzung als Divisionspfarrer zur 3. Inf. Div. mot. an der Front besucht hatte. Er war auch derjenige gewesen, der mir bei der ersten Begegnung zu erklären versucht hatte, welch ein Tor ich sei, daß ich als gebildeter Mensch und Akademiker nicht aktiv für Hitler eintrete. Ob ich eigentlich wisse, was mir und allen katholischen und evangelischen Priestern bevorstehe? Bechler hatte, bevor er in unsere Division kam, als Ordonanzoffizier seinen fast tauben Artilleriegeneral zu den Lagebesprechungen ins Führerhauptquartier begleitet. Das einzig Positive bei unserer ersten Begegnung war gewesen, daß er, der stramme Nazi, nicht ausfällig wurde und mir bei den Frontbesuchen keine Schwierigkeiten machte. Was er mir damals erzählt hatte, kam auch in diesem Artikel zur Sprache. Nur war auf einmal all das verwerflich, was er mir gegenüber noch so begeistert gepriesen hatte. Nun hatte er sich auf die andere Seite geschlagen, der Nationalsozialist war zum Antifaschisten geworden. Ich werde auf ihn später noch einmal zu sprechen kommen müssen. Mir lief es beim Lesen dieses „Skandalblattes“ kalt über den Rücken. Des Menschen Herz ist ein Abgrund. Wer kann ihn ergründen?

Ausgerechnet dieser Mann lief mir in den freien Tagen vor Beginn des großen Spektakels in Lunjovo über den Weg. Er ging an mir vorbei, und ich erkannte ihn zuerst nicht, wahrscheinlich, weil er so wohlgenährt aussah. Dann aber fiel es mir wie Schuppen von den Augen: Das muß doch der Bechler gewesen sein! Mein nächster Gedanke: So billig sollst du bei mir nicht wegkommen! Dir will ich noch einmal „ins Auge sehen“! Dieser Augenblick kam; wir begegneten uns tatsächlich schon bald wieder. Ich vertrat ihm den Weg. „Sie sind doch Herr Bechler!“ Es widerte mich an, diesen Mann mit Major anzusprechen. Er blieb stehen. Ich schaute ihm scharf in die Augen. Offensichtlich erkannte er mich ebenfalls: „Mein ehemaliger katholischer Divisionspfarrer!“ Sein rundes Gesicht wirkte auf einmal noch aufgeblähter. „Ja, stimmt“, sagte ich, ohne ihn aus den Augen zu lassen. Offensichtlich schienen seine Gedanken zurückzufinden zu unseren „Frontgesprächen“. Das war an seinem Mienenspiel deutlich abzulesen. Ziemlich betroffen sagte er: „Jetzt müßten wir das Gespräch, das wir in Stalingrad begannen, weiterführen.“ Ich schaute ihn unentwegt an und sagte: „Das erübrigt sich jetzt wohl. Guten Tag, Herr Bechler!“ Damit ließ ich ihn stehen.

Noch ein kleines Erlebnis aus dieser Zeit. Wir konnten uns ziemlich frei auf dem großen Lagergelände bewegen, auf dem sich auch ein kleiner See befand. Eines Morgens stand ich so früh auf, daß es noch ziemlich dunkel war. Ringsherum war alles friedlich und still. Ich schlenderte zum See. Dort angekommen, packte mich die Sehnsucht nach Freiheit. Kurzentschlossen zog ich mich aus. Eine Badehose hatte ich nicht, aber es war niemand zu sehen. So stürzte ich mich ins Wasser und schwamm ein Stück in den See. Meine Schwimmkünste waren leider ziemlich miserabel, weil ich das Schwimmen sehr spät und dazu mit völlig falscher Technik erlernt hatte. Nicht weit vom Ufer entfernt mußte ich wieder umkehren. Da entdeckte ich, daß sich zwei Gestalten auf den See zubewegten. Möglichst rasch strebte ich ans Ufer, um mich wieder anzukleiden. Zu spät! Die Besucher erkannten mich und ich sie. Es waren die „hochgradigen Genossen“ Walter Ulbricht und sein Adlatus Wilhelm Pieck, von denen noch die Rede sein wird. Diese beiden nun staunten nicht schlecht: Ein katholischer Pfarrer, der es wagte, im Adamskostüm zu schwimmen! Ich hatte den Eindruck, daß den beiden Genossen das imponierte.

Der Termin, an dem die lange angekündigte Versammlung stattfinden sollte, verschob sich immer wieder. Mir kam der Gedanke, es müsse irgend etwas passiert sein. Mir war schon auf der Fahrt nach Lunjovo aufgefallen, daß sich in der näheren Umgebung des Lagers Waldstücke befanden. Verwundert stellte ich fest, daß in bestimmten Abständen und etwas versteckt russische Panzer aufgefahren waren. Das Lagerleben selbst dagegen war sehr friedlich. Warum diese Panzer? Zusätzlich fiel mir auf, daß einige der Antifa-Leute in dieser Zeit spurlos verschwanden. Was war der Grund? Die da verschwanden, waren doch anerkannte NK-Männer! Aber das war nur scheinbar so. Die Nazis hatten nämlich zwei hohe Leute aus dem Staatsdienst als Überläufer in die Antifa und in das Nationalkomitee eingeschleust. Diese hatten die Aufgabe, soviel Material über Lunjovo nach Deutschland zu funken wie nur irgend möglich. Das Nest des NK sollte von Deutschland aus durch Fallschirmeinheiten ausgehoben werden. Die zwei Spione hatten vorzügliche Arbeit geleistet, ihre Tarnung war ihnen geradezu perfekt gelungen. Sie blieben vorerst völlig ungestört. Einer der beiden hatte dann aber die Dummheit begangen, zu viele Sympathisanten und Helfer zu suchen. Einer von diesen Helfern verriet das Geheimnis der Gegenseite. Der ganze Spionageclan wurde heimlich verhaftet und abtransportiert, und der Spuk war vorbei.

Natürlich hielt sich in diesen Tagen auch Dr. Saveljev in Lunjovo auf. Auf einem Spaziergang im Lager versuchte er erneut, mir die Unsinnigkeit meiner Haltung klar zu machen. Wie immer: vergeblich. Zufällig kam uns General Schlömer entgegen. Erst in diesem Lager erfuhr ich, daß auch er „konvertiert" war und damit Mitglied des BDO und des „Freien Deutschland". Etwas unwirsch übergab mich der Doktor dem General mit den Worten: „Herr General, ich werde mit dem Pfarrer nicht fertig, versuchen Sie doch mal, ihn zur Vernunft zu bringen." Damit humpelte er davon. Als er außer Hörweite war, sprach der, der einmal militärisch mein höchster Chef gewesen war, sehr ernst: „Herr Pfarrer, ich denke nicht daran, Sie umbiegen zu wollen. Seit meinem Übertritt läßt mir mein Gewissen keine Ruhe mehr. Ich weiß selber nicht aus noch ein. War mein Verhalten nun richtig oder falsch?" Mir war sein Übertritt zu den Sowjets unbegreiflich. Ich achtete ihn sehr wegen seiner erkennbar christlichen Gesinnung und Haltung und weil er einer der Generäle war, die echtes preußisches Soldatentum verinnerlicht hatten: mit ihren Männern und für ihre Männer. Er war nicht einer derjenigen, die schwere Koffer voll erlesener Spirituosen und Delikatessen mit in die russische Gefangenschaft brachten und sich dort daran gütlich taten. Das gab es! Die deutschen Generäle wurden in der Gefangenschaft zunächst mit Glacéhandschuhen angefaßt. Das änderte sich erst nach Kriegsende. Gott hat mich stets dazu angehalten, einen Menschen in seinem „inneren Kostüm“ weder schnell zu beurteilen, noch – erst recht – ihn nicht zu verurteilen. Das Menschenherz ist und bleibt letztlich unergründlich. Jedenfalls war es eine Freude für mich, viele Jahre später zu erfahren, daß General Schlömer heimgekommen ist, um dann im Westen zu bleiben. Daraufhin habe ich mit ihm korrespondiert. Er sollte auf jeden Fall erfahren, daß er für mich nicht in den Topf gehörte, in den alle „konvertierten“ Generäle als Verräter geworfen wurden. Meine Achtung für ihn ist geblieben.

Dann endlich war es soweit. Sämtliche Pfarrer waren eingetrudelt, es mögen etwa 35 gewesen sein. Sie stammten aus allen möglichen Lagern und Gegenden des weiten Rußland. Sozusagen alle christlichen Kirchen waren vertreten. Unter den katholischen Priestern und Theologen war auch eine Reihe von Ordensleuten. Ein Salesianer, von dem noch zu reden sein wird, ein Passionist, ein Franziskaner und ein Oblatenmissionar. Die Tagung war verbunden mit der 10. Vollsitzung des Nationalkomitees. Sie dauerte vom 14. bis zum 17. Juni 1944. Das Motto war: „Die Tyrannei vertreiben, die mir das Herz verwundet.“ Eine Menge Ansprachen wurden gehalten. Der evangelische Pastor Schröder sprach begeistert über die Bekennende Kirche und ihren Kampf in Deutschland. Pfarrer Nikolai Sörensen, ein Holsteiner, legte sein Sündenbekenntnis ab. Er war schon Soldat im 1. Weltkrieg gewesen, dann NSDAP-Wähler und „Deutscher Großchrist“. Viel Beifall. Auch der evangelische Divisionspfarrer Dr. Krummacher sprach sehr ernst über seine Erlebnisse im Krieg, von der Gesamtschuld und von dem Gericht, dem sich keiner von uns entziehen könne. Max Emendörfer, ein Jungkommunist aus Frankfurt, wurde nach seiner Rede begeistert umjubelt. Er hatte über seine KZ-Zeit 1935 bis 1937 gesprochen. Der Tenor etwa war: „Nie mehr sollen unsere Fahnen gegeneinander aufgerichtet werden. Gemeinsam sollen sie uns voranflattern im frischen Wind eines neuen Deutschland.“

Hinter den Kulissen hatte sich so einiges getan. Mit der Gestaltung des Aufrufes an die Christen an der Front und in der Heimat hatten wir, das Fußvolk, nichts zu tun. Das besorgten im wesentlichen die Emigranten Walter Ulbricht, Wilhelm Pieck und Wilhelm Florin. Selbst die Pfarrer, die im NK waren, hatten keinen großen Einfluß. Das Aufsichtsrecht behielten ohnehin die Sowjets. Ich vermute, daß auch hier Dr. Saveljev eine Rolle spielte. Es hieß in geheimen Kreisen, der erste Entwurf des Papiers sei abgelehnt worden. Der Grund: Er sei so durchsetzt gewesen mit kommunistischen Gedankengut, daß kein Christ an der Front und in Deutschland jemals geglaubt hätte, daß er wirklich von katholischen und evangelischen Pfarrern geschrieben worden sei. Also wurde geschliffen und verbessert. Am 16. Juni erschien der verbesserte Aufruf in der Zeitung „Freies Deutschland". Millionen Exemplare wurden mit Flugzeugen über der deutschen Front und in Deutschland selbst abgeworfen. Den Inhalt kann ich nur ungefähr wiedergeben. Auf jeden Fall wurde das deutsche Volk aufgerufen zum Aufstand und zur Beseitigung Hitlers, damit noch Frieden geschlossen werden könne, ehe ganz Deutschland vernichtet sei. Die Unterschriften und ein Foto der Pfarrer mit den leuchtenden silbernen Kreuzen waren darauf kopiert. Auf der Tagung war eifrig fotografiert worden. Wir drei katholischen Pfarrer trugen auch unsere Kreuze, gingen aber immer in Deckung, wenn die Gefahr bestand, daß auch wir auf ein Bild kämen. Von den 35 Priestern unterschrieben nur fünf den Aufruf nicht, darunter waren der Feldseelsorger Kurt Kantwerk aus Berlin, unser Freund aus Münster und ich. Die Namen der beiden anderen habe ich nicht behalten, denn wir drei kannten uns gut, aber die zwei anderen waren uns fremd.

Das ganze Unternehmen endete mit einem rauschenden Fest. Als die Feierlichkeit begann, erschien bei mir ein BDO-Mann und meldete, Ulbricht und Pieck bäten mich an ihren Tisch. Für mich war das eine Riesenüberraschung. Sie wußten doch, daß ich nicht unterschrieben hatte! Sie würden also von mir etwas wissen wollen. Ich erinnere mich noch, daß an diesem Tisch nur Kommunisten saßen. Wir waren zu acht. Mir gegenüber saß Wilhelm Pieck, links neben ihm Walter Ulbricht, rechts Wilhelm Florin, alle drei deutsche Emigranten. Außerdem erinnere ich mich an die rumänische Emigrantin Anna Pauker, die ich schon in Suzdal kennengelernt hatte.

Ulbricht war 1933 über die Tschechoslowakei und Paris nach Moskau geflohen. Für mich war dieser Mann ein Widerling ohne Format, ein „öliger" Fuchs. Er hatte es glänzend verstanden, Stalin für sich zu gewinnen, er war der perfekte Untertan – mit dem Herz eines Computers. Sein Sächsisch ging mir auf die Nerven. Kaum ein Satz von ihm, der nicht von einem „ja" abgeschlossen wurde. Dieses „ja" ließ keine andere Auslegung zu, es klang so, als enthielte es die Frage: „Hast du kapiert?“ So manches Mal sprachen mein Freund Kurt Kantwerk und ich über Ulbricht und Pieck. Mit einer Art von grimmigem Humor stellten wir uns vor: „In einem kommunistischen Nachkriegsdeutschland wird Ulbricht so eine Art Regierungschef und Pieck ‚Pater Patriae‘ dank seines patriarchalischen Aussehens: Silberhaar, honorig und stiernackig.“ Daß diese Phantasien Wirklichkeit werden könnten, wäre uns nie in den Sinn gekommen. Ulbricht, der so gewöhnlich aussehende kleine Mann, schaffte eine Traumkarriere. In Rußland organisierte er die Umschulungsarbeit in den Lagern. Die Gefangenen sollten dort von Nationalsozialisten in vollendete Antifaschisten und Kommunisten verwandelt werden. Als Propagandist hatte Ulbricht kaum Erfolg, sondern erregte eher Heiterkeit. Er blieb aber die treibende Kraft, die graue Eminenz im Hintergrund. Schon Ende April 1945 war er mit Marschall Schukov in Deutschland. 1953 wurde er Erster Sekretär des Zentralkomitees der SED, der Sozialistischen Einheitspartei Deutschlands, 1970 Vorsitzender des Staatsrates. Sein Nachfolger wurde Erich Honecker. Wir stellten uns vor: Armes Deutschland, wenn es solche Männer an der Spitze hat! Pieck wirkte anders als Ulbricht, fast jovial. Mir schien, er hatte sein eignes Denken. Er avancierte 1949 zum Staatspräsidenten in der DDR. Auch Wilhelm Florin und dessen Sohn Peter waren 1933 emigriert. Vater Florin starb kurze Zeit später in Moskau und erhielt dort eine ehrenvolle Beerdigung. Sein Sohn war etliche Zeit Redakteur der Zeitung „Freies Deutschland“. Später wurde er ständiger Vertreter der DDR bei der UNO. Pfarrer Kayser traf sich in den 80er Jahren noch ziemlich häufig mit ihm.

Zurück zum großen Fest. Auf dem Tisch stand vor jedem eine kleine Flasche Likör, dazu eine Flasche Limonade und eine Art Berliner Pfannkuchen. Man hatte erstklassige Sänger des Moskauer Theaters verpflichtet. Ob die überhaupt eine Ahnung hatten, vor welchem Publikum sie da ihre prachtvollen Stimmen zu Gehör brachten? Ich bezweifle es. Meine Spannung wuchs. Diese Kommunisten wollten doch etwas von mir! Aber was? Es fing damit an, daß einer der beiden gegenüber, ich weiß nicht mehr, ob es Ulbricht oder Pieck war, freundlich sagte: „Ich darf den Likör nicht trinken, ich würde ihn gerne Ihnen anbieten!“ Wieder die alte, dämliche Tour der Verlockung! Innerlich grinsend nahm ich das Angebot an. Bald folgte ein neuer Anlauf: „Ich darf die ‚Berliner‘ nicht essen.“ Mit Freude nahm ich auch sie entgegen. Innerlich lachte ich über diese Tour, hungernde Gefangene zugänglich zu machen. Endlich rückte Pieck mit dem gemeinsamen Anliegen heraus: Warum ich denn eigentlich nicht mithelfe, wo es doch darum gehe, für Deutschland einen annehmbaren Frieden zu erkämpfen statt der totalen Vernichtung? Der Kreis meiner Zuhörer schien sehr gespannt zu sein, was ich wohl sagen würde. Mir war klar, daß diese Emigranten nicht die Geistesgröße eines Saveljev besaßen. Ich wollte meine Haltung so begründen, daß auch sie es verstehen könnten: „Sie wissen alle, meine Herren, daß ich überzeugter katholischer Priester bin und in keiner Weise nationalsozialistisch angekränkelt. Ich will Ihnen ein wenig meine Geschichte erzählen: In Deutschland habe ich viel gewagt, auf der Kanzel so gut wie bei meinen Jugendlichen in den Pfarren. Nicht einer der Jungen ist ein Nazi geworden. Die Hitlerjugend schäumte geradezu vor Wut und bemühte sich voll Eifer, mich zu Fall zu bringen. So manches Mal schellte es in der Nacht an meiner Tür. Dann verriet mir ein gläubiger katholischer Polizist, der inzwischen zur Gestapo eingezogen war, daß meine Predigten bespitzelt werden sollten. Einmal rückten am frühen Morgen drei Gestapo-Leute an. Den ganzen Tag über durchsuchten sie meine Wohnung. Der Verhaftung entging ich nur knapp. Nach dem Einmarsch in Österreich erhielt ich die Benachrichtigung, ich sei amnestiert. Ein Schreckschuß hinterher, der wohl gleichzeitig Warnschuß sein sollte. Im Oktober 1938 wurde ich von meiner Behörde nach Essen versetzt. An meiner neuen Stelle wurde ich durch das für mich zuständige Wehrbezirkskommando in die Wehrmacht einberufen. Laut Konkordat konnten wir Priester aber nur zum Sanitätsdienst eingezogen werden. Natürlich wollte ich nicht Priester im Hitler-Heer werden, aber ich konnte es nicht verhindern. Als Sanitäter machte ich den Frankreichfeldzug mit. Im Februar 1940 wurde ich zum Kriegspfarrerkurs nach Berlin berufen. Der Sanitätsgefreite Peifer wurde nach bestandenem Kurs zum Kriegspfarrer befördert.

Eine lange Einleitung, meine Herren. Sie soll Ihnen helfen, meine Antwort auf Ihr Anliegen besser zu verstehen. Nun will ich Ihnen zu erklären versuchen, wie ich mein katholisches Priestersein verstehe: Es ist die Übernahme der Verpflichtung, als gläubiger Christ und Priester ein Angebot zu sein für jedermann, in welcher Not und Sorge er auch immer sich befindet. Ich will den finden helfen, der allein der ‚Ent-Sorger‘ und der

‚Not-Wender' für alles und jedes ist, den lebendigen Gott und seinen menschgewordenen Sohn Jesus Christus. Meine tiefste Überzeugung ist: Ohne Gott läuft nichts, mit ihm alles! Sie werden das vielleicht nicht verstehen. Aber der Krieg und die Gefangenschaft haben mich gelehrt, wie sinnvoll meine Einstellung ist. Feindbilder haben wir Priester nicht. Forschen Sie ruhig in meinem Leben während der Gefangenschaft nach! Jeder, der will, kann mich ansprechen. Wo der Betreffende politisch, religiös, geistig steht, interessiert mich nicht. Ich nehme jeden Gesprächspartner ernst, es sei denn, ich stelle fest, er kann gar nicht ernst genommen werden, weil er mich provozieren oder gar verhöhnen will. Aber auch solche Leute werden für mich nicht zu Feinden. Sie haben ja das Recht, eine andere Vorstellung von Leben und Glauben zu haben als ich. Zur Beantwortung Ihrer Frage gehört auch dies: Sollte ich noch einmal nach Hause kommen und das Glück haben, wieder auf der Kanzel zu stehen, soll keiner der gläubigen Zuhörer, der auch Gefangener war, sagen können: ‚Der soll doch aufhören, hier fromme Sprüche zu klopfen! In der Gefangenschaft war er ein Wendehals! Da hat er die Seiten gewechselt, weil ihm das damals vorteilhafter und aussichtsreicher erschien.' Außerdem will ich mit meiner Unterschriftsverweigerung und meiner Ablehnung dokumentieren: Ich zog mit der Wehrmacht ganz allein in der Absicht, für die deutschen Soldaten nichts anderes zu sein als ein Mensch und Seelsorger. Sollten mir unsere Soldaten nicht so viel wert sein, daß ich mich um sie kümmere? Ich hatte mich in meiner Priesterzeit bemüht, überall Gottes Wort zu verkünden und die Sakramente der Kirche anzubieten. Meine priesterliche Heimat war nicht nur meine gläubige Gemeinde, das waren auch die Krankenhäuser, die Klöster und die Baracken der Armen, in denen vor der Machtergreifung viele Kommunisten wohnten. Niemand von ihnen hat mir je etwas Böses getan. Können Sie jetzt meine Haltung verstehen? Ist Ihnen einsichtig geworden, warum ich nicht unterschrieb, nicht in das Nationalkomitee eingetreten bin?"

Fast herausfordernd sah ich mich in der Runde um. Alle hatten, wie mir schien, aufmerksam zugehört. Was dann aber kam, hatte ich nicht erwartet. Der einzige, der sich zu Wort meldete, war Wilhelm Pieck. Alle anderen schienen zu verlegen, um sich ehrlich zu äußern. Der spätere Staatspräsident der DDR sagte: „Ich habe alles mitgehört und mitgedacht. Ich muß Ihnen sagen, daß ich ganz gut verstehen kann, warum Sie so handeln.“ Das traf mich so unerwartet, daß ich so tat, als hätte ich ihn nicht verstanden. Er wiederholte seine Aussage. Die anderen Kommunisten am Tisch machten nicht gerade zustimmende Gesichter. Mir fiel auf, daß die „graue Eminenz“ Walter Ulbricht keine Miene verzog. Sein Gesicht war völlig ausdruckslos. Mir schwante Unheil: Armer Pieck, du wirst noch heute nacht eine Schimpfkanonade von deinem Genossen Ulbricht erleben! So etwas Törichtes zu sagen! Zugleich fiel mir etwas ein, was mich innerlich schmunzeln ließ: Im Lager Krasnogorsk hatte mich ein junger SS-Leutnant, der in der Gefangenschaft zum Antifaschisten geworden war, jedem gegenüber, der es hören wollte, zum größten Faschisten des Lagers abstempeln wollen. Kameraden, mit denen ich auf der Lagerstraße sprach, hielt er hinterher an und fragte sie, ob sie wüßten, was ich für einer sei. Dieser junge dreiste Schnösel drohte ihnen und warnte sie: „Wenn Sie weiter mit diesem faschistischen Pfarrer verkehren, kann Sie das die Heimkehr kosten!“ Und hier sagte einer der kommenden Größen der DDR, er könne mich verstehen!

In Lunjovo etablierte sich eine Art katholischer Arbeitskreis. Ein großer Raum wurde „Regierungssitz“. In diesem Leitungsgremium residierten die Pfarrer Josef Kayser, Peter Mohr und Dr. Aloys Ludwig. „Beisitzer“ waren der Student der Theologie Jakob Eschborn und Unteroffizier Josef Motzko. Sie bildeten ein merkwürdiges Gremium. Pfarrer Kayser, der Älteste, war – wie erwähnt – für mich eine Art „Traumwandler Gottes“, immer zugleich auf und über der Erde lebend. Er glaubte mehr an das Gute als an das Schlechte im Menschen und verstand sich mit jedem. Oft sprach er in Lunjovo mit Wilhelm Florin. Noch gegen Ende der 70er Jahre schrieb er mir von diesen Lagergesprächen. Florin habe ihm dabei erzählt, daß er Meßdiener in Köln gewesen sei. Er habe Kayser fehlerlos das „Confiteor“ und das „Suscipiat“ herunterbeten können, die beiden schwersten lateinischen Gebete, die die Meßdiener zur damaligen Zeit lernen mußten, als Latein noch die Sprache der Heiligen Messe war. Als Wilhelm Florin 1944 in Moskau starb und ein großes Ehrenbegräbnis erhielt, schrieb Pfarrer Kayser mir, daß bei dieser Gelegenheit Wilhelm Pieck zu ihm gesagt habe: „Unsere besten Kommunisten waren ehemalige Meßdiener.“ Auch mit Wilhelms Sohn Peter Florin verkehrte Pfarrer Kayser. Nur mit einem der Emigranten hatte er, wenn überhaupt, wenig Kontakt: Walter Ulbricht. Mit diesem Intriganten, diesem „Apparatschik“ mit einem Herz aus Stein, konnte ein Mann wie Kayser nichts anfangen. Kaum ein größerer Gegensatz ist denkbar: Auf der einen Seite der Pfarrer, wohlwollend bis in die Tiefe seiner Seele, und auf der anderen Seite dieser „Edelstalinist“, undurchdringlich und abgeschottet gegenüber allen menschlichen Gefühlen. Der zweite im Bund des „katholischen Pfarrhauses“ war Pfarrer Peter Mohr. Auch er war ein prächtiger Priester, bei dessen Primizfeier in Boppard am Rhein ich dabeigewesen war. Sowenig ich ihn auch als Mitglied des BDO verstand, er blieb ein Mann, dem ich die Achtung nie ganz entziehen konnte. Er hatte viele Freunde in Jelabuga, weil er ein gütiger, hilfsbereiter, zurückhaltender Mensch war, der nie im Vordergrund stehen wollte. Der dritte im Bunde war der jüngste Pfarrer, Dr. Aloys Ludwig, der aus dem Saargebiet stammte. Zweifellos war er der Kopf des Gremiums. Er war ein Heißsporn, geistig auf hohem Niveau. Zu dieser Runde gesellten sich Josef Motzko, ein Franziskanerpater, und Jakob Eschborn, der später ebenfalls in einen Orden eintrat. Neben der „katholischen Sektion“ etablierte sich das evangelische Gremium. Dazu gehörten Pastor Schröder, Oberkonsistorialrat Dr. Krummacher und der quirlige kleine Landpfarrer Nikolai Sörensen aus dem hohen Norden. Interessant, hier ging es politischer zu als bei den Katholiken! Walter Ulbricht war häufig zu Gast.

Meines Bleibens war nicht mehr lange in Lunjovo. Die katholischen Priester wurden in ihre Lager, aus denen sie gekommen waren, zurückgeschickt. Als Lohn für ihre Unterschrift erhielten sie ein Schriftstück ausgehändigt, in dem auf Deutsch und Russisch geschrieben stand, daß sie berechtigt seien, als Lagergeistliche Gottesdienste zu halten und auch zu predigen. Meine beiden Priesterfreunde aus Berlin und Westfalen, die ja wie ich nicht unterschrieben hatten, wurden zurück nach Krasnogorsk geschickt. Erst später traf ich sie wieder. Mich erwartete ein anderes Schicksal. Zu meinem Staunen wurde ich zurück ins „Prominentenlager“, in den Sommersitz des russischen Großfürsten, transportiert. Ich wußte sofort, daß dahinter wieder dieser Dr. Saveljev steckte, der Mann, der nicht verlieren konnte. Alte Bekannte traf ich hier, aber auch eine Reihe unbekannter Gesichter. Zum größten Teil waren es Adelige und hohe Offiziere. Alle sollten hier „umgedreht“, sollten „Wendehälse“ werden. Namen waren darunter, die wohl den gehobenen Kreisen Deutschlands bekannt waren. Sie sollten das Image der Bewegung „Freies Deutschland“ beziehungsweise des BDO aufpolieren. Die Zeitläufte der militärischen Lage halfen dabei. Dieser Sommer 1944 überschlug sich geradezu vor Ereignissen. Die Mitte des deutschen Heeres zerbrach, wohl mehr als 100.000 Soldaten gingen in Gefangenschaft. Einer der Generäle dieses Frontabschnittes ergab sich mit seiner Truppe frühzeitig. Es war Generalleutnant Vincenz Müller, der sich sofort mit den Frontbevollmächtigten des BDO verbrüderte.

Dann kam der Paukenschlag: das Attentat auf den Führer am 20. Juli 1944. Das Nationalkomitee und besonders der Bund Deutscher Offiziere jubelten. Die Attentäter waren sofort „ihre Männer". Welch eine Anmaßung! Diese BDO-Offiziere saßen in der Gefangenschaft „im Trockenen", riskierten gar nichts und hielten patriotische Reden. Das alles brachte ihnen nur Vorteile. Die Zahl der Offiziere, die dem BDO beitraten, stieg ständig. Jetzt schloß sich auch Generalfeldmarschall Paulus diesem Gremium an. Angeblich waren ihm etliche des Attentäterkreises gut bekannt und nahestehend gewesen. Als sich sehr bald herausstellte, daß Hitler nahezu unversehrt geblieben war, verebbte der Jubel. Es sollte einmal die Zeit kommen, in der diese „Wendehälse" erfuhren, wie töricht es war, den Sowjets zu vertrauen. Ausnahmen waren nur die Offiziere, die Antifaschisten reinsten Wassers geworden waren, restlos dem System des dialektischen Materialismus verfallen. Sie alleine waren die großen Gewinner, die später in der DDR beste Verwendung fanden und hohe Posten bekleideten.

Im „Vorzeigelager" sollte ich sehr bald erfahren, was Dr. Saveljev von mir wollte. Bis heute ist mir völlig unverständlich geblieben, warum und wozu er mich für so wichtig hielt. Das einzige, was ich vorweisen konnte, war, daß ich das Vertrauen der Männer genoß, und das in beiden Lagern. Der Grund lag sicher darin, daß ich mich politisch nicht betätigte. Möglicherweise faszinierte den Professor, welchen Einfluß ein Priester gewinnen konnte, der nichts Großartiges an Geist produzierte und nur einfach versuchte, mit Leib und Seele Priester zu sein. Erneut hielt er einen dicken Köder an seiner Angel bereit. Das Angebot, das der Verführer mir vor Augen hielt, war für mich mehr als verlockend: Würde ich dem NK doch noch beitreten, dann würde er dafür sorgen, daß ich für die Zeit der Gefangenschaft hier Lagerpfarrer sein und bleiben könnte. Mein erster Gedanke: Du bist ein Idiot, wenn du nicht annimmst! Denk doch, dann sitzt du bis ans Ende der Gefangenschaft „im Warmen"! Aber auf keinen Fall wollte ich mich später einmal bezeichnen lassen als Priester, der sich in der Gefangenschaft Vorteile verschafft hätte. Ich lehnte ab.

Offensichtlich blieb mein Marktwert für Dr. Saveljev trotzdem sehr groß. Diese Vermutung begann ich zu überprüfen und auszunutzen: „Herr Doktor, wie wäre es, wenn Sie mir die Gelegenheit gäben, täglich die Heilige Messe zu zelebrieren und zu predigen? Dazu brauche ich die priesterlichen Gewänder, einen Kelch, Wein, Hostien oder wenigstens Weißbrot." Ich nannte ihm alles, was zu einer Meßfeier gehört. Was hatte dieser Mann für eine Macht! In wenigen Tagen war alles Notwendige da. Jeden Tag konnte ich in der Residenz des Großfürsten zelebrieren und ohne Kontrolle predigen. Diese Wochen waren meine glücklichste Priesterzeit in der Gefangenschaft. Häufig war bei diesen Heiligen Messen auch der Professor dabei. Er postierte sich für mich sichtbar. Einige Male schien es mir, als wische er sich Tränen ab. Dieser Mann war nicht nur ein guter Psychologe, sondern – aus taktischen Gründen – auch ein perfekter Heuchler. Er konnte es nicht ertragen, daß er einen einfachen Priester nicht auf's Kreuz legen konnte. Wie gesagt: Er konnte einfach nicht verlieren!

Die Situation im Hause wurde immer grotesker. Im Laufe dieser Wochen waren alle fast Gefangenen „bekehrt" worden. Das äußere Zeichen dafür: Wer zur Antifa „gekippt" war, trennte den Nazi-Adler von der Uniformjacke. Es kam schließlich so weit, daß ich als letzter mit dem „Pleitegeier", wie wir das Nazi-Emblem nannten, herumlief. Das wurde sogar einem Dr. Saveljev zuviel. So schwer es ihm fiel, schließlich mußte er sich eingestehen: Es ist aussichtslos, diesen Priester „bekehren" zu wollen. Dann kam das, worauf ich innerlich vorbereitet war: Der Psychologieprofessor schickte mich „in die Wüste". Ich habe ihn nie wiedergesehen.

In diesem Zusammenhang fällt mir ein, daß ich einen Zeitungsartikel aufbewahrt habe vom 11. August 1950, in dem ein Schicksal beschrieben wird, das mit dem meinen viel gemeinsam hat. Die Überschrift lautet: „Der freundliche Doktor Saveljev". Der Bericht stammt von einem Gruppenkommandeur eines deutschen Jagdgeschwaders. Sein Name ist Assi Hahn. Mit ihm war ich später etliche Jahre zusammen in einem Gefangenenlager. Er war einer der berühmtesten Fliegeroffiziere der Wehrmacht und konnte hundert Abschüsse britischer und amerikanischer Flugzeuge vermelden, die an fliegerischem Können damals weit über dem Niveau der Sowjets lagen. Assi Hahn war am 5. August 1943 von einem Kriegsgericht in Gorki zum Tode verurteilt worden. Er saß im Moskauer Staatsgefängnis „Burdianskaja" ein und wartete auf die Vollstreckung des Todesurteils. Eines Nachmittags wurde er zur Vernehmung bestellt. Als er endlich ins Zimmer gerufen wurde, stand er vor einem Mann, den eine Dolmetscherin mit „Herr Doktor" anredete. Es war Saveljev, der mit dem Major eine Plauderei begann. Wie es ihm gehe, ob er schon etwas vom Bund Deutscher Offiziere gehört habe und ob er nicht beitreten wolle. Major Hahn antwortete: „Ich bin zum Tode verurteilt und warte auf die Vollstreckung. In die ‚Burdika' dringen keine Nachrichten von außen, außerdem würden die mich auch nicht interessieren." Erstaunlich, was der Psychologe dann sagte: „Major, Marschall Stalin hat Sie begnadigt, und ich habe die Möglichkeit, Sie sofort aus dem Gefängnis herauszuholen, wenn Sie sich bereit erklären, in dem Bund Deutscher Offiziere eine Vizepräsidentschaft zu bekleiden." Dann habe er eine Flasche aus der Tasche gezogen, ihm ein Glas Wodka angeboten und ihm zugeprostet: „Ich trinke auf Ihre Zukunft und auf unsere Zusammenarbeit!" Danach habe er ihm eine Zigarette angeboten. Das, was Saveljev wollte, gab er glasklar zu erkennen: „Ich möchte Sie in dem Offiziersbund haben, weil Sie der Mann sind, der meine Ideen im Rahmen des Komitees und des Bundes in die Wirklichkeit umsetzen kann. Wir haben in unseren Lagern sehr viele Fliegeroffiziere, und wir wissen, welche Autorität Sie bei den Männern besitzen."

Assi Hahns Verpflegung im Gefängnis wurde jetzt überaus reichlich und gut. Er konnte sich nicht nur sattessen, es blieben sogar immer noch eine Menge Speisen übrig. Hochinteressant, was dieses Flieger-As weiter vom Professor erfuhr: „Im Augenblick sammeln wir alle Richtungen des deutschen Volkes im Rahmen des Nationalkomitees im Kampf gegen den Faschismus. Wir haben eine Sparte für die Junker, eine für die Christen, den evangelischen und katholischen Klerus, für die aktiven Offiziere, die Kriegsindustrie, die Großkaufleute, die Wissenschaftler und die Künstler. Jeder muß in unserem Kuchen eine Rosine finden, die ihn anspricht!" Das Tollste, was der Professor unserem Flieger anvertraute, war wohl seine Ansicht über den Bund Deutscher Offiziere. Unter dem Siegel der Verschwiegenheit offenbarte er: „Das ist ein reaktionärer Sprüche-Club, den wir gebrauchen, wie man ein Pferd gebraucht. Solange es gut zieht und auch etwas zu ziehen da ist, spannt man es vor den Wagen. Wenn es aber alt wird und man sich statt des Wagens einen LKW kaufen kann, bringt man es zum Schinder, der Leim daraus kocht. Augenblicklich haben wir einen Wagen und brauchen das Pferd." Ob Hahn wohl mit seinen Fliegerkameraden der LKW werden sollte, um das Pferd vor den Kurven abzulösen? Er erkannte, daß an den Fäden des Dr. Saveljev die Marionetten Erich Weinert, der Chef des NK, und General Seydlitz, der Chef des BDO, hingen. Als Major Hahn dem Professor endgültig die Mitgliedschaft beim BDO aufkündigte, wurde er erneut in das gefürchtete Moskauer Staatsgefängnis eingeliefert. Ich traf den Flieger später in einem Lager. Er kam, wie ich, um die Weihnachtszeit 1949 wieder nach Hause.

Wer oder was war dieser Dr. Saveljev eigentlich wirklich? Mir gab er Rätsel auf. Was waren die Gedankengänge des Psychologieprofessors? Seine erste Gründung, die Antifa-Bewegung, war ein Schlag ins Wasser gewesen, denn diese einfachen Männer, Überläufer und Kommunisten, kannte in Deutschland kein Mensch. Die zweite Gründung war das Nationalkomitee. Die führenden Leute hier: Emigranten und Überläufer. Auch das zog in Deutschland nicht. Sie waren zu Hause kaum mehr bekannt. Wieder nichts! Dritte Gründung: Bund Deutscher Offiziere. Eine Reihe von Generälen, die in Deutschland bekannt waren, sollten es nun schaffen. Wieder kein wirklicher Erfolg. Zwischenspiel: die Flieger-Asse. Aber die machten nicht mit. Saveljevs letzte Idee: die katholische Kirche. Diese Bastion hatte selbst ein Hitler nicht zerstören können. Saveljev war klug genug, zu sehen, daß das „evangelische Pfarrhaus" mit seinen drei Männern der Bekennenden Kirche sich in Lunjovo zu häufig und zu auffällig von den kommunistischen Emigranten Pieck, Ulbricht und Genossen besuchen ließ. Die katholischen Pfarrer schienen ihm offensichtlich in der Heimat am glaubwürdigsten zu sein. Wie aber geriet er an mich?

Bei Major Hahn hatte Saveljev bereits vor meiner Zeit verloren. Der erzählte, daß er ab Juni 1943 nichts mehr von dem Professor gehört und ihn auch nie wieder gesehen habe. Das war genau die Zeit, wo der Doktor mich anpeilte, um sein Spiel fortzuführen. Wie sich Geschichten gleichen können! Assi Hahn erlebte im Grunde genau dasselbe wie ich. Alle Finessen der Psychologie hat Dr. Saveljev bei ihm ausprobiert. Dabei spielte er den großen Menschfreund und Gönner. Wenn das Opfer am Ende doch nicht mitspielte, zeigte dieser perfekte Heuchler sein wahres Gesicht. Der Nazi-Gegner, von ihm vorher scheinbar so hoch geschätzt, verlor plötzlich jeden Wert. Major Hahn erlebte es im Juni 1943 und ich im Oktober 1944. Praktisch hatte der BDO um diese Zeit schon völlig verspielt. Viele seiner Männer sollten das später sehr zu spüren bekommen.

Ein drittes Mal in Krasnogorsk

Ich mußte meine Sachen packen und wurde in Marsch gesetzt. Wo landete ich diesmal? Tatsächlich, erneut in Krasnogorsk. Erfreut fand ich hier meine beiden Mitbrüder aus Berlin und Münster wieder. Ansonsten hatte sich einiges verändert. Deutscher Lagerführer war ein Hauptmann, der mehr Macht in Händen zu haben schien als die russische Lagerleitung. Er schikanierte die Gefangenen, wo er nur konnte. War er ein Sadist, oder war er der Typ, der sich vom einfachen Soldaten hochgedient hatte bis zum Offizier und der nun Rache übte an denen, die früher im Dienstrang höher gestanden hatten? Gewiß waren nicht alle „Hochgedienten" wie er. Aber etliche dieses Typs sind mir beim Militär schon begegnet. Er bewohnte ein komfortabel eingerichtetes Einzelzimmer – wirklich ein warmes Nest! Im Grunde war er ein wertvolles Werkzeug in den Händen der Russen, die sich vollständig auf ihn verlassen konnten. Stabsoffiziere wurden genauso zur Arbeit geschickt wie die einfachen Soldaten. Eine der Baracken war von den Männern der Antifa-Bewegung besetzt, die nicht zur Arbeit gehen mußten. Die meisten dieser Männer sahen aus, als seien sie einem Verbrecheralbum entstiegen. Es waren Überläufer und kommunistische Radaubrüder schlimmster Sorte. Sie gehörten zu denen, die in deutschen Uniformen hinter der vordersten deutschen Front absprangen und zum Teil erheblichen Schaden anrichteten. Mir schien es allerdings, als wäre ihre Zeit auch bald vorbei, weil die Sowjets solchen Helfern gegenüber immer mißtrauischer wurden.

Wir Stabsoffiziere hatten keine eigene Baracke mehr. Kunterbunt lagen die Kriegsgefangenen durcheinander auf den Zwei-Etagen-Pritschen. Das Lager war randvoll. Nicht wenige Gefangene lagerten einfach auf dem Holzfußboden. Nachts brannten erbärmliche Ölfunzeln, die wenig Licht, aber umso mehr Qualm und Gestank verbreiteten. Die Luft war zum Ersticken. Das fiel besonders auf, wenn man nachts auf dem

„Donnerbalken“ seine Notdurft verrichten mußte. Kam man zurück in die Baracke, hatte man das Gefühl, man müsse eine Dunstwand durchschreiten. Jedenfalls, der Kältetod stand nicht zu befürchten. Die Masse menschlicher Leiber, viel zu viele für den kleinen Raum, erzeugte einen warmen Mief, der stärker war als der eisige Winter.

Die Leute des Nationalkomitees entwickelten eine gewaltige Propaganda. Sie waren ja völlig obenauf. Die Kriegslage hatte sich für die Deutschen so verschlechtert, daß auch der Dümmste von uns einsehen sollte, daß es kurz vor zwölf sei und Rettung nur zu erwarten von der Bewegung „Freies Deutschland“. Zu diesen „Dümmsten“ gehörten wir katholischen Pfarrer im Lager. Schätzungsweise einmal in der Woche wurden wir gezwungen, zu den Meetings und den Vollversammlungen der Bewegung zu erscheinen. Das Vorgehen war stets dasselbe: Man beschloß Resolutionen, die klar und deutlich zwei Fragen beantworten sollten: Die erste Frage war so, daß sie von jedem von uns wirklich mit „Ja“ hätte beantwortet werden können. Sie hatte mit vielen Varianten immer denselben Inhalt: „Willst du den Frieden?“ Wer hätte den nicht gewollt! Die zweite Frage lautete, auch hier in allen Variationen: „Ist dir dann nicht auch klar, daß die einzige Lösung der Eintritt in die Bewegung ‚Freies Deutschland‘ ist?“ Dialektik im Kleinformat: An eine „eindeutige“ Frage wurde eine Gesinnungsfrage gekoppelt. Es schloß sich die Abstimmung an: Wer ist dafür? Die Mehrheit meldete sich. Dagegen? Eine kleine Minderheit. Wer enthält sich der Stimme? Das taten wir Pfarrer und wenige andere. Wir beratschlagten, wie wir es in Zukunft halten sollten. Kurt Kantwerk, pfiffig wie immer, entwickelte eine neue Idee. Er schlug vor: „Machen wir doch etwas ganz anderes. Bisher haben wir uns gemeldet bei den Enthaltungen. Erheben wir doch auch hier nicht mehr unseren Arm! Auf Anfragen machen wir denen klar: Wir sind katholische Priester. Wenn wir dazu nicht gezwungen würden, würden wir hier überhaupt nicht teilnehmen. Wir haben kein Interesse daran, uns politisch beraten zu lassen. Uns interessiert nur der Mensch.“ Als wir diesen Vorschlag einmütig annahmen und in die Tat umsetzten, platzte geradezu eine Bombe. Die gesamte Antifa, in allen ihren Variationen, stand Kopf. Der Lagerführer schäumte vor Wut. Aber tun konnte er nichts.

Dieser Unmensch leistete sich in diesem Winter viel Böses. Einmal wollte er eine Gefangenengruppe zur Arbeit nach draußen schicken. Trügt meine Erinnerung nicht, war es 35 Grad unter Null. Es gab bei den Russen die Vorschrift, die Gefangenen bei solchen Temperaturen nicht zur Außenarbeit zu schikken wegen der Erfrierungsgefahr. Diese Vorsichtsmaßnahme entsprang nicht der „Nächstenliebe", sondern man befürchtete, wegen der zu erwartenden Erfrierungen Arbeitskräfte zu verlieren. Es kam am Lagertor zu einem heftigen Disput zwischen dem Lagerleiter und den Gefangenen, denn der Hauptmann war nicht bereit, die russische Vorschrift zu befolgen. Das Glück der Arbeitsgruppe erschien in Gestalt der russischen Lagerärztin, die sich in diesem Augenblick dem Lagertor näherte. Ihr teilten die Gefangenen ihre Situation mit. Der Hauptmann erdreistete sich, der Ärztin die Notwendigkeit des Arbeitseinsatzes zu erklären. Es dauerte eine ganze Weile, bis sich die Samariterin gegen diesen Burschen durchsetzte. Die Gefangenen gingen nicht zur Arbeit.

Wir Pfarrer bereiteten ihm weitere Schwierigkeiten. Im Lager kam ein Gerücht auf, das keine „Latrinenparole" zu sein schien, wie wir oft genug von vornherein annehmen mußten. Es enthielt zu viele Einzelaussagen, die alle zueinander paßten, weshalb wir überzeugt waren, daß das Gerücht zumindest einen wahren Kern enthielt. Es lautete folgendermaßen: „Stabsoffiziere dürfen nur noch zwei Stunden am Tag mit Arbeit beschäftigt werden. Dazu gilt, daß diese Arbeiten innerhalb der Lagerbegrenzung stattfinden müssen." Das schien uns eine Forderung der übrigen Alliierten an die Sowjetunion zu sein. Wir machten für diese Arbeitserleichterung Propaganda bei den Stabsoffizieren: Wir hätten vor, die Arbeit zu verweigern, es sei denn, es würde uns eindeutig mitgeteilt, daß es diese Anordnung nicht gebe. Auch eine Erfahrung aus dieser Zeit: Es gab viele Offiziere, deren Tapferkeit im Felde bewundernswert war. Aber wenige nur gab es, die Zivilcourage hatten. Männer wie Oberst von Hanstein waren Ausnahmen. Was wir von vielen zu hören bekamen, waren Ausflüchte: „Wir sollten schriftliche Beschwerden einlegen", war die am häufigsten gebrauchte Ausrede. Zu dieser Zeit erzählte mir ein ungarischer Offizier: „Wir Ungarn haben die deutsche Wehrmacht bewundert, als habe sie die besten Soldaten der Welt. Ihre Offiziere und Generäle waren für uns Garanten höchster Leistungsbereitschaft. Jetzt aber, in der Gefangenschaft, empfinden wir das Verhalten vieler Deutscher als Desaster. Schauen Sie sich nur diese Offizierskreaturen aus dem BDO an! Sie versagen bei der ersten

Aufforderung, deutlich ‚Flagge zu zeigen'." Der Ungar machte auf mich den Eindruck eines Menschen, der enttäuscht und traurig war, ein Ideal verloren zu haben.

Wir Pfarrer lagen nicht miteinander in derselben Baracke, steckten aber die Köpfe zusammen, um einen gemeinsamen Schlachtplan für die nächste Zeit zu entwerfen. Unsere Entscheidung lautete: Wer von uns morgens zur Arbeit draußen eingeteilt wird, meldet seinem Truppführer, meist einem BDO-Mann: „Sagen Sie dem Lagerleiter, ich gehe nicht zur Arbeit." Am nächsten Tag schon wurden drei von uns katholischen Pfarrern zur Arbeit eingeteilt. Wir verhielten uns, wie wir es geplant hatten. Siehe da, zwei junge Stabsoffiziere schlossen sich uns an. Mein „Natschalnik" war ein junger, noch grüner BDO-Leutnant. Der arme Kerl wurde rot vor Aufregung. Ganz sicher wünschte er mir nichts Böses. Er wußte, daß ich Priester war – was sollte er nur tun? Schließlich meinte er in seiner Ratlosigkeit, er könne anstelle von uns ja andere Gefangene einsetzen. „Nein", sagte ich, „das ist nicht der Sinn der Sache. Melden Sie mich nur ab." Wer der dritte Pfarrer war, weiß ich nicht mehr. War es unser Münsteraner? Jedenfalls war der zweite der Berliner Kurt Kantwerk. Der Lagerleiter muß geradezu gefaucht haben, als er von fünf Truppführern die gleiche Geschichte hörte. Wieder die katholischen Pfarrer! Wir fünf wurden sofort zur russischen Lagerleitung befohlen. Gemütlich trotteten wir dorthin. Da die Zeit drängte, mußte der deutsche Hauptmann den dezimierten Arbeitstrupp schon nach draußen schicken. Wir fünf aber erwarteten mit Spannung, was sich nun ereignen würde.

Endlich erschien der zuständige Russe. Wir wurden einzeln in den Raum gebracht, in dem die Verhandlung beginnen sollte. Als erster Kurt Kantwerk, der nächste war der andere Pfarrer, dann die zwei Stabsoffiziere, zuletzt ich. Diese Reihenfolge war ein Segen für uns, denn der robuste Pfarrer Kantwerk wurde als erster angebrüllt: „Sie verweigern also die Arbeit?" Eine sehr verfängliche Frage! Kurt Kantwerk erkannte sofort die Falle und blieb ganz gelassen. Er war ein hervorragender Taktiker. Seine Antwort: „Keineswegs verweigere ich die Arbeit. Mir geht es ganz allein um Ihre ausdrückliche Erklärung, daß die Nachricht, die uns erreicht hat, nicht stimmt. Diese Nachricht betrifft folgende Verfügung: ‚Stabsoffiziere dürfen nur noch bis zu zwei Stunden am Tag mit Arbeiten innerhalb der Lagerumzäunung beschäftigt werden.' Wenn Sie mir klipp und klar sagen, daß es eine solche Verfügung nicht gibt, gehe ich weiter zur Außenarbeit." Wie klug dieser Berliner doch war! Er sprach nur von sich selbst, nicht aber für uns alle. Er wußte genau, daß man ihn sonst sofort zum Rädelsführer gestempelt hätte. Er hatte sogar die Kühnheit, den russischen Lagerchef zu fragen: „Was wollen Sie mir denn antun, wenn ich Ihnen sage, daß ich nicht zur Arbeit gehe?" Sofort konterte der Russe: „Sie wollen doch zu essen haben, Sie wollen es doch warm haben! Nun, dann sind doch Holzfällen und der Transport der Stämme ins Lager Arbeiten, die lebensnotwendig sind und damit so gut wie Arbeiten innerhalb des Lagers." Nach ruhiger Überlegung antwortete der Pfarrer: „Wenn wir hier kein Holz mehr zu schlagen haben, können Sie uns ja nach Sibirien schikken, um dann noch immer zu behaupten, das ist so gut, als wäre es im Lager selbst geschehen, weil das dann doch auch lebensnotwendig wäre. Noch einmal, was wollen Sie mit mir tun, wenn ich das für keine Antwort auf meine Frage halte?" Darauf der Russe: „Dann fliegen Sie sofort in den Karzer." Kantwerk erklärte: „Gut, ich akzeptiere diese Entscheidung." Dann wurde er entlassen.

Wir vier hörten den Ausführungen des Berliners aufmerksam zu. Daraus ergab sich, wie auch wir uns zu verhalten hatten. Der Priester und die zwei Stabsoffiziere hielten sich an das vorgegebene Konzept. Nacheinander flogen auch sie heraus mit der Drohung: „Ebenfalls Karzer!" Bei mir merkte ich eine leichte Veränderung des Vernehmungsschemas. Nicht Härte stand bei mir im Vordergrund, sondern ein Appell an die Vernunft. Was die anderen Stabsoffiziere denn denken und sagen würden über uns fünf „Deserteure"? Sofort war mir klar, was diese Frage sollte: Scherte auch nur einer aus der Fünfergruppe aus, war vielleicht die Chance gegeben, einen V-Mann, einen Vertrauensmann zu gewinnen und so die Phalanx zu brechen. Diesen Gefallen aber tat ich ihnen nicht. Abgang des letzten Übeltäters. Die vier anderen fand ich einträchtig nebeneinander auf der Pritsche einer Baracke wieder. Natürlich mußte auch ich meine Geschichte zum besten geben. Wir warteten auf unseren Strafvollzug, den Karzer. Die Strafe war gefürchtet, und das mit Recht. Karzer bedeutete: ein vergittertes Loch, Minimalverpflegung – das ganze Drumherum war dazu angetan, einem hungernden Gefangenen den Rest zu geben. Nach einiger Zeit fiel bei mir der Groschen: „Jetzt warten wir schon so lange darauf, daß wir abgeholt werden. Wißt ihr, gar nichts wird passieren! Der Karzer bleibt uns erspart! Der russische Kommandant hat keinem von uns gewagt zu sagen, daß dieser Bescheid überhaupt nicht existiert. Das hätte ja bei den vielen Stabsoffizieren eine gewaltige Verminderung der Arbeitskraft mit sich gebracht. Dieses Papier existiert aber ganz sicher. Wenn er uns wirklich bestraft hätte, hätte wir ihn des Rechtsbruches überführen und ihn bei der nächsten Lagerkontrolle anzeigen können. Der läßt uns bestimmt in Ruhe!" Tatsächlich, so war es auch. Zunächst schieden wir für die Außenarbeit aus. Aber etwas anderes hatten wir uns eingehandelt: Nicht nur der Russe war verstimmt, auch unser deutscher Lagerleiter, der Hauptmann, hatte eine Stinkwut. Wieder einmal die Pfarrer, die ihm sowieso ständig Schwierigkeiten machten, weil sie bei den Lagermeetings ihre Linie einhielten! Bei den Schlußabstimmungen blieben unsere Hände immer unten. Das alles ging uns ja nichts an.

In Krasnogorsk ereigneten sich in diesem Winter viele sonderbare Dinge. Eines Abends erschien ein Haufen der Antifa-Bewegung in unserer Baracke. Gezielt fielen sie über Offiziere her, die noch immer den „Pleitegeier", das Nazi-Abzeichen, am Uniformrock trugen. Denen versuchten die Eindringlinge das Abzeichen vom Rock zu trennen. Die Offiziere wehrten sich nach Kräften. Der Überfall drohte in eine wüste Schlägerei auszuarten. Da hatte einer aus der Baracke einen genialen Einfall. Er schrie vom Eingang her: „Russische Bewachung kommt!" Die kam zwar nicht, aber er erreichte, was er wollte: Blitzschnell war der brutale kommunistische Spuk vorbei. Die Männer auf den Pritschen brachen in schallendes Gelächter aus über diesen dreisten Trick. Ein anderes Mal kam der deutsche Lagerleiter in unsere Baracke und verkündete die neuesten Anordnungen. Als er fertig war, rief er uns zu: „Habt ihr verstanden?" Darauf antwortete ein einzelner: „Ja, du ...!" und zitierte Götz von Berlichingen. Der Lagerchef fragte scharf: „Wer war das?" Mutig meldete sich ein junger Leutnant. Darauf der Hauptmann: „Das werden Sie noch bitter bereuen!" Wir harrten gespannt der Dinge, die da kommen würden. Mir schien, der junge Soldat hatte die Sympathie aller Gefangenen auf seiner Seite, denn der Hauptmann war den meisten verhaßt. Am nächsten Tag nach Arbeitsschluß war der Kerl wieder da. Nachdem er seine Anordnungen heruntergeleiert hatte, sagte er feierlich: „Der Leutnant wird zu mehreren Tagen Karzer verurteilt." Hätte er doch dann geschwiegen! Nein, dieser

Dummkopf sprach weiter: „Weil er zu mir ..." Dann zögerte er, worauf sicher die Hälfte der Gefangenen den Satz vollendete und im Chor ausrief: „... ‚du A...' gesagt hat!" Jeder kann sich denken, wie blöd sich dieser Blindgänger vorkommen mußte!

Grausiges erlebte ich in diesem Lager ein anderes Mal. An einem Morgen stand ich sehr früh auf. Den Grund dafür weiß ich nicht mehr. Bei meinem Spaziergang gelangte ich in eine etwas entlegene Lagerecke. Was ich dort sah, ist eigentlich nicht zu beschreiben. Nebeneinander aufgereiht lagen da unbekleidete Leichen bis zum Skelett abgemagerter deutscher Gefangener. Wahrscheinlich waren sie in der Nacht „angeliefert" worden. Irgend jemand schien in den Mündern der Toten nach Goldplomben gesucht zu haben. Eine Reihe der fast fleischlosen Schädel wies Kopfverletzungen auf, die ahnen ließen, daß hier solche Plomben gefunden und gewaltsam herausgeschlagen worden waren. Von früher kannte ich den Ausdruck: Leichenfledderei. Jetzt wußte ich, wie das aussah! Ich versteckte mich in der Nähe dieses grausigen Ortes. Ich vermutete, daß hier noch vor dem Wecken etwas geschehen würde. Und richtig, nach kurzer Zeit erschienen zwei ziemlich große pferdebespannte Leiterwagen. Ein Trupp Russen warf die steifgewordenen Körper wie Holzstücke in die Wagen. Immer noch meine ich dieses seltsame Knochengeklapper zu hören. Dann rollte die Todesfracht davon. Unglaublich – es waren fast die gleichen Bilder, wie ich sie später im Fernsehen über Todesfuhren aus deutschen KZs gesehen habe. Nie habe ich öffentlich über dieses nächtliche Geschehen gesprochen, denn auf gar keinen Fall wollte ich den Eindruck erwecken, als versuchte ich, diese verschiedenen Geschehnisse gleichzusetzen.

Ein Beispiel für sowjetische Mißwirtschaft: Nachts wurde ein Arbeitskommando zum Bahnhof geschickt. Dort sei ein Transport Fensterglas angekommen, das für unser Lager bestimmt sei. Am Morgen fragte ich einen, der dabei war, wie es gelaufen sei. Grinsend erzählte er mir die ganze Geschichte: „Als wir am Bahnhof ankamen, stand dort ein ganzer Waggon mit Glas. Wir stiegen auf, und siehe da: nicht eine einzige Scheibe war mehr unversehrt. Die zerbrochenen Scheiben warfen wir auf den Bahndamm und stapelten die Trümmer mit einer Art Mistgabel auf einen Haufen. Das Schönste war noch, daß unser russischer Natschalnik, der Truppführer, seelenruhig erklärte: „Nitschewo, macht nichts!" Das hieß: Warum die Aufregung? Irgendwann wird auch einmal brauchbares Glas ankommen.

Noch ein Beispiel für den russischen Alltag. Ein Bauingenieur war unter uns, der perfekt russisch sprach. Vor dem Zweiten Weltkrieg hatte er einige Jahre an Großprojekten in Rußland mitgearbeitet. Er wurde eines Tages gefragt, ob er bereit sei, für einige Zeit in einem russischen Werk zu arbeiten. Er sagte zu und wurde zu einer Fabrik abkommandiert, die Herdplatten herstellte. Nach Monaten kam er zurück und erzählte von seinem Abenteuer. Als er dorthin gekommen sei, habe er mit Staunen erlebt, daß von zehn hergestellten Herdplatten nur drei einwandfrei und verwendbar waren. Sieben waren mehr oder minder Bruch. In wenigen Wochen habe er erreicht, daß von zehn Platten immerhin sieben verkauft werden konnten und nur noch drei untauglich waren. Der russische Chef und er seien stolz gewesen auf diesen Erfolg. Er habe aber dann gemerkt, daß die Arbeiter sich mehr und mehr von ihm entfernten und ihre Haltung fast feindselig wurde. Wegen seiner ausgezeichneten Russischkenntnisse habe er das Vertrauen einiger Arbeiter gewinnen können, und die hätten „ausgepackt". Sie hätten ihm den Grund verraten, weswegen die Belegschaft ihm gram sei: Die Arbeiter würden miserabel bezahlt und könnten nicht überleben, es sei denn, sie verschafften sich Nebengeschäfte. Je weniger gute Ware sie produzierten, umso größer sei ihr Vorteil gewesen, denn die abgelehnten Platten hätten sich gewinnbringend und leicht verkaufen lassen. Dieser Nebengewinn sei jetzt durch ihn, den Deutschen, sehr in Gefahr gebracht. Unser Rückkehrer fügte noch hinzu, das habe natürlich seinen Eifer erheblich gebremst. Ihm hätten diese armen Kerle leidgetan. Es war ja wirklich so: Dem Fabrikdirektor tat nichts weh. Der saß auf seinem Posten im warmen Nest, während seine Arbeiter hungerten. Das Ende vom Lied war, daß der Ingenieur sich sehr bald dort abmeldete. Er hatte die Nase voll. Beispiele ähnlicher Art gab es unentwegt. Wie oft haben wir uns gefragt, wie dieses System, bei dem soviel Schrott fabriziert wurde, den Krieg gewinnen konnte! Daß er für uns verloren war, mußte Ende 1944 jeder einsehen, der ein bißchen Verstand hatte.

Wir brauchten die Arbeitseinsätze nicht mehr mitzumachen, fühlten uns aber trotzdem nicht wohl. Die Stabsoffiziere, die zur Arbeit gehen mußten, taten so, als wären wir es schuld, daß sie draußen schaffen mußten. Außerdem war es Pfarrer Kantwerk und mir völlig klar, daß der Lagerleiter weiter nach Möglichkeiten suchen würde, um uns dennoch zu Außenarbeiten zu zwingen. Zuerst fiel uns auf, daß er lauthals die Lagerordnung änderte: Bisher hatten wir noch in der Baracke erklärt, wir gingen nicht zur Arbeit. Das wurde jetzt anders. Wer zur Arbeit eingeteilt war, mußte auf der Lagerstraße mit antreten, um dann erst am Lagertor zu sagen, daß und warum er nicht arbeiten wolle. „Aufgepaßt!" hieß es bei uns. Wieder steckten wir Pfarrer die Köpfe zusammen, um sicherzugehen, daß wir an einem Strang zogen, wenn Gefahr drohte. Das war bald der Fall. Grinsend verkündete der Chef des Lagers eines Morgens in den Baracken, es sei ein Notstand ausgebrochen, der ihn zwänge, alle Stabsoffiziere zur Arbeit aufzurufen, diesmal natürlich auch die Stabsoffiziere, die zuletzt von der Arbeit verschont geblieben waren. Aha, das war also die neue Masche: der „Notstand"! Und der bestand darin, daß im Lager Holz fehlte für die Feuerung in der Küche und zum Heizen der Baracken. Was tun? Der Berliner Pfarrer hatte die Nase wieder vorn. Er schlug vor: „Wir schlendern deutlich erkennbar am Ende der Schar. Vor dem Tor erklären wir dann: ‚Wir gehen nicht zur Arbeit. Ein Notstand ist das nicht! Wenn im Frühjahr unser Bach zu einem reißenden Strom anschwellen oder eine Feuerbrunst ausbrechen würde mit Gefahr für Menschen und Häuser – das wäre ein Notstand. Klar, daß wir dann dabei wären! Der momentane Zustand hat mit Notstand nichts zu tun. Das ist schlicht und einfach ein Fehler in der Lagerorganisation. Diese Dinge kommen hier doch alle paar Tage vor!" Wir hielten uns genau an die Abmachung. Der Hauptmann schäumte vor Wut. Er werde diese Arbeitsverweigerung sofort dem russischen Lagerkommandanten melden. Wir sagten einmütig: „Tun Sie das ruhig! Auch diesen Lagerkrieg werden wir gewinnen." Der russische Kommandant ließ sich nicht blicken, er hatte wohl eingesehen, daß er unserer Taktik unterlegen war. Der große Trupp ging ohne uns durchs Lagertor zum Bahnhof, um Stämme zu entladen und sie ins Lager zu schleppen. Wieder passierte uns nichts. Es war anzunehmen, daß wir hier nicht mehr lange bleiben würden. Wir wurden für das Lager untragbar und gefährlich.

Wegen des ganzen Hickhacks in Krasnogorsk und des ständigen Auf-der-Hut-sein-Müssens muß ich gestehen, daß ich mich nicht mehr daran erinnere, wie das Weihnachtsfest gefeiert wurde. Da habe ich eine totale Gedächtnislücke. Dafür aber erinnere ich mich noch sehr genau, wie das Lager und auch ich eine andere Art Weihnachten feiern konnten, wenn es auch erst im Februar 1945 war. Im Lager gab es eine Quarantänebaracke, in der neu eintreffende Gefangene auf Herz und Nieren überprüft wurden und oft auch auf BDO und „Freies Deutschland" hin getrimmt wurden. Manchmal erfuhr man, wer da einsaß, meistens aber nicht. Im Winter war viel Schnee gefallen. Alle Gefangenen saßen oder lagen mehr oder minder apathisch auf ihren Pritschen. In dieser Situation wurde uns armen Teufeln sozusagen ein Kind geschenkt, das wie ein Wunder auf alle wirkte, wie das Kind in der wahren Weihnacht. Wir alle wurden nach und nach aus der Apathie aufgeweckt. Hörten wir nicht aus der Quarantänebaracke ein Kinderlachen, wie wir es seit der Gefangennahme und schon lange Zeit vorher nicht mehr gehört hatten? Es war uns, als würden wir vom Tode auferstehen: Langsam geistig und körperlich erwachen, sich aufstützen, lauschen auf etwas, was doch gar nicht wahr sein kann. Dann energisch sich auf die Füße stellen, nach draußen drängen, sich auf den Weg machen dorthin, wo einen das Wunder erwartet: ein leibhaftiges Kind!

Solche Situationen kann man einfach nicht vergessen. Die gesamte Lagerbelegschaft, so schien mir, bildete die Kulisse für den Ort des Geschehens. Dieser Ort war einer der schneebedeckten Hügel, die in unserem Lagergebiet lagen. Da hatte ein russischer Wachsoldat ein Mädchen an der Hand und stieg mit dem Kind und einem Schlitten den Hügel hinauf bis auf die Kuppe. Das Kind schätzte ich auf drei bis vier Jahre. Es schien nicht die Spur von Angst zu haben. Munter plapperte es mit seinem Begleiter und stakste mit ihm den Berg hoch. War der Russe vielleicht selbst Vater von Kindern? Oben setzte er das kleine Mädchen behutsam auf den Schlitten, und ab ging die Post. Ein glockenhelles Kinderlachen, und jubelnd fuhr das Kind hinunter. So ging es noch mehrfach bergauf und bergab. Das Menschlein sah dazu auch noch entzückend aus: winterlich gekleidet, von blonden Locken umweht, war sein Anblick ein unwiderstehlicher Angriff auf unsere fast verlorengegangenen Gefühle. Es war mäuschenstill in der Runde. Nur einmal murmelte in meiner Nähe ein Gefangener vor sich hin: „Meine ganze Tagesration Brot würde ich hergeben, könnte ich dem Kind nur einmal über seinen Lockenkopf streichen!" Dabei war Brot die einzige kräftige Nahrung, die wir bekamen. Das Kind wurde weggebracht. Anscheinend waren seine Eltern nicht dabei. Ich erfuhr später, daß der Vater mit Frau und Kind kurz vorher in Ostpreußen in Gefangenschaft geraten war. Von der Familie habe ich nie wieder etwas gehört. Wir schlichen wortlos in die

Baracken zurück. Jeder war offenbar mit seinen Gedanken beschäftigt. Man konnte wirklich sagen, eine andere Art Weihnachten hatte sich uns geboten, uns wurde eine kurze Zeit lang ein Kind geschenkt. Es gab also doch noch Menschlichkeit in dieser unmenschlich schweren Zeit!

Unerwartet wurde uns eine Erleichterung ganz anderer Art beschert. Verwundert hörten wir, daß der Lagerleiter, dieser Sadist, mit einem Einzeltransport weggeschickt werden sollte. Tatsächlich sahen wir ihn mit prall gefülltem Rucksack aus dem Lagertor herausspazieren, von einem russischen Bewacher begleitet. Tolle Gerüchte über das „Warum" brodelten im Lager. Keines wage ich auszusprechen, weil ich die Wahrheit nicht weiß. Nicht viel später aber erfuhr ich, daß er als Gefangener in ein Arbeitslager transportiert wurde. Dort hatten etliche Gefangene vorher unter ihm gelitten. Angeblich haben sie ihn eines Abends so zusammengeschlagen, daß er auf der Krankenstation starb.

Kurze Zeit nach diesem Ereignis schlug auch für die katholischen Pfarrer und einige Stabsoffiziere die Abschiedsstunde von dem mehr als miesen Lager Krasnogorsk. Wie immer: Aufruf zum Sachenpacken zwecks Abtransport. Wie immer: Zielort unbekannt. Wir glaubten wohl alle, daß es schlimmer als bisher nicht werden könne. Das Lager, wohin wir verfrachtet wurden, trug die Nummer 715. Es war ein Offizierslager in der Nähe von Vologda, der Ortsname hieß Grazovec, ungefähr 300–350 Kilometer nördlich von Moskau.

Grazovec und Cerepovec

Hier muß ich etwas einfügen, was mir wichtig erscheint. In diesem Lager 715 und im Lager Cerepovec, an einer Bahnlinie zwischen Moskau und Leningrad gelegen, verbrachte ich die nächsten viereinhalb Jahre meiner Gefangenschaft. Mehrmals in dieser Zeit wechselte ich mit vielen anderen Mitgefangenen, auch den Pfarrern, von einem ins andere Lager hin und wieder zurück. Gründe für dieses Hin und Her fanden wir nie heraus. Mein schlechtes Gedächtnis verhindert leider, daß die Begegnungen mit Menschen, um die es mir geht, immer richtig „lokalisiert" sind. Es sollte niemanden stören, der es besser weiß als ich. Garantieren kann ich nur, daß die Menschen, um die es mir geht, echt sind und die Gespräche wahrhaftig, so wie beschrieben, stattgefunden haben – natürlich nicht wortwörtlich, wohl aber ihrem Sinn nach. Dafür will ich mich gern verbürgen.

Gleich am Lagereingang von Grazovec fiel uns Neulingen auf, daß man hier bemüht war, dem Lager ein ordentliches Äußeres zu geben. Oberst Sirma war der russische Lagerkommandant. Deutscher Lagerleiter war der Kriegsgerichtsrat Kurt Schumann, auch Stalingrader und mein Pritschennachbar in Suzdal, später Aktivist in Jelabuga. Von 1949 bis 1960 war er Präsident des Obersten Gerichts der DDR, ab 1969 Professor für Zivilrecht in Berlin. Auch in diesem Lager gab es ein antifaschistisches Aktiv, dessen Männer für ihre politische Aufklärungsarbeit Sonderverpflegung bekamen und auch gut bezahlt wurden. Aktiv-Ältester war ein Gefangener namens Kellert. Endlich einer, der sich Mühe gab, etwas für die Mitgefangenen zu tun! Zu unserer großen Freude trafen wir hier eine ganze Reihe katholischer und evangelischer Mitbrüder. Bevor ich mehr davon berichte, darf ich auf keinen Fall meine Begegnung mit einem Gefangenen vergessen, die sich gleich nach unserem Eintreten durch das Lagertor ereignete. Kam man neu in ein Lager, bot sich immer das gleiche Bild: Die „Alteingesessenen" standen Spalier und hielten neugierig Ausschau, ob wohl ein Bekannter unter den „Neuen" war. Unsere Zahl war ja nicht groß, denn wir waren doch nur einige Pfarrer und Stabsoffiziere, die in Krasnogorsk lästig geworden waren und die man deshalb abgeschoben hatte. Da kam ein junger Hauptmann strahlend auf mich zu. Er schien mich zu kennen. Verzweifelt kramte ich in meinem Gedächtnis, ob mir dieses energische Gesicht bekannt vorkam. Vergeblich. Er reichte mir die Hand, und es sprudelte aus ihm heraus: „Ja, kennen Sie mich denn nicht? Ich war doch bei Ihrer Primiz Ihr Meßdiener!" Da fiel es mir wieder ein. Seine Familie war mir in Bad Godesberg gut bekannt gewesen. Als er mir damals diente, war er zwölf Jahre alt, ich aber 25. War das eine freudige Überraschung! Er war nach dem Zusammenbruch der Mittelfront gefangengenommen worden. Es kam zu einer echten Freundschaft während unseres Zusammenseins, die immer noch anhält.

Die Überraschungen nahmen kein Ende. Mit uns drei Neuen waren 40 katholische Feldseelsorger zusammen. Darunter war auch Pfarrer Cornel von Geyr, den ich schon vom Godesberger Jesuitengymnasium her kannte. Er war zwei Klassen unter mir gewesen. Nach dem Abitur hatte er zuerst einige Semester in

München Kunstgeschichte studiert, anschließend Theologie und war 1938 zum Priester geweiht geworden. Seine letzte Kaplansstelle hatte er an der Münsterpfarre in Bonn innegehabt. Von dort holte ihn die Wehrmacht weg, und er wurde Kriegspfarrer a.K.. Die Mitbrüder, die wir hier vorfanden, stammten aus allen Gegenden Deutschlands, vom Norden bis zum Süden, vom Westen bis zum Osten. Pfarrer Kantwerk fand hier einen Mitbruder aus Berlin wieder, Pfarrer Georg Fulge. Mir lief sehr bald der Stalingradpfarrer Karl Geist über den Weg, der sich gegen Ende der Stalingradzeit bis in die Gefangenschaft hinein vorbildlich um die Verwundeten meines Divisionsfeldlazarettes gekümmert hatte. Da niemand von den Unseren dem NK beziehungsweise der Bewegung „Freies Deutschland“ angehörte, konnte auch keiner katholischer Lagerpfarrer werden. Eine Ausnahme gab es: Einer, den ich kaum kannte, hatte den Pfarreraufruf an Deutschland in Lunjovo mit unterschrieben. Dadurch hatte er den „Persilschein“ bekommen, der ihn berechtigte, Lagerpfarrer zu sein. Dieser Priester war kein Eiferer, sondern nur mäßig „gefärbt“ und tat uns nichts zuleide. Mir gab er sogar die Möglichkeit, seelsorgerlich im Gefangenenlazarett tätig zu werden. Er war zu jung und zu harmlos, um zu begreifen, welchen Fehler er mit seinem Verhalten gemacht hatte. Am besten verstand er sich mit einem Kreis junger Offiziere, ebenso jung und harmlos wie er, die mehrheitlich aus der katholischen Jugend, unter anderem aus der Bewegung Neudeutschland, stammten. Bevor wir ins Lager kamen, also Anfang 1945, war eine Abordnung aus Lunjovo eingetroffen, um für das NK beziehungsweise das „Neue Deutschland“ zu werben. Darunter war auch Kriegspfarrer Dr. Aloys Ludwig gewesen. Er war unter den „drei Großen“ im „katholischen Pfarrhaus“ in Lunjovo gewesen und hatte mit allen Mitteln versucht, seine Mitbrüder von der allein seligmachenden Haltung der antifaschistischen Bewegung zu überzeugen. Er hatte sich sogar am Ende seiner Ausführungen zu der scharfzüngigen „Kriegserklärung“ verstiegen: „Wenn ihr das nicht einseht und euch nicht zu unserer Bewegung bekennt, wird das Tischtuch zwischen euch und uns endgültig zerschnitten.“

Das erzählten uns unsere Mitbrüder. Wie freuten wir uns über die klare Haltung unserer Mitpriester, von denen bis auf eine Ausnahme kein einziger „umgefallen“ ist! Nur eins betrübte uns „drei alte Recken“, den Berliner Pfarrer, den Münsteraner und mich: Niemand hier dachte daran, sich gegen die harte Arbeit im Lager zu wehren, wie wir es in Krasnogorsk getan hatten. Wir drei berieten und wurden uns einig, daß auch wir mit dem „Arbeitskampf" aufhören wollten. Unter der Vielzahl der Geistlichen, so fürchteten wir, würden wir zu schnell als Meuterer gebrandmarkt werden, und das könnte dann zum Bruch der bisherigen Einmütigkeit führen. Die katholischen Pfarrer blieben mit ihrer klaren Haltung der harte Block, der in der ganzen kommenden Zeit der Gefangenschaft nicht einen einzigen Einbruch erlitt. Das gab es in gleicher Geschlossenheit sonst überhaupt nicht mehr. Der Block der Generäle, der der Stabsoffiziere, sogar der der evangelischen Mitbrüder, alle waren auseinandergebrochen: ein Teil in der Bewegung „Freies Deutschland", der andere Teil im Gegenlager.

Ist das eine Rüge, ein erhobener Zeigefinger gegen unsere evangelischen Partner in der Verkündigung der christlichen Botschaft? Solch ein Mißverständnis würde eine totale Verzerrung der Wahrheit bedeuten. Die Antifa-Leute im Lager kämpften „mit harten Bandagen". Im Dauertrommelfeuer betonten sie immer wieder: „Wer nicht mitmacht, kommt nie nach Hause. Sein endgültiges Schicksal ist Sibirien." Nun stelle man sich vor, wieviel schwerer den evangelischen Mitbrüdern die Entscheidung fallen mußte als uns! Die meisten von ihnen waren verheiratet, hatten Kinder. Selbstverständlich mußten sie sich fragen: Können wir es unseren Familien antun, ihr und unser Glück aufs Spiel zu setzen? Wir katholischen Pfarrer waren in einer viel besseren Position, denn wir hatten keine Familien. Wir entschieden, weil wir ledig waren, allein für uns nach unserem Gewissen. Hatte ich auch nur eine Spur von Recht, die evangelischen Pfarrer zu tadeln, sie herabzusetzen? Sofort fragte ich mich: Wärest du selbst in der Lage deiner Brüder, hättest auch du Familie, bist du sicher, daß du dann selbstverständlich und trotzdem Sibirien vorziehen würdest? Vor Scham würde ich rot werden, wollte ich so etwas einfach behaupten. Man darf auch nicht vergessen, daß ich ausschließlich von der Haltung der evangelischen Mitbrüder unseres Lager berichten kann und damit nichts aussage für die vielen anderen Gefangenenlager in Rußland.

Unverdientermaßen brachte unsere Haltung uns katholischen Pfarrern einen unvorhergesehenen Sympathievorschuß bei den protestantischen Offizieren, die die Situation ihrer Pfarrer nicht verstanden. Interessanterweise galt das sogar für die Offiziere, die heimlich immer noch richtige Nationalsozialisten waren. Da war eine fünf Mann starke Gruppe von jungen Stabsoffizieren, die auch nicht im Antifa-Lager stand. Die schickten mir einen Abgesandten, dem ich offenlegen sollte, wie es denn komme, daß ausgerechnet die katholischen Pfarrer die einzige Einheit seien, die geschlossen nicht an der Bewegung „Freies Deutschland" teilnehme. Offen erklärte der Fragende, dies hätten sie am allerwenigsten von uns katholischen Priestern erwartet. Wir wären doch in großer Mehrzahl schon immer Gegner des Nationalsozialismus gewesen. Früher hätten sie selbst, die jungen Offiziere, sich lustig gemacht über uns „ewige Besserwisser" und hätten lauthals gesagt: „Die, das sind doch keine Deutschen, das sind ‚Ultramontane' (von jenseits der Berge, das heißt der Alpen). Deren Vaterland ist doch Rom und sonst nichts." Nun sei unsere Haltung ihnen ein unlösbares Rätsel. „Erklären Sie uns dieses Phänomen! Sagen Sie uns bitte die Wahrheit: Haben Sie vielleicht hier im Lager einen versteckten Radioempfänger, mit dem Sie einen Geheimsender aus Rom hören können?" Ich hätte mich vor Lachen schütteln können, blieb aber ernst bei meiner Antwort. So konnte ich dem Fragenden doch einiges „an den Hut stecken": „Wie kommen Sie denn auf einen solch unsinnigen Gedanken? Den ganzen Reichtum in den Lagern kann sich jeder von uns besorgen. Er besteht aus einer aufgestöberten Blechdose – hurra, die wird zum Eßgeschirr! Ein großer verrosteter Nagel wird gefunden, der wird umgehämmert zu einer Art Schnitzmesser. Ein besonders geeignetes Stück Holz fällt mir in die Hände, daraus mache ich mir eine Pfeife. Nun erklären Sie mal, Herr Major, ob man aus solchen oder ähnlichen Utensilien einen Radioempfänger basteln kann! Oder, wenn nicht selbstgebaut: Wie wäre es möglich gewesen, ein solches Gerät ins Lager zu schmuggeln? Und wenn doch, wie und wo sollte man es installieren können? Hier haben doch alle Wände Ohren! Mit einiger Sicherheit miteinander reden kann man nur auf der Lagerstraße, wenn man sich vergewissert hat, daß kein Mensch in der Nähe ist. Zudem sind wir keine ‚Ultramontanen', also vaterlandslose Gesellen, sondern überzeugte Deutsche, die ihre Heimat lieben. So lautet nun meine Antwort: Wir handeln frei nach unserem Gewissen, machen keinen Hehl daraus, daß wir das gottlose Nazitum samt seinem Führer total ablehnen, aber ebenfalls nicht daran denken, um statt dessen mit dem ebenso gottlosen sowjetischen System zu paktieren. Beides verbietet uns unser Gewissen.“ Ob er mir geglaubt hat, überhaupt verstanden hat, was ich ihm zu erklären versuchte, weiß ich nicht. Auf jeden Fall, das konnten wir alle merken, hatten die jungen Offiziere Respekt vor unserem Verhalten.

Die Arbeitseinsätze waren sehr vielseitig. Das schwerste Los zogen dabei unsere Waldarbeiter. Ihre Arbeit bestand im Fällen der Bäume, im Entasten, dem Zersägen der Stämme auf eine bestimmte Länge und dem Heimschleppen zum Lager. Ebenso wenig zu lachen hatten die Straßenbauer, die außerhalb des Lagers eingesetzt waren. Ich selbst fing als Wegebauer innerhalb des Lagers an. Im Frühjahr und im Herbst watete man nur so durch den Straßendreck. Ein echter deutscher Straßenbaumeister war unser Chef. Er nahm seine Aufgabe sehr ernst und gab uns praktische Anleitungen. Dann wurde ich Bauarbeiter, genauer gesagt „Bausteinhersteller“. Im Lager sollte eine neue Speisehalle errichtet werden. Das geschah so: In einen großen Bottich wurde gesäuberter Lehm geschüttet, dazu gehäckseltes Stroh und Wasser. Dort hinein stiegen dann wir Bauarbeiter mit bis an die Knie hochgekrempelten Hosen und bloßen Füßen und zerstampften diese Masse, bis sie zu einer gleichmäßigen Einheit wurde. Dann wurde dieses Gemisch in einheitlich große Kästen gefüllt, die auf Trägern ruhten. Die Füllungen wurden der intensiven Sonne ausgesetzt, bis sie knochentrocken waren. Sie waren das Baumaterial, die Bausteine. Die Fundamente der Halle mußten freilich aus Feldsteinen oder Ziegeln gemauert werden, auf die unser Baumaterial aufgesetzt wurde. Das war notwendig, denn sonst hätte die Feuchtigkeit die Lehmziegel von unten her aufgeweicht, und das Gebäude wäre eingestürzt.

Draußen in der Welt vollendete sich inzwischen das furchtbare Schicksal des geschlagenen Deutschland. Im Frühjahr 1945 brach die russische Front in das sich verzweifelt wehrende Ostpreußen ein. Königsberg fiel, und zuletzt ergab sich auch die Kurlandarmee, die eingeschlossen, aber völlig intakt geblieben war. Die Bedingungen, die die Russen stellten, waren ehrenvoll. Eigentum persönlicher Art konnten unsere Soldaten beispielsweise behalten. Die Pfarrer durften ihre Meßkoffer mit in die Gefangenschaft nehmen. Tatsächlich erschienen noch etliche Pfarrer dieser Armee im Laufe des Jahres in unserem Lager. Welche Freude für uns, richtige Meßkelche mit allem Zubehör zu haben! Außerdem den „Schott“, das Buch, das sämtliche Meßtexte enthielt. Sogar Breviere waren wieder da, in denen die Stundengebete der katholischen Priester aufgeführt sind. Die Breviere gingen nach einem streng geregelten Zeitplan von Hand zu Hand. Eine wahre Wohltat für Geist und Seele!

Natürlich hatten wir im Lager die Möglichkeit, von den großen Siegen der sowjetischen Armee zu hören. Mit den Russen zog der ehemalige Major Bernhard Bechler in Berlin ein, der versucht hatte, mich bei meinem ersten Frontbesuch bei der 3. Inf. Div. mot. 1942 zum Nationalsozialismus zu bekehren. Dieser Mann war und blieb für mich bis heute ein unlösbares Rätsel. Es muß Ende der 70er Jahre gewesen sein, da las ich in einer Kölner Tageszeitung, daß eine Frau Bechler im Saal des Römisch-Germanischen Museums über ihr Buch gesprochen habe, das den Titel trägt: „Warten auf Antwort". Der Zeitungsbericht trug als Überschrift den Titel des Buches. Irgendwie reizte mich diese Überschrift, und ich las. Allmählich ging mir auf, daß die Autorin dieses Lebens- und Leidensberichts die Frau des mir bekannten Bernhard Bechler war. Durch die Zeitung erfuhr ich die Adresse der Frau und den Verlag ihres Buches, das ich dann las. Ich schrieb ihr, daß ich gerne bereit sei, mich mit ihr zu treffen oder zu korrespondieren, da ich ihren Mann in Stalingrad kennengelernt und ihn auch in russischer Gefangenschaft erlebt habe. Höflich und aufrichtig schrieb sie mir zurück, sie habe in ihrem Leben nur noch Interesse daran, endlich zu wissen, ob ihre Kinder lebten, ob sie gesund seien und ob sie sich an ihre Mutter noch erinnerten. Mit ihrem Mann sei sie inzwischen fertig, er spiele in ihrem Leben keine Rolle mehr. Das Lesen dieses Buches wurde für mich zu einem unvergeßlichen, tief erschütternden Erlebnis. Eine wahrhaftig beeindruckende Frau! Sie schildert ihre Ehe, stellt sie dar als geradezu perfekte Einheit der Liebe und voller Glück über die Geburt ihrer beiden Kinder, eines Jungen und eines Mädchens. Sie wußte, daß ihr Mann Nationalsozialist war, übrigens der einzige in ihrer großen Familie. Gestört habe sie das nie, weil eben alles sonst im Einklang war. Das große Loch kam mit Stalingrad. Von den Soldaten hörte man nichts mehr, wir galten als vermißt. Für Bernhard Bechler begann in der Gefangenschaft die große Bekehrung zum fanatischen Kommunisten. Anfangs hatte er wohl noch Bedenken, da hatte er Pfarrer Kayser erklärt: „Wir müssen beim NK mitmachen, damit diese ganze Sache nicht von den Kommunisten unterwandert wird." Im Juni 1944 erlebte ich ihn schon als radikalen „Antifaschisten". Da hatte er bereits seinen großen Artikel „Enthüllungen der ehemaligen Majore der deutschen Wehrmacht aus dem Führerhauptquartier" verfaßt. Das „Tüpfelchen auf dem i" war sein Eintritt in die Antifa-Schule in Krasnogorsk, die Kaderschmiede der reinen, perfekten Idealkommunisten marxistisch-leninistischer Prägung. Als solcher sprach er auch über den Sender „Freies Deutschland" zu den Deutschen. Selbstverständlich wurde dieser Sender auch von den Nazis abgehört. Von all dem ahnte Frau Bechler nichts. Was muß in ihr vorgegangen sein, als urplötzlich die Gestapo bei ihr erschien. Was diese von den kommunistischen Umtrieben ihres Mannes erzählte, konnte Frau Bechler nicht glauben. Die Treue zu ihrem Mann, die schönen Jahre ihrer Ehe – das Ganze mußte ein Irrtum sein, „so einer" würde ihr Mann nie sein, nie werden. Schließlich aber mußte sie es glauben. Da gab es für sie nur den einen Gedanken: Tu alles, um wenigstens deine Kinder zu retten! Schließlich wurde sie von der Gestapo gefangengenommen und verbrachte die Zeit bis zum Kriegsende in einer Todeszelle. Anfang Mai zog ihr Mann mit der russischen Armee in Berlin ein. Für ihn war seine Frau tot. Es hieß sogar, er selbst habe seine Margarethe verhaften und in ein Zuchthaus bringen lassen. Dann heiratete er eine linientreue „Genossin". Diese beiden nahmen die zwei Kinder zu sich, die von der neuen Mutter liebevoll großgezogen wurden. Von all dem erfuhr die wirkliche Mutter nichts, auch nicht, als sie etwa 1967 endlich in den Westen entlassen wurde. Ihr Mann, den sie nie wiedergesehen hat, machte derweil eine einmalige Karriere. Erst brandenburgischer Innenminister, dann Chefinspekteur der Volkspolizei. Man spricht zu Recht viel von den verheerenden äußeren Folgen des Krieges, viel zu wenig aber von den psychischen Wunden.

Für uns im Lager veränderte sich nicht viel. Gehungert wurde weiter, geschuftet auch. Das System, das bestimmte, wer zur Arbeit fähig war, war ebenfalls gleichgeblieben. Etwas Primitiveres kann man sich kaum vorstellen: Wir mußten uns völlig ausziehen, und eine russische Ärztin zwackte jeden in seine Hinterbacken. Hatte sie dabei festgestellt, daß noch Fleisch zwischen den Fingern zu spüren war, hieß das: „arbeitsfähig". Wie lächerlich dieses Ganze war, erlebte ich bei der Untersuchung eines Schulkameraden vom Godesberger Gymnasium. Auf der Schule hatten wir ein freundschaftliches Verhältnis. Später wurde aus ihm ein berühmter Reiter, der als Ersatzmann zu dem Reiterquartett gehörte, das für Deutschland so manchen Sieg holte. Dieser Freiherr Josef von dem Bongart hatte die Figur eines Jockeys. Drahtig wie er war, suchte die Ärztin bei ihm vergeblich nach Fleisch. So wurde er, körperlich durchaus in Ordnung, als arbeitsunfähig eingestuft. Sein Verwandter Cornel von Geyr, ein vorbildlicher Priester für uns alle, war wohl 1 Meter 85 bis 1 Meter 90 groß und wurde einfach aufgrund seiner Statur arbeitsfähig geschrieben.

Weihnachten 1945 war uns eine würdige Festmesse möglich, aber die Stimmung blieb trist. Noch erhielten wir keine Weihnachtspost, noch durften wir selbst nicht schreiben. Anfang Dezember ging in Lunjovo der erste Transport in die Heimat ab. Alle Teilnehmer fuhren in die Ostzone. Dabei waren Pfarrer Josef Kayser, Oberkonsistorialrat Dr. Krummacher, später evangelischer Bischof in der DDR, Pastor Schröder, ebenfalls Protestant, und der Münchner Katholik Oberst Steidle. Auch Hauptmann Dr. Hadermann, der später Professor für neuere deutsche Literatur wurde, fuhr und noch einige Stabsoffiziere. Ein irrwitziges Schicksal für Pfarrer Kayser! Er hatte die Russen gebeten, in Rußland bleiben zu dürfen, um dort Pfarrer in einem Dorf mit überwiegend katholischen Rußlanddeutschen zu werden, das er beim Vormarsch kennengelernt hatte und das ihn begeistert aufgenommen hatte. Diese Bitte hatten die Russen abgelehnt. Sie hielten ihn für den Mann, der in Berlin so eine Art Metropolit werden könne und damit Reklamemacher für Rußland. Aber Kayser war als tiefreligiöser Mensch und Priester für ein solch politisches Amt wohl nicht geeignet. Das merkte unser Mitbruder auch selbst sehr schnell und hat sich noch im Dezember 1945 in den Westen abgesetzt.

Auch das war dann typisch für ihn: Rastlos in der Liebe, wie er immer war, hat er sich beim Kölner Generalvikariat gemeldet und mitgeteilt, ich lebe noch und sei in Stalingrad in russische Kriegsgefangenschaft geraten. Wie erfreulich wäre es für meine Eltern und Geschwister gewesen, diese befreiende Botschaft zu hören! Aber es kam wieder einmal ganz anders. Das allerdings erfuhr ich erst nach meiner Heimkehr, also vier Jahre später. Zu Hause begann eine Tragödie. In den Januartagen 1946 kam der Dechant von Bad Godesberg zu meinen Eltern und berichtete mit Tränen in den Augen, er trage eine Meldung des Kölner Generalvikariates nun schon drei Tage in seiner Tasche, die er meinen Eltern doch endlich mitteilen müsse. Der Generalvikar habe ihn beauftragt, die folgende Nachricht der Familie Peifer zu überbringen: Ein aus der russischen Gefangenschaft heimgekehrter Priester habe ausgesagt, daß der Kaplan Rudolf Peifer in Stalingrad gefallen sei. Was daraufhin geschah, ist wieder einmal ein Zeichen dafür, daß es unerklärliche Geschehnisse gibt zwischen Himmel und Erde. Die Botschaft schien doch völlig eindeutig zu sein. Als der Dechant seine Botschaft überbrachte, waren Vater, Mutter und meine Schwester Elisabeth anwesend. Mutter und Schwester erklärten beide wie aus der Pistole geschossen: „Das stimmt nicht! Rudi lebt!" Mein Vater hat sie dann beruhigen wollen, sie müßten sich doch nun mit den gegebenen Tatsachen abfinden. Die Frauen bestanden aber auf ihrer Ansicht. So verhinderten die beiden, daß für mich in meiner Heimatkirche ein Requiem, eine Totenmesse, gehalten wurde. Die Neuigkeit hat sich so schnell herumgesprochen, daß damals schon in Pfarrgemeinden, wo ich als Soldat stationiert gewesen war, solche Totenmessen zelebriert wurden. Wenige Zeit später kam der Godesberger Dechant erneut in mein Elternhaus. Der arme Mann mußte mit tiefem Bedauern und gleichzeitiger Freude mitteilen, das Generalvikariat habe ihn diesmal beauftragt, mitzuteilen, die Meldung über meinen Tod sei falsch gewesen. Der Fehler habe sich geklärt. Der Heimkehrer – eben Pfarrer Kayser – habe nicht gesagt: „gefallen in Stalingrad", sondern: „gefangen in Stalingrad". Kann einer das Verhalten meiner Mutter und meiner Schwester erklären, das doch jenseits aller Logik zu sein scheint? Ich kann es jedenfalls nicht. Es gibt eben doch merkwürdige Dinge zwischen Himmel und Erde!

Meine erste Post, Weihnachten 1945 geschrieben, war Ende Januar 1946 zu Hause angekommen. Eine Erlösung für die Meinen nach dreijähriger Ungewißheit! Die Folgen dieser geglückten Korrespondenz waren für alle Gefangenen überwältigend. Es mag Ende Februar oder Anfang März gewesen sein, als einer der russischen Wachtposten nach mir rief. Als er mich gefunden hatte, befahl er mir, mit zur Kommandantur zu kommen. Mir war nicht gerade wohl dabei. Normalerweise hieß das: Auf zur Vernehmung! Deren hatte ich ja schon eine Menge hinter mir. An diesem Tag empfing mich der russische Kommandant oder der diensttuende russische Offizier. Dazu kam noch ein Dolmetscher und einer der Wachsoldaten. Zuerst „roch" es nach Vernehmung: „Haben Sie einen Freund, Verwandten oder Bekannten in Dänemark?" Ich hatte einen: meinen Freund Knud Ballin. War es eine Fangfrage? Sofort erinnerte ich mich an die russische Kommissarin, die mich davor gewarnt hatte, bei Vernehmungen mitzuteilen, daß ich im Ausland gewesen war. Für die Russen, so hatte sie mir damals erklärt, bedeute jeder Urlaub im Ausland ein Spionageauftrag. Gut, daß ich das wußte! Hier lautete die Frage aber anders: „Haben Sie einen Freund im Ausland?“ Also bejahte ich sie. Wir hätten uns beim Studium an einer Universität kennengelernt. Daraus habe sich eine Freundschaft entwickelt. Wir wären beide katholische Priester geworden und hätten miteinander brieflichen Kontakt behalten. Wohlweislich habe ich nicht erzählt, daß ich mehrmals bei Knud in Dänemark war und er bei mir in Deutschland. Sie versuchten, mich zu löchern, und es dauerte lange, bis sie mir meine Freundschaft mit einem Ausländer als harmlos zugestanden. Dann kam für mich das „Wunder“: Ein Wink an den Soldaten, der brachte ein Paket, das, wenn ich mich recht erinnere, fünf Kilogramm schwer war. Die Verpackung war gelöst. Keine Frage: Man hatte den ganzen Inhalt durchwühlt, ob nicht irgendwo etwas Verdächtiges zu finden sei. Möglicherweise hatte sich auch schon jemand ein wenig selbst bedient. Der Inhalt des Paketes wurde auf einem Tisch ausgebreitet. Mir gingen die Augen über, als ich diesen Reichtum anschaute! Mein Freund Knud hatte wohl geahnt oder gar gewußt, was den Dauerhungernden not tat! Den Russen sah man ebenfalls ein ungläubiges Staunen an. Sie brauchten zwar nicht zu hungern, aber sie lebten auch sehr bescheiden. Natürlich wurde jedes dieser Lebensmittel untersucht, der Käse zum Beispiel durchgeschnitten. Alles, was in Büchsen war, wurde gerüttelt und geschüttelt, um festzustellen, ob „Fremdgeräusche“ zu vernehmen waren. Schließlich wurde mir das ganze Paket in die Hände gedrückt.

Wie war dieses Wunder zustande gekommen? Meine kluge Schwester Elisabeth hatte nach Ankunft meiner ersten Botschaft den Eltern gesagt, wir sollten das sofort Freund Ballin berichten. „Aus Dänemark als einem neutralen Land wird seine Antwort auf Rudis Frohbotschaft bei der russischen Zensur viel schneller durchkommen als unsere Antwort.“ Knud, ein äußerst pfiffiger Mann, hatte sich gleich nach seinen Möglichkeiten erkundigt. Das Resultat war dies: „Liebesgabe“ mit der vorgeschriebenen Karte an den Gefangenen. Die erste Heimatkarte kam erst viel später. Als ich in meine Baracke kam und die Schatztruhe bekannt machte, brach ein unglaublicher Jubel aus. Zunächst verstand ich das nicht. Diese Freude konnte doch nicht aus dem Glauben entstehen, daß jeder Gefangene in der Baracke etwas von meinem Reichtum erhalten würde. Das wäre doch unmöglich gewesen! Natürlich mußte ich all das köstliche Lebensmittelglück „horten". Es würde höchstens als Kostprobe für meine Bettnachbarn reichen, für die drei Majore aus Stalingrad, die zu meinen Freunden geworden waren, und für die drei Priesterfreunde. Erst nach und nach begriff ich die Ursache dieser Freude meiner Mitgefangenen, die sich im ganzen Lager ausbreitete. Es war so eine Art „Urschrei" von hoffnungslos gewordenen Menschen, die sich vorkamen wie Menschen auf einem anderen Stern. Sie begriffen nun plötzlich, daß sie endlich nicht mehr nur „Nummern" waren, sondern Lebewesen, von denen die Welt draußen wußte. Sie nahm unsere Geschichte nicht nur zur Kenntnis, sondern sie meldete sich, um uns zu zeigen: Für uns seid ihr nicht abgeschrieben! Mir kam der Gedanke an ein Wort aus der Heiligen Schrift: Wenn all dieses Schreckliche geschieht, dann hebt eure Häupter. Erlösung ist da – und nicht das Ende von allem. Verstehen kann unsere Freude vielleicht nur jemand, der einmal in einer solch aussichts- und scheinbar endlosen Situation gelebt hat. Die Gesichter erhellten sich. Es wurde wieder möglich zu glauben, daß auch für uns die Sklaverei einmal zu Ende gehen würde. Die Welt und die Heimat wußten um uns, wenn auch die Post spürbar dürftig kam. 1947 und später lief es schon besser. Weitere Pakete trudelten ein. Von meinem dänischen Priesterfreund erhielt ich in der Gefangenschaft mindestens acht Pakete, immer wieder voller Köstlichkeiten, die sich Knud Ballin ausgedacht hatte. Keiner von denen, mit denen ich teilte, konnte davon satt werden, auch ich nicht, und doch strahlten wir. Wir aßen sozusagen „Heimat". Ob all die guten Menschen, die uns schrieben, gewußt haben, was diese Post uns bedeutete? Es war die beste Therapie, die denkbar war für uns geschundene „Nummern". Selbst die größten Pessimisten unter uns schienen wenigstens einen Schimmer von Hoffnung zu gewinnen.

Rudolf Peifer in den achtziger Jahren

Nachwort

Die Beschreibungen von Rudolf Peifer reichen bis ins Jahr 1947. Erst mehr als 2 Jahre später, im Dezember 1949, wurde er aus dem Lager Michailovka in die Heimat entlassen. Wie sehr er seine Freilassung herbeisehnte, lassen einige Sätze aus dem letzten Brief aus der Gefangenschaft an seine Eltern erahnen:

„,Wenn wir aus der Gefangenschaft heimkehren, werden wir sein wie die Träumenden', sagt ein Psalm. Wirklich, der Gedanke, in sechs Wochen bei Euch daheim zu sein, ist einfach unfaßbar. Gott gebe endlich Gewährung und Erhörung, ich wollt' ihm mein Leben lang danken. Wenn ich alter Rußlandfahrer mit Euch allen unter dem Christbaum vor der Krippe stehen könnte, wie wunderbar wäre das. Daß es solche Freude noch für mich auf der Welt geben soll! Ich glaube, das würde vieles, vieles vergessen machen. Man kann nur sagen: Bleibe ruhig, Herz, noch ist es nicht so weit – aber Tage und Stunden werden gezählt, bis dann aus unserem langen, bangen Advent endlich, endlich Weihnacht wird. Gott wird's recht machen, ohne allen Zweifel."

Am 16. Juni 1992 starb Rudolf Peifer in Köln. Viele Menschen verliehen durch Teilnahme an Exequien und Beerdigung, durch Briefe und Gespräche mit den Verwandten ihrer Verbundenheit mit dem Verstorbenen Ausdruck. Sie kamen aus allen Orten, die sein priesterliches Wirken berührte, aus Euskirchen und Essen, aus Bonn-Dottendorf, Neuss und Köln, aber auch aus vielen anderen Gegenden Deutschlands: seine „Pfarrkinder", seine Meßdiener und Jugendlichen, seine Kriegskameraden, viele Priester, die er auf ihren Beruf vorbereitete, und so viele andere, die ihn schätzen und lieben lernten. Sie sind ein lebendiger Beweis dafür, daß die Spur des Glaubens, des Verstehens und der Freude, die Rudolf Peifer durch sein ganzes Priesterleben legte, über Jahrzehnte sichtbar geblieben ist.

Lebensdaten Rudolf Peifers

1906	21. Juni	Geboren in Bad Godesberg bei Bonn
1931	30. Juli	Priesterweihe in Köln
1931–1938		Kaplan an Herz-Jesu in Euskirchen
1938–1940		Kaplan an St. Laurentius in Essen-Steele
1940	Januar	Einberufung zum Militär (Sanitätsdienst)
1941	März	Ernennung zum Kriegspfarrer
1943	Februar	Kriegsgefangener nach der Schlacht von Stalingrad
1949	Dezember	Entlassung aus der Kriegsgefangenschaft
1950	ab Juni	Kaplan in Bad Godesberg-Rüngsdorf
1950–1960		Pfarrer in St. Quirinus in Bonn-Dottendorf
1960–1963		Oberpfarrer an St. Quirinus und Stadtdechant in Neuss
1963–1968		Regens des Erzbischöflichen Priesterseminars in Köln
ab 1965		Päpstlicher Hausprälat
ab 1968		Seelsorger für den jungen Klerus im Erzbistum Köln
1970–1981		Residierender Domkapitular in Köln
1992	16. Juni	Verstorben in Köln – Grab auf dem Domherrenfriedhof am Ostchor des Kölner Domes

Inhaltsverzeichnis

Zum Geleit 5

Zwischen zwei Feuern 7

Kindheit und Jugend 8
Bad Godesberg 8

Studienjahre 18
Bonn 18
Innsbruck 20
Tübingen 27
Wieder in Bonn 29
Bensberg 33

Priester in der Zeit des Nationalsozialismus 42
Euskirchen 42
Essen-Steele 81

Soldat im Heere Hitlers 87
Tapiau 87
Köln-Dünnwald 94
Der Frankreichfeldzug 100

Einmal Stalingrad und zurück 124
Der Rußlandfeldzug 124
Im Kessel von Stalingrad 159

In sowjetischer Gefangenschaft 178
Beketovka und Krasnoarmejsk 180
Krasnogorsk 184
Suzdal 192
Jelabuga 207
Nochmals in Krasnogorsk und in der Sommerresidenz . 214
Ausflug nach Lunjovo 227
Ein drittes Mal in Krasnogorsk 242
Grazovec und Cerepovec 252

Nachwort 264

Lebensdaten Rudolf Peifers 266